Algorithmen und Datenstrukturen

Helmut Knebl

Algorithmen und Datenstrukturen

Grundlagen und probabilistische
Methoden für den Entwurf
und die Analyse

2., aktualisierte Auflage

 Springer Vieweg

Helmut Knebl
Fakultät Informatik
Technische Hochschule Nürnberg
Georg Simon Ohm
Nürnberg, Deutschland

ISBN 978-3-658-32713-2   ISBN 978-3-658-32714-9   (eBook)
https://doi.org/10.1007/978-3-658-32714-9

Die Deutsche Nationalbibliothek verzeichnet diese Publikation in der Deutschen Nationalbibliografie; detaillierte bibliografische Daten sind im Internet über http://dnb.d-nb.de abrufbar.

Planung: Sybille Thelen
Springer Vieweg ist ein Imprint der eingetragenen Gesellschaft Springer Fachmedien Wiesbaden GmbH und ist ein Teil von Springer Nature.
Die Anschrift der Gesellschaft ist: Abraham-Lincoln-Str. 46, 65189 Wiesbaden, Germany

Vorwort zur zweiten Auflage

Für die zweite Auflage wurde das Buch gründlich durchgesehen. Die Darstellung wurde an vielen Stellen verbessert, Ungenauigkeiten und Fehler wurden korrigiert. Die Struktur des Buches wurde im Wesentlichen beibehalten. Das Mastertheorem wird jetzt in einem separaten Abschnitt dargestellt und der komplette Beweis wird ausgeführt.

Mit der Überarbeitung von Algorithmen und Datenstrukturen erfolgte die Übersetzung ins Englische. Die englischsprachige Ausgabe „Algorithms and Data Structures" ist bei Springer International Publishing erschienen (siehe [Knebl20]).

Ich danke meinen Lesern für Hinweise und Frau Sybille Thelen bei Springer Vieweg für die angenehme Zusammenarbeit.

Nürnberg, im Dezember 2020 Helmut Knebl

Vorwort

Viele praktische Probleme können durch einen Algorithmus gelöst werden. Deshalb sind Computeralgorithmen heute so vielfältig und allgegenwärtig. Das Spektrum reicht von einem der ältesten aufgezeichneten Algorithmen, dem Algorithmus von Euklid aus dem 3. Jahrhundert v. Chr., bis zu den Algorithmen für die Untersuchung großer Datenmengen, für die Kommunikation und Suche im Internet, Algorithmen für bildgebende Verfahren und zur Diagnostik in der Medizintechnik, Algorithmen für Assistenzsysteme im Auto, der Motorsteuerung oder der Steuerung von Haushaltsgeräten. Algorithmen sind Gegenstand intensiver Forschung und zählen zu den fundamentalen Konzepten der Informatik. Der Entwurf effizienter Algorithmen und deren Analyse im Hinblick auf den Ressourcenbedarf sind grundlegend für die Entwicklung von Computerprogrammen. Deshalb ist das Fach Algorithmen und Datenstrukturen zentraler Bestandteil eines jeden Informatik Curriculums.

Das vorliegende Buch ist aus Vorlesungen über Algorithmen und Datenstrukturen für Studenten und Studentinnen der Informatik, Medien- und Wirtschaftsinformatik an der Technischen Hochschule Nürnberg Georg Simon Ohm entstanden. Die grundlegenden Themen des Buches werden in den Bachelorkursen behandelt. Fortgeschrittene Teile, wie zum Beispiel die probabilistischen Algorithmen, sind Masterkursen vorbehalten.

Die Algorithmen des ersten Kapitels, es handelt sich durchweg um populäre Algorithmen, studieren wir, um gängige Designprinzipien für die Entwicklung von Algorithmen einzuführen. Die folgenden Kapitel 2 bis 6 sind nach Problembereichen organisiert. Wir betrachten das Problem Elemente einer Menge abzuspeichern und wieder zu finden sowie Probleme, die sich mit Graphen formulieren lassen. Für das erste Problem verwenden wir drei Methoden, um diese Operationen effizient zu implementieren: Sortieren mit binärer Suche, Suchbäume und Hashverfahren. Die ersten beiden Methoden setzen geordnete Mengen voraus, die letzte Methode setzt voraus, dass die Elemente der Menge eindeutig durch Schlüssel identifiziert sind.

Die Sortiermethoden Quicksort und Heapsort, binäre Suche und die Suche nach dem k–kleinsten Element sind Gegenstand von Kapitel 2. Besonderer Wert wird auf die Analyse der Laufzeit der Algorithmen gelegt. Über alle Kapitel hinweg wird angestrebt, explizite Formeln oder präzise Abschätzungen für die Laufzeit zu entwickeln. Dabei werden unter anderem Differenzengleichungen als Lösungsmethode herangezogen. Dadurch können exakte und nicht nur asymptotische Aussagen zu den Laufzeiten von Algorithmen gemacht werden. Wir erhalten eine standardisierte Methode bei der Laufzeitberechnung: Stelle zunächst eine Differenzengleichung für die Laufzeit auf und löse anschließend die Gleichung mit bekannten Methoden.

Hashfunktionen, insbesondere universelle Familien von Hashfunktionen, Verfahren zur Behandlung von Kollisionen und eine detaillierte Analyse von Hashverfahren sind Gegenstand von Kapitel 3.

In Kapitel 4 werden binäre Suchbäume, AVL-Bäume und probabilistische binäre Suchbäume behandelt. B-Bäume dienen zum Speichern von Daten auf dem Sekundärspeicher. Codebäume zur graphischen Darstellung von Codes zur Datenkomprimierung runden das Kapitel ab.

Graphen spielen in vielen Gebieten der Informatik eine grundlegende Rolle. Für viele Graphenprobleme existieren Lösungen in Form von effizienten Algorithmen. In Kapitel 5 werden Tiefen- und Breitensuche für Graphen studiert und als Anwendung davon topologisches Sortieren und die Berechnung der starken Zusammenhangskomponenten. Grundlegende Optimierungsprobleme, wie die Berechnung minimaler aufspannender Bäume und kürzester Wege als auch das Flussproblem in Netzwerken, sind der Inhalt von Kapitel 6.

Probabilistische Methoden sind grundlegend für die Konstruktion einfacher und effizienter Algorithmen. In jedem Kapitel wird mindestens ein Problem mit einem probabilistischen Algorithmus gelöst. Im Einzelnen geht es um die Verifikation der Identität von Polynomen, die probabilistische Version von Quicksort und Quickselect, um universelle Familien von Hashfunktionen und um probabilistische binäre Suchbäume. Die probabilistischen Algorithmen zur Berechnung eines minimalen Schnittes in einem Graphen und zur Berechnung eines minimalen aufspannenden Baumes für einen gewichteten Graphen zählen zu den hervorgehobenen Themen.

Der Schwerpunkt des Buches liegt bei den Algorithmen. Datenstrukturen werden besprochen, soweit sie zur Implementierung der Algorithmen benötigt werden. Die Auswahl der Themen erfolgt vor allem unter dem Gesichtspunkt, elementare Algorithmen – die ein weites Anwendungsgebiet aufweisen – zu behandeln. Dabei wird ein detailliertes tiefer gehendes Studium angestrebt.

Der Text setzt Erfahrungen in der Programmierung von Algorithmen, insbesondere mit elementaren Datenstrukturen – wie zum Beispiel verketteten Listen, Queues und Stacks – im Umfang des Inhalts der Programmiervorlesungen der ersten beiden Semester im Informatikstudium, voraus. Ebenso ist die Vertrautheit mit mathematischen Methoden, die in den ersten beiden Semestern behandelt werden, wünschenswert. Zur Bequemlichkeit der Leser werden die zum Verständnis notwendigen mathematischen Methoden, insbesondere elementare Lösungsmethoden für Differenzengleichungen und spezielle Wahrscheinlichkeitsverteilungen, im ersten Kapitel und im Anhang wiederholt.

Die Formulierung der Algorithmen durch Pseudocode fokussiert auf das Wesentliche und macht dadurch die Idee des Algorithmus deutlich. Sie ist hinreichend präzise, um Überlegungen zur Korrektheit und Berechnungen der Laufzeit durchzuführen. Über 100 Figuren machen die Algorithmen anschaulich. Viele Beispiele helfen, die einzelnen Schritte der Algorithmen nachzuvollziehen. Zahlreiche Übungsaufgaben schließen jedes Kapitel ab und helfen den Stoff einzuüben und zu vertiefen. Lösungen zu den Übungsaufgaben stehen zum Download bereit: www.in.th-nuernberg.de/Knebl/Algorithmen.

Das Buch ist aus Vorlesungen über Algorithmen und Datenstrukturen entstanden, die ich an der Technischen Hochschule Nürnberg Georg Simon Ohm über viele Jahre hinweg gehalten habe. In dieser Zeitspanne hat die Hochschule zweimal den Namen geändert und ist doch die alte geblieben. Bei der Vorbereitung der Vorlesung habe ich die Lehrbücher verwendet, die im Abschnitt 1.8 gelistet sind.

Bei der Fertigstellung des Buches habe ich mannigfache Unterstützung erhalten. Meine Kollegen Jens Albrecht, Christian Schiedermeier und vor allem Alexander Kröner haben Teile sorgfältig durchgesehen, was zur Korrektur von Fehlern und Unklarheiten geführt hat. Harald Stieber verdanke ich wertvolle Anregungen und Diskussionen, die zur Verbesserung des Buches beigetragen haben. Allen, die mich unterstützt haben, auch den nicht genannten, spreche ich meinen großen Dank aus. Bei meinen Studenten, die in den vergangenen Jahren die Vorlesung mit Engagement besucht, fleißig Übungsaufgaben bearbeitet und beim Aufspüren von Fehlern behilflich waren, bedanke ich mich ganz besonders.

Nürnberg, im Mai 2019   Helmut Knebl

Inhaltsverzeichnis

1. Einleitung

Ein Algorithmus stellt eine Lösung für ein Berechnungsproblem bereit. Ein Beispiel für ein Berechnungsproblem ist die Berechnung des Produkts von zwei Zahlen. Das wichtigste Merkmal eines Algorithmus ist, dass er korrekt arbeitet. Ein mathematischer Beweis, der die Korrektheit eines Algorithmus zeigt, gibt maximales Vertrauen in seine Korrektheit. Die Methode der Verifikation geht noch einen Schritt weiter. Sie beweist nicht nur, dass ein Algorithmus korrekt ist, sie beweist sogar, dass eine Implementierung des Algorithmus in einer bestimmten Programmiersprache korrekt ist.

Die Laufzeit ist nach der Korrektheit das zweitwichtigste Merkmal eines Algorithmus. Obwohl es oft einfach ist, die Anzahl der Rechenoperationen bei einer festen Eingabe zu zählen, erfordert die Berechnung der Laufzeit im schlechtesten Fall und der durchschnittlichen Laufzeit erheblichen Aufwand. Den Durchschnitt bilden wir dabei über alle Eingaben einer festen Größe. Wir behandeln für die Laufzeitanalyse der Algorithmen notwendige mathematische Methoden wie lineare Differenzengleichungen.

Orthogonal zur Einteilung der Algorithmen nach Problemstellungen – wie sie in diesem Buch in den Kapiteln 2 – 6 vorgenommen ist – kann man Algorithmen nach Algorithmentypen oder Entwurfsmethoden für Algorithmen einteilen. In diesem Kapitel besprechen wir die Entwurfsmethoden beziehungsweise Algorithmentypen Rekursion, Greedy-Algorithmen, Divide-and-Conquer, dynamisches Programmieren und Branch-and-Bound. Im Anschluss daran führen wir probabilistische Algorithmen ein. Probabilistische Algorithmen haben sich in den letzten Jahren ein weites Anwendungsfeld erobert. In diesem Kapitel studieren wir einen Monte-Carlo-Algorithmus zum Vergleich von Polynomen und in jedem der nachfolgenden Kapitel 2 – 6 lösen wir eine Problemstellung auch durch einen probabilistischen Algorithmus.

Das Buch behandelt viele konkrete Algorithmen. Eine für die theoretische Betrachtung des Gebiets unerlässliche Präzisierung des Algorithmusbegriffs ist hier nicht notwendig. Die Formulierung der Algorithmen erfolgt durch Pseudocode, der sich an gängigen Programmiersprachen, wie zum Beispiel Java, orientiert und die wichtigsten Elemente einer höheren Programmiersprache enthält. Die Darstellung durch Pseudocode abstrahiert von den Details einer Programmiersprache. Sie ist aber hinreichend präzise, um Überlegungen

© Springer Fachmedien Wiesbaden GmbH, ein Teil von Springer Nature 2021
H. Knebl, *Algorithmen und Datenstrukturen*,
https://doi.org/10.1007/978-3-658-32714-9_1

zur Korrektheit und Berechnungen der Laufzeit durchzuführen. Die Notation führen wir gegen Ende des Kapitels ein (Abschnitt 1.7).

1.1 Korrektheit von Algorithmen

Ein Algorithmus ist *korrekt*, wenn er in Bezug auf eine gegebene Spezifikation korrekt arbeitet. Algorithmen operieren auf Daten. Die Spezifikation muss demzufolge den Zustand dieser Daten vor Ausführung des Algorithmus – die *Vorbedingung* – und den erwünschten Zustand nach Ausführung des Algorithmus – die *Nachbedingung* – hinreichend genau definieren.

Dieses Vorgehen erläutern wir genauer mithilfe des Algorithmus *Sortieren durch Auswählen* – SelectionSort.

SelectionSort soll ein Array $a[1..n]$ sortieren. Vorbedingung ist, dass wir auf die Elemente in $a[1..n]$ den $<$-Operator anwenden können. Die Nachbedingung lautet $a[1..n]$ ist sortiert, d. h. $a[1] \leq a[2] \leq \ldots \leq a[n]$.

Die Idee bei Sortieren durch Auswählen besteht darin, wie der Name vermuten lässt, das kleinste Element in $a[1..n]$ zu suchen. Angenommen, es befindet sich an der Position k, dann vertauschen wir $a[1]$ mit $a[k]$ und setzen das Verfahren rekursiv fort mit $a[2..n]$.

Algorithmus 1.1.
   SelectionSort(item $a[1..n]$)

```
1    index i, j, k; item m
2    for i ← 1 to n − 1 do
3        k ← i, m ← a[i]
4        for j ← i + 1 to n do
5            if a[j] < m
6                then k ← j, m ← a[j]
7        exchange a[i] and a[k]
```

Der Algorithmus SelectionSort implementiert die Idee von oben iterativ mithilfe von zwei for-Schleifen.[1] Wir zeigen jetzt durch Induktion nach den Schleifenparametern, dass der Algorithmus korrekt ist. Die Aufgabe der inneren Schleife ist es, das Minimum von $a[i..n]$ zu berechnen. Genauer gilt nach jeder Iteration der Schleife:

$$m = \min a[i..j] \text{ für } j = i + 1, \ldots, n \text{ und } a[k] = m.$$

Diese Bedingung bezeichnen wir als *Invariante der Schleife*. Die Bedingung ist zu prüfen, nachdem die letzte Anweisung der Schleife ausgeführt ist. Im obigen Algorithmus ist dies die Zeile 6. Die Aussage folgt durch vollständige Induktion nach j.

Für die äußere Schleife gilt nach jeder Iteration:

---

[1] Auf die hier verwendete Notation zur Formulierung von Algorithmen gehen wir im Abschnitt 1.7 genauer ein.

$a[1..i]$ ist sortiert, $i = 1, \ldots, n-1$, und $a[i] \leq a[k]$ für $k \geq i+1$.

Diese Aussage folgt durch vollständige Induktion nach i. Da unser Algorithmus terminiert und die Schleifenvariable i bei Terminierung den Wert $n-1$ hat, folgt, dass $a[1..n-1]$ sortiert ist. Da $a[n] \geq a[n-1]$ gilt, ist die Behauptung bewiesen.

In unserem Beweis, der zeigt, dass der Algorithmus korrekt ist, kommen die Variablen des Algorithmus vor. Er nimmt somit auf eine konkrete Implementierung Bezug. Ein solcher Beweis, der zeigt, dass die Implementierung eines Algorithmus A korrekt ist, bezeichnen wir als *Programmverifikation*. Vor- und Nachbedingung sind als *Prädikate V und N* der Programmvariablen zu spezifizieren. Ein mathematischer Beweis, der zeigt – gilt vor Ausführung von A das Prädikat V und nach Ausführung von A das Prädikat N – beweist die Korrektheit von A unter der Voraussetzung, dass A terminiert. Die Technik der Programmverifikation wurde unter anderem von Hoare[2] und Dijkstra[3] entwickelt. Lehrbücher über Programmverifikation sind [Gries81] oder [Backhouse86].

Das Vorgehen, wie man bei spezifizierter Vor- und Nachbedingung zeigt, dass ein Codesegment die Vorbedingung in die Nachbedingung transformiert ist formalisierbar. Ein Computerprogramm kann uns unterstützen, den Beweis zu führen. Theorem-Beweiser gehen noch einen Schritt weiter. Ein Theorem-Beweiser ist ein Algorithmus, der einen Beweis findet, der zeigt, dass aus einer Vorbedingung eine bestimmte Nachbedingung folgt. Der gefundene Beweis ist konstruktiv. Er transformiert die Vorbedingung in die Nachbedingung und stellt die Codierung des Algorithmus bereit.

Wir führen in diesem Buch Beweise, die zeigen, dass Algorithmen korrekt sind. Auf die konkrete Implementierung gehen wir dabei bis auf wenige Ausnahmen nicht ein.

Unser Beispiel SelectionSort terminiert für jede Eingabe. Ein Algorithmus, der nicht nur for-Schleifen, sondern auch while-Schleifen oder rekursive Aufrufe enthält, muss nicht für jede Eingabe terminieren. Für die Korrektheit eines Algorithmus ist dies jedoch eine notwendige Voraussetzung. Das Problem für einen beliebigen Algorithmus zu entscheiden, ob er terminiert oder nicht, bezeichnet man als *Halteproblem*. Ein Algorithmus kann die Frage, ob ein beliebiges Programm terminiert, nicht beantworten, d. h. das Halteproblem ist nicht *entscheidbar*. Ebenso ist es nicht möglich einen Algorithmus anzugeben, der für einen beliebigen Algorithmus A entscheidet, ob A korrekt ist oder der die Laufzeit von A berechnet. Deshalb müssen wir diese Fragen für jeden Algorithmus individuell beantworten.

Das folgende Beispiel zeigt, dass es nicht einmal für einen gegebenen konkreten Algorithmus einfach ist zu entscheiden, ob der Algorithmus für jede erlaubte Eingabe terminiert.

---

[2] Tony Hoare (1934 –) ist ein britischer Informatiker und Turing-Preisträger.
[3] Edsger W. Dijkstra (1930 – 2002) war Niederländer, Turing-Preisträger und hat grundlegende Beiträge zu mehreren Gebieten der Informatik geleistet.

Algorithmus 1.2.

   int Col(int n)
    1   while $n \neq 1$ do
    2   if $n \bmod 2 = 0$
    3   then $n \leftarrow n \operatorname{div} 2$
    4   else $n \leftarrow (3n + 1) \operatorname{div} 2$
    5   return 1

Es wird vermutet, dass Col für jeden Aufrufparameter $n \in \mathbb{N}$ terminiert. Diese Vermutung wird als Collatz[4] Vermutung bezeichnet und ist seit über 60 Jahren ungelöst.

Rekursion ist eine mächtige Entwurfs- und Programmiermethode. Wir studieren zwei interessante rekursive Funktionen.

McCarthys[5] Funktion, bekannt als McCarthys 91 Funktion, weist eine komplexe rekursive Struktur auf. Wir bezeichnen diese Funktion mit M. Für $n > 100$ terminiert M mit Rückgabewert $n - 10$. Für $n < 100$ ist die Terminierung nicht so offensichtlich.

Algorithmus 1.3.

   int M(int n)
    1   if $n > 100$
    2   then return $n - 10$
    3   else return M(M($n + 11$))

Satz 1.4. M *terminiert für alle* $n \leq 101$ *mit dem Rückgabewert 91.*

Beweis. Wir zeigen zunächst, dass für n mit $90 \leq n \leq 100$ die Behauptung des Satzes gilt. Für $n \geq 90$ ist $n + 11 \geq 101$. Deshalb folgt

$$M(M(n + 11)) = M(n + 1).$$

Wir erhalten für n mit $90 \leq n \leq 100$

$$M(n) = M(M(n + 11)) = M(n + 1) = M(M(n + 12)) =$$

$$M(n + 2) = \ldots = M(101) = 91.$$

Sei jetzt $n \leq 89$ und $k = \max\{j \mid n + 11j \leq 100\}$. Dann gilt $90 \leq n + 11k \leq 100$ und wegen

$$M(n) = M^2(n + 11) = \ldots$$
$$= M^{k+1}(n + 11k) = M^k(M(n + 11k)) = M^k(91) = 91$$

folgt die Behauptung. $\qquad\qquad\square$

---

[4] Lothar Collatz (1910 – 1990) war ein deutscher Mathematiker.
[5] John McCarthy (1927 – 2011) war ein amerikanischer Mathematiker.

Die Ackermann-Funktion[6] weist interessante Eigenschaften auf, die für die Theoretische Informatik Bedeutung haben. Sie zeigt, dass es Turing[7] berechenbare Funktionen gibt, die nicht *primitiv rekursiv* sind. Ackermann publizierte seine Funktion in [Ackermann28] und widerlegt damit eine Vermutung von Hilbert[8], dass jede berechenbare Funktion primitiv rekursiv sei. Die Ackermann-Funktion wächst schneller, als es für primitiv rekursive Funktionen möglich ist. Primitiv rekursive Funktionen sind das Resultat eines eingeschränkten Berechnungsmodells, das nur for-Schleifen, aber keine while-Schleifen erlaubt (Loop-Programme). Bei der Ackermann-Funktion[9] handelt es sich um eine extrem schnell wachsende Funktion, die von zwei Parametern $m, n \in \mathbb{N}_0$ abhängt.

Algorithmus 1.5.

```
int A(int m, n)
  1  if m = 0
  2      then return n + 1
  3  if n = 0
  4      then return A(m − 1, 1)
  5  return A(m − 1, A(m, n − 1))
```

Für $m = 0$ terminiert A unmittelbar. Um zu zeigen, dass A für alle Eingaben terminiert betrachten wir die lexikographische Ordnung auf $\mathbb{N}_0 \times \mathbb{N}_0$:

$$(m, n) < (m', n') \text{ genau dann, wenn } \begin{cases} m < m' \text{ oder} \\ m = m' \text{ und } n < n'. \end{cases}$$

Da

$$(m − 1, 1) < (m, 0), (m, n − 1) < (m, n) \text{ und } (m − 1, A(m, n − 1)) < (m, n)$$

gilt, erfolgt der rekursive Aufruf mit einem kleineren Parameter bezüglich der lexikographischen Anordnung. Nach dem folgenden Lemma 1.6 gibt es nur endliche absteigende Folgen, die mit (m, n) beginnen. Deshalb terminiert die Funktion A für alle Eingaben (m, n) mit einem Rückgabewert aus $\mathbb{N}$.

Die Ackermann-Funktion findet Anwendung bei der Analyse des Union-Find-Datentyps (Abschnitt 6.1.2).

Lemma 1.6. *Bezüglich der lexikographischen Ordnung auf $\mathbb{N}_0 \times \mathbb{N}_0$ gibt es nur endliche absteigende Folgen.*

---

[6] Wilhelm Friedrich Ackermann (1896 – 1962) war ein deutscher Mathematiker. Er war ein Schüler von Hilbert und beschäftigte sich mit Grundlagen der Mathematik.

[7] Alan Mathison Turing (1912 – 1954) war ein britischer Mathematiker und Informatiker. Er hat grundlegende Beiträge zur Theoretischen Informatik und praktischen Kryptoanalyse (Enigma) geleistet.

[8] David Hilbert (1862 – 1943) war ein deutscher Mathematiker. Er gilt als einer der bedeutendsten Mathematiker des ausgehenden 19. und des 20. Jahrhunderts.

[9] Die folgende Funktion wird als Ackermann-Funktion bezeichnet. Es handelt sich jedoch um eine vereinfachte Version der ursprünglichen Funktion, die 1955 von der ungarischen Mathematikerin Rózsa Péter (1905 – 1977) definiert wurde.

Beweis. Angenommen, es gibt eine unendliche absteigende Folge

$$(m_1, n_1) > (m_2, n_2) > (m_3, n_3) > \ldots$$

Die Menge $\{m_1, m_2, m_3, \ldots\} \subset \mathbb{N}_0$ besitzt ein kleinstes Element m_ℓ[10]. Es folgt $m_\ell = m_{\ell+1} = m_{\ell+2} = \ldots$. Dann besitzt die Menge $\{n_\ell, n_{\ell+1}, n_{\ell+2}, \ldots\}$ kein kleinstes Element, ein Widerspruch.   □

1.2 Laufzeit von Algorithmen

Die Laufzeitanalyse – kurz Analyse – von Algorithmen spielt beim Studium von Algorithmen eine wesentliche Rolle. Oft stehen zur Lösung eines Problems mehrere Algorithmen bereit. Erst aufgrund der Analyse können wir entschieden, welcher der Algorithmen für eine bestimmte Anwendung am besten geeignet ist. Bei der Analyse streben wir möglichst explizite Formeln für die Laufzeit an. Dies demonstrieren wir jetzt mit Algorithmus 1.1 – SelectionSort.

1.2.1 Explizite Formeln

Wir analysieren, wie oft die einzelnen Zeilen von SelectionSort (Algorithmus 1.1) ausgeführt werden. Wir berechnen die Anzahl der Ausführungen im schlechtesten Fall und im Durchschnitt. Den Durchschnitt bilden wir dabei über alle möglichen Anordnungen der Elemente im Array a. Für die Analyse nehmen wir an, dass alle Elemente in a paarweise verschieden sind.

Sei a_i die Anzahl der Ausführungen von Zeile i im schlechtesten Fall und $\tilde{a}_i$ die Anzahl der Ausführungen von Zeile i im Durchschnitt – jeweils in Abhängigkeit von n.

Zeile i	a_i	$\tilde{a}_i$
3, 7	$n - 1$	$n - 1$
5	$n(n - 1)/2$	$n(n - 1)/2$
6	$\leq n^2/4$	?

a_3, a_5 und a_7 hängen nicht von der Anordnung der Elemente in a ab. Deshalb gilt $a_i = \tilde{a}_i$, $i = 3, 5, 7$. Die Anzahl der Ausführungen im schlechtesten Fall von Zeile 6 (a_6) ist offensichtlich durch $n(n - 1)/2$ beschränkt. Diese Schranke wird durch keine Eingabe angenommen. Die bessere Schranke $n^2/4$ ist kompliziert zu ermitteln, siehe [Knuth98a, Abschnitt 5.2.3][11]. In den Zeilen 4, 5 und 6 wird das Minimum in einem Teilarray bestimmt. Um $\tilde{a}_6$ zu

---

[10] Hier verwenden wir die folgende Eigenschaft natürlicher Zahlen: Sei $M \subset \mathbb{N}_0$, $M \neq \emptyset$. Dann besitzt M ein kleinstes Element.

[11] Donald E. Knuth (1938 –) ist ein amerikanischer Informatiker. Er ist Autor von TeXund Metafont und Verfasser von „The Art of Computer Programming", ein Standardwerk über grundlegende Algorithmen und Datenstrukturen, das mittlerweile vier Bände umfasst, vor fast 50 Jahren begonnen wurde und noch nicht abgeschlossen ist ([Knuth97], [Knuth98], [Knuth98a] und [Knuth11]).

berechnen, betrachten wir zunächst die Suche nach dem Minimum in einem Array.

Algorithmus 1.7.

```
item Min(item a[1..n])
1    index i, item m
2    m ← a[1]
3    for i ← 2 to n do
4        if a[i] < m
5            then m ← a[i]
6    return m
```

Wir sind jetzt an der durchschnittlichen Anzahl a_n der Ausführungen von Zeile 5 interessiert. Ein Element $a[i]$, für das Zeile 5 ausgeführt wird, heißt *Zwischenminimum*.

Oft sind rekursive Funktionen einfacher zu analysieren. Bei einer rekursiven Funktion erhalten wir eine rekursive Gleichung für die Laufzeit der Funktion. Deshalb programmieren wir die Minimumsuche rekursiv.

Algorithmus 1.8.

```
item MinRec(item a[1..n])
1    item m
2    if n > 1
3        then m ← MinRec(a[1..n − 1])
4            if m > a[n]
5                then m ← a[n]
6            return m
7    return a[1]
```

Sei x_n die Anzahl der durchschnittlichen Ausführungen von Zeile 5 in MinRec. Es gilt $a_n = x_n$. Die Zeile 5 von MinRec wird genau dann ausgeführt, wenn das kleinste Element an der Stelle n steht. Dieser Fall tritt mit Wahrscheinlichkeit $1/n$ ein, denn es gibt $(n-1)!$ viele Anordnungen, bei denen das kleinste Element an der Stelle n steht und es gibt $n!$ viele Anordnungen insgesamt. Mit Wahrscheinlichkeit $1/n$ ist die Anzahl der Ausführungen von Zeile 5 gleich der Anzahl der Ausführungen von Zeile 5 in MinRec($a[1..n-1]$) plus 1 und mit Wahrscheinlichkeit $1-1/n$ gleich der Anzahl der Ausführungen von Zeile 5 in MinRec($a[1..n-1]$). Für x_n erhalten wir die folgende Gleichung.

$$x_1 = 0, \quad x_n = \frac{1}{n}(x_{n-1} + 1) + \left(1 - \frac{1}{n}\right)x_{n-1} = x_{n-1} + \frac{1}{n}, \quad n \geq 2.$$

Gleichungen dieser Art heißen *lineare Differenzengleichungen*. Wir behandeln eine allgemeine Lösungsmethode für diese Gleichungen in Abschnitt 1.3. Die Gleichung von oben ist einfach zu lösen, indem wir x_j auf der rechten Seite fortgesetzt durch $x_{j-1} + 1/j$, $j = n-1, \ldots, 2$, ersetzen. Wir sagen, wir lösen die Gleichung durch *Expandieren* der rechten Seite.

$$x_n = x_{n-1} + \frac{1}{n} = x_{n-2} + \frac{1}{n-1} + \frac{1}{n} = \ldots$$
$$= x_1 + \frac{1}{2} + \ldots + \frac{1}{n-1} + \frac{1}{n} = \mathrm{H}_n - 1.$$

H_n ist die n–te harmonische Zahl (Definition B.4).[12]

Wir halten das Ergebnis der vorangehenden Rechnung im folgenden Lemma fest.

Lemma 1.9. *Die durchschnittliche Anzahl der Zwischenminima in einem Array $a[1..n]$ der Länge n ist $\mathrm{H}_n - 1$.*

Satz 1.10. *Für die durchschnittliche Anzahl $\tilde{a}_6$ der Ausführungen von Zeile 6 in Algorithmus 1.1 gilt*

$$\tilde{a}_6 = (n+1)\mathrm{H}_n - 2n.$$

Beweis. Der Algorithmus SelectionSort bestimmt in den Zeilen 2 – 6 das Minimum im Array $a[i \ldots n]$ für $i = 1, \ldots, n-1$. Die Länge dieses Arrays ist $n - (i-1)$. Mit Lemma 1.9 und Lemma B.6 gilt

$$\tilde{a}_6 = \sum_{i=1}^{n-1}(\mathrm{H}_{n-i+1} - 1) = \sum_{i=2}^{n} \mathrm{H}_i - (n-1)$$
$$= (n+1)\mathrm{H}_n - n - 1 - (n-1) = (n+1)\mathrm{H}_n - 2n.$$

Dies zeigt die Behauptung. □

Bei der Analyse von Algorithmus 1.1 haben wir gezählt, wie oft die einzelnen Zeilen im schlechtesten Fall (*worst case*) und im Durchschnitt (*average case*) ausgeführt werden.

Die Anzahl der Operationen insgesamt erhalten wir, indem wir die Operationen einer Zeile multipliziert mit der Anzahl der Ausführungen der Zeile für alle Zeilen aufsummieren. Unter einer *Operation* verstehen wir eine Elementaroperation eines Rechners, auf dem wir den Algorithmus ausführen. Wir gewichten jede Operation bei der Ermittlung der gesamten Anzahl der Operationen mit ihrer Laufzeit in Zeiteinheiten. Dadurch erhalten die *Laufzeit* des Algorithmus in Zeiteinheiten.

Die Berechnung der Laufzeit eines Algorithmus orientiert sich an den Grundkonstrukten Sequenz, Schleife und Verzweigung, aus denen ein Algorithmus zusammengesetzt ist.

Die Laufzeit einer Sequenz von Anweisungen ist die Summe der Laufzeiten der Anweisungen, die in der Sequenz auftreten.

Bei der Berechnung der Laufzeit für eine Schleife addieren wir die Laufzeiten für die einzelnen Schleifendurchgänge und dazu noch die Laufzeit für die

---

[12] Die Approximation von H_n durch $\log_2(n)$ definiert eine geschlossene Form für H_n (Anhang B (F.1)).

letztmalige Prüfung der Abbruchbedingung. Die Laufzeit für einen Schleifen-durchgang erhalten wir durch Addition der für die Prüfung der Abbruchbe-dingung notwendigen Laufzeit und der Laufzeit, die für den Schleifenrumpf erforderlich ist. Ist die Laufzeit für alle Schleifendurchgänge gleich, so mul-tiplizieren wir die Laufzeit für einen Schleifdurchgang mit der Anzahl der Iterationen der Schleife.

Die Laufzeit für eine if-then-else Anweisung ergibt sich aus der Laufzeit für die Prüfung der Bedingung, der Laufzeit für den if-Teil und der Laufzeit für den else-Teil. Bei der Berechnung der Laufzeit im schlechtesten Fall ist das Maximum der Laufzeiten für den if- und den else-Teil zu betrachten. Bei der durchschnittlichen Laufzeit ist es die mit den Wahrscheinlichkeiten gewichtete Summe der Laufzeiten für den if- und den else-Teil.

Definition 1.11. Sei $\mathcal{P}$ ein Berechnungsproblem, A ein Algorithmus für $\mathcal{P}$ und J die Menge der Instanzen von $\mathcal{P}$. Sei $l : J \longrightarrow \mathbb{N}$ eine Abbildung, die die Größe einer Instanz definiert. $J_n := \{I \in J \mid l(I) = n\}$ heißt *Menge der Instanzen der Größe n.*[13] Wir definieren

$$S : J \longrightarrow \mathbb{N},$$

$S(I) :=$ Anzahl der Operationen (oder die Anzahl der Zeiteinheiten) die A zur Lösung von I benötigt.

1. Die *Laufzeit* oder *(Zeit-)Komplexität* von A (im schlechtesten Fall) ist definiert durch
$$T : \mathbb{N} \longrightarrow \mathbb{N}, \ T(n) := \max_{I \in J_n} S(I).$$

2. Ist auf J_n eine Wahrscheinlichkeitsverteilung $(\mathrm{p}(I))_{I \in J_n}$ gegeben (Defini-tion A.1), so ist $S_n : J_n \longrightarrow \mathbb{N}$, $S_n(I) := S(I)$, eine Zufallsvariable (Defi-nition A.5). Der Erwartungswert $\mathrm{E}(S_n) = \sum_{I \in J_n} \mathrm{p}(I) S(I)$ von S_n heißt *durchschnittliche Laufzeit* oder *durchschnittliche (Zeit-)Komplexität* von *A*
$$\tilde{T} : \mathbb{N} \longrightarrow \mathbb{N}, \ \tilde{T}(n) := \mathrm{E}(S_n).$$

In diesem Text nehmen wir für alle Berechnungen stets die Gleichvertei-lung an, d. h. alle Elemente in J_n treten mit der gleichen Wahrscheinlichkeit auf. Der Erwartungswert ist dann der Mittelwert.

Bemerkung. Bei dem betrachteten Algorithmus 1.7 zur Berechnung des Mini-mums sei die Eingabe ein Array mit ganzen Zahlen. Die Eingaben der Größe n sind die Arrays der Länge n. Wir setzen die Elemente als paarweise ver-schieden voraus. Für jede Menge $\{a_1, \ldots, a_n\}$ von ganzen Zahlen erhalten wir $n!$ viele verschiedene Arrays.

Die Anzahl der Stellen einer ganzen Zahl ist durch die Architektur des verwendeten Rechners bestimmt. Die darstellbaren ganzen Zahlen bilden ei-ne endliche Teilmenge I der ganzen Zahlen. Ist die Anzahl der Stellen der

---

[13] Für unsere Anwendungen kann J_n als endlich vorausgesetzt werden.

ganzen Zahlen nur durch den verfügbaren Speicher des Rechners beschränkt, so hängt der Aufwand für eine Operation mit ganzen Zahlen von der Länge der Zahlen ab. Wir können den Aufwand nicht mehr als konstant annehmen. Wenn wir die Anzahl der n–elementigen Teilmengen von I mit $n!$ multiplizieren, erhalten wir die Anzahl der Eingaben von der Größe n.

Obwohl die Definition der Laufzeit und der durchschnittlichen Laufzeit von allen Eingaben der Größe n abhängt, war es möglich Formeln für die Laufzeit im schlechtesten Fall und für die durchschnittliche Laufzeit aufzustellen. Mit einem Rechner ist es möglich die Laufzeit, die für die Berechnung einer Instanz notwendig ist, einfach durch Ausführung des Algorithmus zu bestimmen, aber es ist nicht möglich, Formeln für die Laufzeit im schlechtesten Fall und für die durchschnittliche Laufzeit zu berechnen.

Bemerkung. Analog zur Zeit-Komplexität kann man die *Speicher-Komplexität* von A definieren. Für die Algorithmen, die wir untersuchen, spielt die Speicher-Komplexität keine große Rolle. Die Algorithmen in den Kapiteln 2 – 4 kommen im Wesentlichen mit Speicher konstanter Größe aus. Der Speicherverbrauch der Algorithmen für Graphen ist linear in der Größe der Eingabe.

1.2.2 O–Notation

Seien A_1 und A_2 Algorithmen für dasselbe Berechnungsproblem. $T_1(n)$ und $T_2(n)$ seien die Laufzeiten von A_1 und A_2. Wir wollen jetzt $T_1(n)$ und $T_2(n)$ für große n vergleichen, d. h. wir interessieren uns für die Laufzeit bei großen Eingaben. Angenommen es ist $T_2(n) \leq T_1(n)$ für große n. Dieser Unterschied ist unwesentlich[14], wenn es eine Konstante c gibt, sodass für große n gilt $T_1(n) \leq cT_2(n)$. Wenn keine Konstante c die Ungleichung erfüllt, ist die Laufzeit von A_2 wesentlich besser als die Laufzeit von A_1 bei großen Eingaben. Dies präzisiert die O–Notation, die den Landau-Symbolen[15] zugerechnet wird.

Definition 1.12. Seien $f, g : \mathbb{N} \longrightarrow \mathbb{R}_{\geq 0}$ Funktionen. g heißt *in der Ordnung von f* oder *g wächst asymptotisch nicht schneller als f*, wenn es Konstanten $c, n_0 \in \mathbb{N}$ gibt mit

$$g(n) \leq cf(n) \text{ für alle } n \geq n_0.$$

Wir schreiben $g(n) = O(f(n))$ oder $g = O(f)$, falls g in der Ordnung von f ist, und andernfalls $g(n) \neq O(f(n))$.

Beispiel. Sei $d > 0$, $\ell \geq 1$, $f(n) = n^\ell$ und $g(n) = n^\ell + dn^{\ell-1}$. Dann gilt

$$n^\ell + dn^{\ell-1} \leq n^\ell + n^\ell = 2n^\ell \text{ für } n \geq d.$$

---

[14] Im Sinne der O–Notation, aber nicht beim praktischen Einsatz von Algorithmen.

[15] Edmund Georg Hermann Landau (1877 – 1938) war ein deutscher Mathematiker, der auf dem Gebiet der analytischen Zahlentheorie arbeitete. Landau hat die O–Notation bekannt gemacht.

Für $c = 2$ und $n_0 = d$ gilt $g(n) \leq cf(n)$ für $n \geq n_0$, d. h. $g(n) = O(f(n))$. Es gilt auch

$$n^\ell \leq n^\ell + dn^{\ell-1} \text{ für } n \geq 1.$$

Für $c = 1$ und $n_0 = 1$ gilt $f(n) \leq cg(n)$ für $n \geq n_0$, d. h. $f(n) = O(g(n))$.

Bemerkungen:

1. Unmittelbar aus der Definition folgt die Transitivität der O–Notation: Aus $f(n) = O(g(n))$ und $g(n) = O(h(n))$ folgt $f(n) = O(h(n))$.
2. $g(n) = O(f(n))$ vergleicht f und g bezüglich des asymptotischen Wachstums (g wächst asymptotisch nicht schneller als f).
3. $g(n) = O(f(n))$ und $f(n) = O(g(n))$ bedeutet f und g haben dasselbe asymptotische Wachstum. Es gibt dann Konstanten $c_1 > 0$, $c_2 > 0$ und $n_0 \in \mathbb{N}$, sodass gilt $c_1 g(n) \leq f(n) \leq c_2 g(n)$ für alle $n \geq n_0$.
4. Wir erweitern die O–Notation auf Funktionen, die von zwei Parametern $(n, m) \in D \subset \mathbb{N}_0 \times \mathbb{N}_0$ abhängen. Seien

$$f, g : D \longrightarrow \mathbb{R}_{\geq 0}$$

Funktionen. Wir sagen $g(n, m) = O(f(n, m))$, wenn es Konstanten $c, n_0, m_0 \in \mathbb{N}$ gibt mit

$$g(n, m) \leq cf(n, m) \text{ für alle } n \geq n_0 \text{ oder } m \geq m_0.$$

Dies bedeutet, dass es nur endlich viele Paare $(m, n) \in D$ gibt, die die Ungleichung nicht erfüllen.

Beachte, $1 = O(nm)$ für $D = \mathbb{N} \times \mathbb{N}$, und $1 \neq O(nm)$ für $D = \mathbb{N}_0 \times \mathbb{N}_0$. Wir werden die verallgemeinerte O–Notation in den Kapiteln 5 und 6 anwenden. Die Laufzeit $T(n, m)$ von Graphalgorithmen hängt ab von n, der Anzahl der Knoten, und von m, der Anzahl der Kanten des Graphen.

Satz 1.13. *Sei $f(n) \neq 0$ für $n \in \mathbb{N}$. Dann gilt:*

$$g(n) = O(f(n)) \text{ genau dann, wenn } \left(\frac{g(n)}{f(n)} \right)_{n \in \mathbb{N}} \text{ beschränkt ist.}$$

Beweis. Es gilt $g(n) = O(f(n))$ genau dann, wenn es ein $c \in \mathbb{N}$ gibt mit $\frac{g(n)}{f(n)} \leq c$ für fast alle $n \in \mathbb{N}$, d. h. für alle bis auf endlich viele Ausnahmen. Dies ist äquivalent dazu, dass $\left(\frac{g(n)}{f(n)} \right)_{n \in \mathbb{N}}$ beschränkt ist. $\square$

Bemerkung. Zur Entscheidung der Konvergenz einer Folge gibt die Analysis Hilfsmittel. Die Konvergenz einer Folge impliziert die Beschränktheit der Folge (siehe [AmannEscher02, Kap. II.1]). Also folgt $g(n) = O(f(n))$, falls die Folge $\left(\frac{g(n)}{f(n)} \right)_{n \in \mathbb{N}}$ konvergiert. Insbesondere gilt:

$$g(n) = O(f(n)) \text{ und } f(n) = O(g(n)), \text{ wenn } \lim_{n \to \infty} \frac{g(n)}{f(n)} = c, c \neq 0.$$

$$g(n) = O(f(n)) \text{ und } f(n) \neq O(g(n)), \text{ wenn } \lim_{n \to \infty} \frac{g(n)}{f(n)} = 0.$$

$$f(n) = O(g(n)) \text{ und } g(n) \neq O(f(n)), \text{ wenn } \lim_{n \to \infty} \frac{g(n)}{f(n)} = \infty.$$

Beispiel. Figur 1.1 zeigt Funktionsgraphen von elementaren Funktionen, die als Laufzeiten von Algorithmen auftreten.

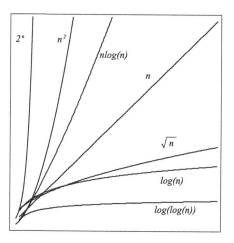

Fig. 1.1: Elementare Funktionen.

Satz 1.14 *(asymptotisches Wachstum elementarer Funktionen). Sei $n \in \mathbb{N}$.*

1. *Sei $k \geq 0$ und $a > 1$. Dann gilt $\lim_{n \to \infty} \frac{n^k}{a^n} = 0$, also auch $n^k = O(a^n)$.*
2. *Sei $k \geq 0$, $\ell > 0$ und $a > 1$. Dann gilt $\lim_{n \to \infty} \frac{\log_a(n)^k}{n^\ell} = 0$, insbesondere $\log_a(n)^k = O(n^\ell)$.*
3. *Sei $a > 1$. Dann gilt $a^n = O(n!)$.*
4. *$n! = O(n^n)$.*

Beweis.

1. Die allgemeine Exponentialfunktion ist definiert durch $a^n := e^{\ln(a)n}$. Es gilt $\frac{da^n}{dn} = \ln(a)a^n$. Wir zeigen $\lim_{n \to \infty} n^k/a^n = 0$. Nach der Regel von l'Hospital[16] für „$\frac{\infty}{\infty}$" konvergiert ein Quotient von Folgen, falls der Quotient der Ableitungen von Zähler und Nenner konvergiert (siehe [AmannEscher02, Kap. IV.2]). Die Grenzwerte sind dann gleich. Wir betrachten

---

[16] Guillaume François Antoine Marquis de L'Hospital (1661 – 1704) war ein französischer Mathematiker.

$$\frac{n^k}{a^n}, \frac{kn^{k-1}}{\ln(a)a^n}, \frac{k(k-1)n^{k-2}}{\ln(a)^2 a^n}, \ldots, \frac{k(k-1)\cdot \ldots \cdot 1}{\ln(a)^k a^n}.$$

Der letzte Quotient konvergiert gegen 0. Damit konvergieren alle Quotienten gegen 0. Dies zeigt die erste Behauptung.

2. Wir setzen $\log_a(n) = m$. Dann ist $n = a^m$ und Punkt 2 folgt aus

$$\lim_{n\to\infty} \frac{\log_a(n)^k}{n^\ell} = \lim_{m\to\infty} \frac{m^k}{(a^\ell)^m} = 0 \text{ (nach Punkt 1).}$$

3. Sei $n_0 := \lceil a \rceil$. Wegen $a^n \le a^{n_0}\, n!$ gilt die dritte Behauptung.
4. Aus $n! \le n^n$ für $n \in \mathbb{N}$ folgt die vierte Behauptung.

$\square$

Beispiele: Sei $P(x) = \sum_{j=0}^k a_j x^j$, $a_j \in \mathbb{R}$ und $a_k > 0$.

1. Es gilt $P(n) = O(n^k)$ und $n^k = O(P(n))$, denn $\left(\frac{P(n)}{n^k}\right)_{n\in\mathbb{N}}$ konvergiert gegen a_k. Der Grad eines Polynoms bestimmt sein asymptotisches Wachstum.
2. Sei $Q(x) = \sum_{j=0}^l a_j x^j$, $a_j \in \mathbb{R}$, $a_l > 0$ und $k < l$.
   Dann gilt $P(n) = O(Q(n))$ und $Q(n) \neq O(P(n))$, denn
   $P(n)/Q(n) = n^{k-l}\sum_{j=0}^k a_j n^{j-k}/\sum_{j=0}^l a_j n^{j-l}$ konvergiert gegen 0.
3. Sei $a \in \mathbb{R}$, $a > 1$. $P(n) = O(a^n)$, $a^n \neq O(P(n))$, denn $\left(\frac{P(n)}{a^n}\right)_{n\in\mathbb{N}}$ konvergiert gegen 0.
4. Sei $i \le k$ und $a_0 = \ldots = a_{i-1} = 0$, $a_i > 0$. $P\left(\frac{1}{n}\right) = O\left(\frac{1}{n^i}\right)$, denn $\left(n^i P\left(\frac{1}{n}\right)\right)_{n\in\mathbb{N}}$ konvergiert gegen a_i.
5. Sei

$$f(n) = \begin{cases} \frac{1}{n}, & \text{falls } n \text{ ungerade, und} \\ n, & \text{falls } n \text{ gerade.} \end{cases} \qquad g(n) = \begin{cases} \frac{1}{n}, & \text{falls } n \text{ gerade, und} \\ n, & \text{falls } n \text{ ungerade.} \end{cases}$$

Dann ist weder $\frac{f(n)}{g(n)}$ noch $\frac{g(n)}{f(n)}$ beschränkt, d. h. $f \neq O(g)$ und $g \neq O(f)$.

Bei der Berechnung des asymptotischen Wachstums der Laufzeit eines Algorithmus folgen wir seiner Konstruktion aus Sequenzen, Verzweigungen und Schleifen (Seite 8). Insbesondere sind dabei die folgenden Rechenregeln hilfreich: Sei $g_i = O(f_i)$, $i = 1, 2$. Dann gilt:

$$g_1 + g_2 = O(max(f_1, f_2)), \ g_1 \cdot g_2 = O(f_1 \cdot f_2).$$

Diese Regeln folgen unmittelbar aus der Definition der O–Notation (Definition 1.12).

Wenn eine Analyse nur die Ordnung der Laufzeit $T(n)$ eines Algorithmus bestimmt, so ist dies eher von theoretischem Interesse. Für eine Anwendung wäre eine genaue Angabe der Konstanten c und n_0 sehr hilfreich und falls die Größe der Eingaben $< n_0$ ist, natürlich auch das Verhalten von $T(n)$ für kleine n. Deshalb sollte eine möglichst genaue Bestimmung von $T(n)$ das Ziel der Laufzeitanalyse sein.

Manchmal verwenden wir die O–Notation als bequeme Notation zur Angabe der Laufzeit eines Algorithmus. Wir schreiben zum Beispiel $T(n) = O(n^2)$, obwohl wir das Polynom $T(n)$ vom Grad 2 genau bestimmen könnten. So brauchen wir die Koeffizienten des Polynoms nicht anzugeben.

Eine wichtige Klasse von Algorithmen sind die Algorithmen *polynomialer Laufzeit* $T(n)$. Mit der eingeführten O–Notation bedeutet dies $T(n) = O(n^k)$ für ein $k \in \mathbb{N}$. Einen Algorithmus mit polynomialer Laufzeit bezeichnen wir auch als *effizienten Algorithmus*. Wenn der Grad des Polynoms, das die Laufzeit angibt, groß ist, können wir einen Algorithmus polynomialer Laufzeit für praktische Anwendungen nicht einsetzen. Nicht effizient sind Algorithmen exponentieller Laufzeit. Wir sagen $T(n)$ wächst *exponentiell*, wenn $T(n)$ mindestens so schnell wächst wie $f(n) = 2^{n^\varepsilon}$, $\varepsilon > 0$.

Bei der Angabe des asymptotischen Wachstums der Laufzeit von Algorithmen treten häufig die Funktionen $\log(\log(n)), \log(n), n, n\log(n), n^2$ oder 2^n auf. Wir sagen dann, der Algorithmus hat *doppelt logarithmische, logarithmische, lineare, quasi-lineare, quadratische* oder *exponentielle Laufzeit*.

1.3 Lineare Differenzengleichungen

Die Berechnung der Laufzeit von Algorithmen kann oft mithilfe von Differenzengleichungen, den diskreten Analoga zu Differentialgleichungen, erfolgen. Wir behandeln deshalb Methoden zur Lösung von linearen Differenzengleichungen, die wir später zur Berechnung der Laufzeit von Algorithmen anwenden werden. Über Differenzengleichungen gibt es eine umfangreiche Theorie (siehe zum Beispiel [KelPet91] oder [Elaydi03]).

1.3.1 Lineare Differenzengleichungen erster Ordnung

Gegeben seien Folgen reeller Zahlen $(a_n)_{n \in \mathbb{N}}$ und $(b_n)_{n \in \mathbb{N}}$ und eine reelle Zahl b. Eine *lineare Differenzengleichung erster Ordnung* ist definiert durch

$$x_1 = b,$$
$$x_n = a_n x_{n-1} + b_n, \ n \geq 2.$$

Gesucht ist die Folge x_n, die Folgen a_n und b_n heißen Koeffizienten der Gleichung. Wir setzen sie als bekannt voraus. Die Gleichung ist von erster Ordnung, weil x_n nur von seinem Vorgänger x_{n-1} abhängt. Die Zahl b heißt *Anfangsbedingung* der Gleichung.

Ein Rechner kann die Folge $x_1, x_2, \dots$ berechnen. Wir sind aber an einer Formel für x_n interessiert, die erlaubt x_n durch Einsetzen von n zu ermitteln. Eine solche Formel bezeichnen wir als *geschlossene Lösung* der Differenzengleichung.

Die beiden Fälle $b_n = 0$ und $a_n = 1$ sind einfach durch *Expandieren der rechten Seite* der Gleichung zu lösen. Wir erhalten

$$x_n = a_n x_{n-1} = a_n a_{n-1} x_{n-2} = \ldots = b \prod_{i=2}^{n} a_i \text{ und}$$

$$x_n = x_{n-1} + b_n = x_{n-2} + b_{n-1} + b_n = \ldots = b + \sum_{i=2}^{n} b_i.$$

Im allgemeinen Fall betrachten wir zunächst die *zugeordnete homogene Gleichung*

$$x_1 = b, \ x_n = a_n x_{n-1} \text{ für } n \geq 2.$$

Eine Lösung der homogenen Gleichung erhalten wir wie oben:

$$x_n = \pi_n b, \text{ wobei } \pi_n = \prod_{i=2}^{n} a_i, \ n \geq 2, \ \pi_1 = 1.$$

Sei $\pi_n \neq 0$ für alle $n \in \mathbb{N}$. Die Lösung der inhomogenen Gleichung erhalten wir mit dem Lösungsansatz:

$$x_n = \pi_n c_n, \ n \geq 1.$$

Wir setzen $x_n = \pi_n c_n$ in die Gleichung ein und erhalten

$$\pi_n c_n = a_n \pi_{n-1} c_{n-1} + b_n = \pi_n c_{n-1} + b_n.$$

Division durch π_n ergibt eine Differenzengleichung für c_n

$$c_n = c_{n-1} + \frac{b_n}{\pi_n}.$$

Diese lösen wir durch Expandieren der rechten Seite der Gleichung:

$$c_n = c_{n-1} + \frac{b_n}{\pi_n} = c_{n-2} + \frac{b_n}{\pi_n} + \frac{b_{n-1}}{\pi_{n-1}} = \ldots = b + \sum_{i=2}^{n} \frac{b_i}{\pi_i}.$$

Wir erhalten

$$x_n = \pi_n \left(b + \sum_{i=2}^{n} \frac{b_i}{\pi_i} \right), \ n \geq 1,$$

als Lösung der ursprünglichen Gleichung.

Die diskutierte Methode zur Lösung von linearen Differenzengleichungen erster Ordnung bezeichnen wir als *Methode der Variation der Konstanten*. Insgesamt gilt

Satz 1.15. *Die lineare Differenzengleichung*

$$x_1 = b, \; x_n = a_n x_{n-1} + b_n, \; n \geq 2,$$

besitzt

$$x_n = \pi_n \left(b + \sum_{i=2}^{n} \frac{b_i}{\pi_i} \right), \; n \geq 1,$$

als Lösung, wobei $\pi_i = \prod_{j=2}^{i} a_j$ *für* $2 \leq i \leq n$ *und* $\pi_1 = 1$ *gilt.*

Es ist möglich eine Lösung in geschlossener Form anzugeben, falls uns dies für das Produkt und die Summe gelingt, die in der allgemeinen Lösung auftreten.

Corollar 1.16. *Die lineare Differenzengleichung mit konstanten Koeffizienten* a *und* b

$$x_1 = c, \; x_n = a x_{n-1} + b \; \text{für } n \geq 2$$

besitzt die Lösung

$$x_n = \begin{cases} a^{n-1}c + b\frac{a^{n-1}-1}{a-1}, & \text{falls } a \neq 1, \\ c + (n-1)b, & \text{falls } a = 1. \end{cases}$$

Beweis.

$$x_n = a^{n-1}\left(c + \sum_{i=2}^{n} \frac{b}{a^{i-1}} \right) = a^{n-1}c + b\sum_{i=2}^{n} a^{n-i} = a^{n-1}c + b\sum_{i=0}^{n-2} a^i$$

$$= \begin{cases} a^{n-1}c + b\frac{a^{n-1}-1}{a-1}, & \text{falls } a \neq 1 \; (\text{Anhang B (F.5)}), \\ c + (n-1)b, & \text{falls } a = 1. \end{cases}$$

$\square$

Beispiele:

1. Gegeben sei die Gleichung $x_1 = 2$, $x_n = 2x_{n-1} + 2^{n-2}$, $n \geq 2$.
   Wir erhalten

$$\pi_n = \prod_{i=2}^{n} 2 = 2^{n-1}.$$

$$x_n = 2^{n-1}\left(2 + \sum_{i=2}^{n} \frac{2^{i-2}}{2^{i-1}} \right) = 2^{n-1}\left(2 + \sum_{i=2}^{n} \frac{1}{2} \right) = 2^{n-2}(n+3).$$

2. Gegeben sei die Gleichung

(D 1) $$x_1 = c, \; x_n = \frac{n+2}{n}x_{n-1} + (an + b), \; n \geq 2,$$

wobei a, b und c konstant sind. Wir lösen die Gleichung und berechnen

$$\pi_n = \prod_{i=2}^{n} \frac{i+2}{i} = \frac{(n+1)(n+2)}{6}.$$

$$
\begin{aligned}
x_n &= \frac{(n+1)(n+2)}{6} \left(c + \sum_{i=2}^{n} \frac{6(ai+b)}{(i+1)(i+2)} \right) \\
&= (n+1)(n+2) \left(\frac{c}{6} + \sum_{i=2}^{n} \left(\frac{2a-b}{(i+2)} - \frac{b-a}{(i+1)} \right) \right) \\
&= (n+1)(n+2) \left(\frac{c}{6} + (2a-b) \sum_{i=4}^{n+2} \frac{1}{i} - (b-a) \sum_{i=3}^{n+1} \frac{1}{i} \right) \\
&= (n+1)(n+2) \left(a\mathrm{H}_{n+1} + \frac{2a-b}{n+2} - \frac{13a}{6} + \frac{b}{3} + \frac{c}{6} \right).
\end{aligned}
$$

$\mathrm{H}_n = \sum_{i=1}^{n} \frac{1}{i}$ ist die n–te harmonische Zahl (Definition B.4).
Bei der Summierung von rationalen Funktionen kommt die Partialbruchzerlegung zum Einsatz (Anhang B (F.2)):

$$\frac{ai+b}{(i+1)(i+2)} = \frac{A}{(i+1)} + \frac{B}{(i+2)}.$$

Multiplikation mit dem Hauptnenner ergibt

$$ai + b = A(i+2) + B(i+1) = (A+B)i + 2A + B.$$

Ein Koeffizientenvergleich liefert das Gleichungssystem

$$A + B = a \text{ und } 2A + B = b.$$

Dieses besitzt $A = b - a$ und $B = 2a - b$ als Lösungen.
Wir werden diese Gleichung mit $(a, b, c) = (1, -1, 0)$ und $(a, b, c) = (1/6, 2/3, 0)$ bei der Berechnung der durchschnittlichen Anzahl der Vergleiche und Umstellungen für den Quicksort-Algorithmus (Beweis von Satz 2.5 und von Satz 2.7) sowie bei der Berechnung der durchschnittlichen Pfadlänge in einem binären Suchbaum (Beweis von Satz 4.20) mit $(a, b, c) = (1, 0, 1)$ verwenden.

3. Wir wenden jetzt lineare Differenzengleichungen an, um die Laufzeit von Algorithmen zu analysieren. Wir berechnen die Anzahl der Ausgaben des folgenden Algorithmus HelloWorld.[17]

---

[17] In Anlehnung an Kernighan und Ritchies berühmtes „hello, world" ([KerRit78]).

Algorithmus 1.17.

HelloWorld(int n)

1   if $n > 0$
2   then for $i \leftarrow 1$ to 2 do
3   HelloWorld($n - 1$)
4   print(hello, world)

Sei x_n die Anzahl der Ausgaben von „hello, world". Dann gilt:

$$x_1 = 1, \; x_n = 2x_{n-1} + 1 \text{ für } n \geq 2.$$

Wir erhalten

$$\pi_n = \prod_{i=2}^{n} 2 = 2^{n-1}.$$

$$x_n = 2^{n-1}\left(1 + \sum_{i=2}^{n} \frac{1}{2^{i-1}}\right) = 2^{n-1} + \sum_{i=2}^{n} 2^{n-i}$$

$$= 2^{n-1} + \sum_{i=0}^{n-2} 2^i = 2^{n-1} + 2^{n-1} - 1 = 2^n - 1.$$

4. Gegeben sei folgender Algorithmus:

Algorithmus 1.18.

HelloWorld2(int n)

1   if $n >= 1$
2   then print(hello, world)
3   for $i \leftarrow 1$ to $n - 1$ do
4   HelloWorld2(i)
5   print(hello, world)

Wir bezeichnen mit x_n die Anzahl der Ausgaben „hello, world" in Abhängigkeit von n.

$$x_1 = 1, \; x_n = \sum_{i=1}^{n-1} (x_i + n), \; n \geq 2.$$

Dann gilt

$$x_n - x_{n-1} = x_{n-1} + 1, \text{ also}$$
$$x_n = 2x_{n-1} + 1, \; n \geq 2, \; x_1 = 1.$$

Diese Gleichung besitzt die Lösung $x_n = 2^n - 1$.

1.3.2 Fibonacci-Zahlen

Fibonacci-Zahlen sind nach Fibonacci[18], der als Entdecker dieser Zahlen gilt, benannt. Fibonacci-Zahlen haben viele interessante Eigenschaften. Unter anderem treten sie bei der Analyse von Algorithmen auf. Wir werden die Fibonacci-Zahlen im Abschnitt 4.3 verwenden, um eine obere Schranke für die Höhe eines ausgeglichenen binären Suchbaumes anzugeben.

Definition 1.19. Die *Fibonacci-Zahlen* sind rekursiv definiert durch

$$f_0 = 0, \ f_1 = 1,$$
$$f_n = f_{n-1} + f_{n-2}, n \geq 2.$$

Figur 1.2 veranschaulicht die Entwicklung der Fibonacci-Zahlen durch einen Wachstumsprozess. Aus einem nicht gefüllten Knoten entsteht in der nächsten Ebene ein gefüllter Knoten. Aus einem gefüllten Knoten entstehen in der nächsten Ebene ein nicht gefüllter und ein gefüllter Knoten.

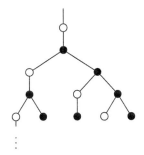

Fig. 1.2: Fibonacci-Zahlen.

Die Anzahl der Knoten in der i–ten Ebene ist gleich der i–ten Fibonacci-Zahl f_i, denn die Knoten der $(i-1)$–ten Ebene kommen auch in der i–ten Ebene (als gefüllte Knoten) vor und die Knoten der $(i-2)$–ten Ebene sind in der $(i-1)$–ten Ebene gefüllt.

Unser Ziel ist es, einen Algorithmus zur Berechnung der Fibonacci-Zahlen zu entwickeln und eine geschlossene Formel für die Fibonacci-Zahlen herzuleiten. Dazu betrachten wir etwas allgemeiner die *lineare Differenzengleichung zweiter Ordnung*

$$x_0 = u_0, \ x_1 = u_1,$$
$$x_n = v_n x_{n-1} + w_n x_{n-2} + b_n, \ w_n \neq 0, \ n \geq 2.$$

---

[18] Leonardo da Pisa, auch Fibonacci genannt, war ein bedeutender Rechenmeister. Er lebte in der zweiten Hälfte des 12. und ersten Hälfte des 13. Jahrhunderts in Pisa.

Gesucht ist die Folge x_n, die Folgen v_n, w_n und b_n heißen Koeffizienten der Gleichung. Wir nehmen sie als bekannt an.

Wir führen eine Differenzengleichung zweiter Ordnung auf ein System von Differenzengleichungen erster Ordnung zurück:

$$X_1 = B,$$
$$X_n = A_n X_{n-1} + B_n,\ n \geq 2,$$

wobei

$$B = \begin{pmatrix} u_0 \\ u_1 \end{pmatrix},\ X_n = \begin{pmatrix} x_{n-1} \\ x_n \end{pmatrix},\ n \geq 1,$$

$$A_n = \begin{pmatrix} 0 & 1 \\ w_n & v_n \end{pmatrix},\ B_n = \begin{pmatrix} 0 \\ b_n \end{pmatrix},\ n \geq 2.$$

Dieses besitzt die Lösung

$$X_n = \pi_n \left(B + \sum_{i=2}^{n} \pi_i^{-1} B_i \right),\ n \geq 1,\ \text{wobei}$$

$$\pi_i = A_i \cdot A_{i-1} \cdot \ldots \cdot A_2,\ 2 \leq i \leq n,\ ,\pi_1 = \begin{pmatrix} 1 & 0 \\ 0 & 1 \end{pmatrix}.$$

Insbesondere besitzt die homogene Gleichung

$$x_0 = u_0,\ x_1 = u_1,$$
$$x_n = v_n x_{n-1} + w_n x_{n-2},\ w_n \neq 0,\ n \geq 2,$$

die Lösung

$$X_n = \pi_n B,\ n \geq 1,\ \text{wobei für } n \geq 2$$
$$\pi_n = A_n \cdot A_{n-1} \cdot \ldots \cdot A_2,\ \pi_1 = \begin{pmatrix} 1 & 0 \\ 0 & 1 \end{pmatrix}.$$

Die homogene Differenzengleichung mit konstanten Koeffizienten

$$x_0 = u_0,\ x_1 = u_1,$$
$$x_n = v x_{n-1} + w x_{n-2},\ w \neq 0,\ n \geq 2$$

besitzt die Lösung

$$X_n = A^{n-1} B,\ n \geq 1,\ \text{wobei } A = \begin{pmatrix} 0 & 1 \\ w & v \end{pmatrix}.$$

Bemerkungen:

1. Wir geben unten einen effizienten Potenzierungsalgorithmus an, der die Matrix A^n in $\log_2(n)$ Schritten berechnet.
2. Die Methode zur Lösung von Differenzengleichungen zweiter Ordnung können wir auf Differenzengleichungen k–ter Ordnung verallgemeinern.

Algorithmus zur Berechnung der n–ten Fibonacci-Zahl. Die Fibonacci-Zahlen sind durch eine homogene lineare Differenzengleichung zweiter Ordnung mit konstanten Koeffizienten definiert. Mit

$$X_n = \begin{pmatrix} f_{n-1} \\ f_n \end{pmatrix} \text{ und } A = \begin{pmatrix} 0 & 1 \\ 1 & 1 \end{pmatrix}$$

folgt für $n \geq 1$

$$\begin{pmatrix} f_{n-1} & f_n \\ f_n & f_{n+1} \end{pmatrix} = \left(A^{n-1} \begin{pmatrix} 0 \\ 1 \end{pmatrix} A^n \begin{pmatrix} 0 \\ 1 \end{pmatrix} \right) = A^{n-1} \begin{pmatrix} 0 & 1 \\ 1 & 1 \end{pmatrix} = A^n.$$

Wir berechnen $A^{n-1} = \begin{pmatrix} a_{11} & a_{12} \\ a_{21} & a_{22} \end{pmatrix}$ mit dem folgenden Algorithmus 1.20 zum Potenzieren und erhalten $f_n = a_{22}$.

Dieser Algorithmus berechnet in einem Schritt $(A^l)^2$ und eventuell $A^l A$. Bei der Berechnung von $(A^l)^2$ sind die Terme $f_{l-1}^2 + f_l^2$, $f_{l-1}f_l + f_l f_{l+1}$ und $f_l^2 + f_{l+1}^2$ zu berechnen. Ersetzt man f_{l+1} durch $f_{l-1} + f_l$, so sieht man, dass die Quadrierung aufgrund der speziellen Gestalt von A^l 3 Multiplikationen (f_{l-1}^2, $f_{l-1}f_l$, f_l^2) und 6 Additionen erfordert. Bei der Multiplikation mit A ist die erste Zeile von $A^l A$ die zweite Zeile von A^l und zweite Zeile von $A^l A$ ist die Summe der beiden Zeilen von A^l, folglich sind nur 2 Additionen von ganzen Zahlen erforderlich.

Algorithmus zum Potenzieren. Wegen der Formel

$$A^n = \begin{cases} (A^{n/2})^2, & \text{falls } n \text{ gerade ist, und} \\ (A^{(n-1)/2})^2 A & \text{sonst,} \end{cases}$$

können wir bei der Berechnung von A^n in einem Schritt, der aus einer Quadrierung und höchstens einer Multiplikation besteht, den Exponenten n halbieren. Daraus resultiert ein Algorithmus, der A^n in der Zeit $O(\log_2(n))$ berechnet.

Um die Rekursion zu vermeiden, betrachten wir die Binärentwicklung

$$n = 2^{l-1} n_{l-1} + 2^{l-2} n_{l-2} + \ldots + 2^1 n_1 + 2^0 n_0 \text{ (mit } n_{l-1} = 1)$$
$$= (2^{l-2} n_{l-1} + 2^{l-3} n_{l-2} + \ldots + n_1) \cdot 2 + n_0$$
$$= (\ldots ((2n_{l-1} + n_{l-2}) \cdot 2 + n_{l-3}) \cdot 2 + \ldots + n_1) \cdot 2 + n_0$$

von n. Dann ist $l = \lfloor \log_2(n) \rfloor + 1$ und

$$A^{2^{l-1} + 2^{l-2} n_{l-2} + \ldots + 2n_1 + n_0} = (\ldots (((A^2 \cdot A^{n_{l-2}})^2 \cdot A^{n_{l-3}})^2 \cdot \ldots)^2 \cdot A^{n_1})^2 \cdot A^{n_0}.$$

Diese Formel erhalten wir auch, wenn wir die rekursive Formel von oben expandieren, d. h. fortgesetzt auf $A^{n/2}$ und $A^{(n-1)/2}$ anwenden. Wir setzen die Formel in einen Algorithmus um:

Algorithmus 1.20.

matrix Power(int matrix A; bitString $n_{l-1} \ldots n_0$)

1   int i; matrix $B \leftarrow A$

2   for $i \leftarrow l - 2$ downto 0 do

3        $B \leftarrow B^2 \cdot A^{n_i}$

4   return B

Die Anzahl der Iterationen der for-Schleife ist $\lfloor \log_2(n) \rfloor$, also gleich der Bitlänge von n minus 1 (siehe Lemma B.3). Die Laufzeit des Algorithmus Power ist damit logarithmisch im Exponenten n, also linear in $|n|$, der Bitlänge von n. Dies gilt, falls der Aufwand für die arithmetische Operation der Addition und Multiplikation konstant ist. Man beachte aber, dass der Aufwand bei großen Zahlen von der Länge der Zahlen abhängt und deswegen nicht mehr konstant ist. Dies erhöht die Komplexität, wenn wir den Algorithmus zur Berechnung von sehr großen Fibonacci-Zahlen einsetzen.

Die iterative Lösung, die f_n berechnet, indem wir für alle Fibonacci-Zahlen f_i, $i = 2 \ldots n$, nacheinander f_{i-1} zu f_{i-2} addieren, benötigt $n - 1$ viele Additionen. Die Laufzeit dieses Algorithmus ist linear in n, folglich exponentiell in $|n|$. Er berechnet aber auch die ersten n Fibonacci-Zahlen.

Im Folgenden geht es um eine geschlossene Lösung für die Fibonacci-Zahlen.

Satz 1.21. *Für die Fibonacci-Zahlen f_n gilt*

$$f_n = \frac{1}{\sqrt{5}}(g^n - \hat{g}^n), \ n \geq 0,$$

wobei

$$g = \frac{1}{2}\left(1 + \sqrt{5}\right) \ und \ \hat{g} = 1 - g = -\frac{1}{g} = \frac{1}{2}\left(1 - \sqrt{5}\right)$$

die Lösungen der Gleichung $x^2 = x + 1$ sind.

Definition 1.22. Die Zahl g heißt das *Verhältnis des goldenen Schnitts*.[19]

Beweis. Der Lösungsansatz mit der Exponentialfunktion

$$f_n = q^n,$$

eingesetzt in die Gleichung $x_n - x_{n-1} - x_{n-2} = 0$, liefert

$$q^n - q^{n-1} - q^{n-2} = q^{n-2}\left(q^2 - q - 1\right) = 0.$$

---

[19] Eine Strecke ist im Verhältnis des goldenen Schnitts geteilt, wenn das Verhältnis des Ganzen zu seinem größeren Teil gleich dem Verhältnis des größeren zum kleineren Teil ist. In Formeln: $(x + y)/x = x/y$. Dieses Verhältnis hängt nicht von x und y ab und ist Lösung der Gleichung $x^2 = x + 1$. In der Architektur werden Proportionen, die dem Verhältnis des goldenen Schnitts genügen, als ideal erachtet.

Die Basis q der Exponentialfunktion ist Nullstelle des quadratischen Polynoms $X^2 - X - 1$. Dieses besitzt die Lösungen g und ĝ. Deswegen gilt

$$\mathrm{g}^n - \mathrm{g}^{n-1} - \mathrm{g}^{n-2} = 0 \text{ und } \hat{\mathrm{g}}^n - \hat{\mathrm{g}}^{n-1} - \hat{\mathrm{g}}^{n-2} = 0,$$

d. h. die Funktionen g^n und $\hat{\mathrm{g}}^n$ sind Lösungen der Gleichung $x_n - x_{n-1} - x_{n-2} = 0$. Da die Gleichung linear ist, ist auch

$$\lambda_1 \mathrm{g}^n + \lambda_2 \hat{\mathrm{g}}^n, \ \lambda_1, \ \lambda_2 \in \mathbb{R},$$

eine Lösung. Sie heißt die *allgemeine Lösung der Differenzengleichung.* Mit der Anfangsbedingung $\mathrm{f}_0 = 0$, $\mathrm{f}_1 = 1$ folgt

$$\lambda_1 \mathrm{g}^0 + \lambda_2 \hat{\mathrm{g}}^0 = 0 \,,$$
$$\lambda_1 \mathrm{g}^1 + \lambda_2 \hat{\mathrm{g}}^1 = 1 \,.$$

Das lineare Gleichungssystem hat die Lösung $\lambda_1 = -\lambda_2 = \frac{1}{\sqrt{5}}$.
Einsetzen von $\lambda_1 = -\lambda_2 = \frac{1}{\sqrt{5}}$ in die allgemeine Lösung liefert

$$\mathrm{f}_n = \frac{1}{\sqrt{5}}(\mathrm{g}^n - \hat{\mathrm{g}}^n),$$

die *Lösung zur Anfangsbedingung* $\mathrm{f}_0 = 0$, $\mathrm{f}_1 = 1$. $\square$

Bemerkungen:

1. Mit der Beweismethode können wir eine geschlossene Form der Lösung für homogene Differenzengleichungen mit konstanten Koeffizienten berechnen (nicht nur für Gleichungen von der Ordnung 2).
2. Da $|\frac{1}{\sqrt{5}}\hat{\mathrm{g}}^n| < \frac{1}{2}$ für $n \geq 0$, folgt, dass

$$\mathrm{f}_n = \text{round}\left(\frac{\mathrm{g}^n}{\sqrt{5}}\right)$$

gilt, wobei round(x) zur x am nächsten gelegenen ganzen Zahl rundet. Insbesondere folgt aus der Formel, dass die Fibonacci-Zahlen exponentielles Wachstum besitzen.
3. Die Berechnung von Fibonacci-Zahlen mit der Formel aus Satz 1.21 erfolgt im quadratischen Zahlkörper $\mathbb{Q}(\sqrt{5})$[20]. Die Arithmetik in $\mathbb{Q}(\sqrt{5})$ liefert exakte Ergebnisse. Falls diese nicht implementiert ist, approximiert man irrationale Zahlen üblicherweise durch Gleitkommazahlen. Diese bieten nur eingeschränkte Genauigkeit und der Rechenaufwand ist im Vergleich zu ganzzahliger Arithmetik höher.

---

[20] Quadratische Zahlkörper sind Gegenstand der Algebraischen Zahlentheorie. Sie werden auch in [RemUll08] studiert.

4. Der Quotient zweier aufeinander folgender Fibonacci-Zahlen konvergiert gegen das Verhältnis g des goldenen Schnitts. Dies folgt, da

$$\frac{f_{n+1}}{f_n} = \frac{g^{n+1} - \hat{g}^{n+1}}{g^n - \hat{g}^n} = g\frac{1 - \left(\frac{\hat{g}}{g}\right)^{n+1}}{1 - \left(\frac{\hat{g}}{g}\right)^n} = g\frac{1 - \left(\frac{-1}{g^2}\right)^{n+1}}{1 - \left(\frac{-1}{g^2}\right)^n}$$

gilt. Der letzte Bruch konvergiert gegen 1. Hieraus folgt die Behauptung.

Wir diskutieren die Lösung von linearen Differenzengleichungen zweiter Ordnung mit konstanten Koeffizienten, die nicht homogen sind. Dazu betrachten wir die rekursive Berechnung der Fibonacci-Zahlen – wie in der definierenden Gleichung.

Algorithmus 1.23.
   int Fib(int n)
   1   if $n = 0$ oder $n = 1$
   2   then return n
   3   else return Fib$(n-1)$ + Fib$(n-2)$

Mit x_n bezeichnen wir die Anzahl der Aufrufe von Fib zur Berechnung der n–ten Fibonacci-Zahl. Dann gilt

$$x_0 = 1,\ x_1 = 1,$$
$$x_n = x_{n-1} + x_{n-2} + 1,\ n \geq 2.$$

Wir berechnen eine *spezielle Lösung* der Gleichung durch den Lösungsansatz $\varphi_n = c$, c konstant, und erhalten $c = 2c + 1$ oder $c = -1$.
Die allgemeine Lösung x_n berechnet sich aus der allgemeinen Lösung der homogenen Gleichung und der speziellen Lösung $\varphi_n = -1$:

$$x_n = \lambda_1 g^n + \lambda_2 \hat{g}^n - 1,\ \lambda_1,\ \lambda_2 \in \mathbb{R}.$$

Aus den Anfangsbedingungen $x_0 = x_1 = 1$ folgt $\lambda_1 g^0 + \lambda_2 \hat{g}^0 - 1 = 1$ und $\lambda_1 g^1 + \lambda_2 \hat{g}^1 - 1 = 1$. Wir erhalten

$$\lambda_1 = \frac{2(1 - \hat{g})}{\sqrt{5}} = \frac{2g}{\sqrt{5}},\ \lambda_2 = -\frac{2(g - \sqrt{5})}{\sqrt{5}} = -\frac{2\hat{g}}{\sqrt{5}}.$$

Damit ergibt sich die Lösung

$$x_n = \frac{2}{\sqrt{5}}\left(gg^n - \hat{g}\hat{g}^n\right) - 1 = \frac{2}{\sqrt{5}}\left(g^{n+1} - \hat{g}^{n+1}\right) - 1 = 2f_{n+1} - 1.$$

Die Laufzeit ist somit exponentiell in n. Der Algorithmus von oben, der die Potenzierungsmethode verwendet, hat logarithmische Laufzeit.

Bemerkung. Wir betrachten eine inhomogene lineare Differenzengleichung $k-$ter Ordnung mit konstanten Koeffizienten:

$$(1.1) \qquad x_n + a_{k-1}x_{n-1} + \ldots + a_1 x_{n-k+1} + a_0 x_{n-k} = r_n, \ a_0 \neq 0.$$

Wir ordnen der Gleichung das *charakteristische Polynom*

$$P(X) := X^k + a_{k-1}X^{k-1} + \ldots + a_1 X^1 + a_0$$

zu.

1. Eine allgemeine Lösung berechnet sich so:
   Besitzt $P(X)$ die Nullstellen $x_1, \ldots, x_\mu$ mit den Vielfachheiten $\alpha_1, \ldots, \alpha_\mu$, so ist

   $$x_n = \sum_{i=1}^{\mu} \sum_{j=1}^{\alpha_i} \lambda_{ij} n^{j-1} x_i^n, \ \lambda_{i,j} \in \mathbb{R},$$

   eine allgemeine Lösung der zugeordneten homogenen Gleichung.
2. Der Ansatz für die rechte Seite liefert eine Lösung der inhomogenen Gleichung: Ist die rechte Seite r_n der Gleichung (1.1) von der Form $p(n)a^n$, wobei $p(n)$ ein Polynom vom Grad ν ist, so liefert ein Lösungsansatz $n^\ell a^n \varphi(n)$ mit einem Polynom $\varphi(n)$ vom Grad ν mit unbestimmten Koeffizienten eine spezielle Lösung. ℓ ist die Vielfachheit der Nullstelle a des charakteristischen Polynoms.

Die in diesem Abschnitt diskutierten Methoden zur Lösung von rekursiven Gleichungen, insbesondere von linearen Differenzengleichungen erster Ordnung werden wir später bei der Laufzeitberechnung von Quicksort (Abschnitt 2.1.1), von Quickselect (Satz 2.31), zur Bestimmung der durchschnittlichen Pfadlänge bei binären Suchbäumen (Satz 4.20) und im Abschnitt 4.4 zur Analyse der Laufzeit der Zugriffsfunktionen auf probabilistische binäre Suchbäume (Satz 4.24) sowie bei der Analyse eines probabilistischen Algorithmus zur Berechnung eines minimalen Schnitts in einem Graphen (Abschnitt 5.7) anwenden. Eine obere Schranke für die Höhe eines AVL-Baumes geben wir mithilfe einer Differenzengleichung zweiter Ordnung an (Satz 4.14).

1.4 Die Mastermethode für Rekursionsgleichungen

Der folgende Satz wird in der Literatur mit „Mastertheorem" bezeichnet. Er ist bei Algorithmen anwendbar, die der Divide-and-Conquer-Strategie folgen (siehe Abschnitt 1.5.2). Die Laufzeit $T(n)$ solcher Algorithmen erfüllt eine Rekursionsgleichung, d.h. der Wert $T(n)$ wird durch die Werte von Argumenten kleiner n definiert.

Wir betrachten den Fall, dass nur ein kleinerer Wert auftritt, der durch eine Kontraktion bestimmt ist. Falls nur ganzzahlige Eingabegrößen betrachtet werden, ist die Kontraktion um Auf- oder Abrunden zu ergänzen.

Die Methode, die wir zur Lösung von Rekursionsgleichungen verwenden, erlaubt präzise Aussagen und liefert einen einfachen Beweis. Wir formulieren zunächst den Begriff der Kontraktion und zwei vorbereitende Lemmata.

Definition 1.24. Sei $g : \mathbb{R}_{\geq 0} \longrightarrow \mathbb{R}_{\geq 0}$ eine Funktion und $0 \leq q < 1$. g heißt *Kontraktion*, wenn für alle $x \in \mathbb{R}_{\geq 0}$ gilt $g(x) \leq qx$.

Lemma 1.25. *Sei $g : \mathbb{R}_{\geq 0} \longrightarrow \mathbb{R}_{\geq 0}$ eine Kontraktion, $r : \mathbb{R}_{\geq 0} \longrightarrow \mathbb{R}_{\geq 0}$ eine Funktion und $b \in \mathbb{N}$. Wir betrachten für $x \in \mathbb{R}_{\geq 0}$ die Rekursionsgleichung*

(R0) $T_g(x) = d$ *für* $x < b$ *und* $T_g(x) = aT_g(g(x)) + r(x)$ *für* $x \geq b$,

wobei $a \geq 1$ und d Konstanten aus $\mathbb{R}_{\geq 0}$ sind. Sei k die Rekursionstiefe von g bezüglich x und b, d. h. k ist der kleinste Exponent mit $g^k(x) < b$. Dann gilt

(L0) $$T_g(x) = a^k d + \sum_{i=0}^{k-1} a^i r(g^i(x)).$$

Insbesondere gilt für eine monoton wachsende Funktion r und für Kontraktionen h und g mit $h(x) \leq g(x)$ für alle $x \in \mathbb{R}_{\geq 0}$ auch $T_h(x) \leq T_g(x)$ für alle $x \in \mathbb{R}_{\geq 0}$.

Beweis. Die Formel erhalten wir durch Expandieren der rechten Seite.

$$\begin{aligned}
T_g(x) &= aT_g(g(x)) + r(x) \\
&= a(aT_g(g^2(x)) + r(g(x))) + r(x) \\
&= a^2 T_g(g^2(x)) + ar(g(x)) + r(x) \\
&\;\;\vdots \\
&= a^k T_g(g^k(x)) + a^{k-1} r(g^{k-1}(x)) + \ldots + ar(g(x)) + r(x) \\
&= a^k d + \sum_{i=0}^{k-1} a^i r(g^i(x)).
\end{aligned}$$

Die Aussage über die Monotonie folgt aus der Lösungsformel (L0).   □

Lemma 1.26. *Wir betrachten für $n \in \mathbb{R}_{\geq 0}$ die Rekursionsgleichung*

(R1) $T_{(\frac{n}{b})}(n) = d$ *für* $n < b$ *und* $T_{(\frac{n}{b})}(n) = aT_{(\frac{n}{b})}\left(\dfrac{n}{b}\right) + cn^l$ *für* $n \geq b$,

wobei $a \geq 1$, c, d Konstanten aus $\mathbb{R}_{\geq 0}$, $b > 1$ und l Konstanten aus $\mathbb{N}_0$ sind. Sei $q = a/b^l$. Dann gilt

(L1) $$T_{(\frac{n}{b})}(n) = \begin{cases} da^{\lfloor \log_b(n) \rfloor} + cn^l \, \dfrac{q^{\lfloor \log_b(n) \rfloor} - 1}{q - 1}, & \text{falls } b^l \neq a, \\[2ex] da^{\lfloor \log_b(n) \rfloor} + cn^l \lfloor \log_b(n) \rfloor, & \text{falls } b^l = a. \end{cases}$$

Für die Ordnung von $T_{(\frac{n}{b})}(n)$ folgt

$$T_{(\frac{n}{b})}(n) = \begin{cases} O(n^l), & \text{falls } l > \log_b(a), \\ O(n^l \log_b(n)), & \text{falls } l = \log_b(a), \\ O(n^{\log_b(a)}), & \text{falls } l < \log_b(a). \end{cases}$$

Beweis. Sei $n = \sum_{i=-\infty}^{k-1} n_i b^i = n_{k-1} \ldots n_1 n_0, n_{-1} \ldots$ mit $n_{k-1} \neq 0$ die b–adische Entwicklung von n. Dann ist $k = \lfloor \log_b(\lfloor n \rfloor) \rfloor + 1 = \lfloor \log_b(n) \rfloor + 1$ (Lemma B.3) und $\frac{n}{b^i} = n_{k-1} \ldots n_i, n_{i-1} \ldots n_0 n_{-1} \ldots$. Mit Lemma 1.25 und $g(n) = n/b$, $r(n) = cn^l$ und $g^i(n) = n/b^i$ folgt

$$T_{(\bar{b})}(n) = a^{k-1}d + c \sum_{i=0}^{k-2} a^i \left(\frac{n}{b^i}\right)^l = a^{k-1}d + cn^l \sum_{i=0}^{k-2} \left(\frac{a}{b^l}\right)^i$$

$$= \begin{cases} da^{k-1} + cn^l \frac{q^{k-1}-1}{q-1}, & \text{falls } b^l \neq a, \\[2mm] da^{k-1} + cn^l(k-1), & \text{falls } b^l = a \end{cases}$$

(Anhang B (F.5)). Ersetzt man k durch $\lfloor \log_b(n) \rfloor + 1$[21], so folgt die Formel für $T_{(\bar{b})}(n)$.

Wir zeigen noch die Aussagen über die Ordnung von $T_{(\bar{b})}(n)$.

Für $q > 1$, also für $\log_b(a) > l$, gilt $O\left(\frac{q^{k-1}-1}{q-1}\right) = O(q^{k-1})$ und

$O(a^{k-1} + n^l q^{k-1}) = O\left(a^{\log_b(n)} + n^l q^{\log_b(n)}\right) =^{22} O\left(n^{\log_b(a)} + n^l n^{\log_b(q)}\right) = O(n^{\log_b(a)} + n^l n^{\log_b(a)-l}) = O(n^{\log_b(a)})$.

Für $q < 1$, also für $\log_b(a) < l$, konvergiert $\frac{q^{k-1}-1}{q-1}$ für $k \longrightarrow \infty$ gegen $\frac{1}{1-q}$. Es folgt $\frac{q^{k-1}-1}{q-1} = O(1)$ und $O(a^{\lfloor \log_b(n) \rfloor} + cn^l) = O(n^l + cn^l) = O(n^l)$.

Für $\log_b(a) = l$ gilt $da^{\lfloor \log_b(n) \rfloor} + cn^l \lfloor \log_b(n) \rfloor = O(n^l + n^l \log_b(n)) = O(n^l \log_b(n))$. Dies zeigt die Behauptung des Lemmas. $\square$

Aus der Lösungsmethode – Expandieren der rechten Seite – folgt unmittelbar die Eindeutigkeit der Lösung.

Corollar 1.27. *Die (geschlossene) Lösung* (L1) *der Rekursionsgleichung* (R1) *ist eindeutig. Sie ist durch die Parameter* a, b, c, d *und* l *der Rekursionsgleichung* (R1) *bestimmt.*

Bemerkung. Sei $n = b^k$. Wir setzen $x_k = T_{(\bar{b})}(b^k)$. Dann gilt

$$x_1 = ad + cb^l \quad \text{und} \quad x_k = ax_{k-1} + c\left(b^l\right)^k \quad \text{für } k > 1.$$

Mithilfe der Substitution $n = b^k$ haben wir die Rekursionsgleichung (R1) in eine lineare Differenzengleichung transformiert. Die Lösung dieser Differenzengleichung stellen wir als Übungsaufgabe (Aufgabe 12). Eine weitere Methode zur Lösung der Rekursionsgleichung (R1) ergibt sich durch Anwendung der inversen Transformation $k = \log_b(n)$ (Lemma B.24).

Wir formulieren die Voraussetzungen für die Anwendung des Mastertheorems. Wir zerlegen den Input der Größe n für einen rekursiven Algorithmus A

---

[21] Die Rekursion bricht nach $k - 1 = \lfloor \log_b(n) \rfloor$ Schritten ab, $\lfloor \log_b(n) \rfloor$ ist die *Rekursionstiefe* der Gleichung (R1).

[22] $a^{\log_b(n)} = (b^{\log_b(a)})^{\log_b(n)} = (b^{\log_b(n)})^{\log_b(a)} = n^{\log_b(a)}$.

in a Teilinstanzen der Größe $\lfloor \frac{n}{b} \rfloor$ oder alternativ der Größe $\lceil \frac{n}{b} \rceil$. Die Lösungen für die a Teilinstanzen berechnen wir rekursiv. Die Laufzeit, um eine Instanz aufzuteilen und die Ergebnisse der rekursiven Aufrufe dieser Teilinstanzen zu kombinieren sei cn^l. Die Funktion $T_{\lfloor \frac{n}{b} \rfloor}$ ist rekursiv definiert durch

(R2) $T_{\lfloor \frac{n}{b} \rfloor}(n) = d$ für $n < b$ und $T_{\lfloor \frac{n}{b} \rfloor}(n) = aT_{\lfloor \frac{n}{b} \rfloor}\left(\left\lfloor \frac{n}{b} \right\rfloor \right) + cn^l$ für $n \geq b$,

wobei $a \geq 1$, $b > 1$ und c, d, l Konstanten aus $\mathbb{N}_0$ sind.

Die Funktion $T_{\lceil \frac{n}{b} \rceil}$ ist analog definiert, indem wir in $T_{\lfloor \frac{n}{b} \rfloor}$ die Funktion $\lfloor \frac{n}{b} \rfloor$ durch die Funktion $\lceil \frac{n}{b} \rceil$ ersetzen.

(R3) $T_{\lceil \frac{n}{b} \rceil}(n) = d$ für $n < b$ und $T_{\lceil \frac{n}{b} \rceil}(n) = aT_{\lceil \frac{n}{b} \rceil}\left(\left\lceil \frac{n}{b} \right\rceil \right) + cn^l$ für $n \geq b$.

Sei $n = n_{k-1}b^{k-1} + \ldots + n_1 b + n_0 = n_{k-1} \ldots n_1 n_0$, $n_{k-1} \neq 0$, die b–adische Entwicklung von n und $q = \frac{a}{b^l}$.

Die Funktion $S(n, \lambda)$, die wir nur mit $\lambda = \frac{b}{(b-1)}$ und $\lambda = \frac{(b-1)}{b}$ verwenden, ist definiert durch

$$S(n, \lambda) = \begin{cases} d'a^{\lfloor \log_b(n) \rfloor} + c(\lambda n)^l \, \dfrac{q^{\lfloor \log_b(n) \rfloor} - 1}{q - 1}, & \text{falls } q \neq 1, \\[2ex] d'a^{\lfloor \log_b(n) \rfloor} + c(\lambda n)^l \lfloor \log_b(n) \rfloor, & \text{falls } q = 1. \end{cases}$$

In Abhängigkeit von λ und n ist d' definiert durch

$$d' = \begin{cases} d, & \text{falls } \lambda = \frac{(b-1)}{b} \text{ oder } \lambda = \frac{b}{(b-1)} \text{ und } n \leq (b-1)b^{k-1}, \\ ad + cb^l, & \text{falls } \lambda = \frac{b}{(b-1)} \text{ und } n > (b-1)b^{k-1}. \end{cases}$$

Satz 1.28 *(Mastertheorem). Sei $T_{(\frac{n}{b})}$ die Funktion aus Lemma 1.26.*

1. *Es gilt $T_{\lfloor \frac{n}{b} \rfloor}(n) \leq T_{(\frac{n}{b})}(n) \leq T_{\lceil \frac{n}{b} \rceil}(n)$ für $n \in \mathbb{N}$.*
2. *Für $n = n_{k-1}b^{k-1}$ ist die Ungleichung von oben eine Gleichung, d. h. für $T_{\lfloor \frac{n}{b} \rfloor}(n)$ und $T_{\lceil \frac{n}{b} \rceil}(n)$ gelten die Formeln für $T_{(\frac{n}{b})}(n)$ von Lemma 1.26.*
3. *Weiter ist für $n \neq n_{k-1}b^{k-1}$ durch $S\left(n, \frac{(b-1)}{b}\right)$ eine untere Schranke von $T_{\lfloor \frac{n}{b} \rfloor}(n)$ und durch $S(n, \frac{b}{(b-1)})$ eine obere Schranke für $T_{\lceil \frac{n}{b} \rceil}$ gegeben.*
4. *Für $T_{\lfloor \frac{n}{b} \rfloor}(n)$ und $T_{\lceil \frac{n}{b} \rceil}(n)$ gelten die asymptotischen Aussagen für $T_{(\frac{n}{b})}(n)$ von Lemma 1.26.*

Beweis. Die Ungleichung von Punkt 1 folgt aus Lemma 1.25.

Für $n = n_{k-1}b^{k-1}$ folgt $\lfloor \frac{n}{b^i} \rfloor = \lceil \frac{n}{b^i} \rceil = \frac{n}{b^i}$, $i = 0, \ldots, k-1$. Deshalb wird aus der Ungleichung eine Gleichung.

Wir zeigen jetzt die Behauptung für die untere Schranke von $T_{\lfloor \frac{n}{b} \rfloor}(n)$. Dazu setzen wir

$$U(n) = \frac{n - (b-1)}{b}.$$

Dann gilt $U(n) \leq \lfloor \frac{n}{b} \rfloor$. Sei

$$T_U(n) = d \text{ für } n < b, T_U(n) = aT_U(U(n)) + cn^l \text{ für } n \geq b.$$

Wir setzen

$$m_0 = n \text{ und } m_i = \frac{m_{i-1} + 1 - b}{b} \text{ für } i \geq 1.$$

Hier handelt es sich um eine lineare Differenzengleichung mit konstanten Koeffizienten. Mit Corollar 1.16 folgt[23]

$$m_i = \frac{n}{b^i} + \frac{1}{b^i} - 1 \text{ und hieraus } \left(\frac{b-1}{b}\right)\frac{n}{b^i} \leq m_i \text{ für } i = 0, \ldots, k-2.$$

Es gilt $U^i(n) = m_i$. Mit Lemma 1.25 und $\lambda = (b-1)/b$ erhalten wir

$$T_U(n) = a^{k-1}d + c\sum_{i=0}^{k-2} a^i m_i^l \geq a^{k-1}d + c(\lambda n)^l \sum_{i=0}^{k-2} \left(\frac{a}{b^l}\right)^i$$

$$= \begin{cases} da^{k-1} + c(\lambda n)^l \frac{q^{k-1}-1}{q-1}, & \text{falls } b^l \neq a, \\ da^{k-1} + c(\lambda n)^l(k-1), & \text{falls } b^l = a \end{cases}$$

(Anhang B (F.5)). Ersetzt man k durch $\lfloor \log_b(n) \rfloor + 1$, so folgt $S(n, (b-1)/b) \leq T_U(n) \leq T_{\lfloor \frac{n}{b} \rfloor}(n)$. Für die letzte Abschätzung verwenden wir Lemma 1.25. Zum Nachweis der oberen Schranke für $T_{\lceil \frac{n}{b} \rceil}(n)$ führen wir folgende Notation ein

$$\left\lceil \frac{n}{b} \right\rceil_0 := n \text{ und } \left\lceil \frac{n}{b} \right\rceil_i := \left\lceil \frac{\left\lceil \frac{n}{b} \right\rceil_{i-1}}{b} \right\rceil \text{ für } i \geq 1.$$

Zunächst zeigen wir

$$\left\lceil \frac{n}{b} \right\rceil_i = \left\lceil \frac{n}{b^i} \right\rceil \leq \frac{b}{b-1}\frac{n}{b^i} \text{ für } i = 0, \ldots, k-2.$$

Sei $n = n_{k-1} \ldots n_1 n_0$, $n_{k-1} \neq 0$, die b-adische Entwicklung von n. Für $i = 0, \ldots, k-2$ zeigen wir

$$\left\lceil \frac{n}{b^i} \right\rceil \leq \frac{b}{b-1}\frac{n}{b^i} \text{ oder äquivalent dazu } (b-1)\left\lceil \frac{n}{b^i} \right\rceil \leq \frac{n}{b^{i-1}}.$$

Für $i = 0$ oder $n_{i-1} \ldots n_0 = 0$ gilt die Behauptung offensichtlich. Sei $i \geq 1$ und $n_{i-1} \ldots n_0 \neq 0$. Dann gilt für die linke Seite l und die rechte Seite r

$$l = n_{k-1}b^{k-i} + n_{k-2}b^{k-i-1} + \ldots + n_i b + b - $$
$$(n_{k-1}b^{k-i-1} + n_{k-2}b^{k-i-2} + \ldots + n_i + 1)$$
$$\leq n_{k-1}b^{k-i} + n_{k-2}b^{k-i-1} + \ldots + n_i b + (b-1) - b^{k-i-1}$$
$$= n_{k-1}b^{k-i} + (n_{k-2} - 1)b^{k-i-1} + n_{k-3}b^{k-i-2} + \ldots + n_i b + (b-1)$$
$$\leq n_{k-1}b^{k-i} + n_{k-2}b^{k-i-1} + \ldots n_i b + n_{i-1}$$
$$\leq r$$

---

[23] Man beachte die Indexverschiebung, da hier die Anfangsbedingung für m_0 und nicht für m_1 gegeben ist.

Mit Lemma 1.25 folgt

$$T_{\lceil \frac{n}{b} \rceil}(n) = d'a^{k-1} + c\sum_{i=0}^{k-2} a^i \left(\left\lceil \frac{n}{b} \right\rceil_i\right)^l \leq d'a^{k-1} + c(n\lambda)^l \sum_{i=0}^{k-2} \left(\frac{a}{b^l}\right)^i$$

$$= \begin{cases} d'a^{k-1} + c(\lambda n)^l \left(\frac{q^{k-1}-1}{q-1}\right) & \text{if } b^l \neq a, \\ d'a^{k-1} + c(\lambda n)^l (k-1) & \text{if } b^l = a. \end{cases}$$

Wir ersetzen wieder k durch $\lfloor \log_b(n) \rfloor + 1$ und erhalten die obere Schranke für $T_{\lceil \frac{n}{b} \rceil}$.

Punkt 4 ergibt sich aus Punkt 1 und 3 mit Lemma 1.26. □

Bemerkung. Wir fassen das Ergebnis unserer Untersuchungen zusammen. Die Laufzeit $T(n)$ eines Divide-and-Conquer-Algorithmus, der Instanzen der Größe n in Instanzen der Größe $\lfloor \frac{n}{b} \rfloor$ oder $\lceil \frac{n}{b} \rceil$ aufteilt, können wir für $n = n_{k-1}b^{k-1}$ exakt bestimmen. Im Fall $n \neq n_{k-1}b^{k-1}$ geben wir Funktionen an, die $T_{\lfloor \frac{n}{b} \rfloor}(n)$ eng nach unten und $T_{\lceil \frac{n}{b} \rceil}(n)$ eng nach oben begrenzen. Die Rekursionstiefe der Gleichungen (R1), (R2) und (R3) beträgt für $n \in \mathbb{N}$ jeweils $\lfloor \log_b(n) \rfloor$. Nebenbei folgen die Aussagen über die Ordnung der Laufzeit.

Im folgenden Abschnitt wenden wir das Mastertheorem an.

Der Algorithmus von Strassen zur Multiplikation von Matrizen.
Wir betrachten das Produkt aus zwei quadratischen 2×2–Matrizen mit Koeffizienten aus einem (nicht notwendig kommutativen) Ring[24]:

$$\begin{pmatrix} a_{11} & a_{12} \\ a_{21} & a_{22} \end{pmatrix} \cdot \begin{pmatrix} b_{11} & b_{12} \\ b_{21} & b_{22} \end{pmatrix} = \begin{pmatrix} c_{11} & c_{12} \\ c_{21} & c_{22} \end{pmatrix}.$$

Das Standardverfahren, das das Skalarprodukt jeder Zeile der ersten mit jeder Spalte der zweiten Matrix berechnet, erfordert 8 Multiplikation und 4 Additionen der Koeffizienten.

Die folgenden Gleichungen, die Strassen[25] in [Strassen69] publiziert hat, reduzieren die Anzahl der Multiplikationen auf 7.

(S.1)
$$\begin{aligned} m_1 &= f_1 \cdot j_1 := (a_{11} + a_{22}) \cdot (b_{11} + b_{22}), \\ m_2 &= f_2 \cdot j_2 := (a_{21} + a_{22}) \cdot b_{11}, \\ m_3 &= f_3 \cdot j_3 := a_{11} \cdot (b_{12} - b_{22}), \\ m_4 &= f_4 \cdot j_4 := a_{22} \cdot (b_{21} - b_{11}), \\ m_5 &= f_5 \cdot j_5 := (a_{11} + a_{12}) \cdot b_{22}, \\ m_6 &= f_6 \cdot j_6 := (a_{21} - a_{11}) \cdot (b_{11} + b_{12}), \\ m_7 &= f_7 \cdot j_7 := (a_{12} - a_{22}) \cdot (b_{21} + b_{22}). \end{aligned}$$

---

[24] In der Anwendung handelt es sich um Matrizenringe. Das Ergebnis der Multiplikation von zwei Matrizen hängt von der Reihenfolge der Faktoren ab. Matrizenringe sind im Allgemeinen nicht kommutativ.

[25] Volker Strassen (1936 –) ist ein deutscher Mathematiker.

Aus $m_1, \ldots, m_7$ berechnet sich das Produkt $(c_{ij})_{\substack{i=1,2 \\ j=1,2}}$:

(S.2)
$$
\begin{aligned}
c_{11} &= m_1 + m_4 - m_5 + m_7, \\
c_{12} &= m_3 + m_5, \\
c_{21} &= m_2 + m_4, \\
c_{22} &= m_1 - m_2 + m_3 + m_6.
\end{aligned}
$$

Die Berechnung von $(c_{ij})_{\substack{i=1,2 \\ j=1,2}}$ erfolgt durch 7 Multiplikationen und 18 Additionen. Die Gleichungen lassen sich einfach durch Nachrechnen verifizieren.

Der folgende Algorithmus berechnet das Produkt von zwei quadratischen $n \times n$–Matrizen A, B mit Koeffizienten aus einem Ring R für $n = 2^k$. Wir wenden die Reduktion der Anzahl der Multiplikationen von 8 auf 7 rekursiv an. Dazu zerlegen wir den Input A und B in je vier $n/2 \times n/2$–Matrizen. Jetzt handelt es sich bei A, B und C um 2×2–Matrizen mit $n/2 \times n/2$–Matrizen als Koeffizienten:

$$
\begin{pmatrix} A_{11} & A_{12} \\ A_{21} & A_{22} \end{pmatrix} \cdot \begin{pmatrix} B_{11} & B_{12} \\ B_{21} & B_{22} \end{pmatrix} = \begin{pmatrix} C_{11} & C_{12} \\ C_{21} & C_{22} \end{pmatrix}.
$$

Wir betrachten 2×2–Matrizen über dem Matrizenring der $n/2 \times n/2$–Matrizen, wo die Gleichungen (S.1) und (S.2) zur Berechnung des Produkts von zwei 2×2–Matrizen auch gelten. Der Algorithmus ist nach der Divide-and-Conquer-Entwurfsmethode konzipiert (Abschnitt 1.5.2).

Algorithmus 1.29.
    matrix StrassenMult(matrix $A[1..n, 1..n]$, $B[1..n, 1..n]$)
    1   if $n = 1$
    2   then return $A[1, 1] \cdot B[1, 1]$
    3   for $k \leftarrow 1$ to 7 do
    4       $(F_k, J_k) \leftarrow$ divide(k, A, B)
    5       $M_k \leftarrow$ StrassenMult(F_k, J_k)
    6   $C \leftarrow$ combine$(M_1, \ldots, M_7)$
    7   return C

Für $n = 1$ wird das Produkt unmittelbar berechnet. Für $n = 2$ führt der Algorithmus die Operationen der Gleichungen (S.1) und (S.2) mit Elementen aus dem Ring R durch.

Die Berechnung der Inputs $(F_1, J_1), \ldots, (F_7, J_7)$ für die rekursiven Aufrufe erfolgt durch divide gemäß den Gleichungen (S.1). Sie erfordert 10 Additionen von quadratischen Matrizen der Dimension $n/2$. Nach Terminierung der rekursiven Aufrufe von StrassenMult berechnet combine aus den Teilresultaten den Rückgabewert C (Gleichungen (S.2)). Dafür sind nochmals 8 Additionen von quadratischen Matrizen der Dimension $n/2$ notwendig.

Die Anzahl der arithmetischen Operationen (Additionen, Subtraktionen und Multiplikationen) genügt deshalb folgender Rekursionsgleichung

$$T(n) = 7 \cdot T\left(\frac{n}{2}\right) + 18\left(\frac{n}{2}\right)^2 \text{ für } n \geq 2 \text{ und } T(1) = 1.$$

Wir wenden jetzt Satz 1.28 an und erhalten

$$T(n) = 7^{\log_2(n)} + 6n^2\left(\left(\frac{7}{4}\right)^{\log_2(n)} - 1\right)$$

$$= n^{\log_2(7)} + 6n^2\left(n^{\log_2\left(\frac{7}{4}\right)} - 1\right)$$

$$= 7n^{\log_2(7)} - 6n^2 = 7^{k+1} - 3 \cdot 2^{2k+1},$$

wobei $k = \log_2(n)$ gilt. Die Anzahl der arithmetischen Operationen ist in der Ordnung $O(n^{\log_2(7)}) = O(n^{2.807})$.

Für beliebiges n setzen wir $k = \lceil\log_2(n)\rceil$. Wir ergänzen A und B zu $2^k \times 2^k$–Matrizen, indem wir die fehlenden Koeffizienten gleich 0 setzen. Anschließend wenden wir den Algorithmus 1.29 an. Für die Anzahl $T(n)$ der arithmetischen Operationen erhalten wir

$$T(n) = 7^{\lceil\log_2(n)\rceil} + 6n^2\left(\left(\frac{7}{4}\right)^{\lceil\log_2(n)\rceil} - 1\right)$$

$$\leq 7 \cdot 7^{\log_2(n)} + 6n^2\left(\frac{7}{4}\left(\frac{7}{4}\right)^{\log_2(n)} - 1\right)$$

$$= 7n^{\log_2(7)} + 6n^2\left(\frac{7}{4}n^{\log_2\left(\frac{7}{4}\right)} - 1\right)$$

$$= \frac{35}{2}n^{\log_2(7)} - 6n^2.$$

Für beliebiges n erhalten wir eine Abschätzung für die Anzahl der arithmetischen Operationen. Da die Laufzeit proportional zur Anzahl der arithmetischen Operationen ist, erhalten wir für alle $n \in \mathbb{N}$ einen Algorithmus mit einer Laufzeit in der Ordnung $O(n^{\log_2(7)}) = O(n^{2.807})$.[26]

In [CopWin90] wird ein Algorithmus entwickelt, der das Problem der Multiplikation quadratischer Matrizen der Dimension n in einer Laufzeit in der Ordnung $O(n^{2.375477})$ löst. Seither wurden Optimierungen publiziert, die den Exponenten ab der dritten Stelle nach dem Komma erniedrigen.

1.5 Entwurfsmethoden für Algorithmen

Der Entwurf eines Algorithmus erfolgt je nach Problemstellung individuell. Es gibt jedoch Designprinzipien, die sich bewährt haben und gute Algorithmen liefern. Oft ist es einfach ein Problem auf ein Problem vom gleichen

---

[26] Die Laufzeit des Standardalgorithmus ist in der Ordnung $O(n^3)$.

Typ, aber von kleinerem Umfang zu reduzieren. In dieser Situation wenden wir Rekursion an. Weitere Methoden sind Divide-and-Conquer – oft in Verbindung mit Rekursion – Greedy-Algorithmen, dynamisches Programmieren und Branch-and-Bound-Algorithmen. In diesem Abschnitt führen wir diese Entwurfsmethoden anhand von prominenten Beispielen ein.

1.5.1 Rekursion

Die Rekursion ist ein mächtiges Hilfsmittel bei der Entwicklung von Algorithmen, und es ist oft einfacher, für einen rekursiven Algorithmus einen Korrektheitsbeweis zu führen und die Laufzeit zu berechnen. Dies erläutern wir am Beispiel der Türme von Hanoi. Es handelt sich um ein Puzzle, das Lucas[27] zugesprochen wird. Die Türme von Hanoi erschienen 1883 als Spielzeug unter dem Pseudonym „N. Claus de Siam", ein Anagramm von „Lucas d'Amiens". Das Spiel besteht aus drei aufrecht stehenden Stäben A, B und C und aus einem Turm. Der Turm besteht aus n gelochten Scheiben von unterschiedlichem Durchmesser, die der Größe nach geordnet, mit der größten Scheibe unten und der kleinsten Scheibe oben, auf dem Stab A aufgereiht sind, siehe Figur 1.3.

Ziel des Spiels ist es, den kompletten Turm von A nach B zu versetzen.

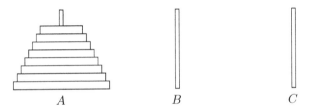

$$A \qquad\qquad B \qquad\qquad C$$

Fig. 1.3: Türme von Hanoi.

1. Ein Arbeitsschritt erlaubt eine Scheibe von einem Stab zu einem anderen zu bewegen.
2. Dabei dürfen wir eine Scheibe nie auf einer kleineren Scheibe ablegen.
3. Der Stab C dient als Zwischenablage.

Es ist nicht unmittelbar klar, dass das Problem überhaupt eine Lösung besitzt. Mit Rekursion lässt sich das Problem jedoch recht einfach lösen.

---

[27] François Édouard Anatole Lucas (1842 – 1891) war ein französischer Mathematiker und ist für seine Arbeiten aus der Zahlentheorie bekannt.

Algorithmus 1.30.

```
TowersOfHanoi(int n; rod A, B, C)
1   if n ≥ 1
2       then TowersOfHanoi(n − 1, A, C, B)
3            move disc n from A to B
4            TowersOfHanoi(n − 1, C, B, A)
```

Die Funktion TowersOfHanoi gibt eine Folge von Arbeitsschritten aus, die zum Ziel führen. Dies beweisen wir durch vollständige Induktion nach n. Wenn es nur eine Scheibe gibt, so erreichen wir das Ziel durch die Anweisung „move disc 1 from A to B". Dabei halten wir die Nebenbedingung ein.

Wir nehmen nun an, dass TowersOfHanoi für $n − 1$ Scheiben eine Folge von Arbeitsschritten angibt, die zum Ziel führen und die Nebenbedingung einhalten. Der Aufruf TowersOfHanoi($n − 1, A, C, B$) bewegt die ersten $n − 1$ Scheiben von A nach C. B dient als Zwischenablage. Dann bewegen wir die größte Scheibe von A nach B. Anschließend bewegt der Aufruf TowersOfHanoi($n − 1, C, B, A$) die $n − 1$ Scheiben von C nach B. Jetzt dient A als Zwischenablage. Alle Bewegungen halten die Nebenbedingung ein.

Da sich bei jedem rekursiven Aufruf n um 1 erniedrigt, tritt $n = 0$ ein, der Algorithmus terminiert. Diese Überlegungen zeigen, dass unser Algorithmus korrekt arbeitet.

Auch jetzt, nachdem wir wissen, dass das Problem der Türme von Hanoi eine Lösung besitzt, scheint es nicht ganz offensichtlich, wie eine Lösung ohne Rekursion aussehen soll. Dies zeigt, dass die Rekursion eine mächtige Methode beim Entwurf von Algorithmen bietet. Die Arbeitsschritte die wir bei Verwendung der Rekursion erhalten, lassen sich aber auch iterativ erzielen (Übungen, Aufgabe 15).

Wir analysieren jetzt TowersOfHanoi. Die Anzahl der Arbeitsschritte ist einfach zu beschreiben.

Sei x_n die Anzahl der Arbeitsschritte, um einen Turm aus n Scheiben von einem Stab zu einem anderen zu bewegen. Dann gilt

$$x_1 = 1, \ x_n = 2x_{n-1} + 1, \ n \geq 2.$$

Es handelt sich um eine lineare Differenzengleichung erster Ordnung. Diese besitzt nach Corollar 1.16 die Lösung $x_n = 2^{n-1} + 2^{n-1} - 1 = 2^n - 1$.

Rekursion liefert allerdings nicht immer eine effiziente Lösung. Dies zeigt die Funktion, die die Fibonacci-Zahlen rekursiv berechnet, analog zur definierenden Gleichung (Algorithmus 1.23).

Rekursion findet Anwendung bei der Definition von Bäumen (Definition 4.1), beim Traversieren von Bäumen (Algorithmus 4.5) und allgemeiner beim Traversieren von Graphen (Algorithmus 5.12) und im Algorithmus von Karger zur Berechnung eines minimalen Schnitts (Algorithmus 5.30). Im Algorithmus Quicksort (Algorithmus 2.1), bei der Suche des k–kleinsten Elements (Algorithmus 2.30) und bei der binären Suche (Algorithmus 2.28) wenden wir Rekursion mit der Divide-and-Conquer-Entwurfsmethode an. Der Algorithmus von Karger, Klein und Tarjan – ein probabilistischer Algorithmus zur Berechnung eines minimalen aufspannenden Baumes in einem Graphen – setzt Divide-and-Conquer mit Rekursion virtuos ein (Algorithmus 6.50).

1.5.2 Divide-and-Conquer

Bei der Divide-and-Conquer-Strategie zerlegen wir das Problem zunächst in kleinere unabhängige Teilprobleme. Dabei sollen die Teilprobleme besser zu beherrschen sein als das Gesamtproblem. Die Teilprobleme lösen wir rekursiv. Die Lösungen der Teilprobleme setzen wir anschließend zu einer Lösung des Gesamtproblems zusammen. Die Anwendung dieses Prinzips führt, wie im folgenden Beispiel der Multiplikation von ganzen Zahlen, zu einem einfacheren Algorithmus. Damit ist auch eine wesentliche Verbesserung der Laufzeit verbunden.

Das Produkt von positiven ganzen Zahlen

$$c = \sum_{i=0}^{n-1} c_i b^i \text{ und } d = \sum_{i=0}^{n-1} d_i b^i$$

– dargestellt in einem b–adischen Zahlensystem – berechnet sich nach der Schulmethode folgendermaßen

$$e = cd = \sum_{i=0}^{2n-1} \overline{e}_i b^i.$$

Die Koeffizienten $\overline{e}_i$ berechnen sich aus

$$e_i = \sum_{j+k=i} c_j d_k.$$

Dabei müssen wir Überträge berücksichtigen, d. h. es ist modulo b zu rechnen und der Übertrag von der vorhergehenden Stelle ist zu beachten.

Bei diesem Verfahren ist jede Ziffer von c mit jeder Ziffer von d zu multipliziert, folglich sind n^2 viele Multiplikationen von Ziffern notwendig. Wenn wir mit Papier und Bleistift rechnen, verwenden wir das Dezimalsystem. Wir haben n^2 viele Ziffern nach dem Einmaleins zu multiplizieren. Falls es sich bei c und d um große Zahlen handelt, nehmen wir einen Rechner zu Hilfe und stellen die Zahlen zum Beispiel mit der Basis $b = 2^{32}$ dar, wenn es sich um einen 32–Bit Rechner handelt. Die Multiplikationen von Ziffern führt dann der Prozessor des Rechners unmittelbar aus.

Es gibt jedoch Verfahren zur Multiplikation von Zahlen, die schneller sind, wenn es sich um große Zahlen handelt. Der Algorithmus von Karatsuba[28] verwendet die Divide-and-Conquer-Entwurfsmethode (siehe [KarOfm62]).

---

[28] Anatoli Alexejewitsch Karatsuba (1937 – 2008) war ein russischer Mathematiker, der sich mit Informatik, Zahlentheorie und Analysis beschäftigte.

Seien c und d $2n$–stellige b–adische Zahlen. Um Karatsubas Methode anzuwenden, schreiben wir

$$c = c_1 b^n + c_0, \; d = d_1 b^n + d_0,$$

wobei c_0, c_1, d_0 und d_1 höchstens n–stellige Zahlen sind. Bei der Berechnung des Produkts

$$cd = c_1 d_1 b^{2n} + (c_1 d_0 + c_0 d_1) b^n + c_0 d_0$$

reduzieren wir mithilfe eines Tricks die 4 Multiplikationen von n–stelligen Zahlen auf 3 Multiplikationen. Man berechnet $f := (c_1 + c_0)(d_1 + d_0)$. Dann gilt

$$c_1 d_0 + c_0 d_1 = f - c_1 d_1 - c_0 d_0.$$

Dabei besitzen $c_1 + c_0$ und $d_1 + d_0$ höchstens $n + 1$ Stellen. Die Berechnung von f ist etwas aufwendiger als bei n–stelligen Zahlen. Diesen zusätzlichen Aufwand vernachlässigen wir in der folgenden Betrachtung.

Wir veranschaulichen den Vorteil durch Figur 1.4. Nur die Flächen der weißen Quadrate sind zu berechnen.

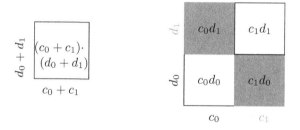

Fig. 1.4: Reduktion der Multiplikationen von 4 auf 3.

Der Vorteil dieser Reduktion von 4 auf 3 Multiplikationen macht sich besonders bezahlt, wenn wir ihn rekursiv ausnutzen. Dies geschieht im folgenden Algorithmus 1.31.

Algorithmus 1.31.
int Karatsuba(int p, q)
1   if $p < m$ and $q < m$
2   then return $p \cdot q$
3   $l_p \leftarrow \text{len}(p)$, $l_q \leftarrow \text{len}(q)$
4   $l \leftarrow \lceil \max(l_p, l_q)/2 \rceil$
5   $low_p \leftarrow p \bmod b^l$, $low_q \leftarrow q \bmod b^l$
6   $hi_p \leftarrow \text{rshift}_l(p)$, $hi_q \leftarrow \text{rshift}_l(q)$
7   $z_0 \leftarrow \text{Karatsuba}(low_p, low_q)$
8   $z_1 \leftarrow \text{Karatsuba}(hi_p, hi_q)$
9   $z_2 \leftarrow \text{Karatsuba}(low_p + hi_p, low_q + hi_q)$
10 return $z_1 b^{2l} + (z_2 - z_1 - z_0) b^l + z_0$

Die Rekursion wird abgebrochen, wenn beide Faktoren kleiner einer vorgegebenen Schranke m sind. In diesem Fall führt der Prozessor des Rechners die Multiplikation unmittelbar aus. Bei den Summanden der Additionen handelt es sich um große Zahlen. Die Funktion $\text{len}(x)$ gibt die Anzahl der Stellen von x zurück und $\text{rshift}_l(x)$ führte eine Schiebeoperation um l Stellen nach rechts durch.

Sei $M(n)$ die Anzahl der Multiplikationen, die zur Multiplikation von zwei n–stelligen b–adischen Zahlen notwendig ist. Dann gilt

$$M(n) = d \text{ für } n < m \text{ und } M(n) = 3M\left(\left\lceil \frac{n}{2} \right\rceil\right).$$

Die Multiplikationen mit Potenzen von b sind Schiebeoperationen, die wir nicht zu den Multiplikationen zählen. Mit Satz 1.28 folgt

$$M(n) = O(n^{\log_2(3)}) = O(n^{1.585}).$$

Wir erhalten ein Verfahren, das mit wesentlich weniger als n^2 Multiplikationen auskommt.

Es gibt ein Verfahren, das für sehr große Zahlen noch schneller ist. Es benutzt die Methode der diskreten Fourier-Transformation aus der Analysis und wurde von Schönhage[29] und Strassen[30] in [SchStr71] publiziert.

Die Algorithmen StrassenMult (Algorithmus 1.29), QuickSort (Algorithmus 2.1), QuickSelect (Algorithmus 2.30) und BinSearch (Algorithmus 2.28) sowie der Algorithmus $KKT - MST$ (Algorithmus 6.50) zur Berechnung eines minimalen aufspannenden Baumes wenden das Divide-and-Conquer-Prinzip an.

1.5.3 Greedy-Algorithmen

Wir betrachten ein *Task-scheduling Problem*. Gegeben seien Aufgaben

$$a_i = (t_i, p_i), \; i = 1, \ldots, n.$$

t_i ist der Abschlusstermin für a_i und p_i die Prämie, die gezahlt wird, wenn a_i bis zum Abschlusstermin t_i fertiggestellt ist. Die Aufgaben sind sequenziell zu bearbeiten. Jede Aufgabe a_i braucht zu ihrer Bearbeitung eine Zeiteinheit. Gesucht ist eine Reihenfolge für die Bearbeitung der Aufgaben, die die Gesamtprämie maximiert. In diesem Zusammenhang wird die Reihenfolge für die Bearbeitung mit *Schedule* (Zeitablaufplan) bezeichnet.

---

[29] Arnold Schönhage (1934 –) ist ein deutscher Mathematiker und Informatiker.
[30] Volker Strassen (1936 –) ist ein deutscher Mathematiker.

Beispiel. Seien Aufgaben $a = (1,7)$, $b = (1,9)$, $c = (2,5)$, $d = (2,2)$ und $e = (3,7)$ gegeben. Für den ersten Schritt kommen alle Aufgaben infrage. Für den zweiten Schritt brauchen wir die Aufgaben, die Abschlusstermin 1 haben, nicht mehr zu betrachten. Für den dritten Schritt sind es die Aufgaben, die Abschlusstermin 1 und 2 haben.

Ein mögliches Vorgehen zur Lösung ist, in jedem Schritt eine Aufgabe zu wählen, die gerade optimal erscheint. Wir wählen eine Aufgabe, die die Prämie im Augenblick maximiert. Eine lokal optimale Lösung soll eine optimale Lösung ergeben. Mit diesem Vorgehen erhält man im vorangehenden Beispiel den Schedule b, c, e.

Diese Strategie heißt *Greedy-Strategie* und ein Algorithmus, der eine derartige Strategie verfolgt, heißt *Greedy-Algorithmus*. Wir formalisieren die Situation, in der die Greedy-Strategie zum Erfolg führt.

Definition 1.32. Sei S eine endliche Menge und $\tau \subset \mathcal{P}(S)$ eine Menge von Teilmengen von S. (S, τ) heißt *Matroid*, wenn $\tau \neq \emptyset$ und

1. τ ist abgeschlossen bezüglich der Teilmengenbildung, d. h. für $A \subset B$ und $B \in \tau$ ist auch $A \in \tau$. Dies wird mit *Vererbungs-Eigenschaft* bezeichnet.
2. Für $A, B \in \tau$, $|A| < |B|$ gilt, es gibt ein $x \in B \setminus A$ mit $A \cup \{x\} \in \tau$. Diese Bedingung bezeichnen wir mit *Austausch-Eigenschaft*.

Diese Definition ist bereits in einer Arbeit von Whitney[31] aus dem Jahr 1935 enthalten ([Whitney35]). Über Matroide und Greedy-Algorithmen gibt es umfangreiche Untersuchungen, siehe zum Beispiel Schrijvers Monographie „Combinatorial Optimization" ([Schrijver03]).

Wir betrachten für ein Matroid $M = (S, \tau)$ eine Gewichtsfunktion

$$w : S \longrightarrow \mathbb{R}_{>0}.$$

Sei $A \in \tau$. $w(A) := \sum_{a \in A} w(a)$ heißt Gewicht von A.

Das *Optimierungsproblem* für (S, τ) besteht nun darin, ein $\tilde{A} \in \tau$ zu finden mit

$$w(\tilde{A}) = \max\{w(A) \mid A \in \tau\}.$$

$\tilde{A}$ heißt eine *optimale Lösung* des Optimierungsproblems.

Diese Notation wollen wir jetzt für das Task-scheduling Problem anwenden. Sei $S = \{a_1, \ldots a_n\}$ die Menge der Aufgaben und

$$w : S \longrightarrow \mathbb{R}_{>0}, \; a_i \longmapsto p_i$$

die Gewichtsfunktion.

---

[31] Hassler Whitney (1907 – 1989) war ein amerikanischer Mathematiker. Er ist berühmt für seine Beiträge zur Algebraischen- und zur Differentialtopologie und zur Differentialgeometrie.

τ ist so zu definieren, dass die Elemente von τ eine Lösung des Task-scheduling Problems darstellen (eine maximale Lösung ist ja gesucht). Wir sagen $A \subset S$ heißt *zulässig* für das Task-scheduling Problem, wenn es eine Reihenfolge für die Bearbeitung der Tasks von A gibt, sodass wir alle Aufgaben in A vor dem Abschlusstermin fertigstellen, wenn wir in dieser Reihenfolge vorgehen. Wir bezeichnen eine solche Reihenfolge als zulässige Reihenfolge. Sei τ die Menge der zulässigen Teilmengen von S. Wir haben jetzt dem Task-scheduling Problem das Paar (S, τ) zugeordnet. Wir werden gleich zeigen, dass (S, τ) ein Matroid ist. Dann folgt: Das Task-scheduling Problem ist ein Optimierungsproblem für ein Matroid.

Beispiel. Figur 1.5 zeigt die Potenzmenge für die Menge von Tasks $S = \{a, b, c, d, e\}$ aus dem vorangehenden Beispiel. Zwischen den zulässigen Teilmengen unseres obigen Task-scheduling Problems ist die Teilmengenbeziehung angegeben. Sie bilden ein Matroid.

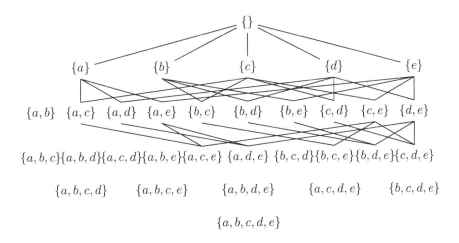

Fig. 1.5: Das Matroid für das Task-scheduling Beispiel.

Satz 1.33. *Das Task-scheduling Problem (S, τ) ist ein Matroid.*

Beweis. 1. Es gilt $\emptyset \in \tau$, folglich ist $\tau \neq \emptyset$. Offensichtlich ist τ bezüglich Teilmengenbildung abgeschlossen. Ein Schedule für die Teilmenge ergibt sich aus einem Schedule der Obermenge durch Streichen von Tasks.

2. Es bleibt die Austausch-Eigenschaft zu zeigen. Seien $A, B \in \tau$ und $|A| < |B| =: l$. Wir schreiben die Elemente von B in einer zulässigen Reihenfolge:

$$b_1 = (t_1, p_1), b_2 = (t_2, p_2), \ldots, b_l = (t_l, p_l).$$

Da jeder Task zu seiner Bearbeitung eine Zeiteinheit benötigt, gilt $t_j \geq j$, $j = 1, \ldots, l$.

Sei k maximal mit $b_k \notin A$, d. h. $b_k \notin A$ und $b_{k+1}, \ldots, b_l \in A$. $|A \setminus \{b_{k+1}, \ldots, b_l\}| = |A| - (l - k) = |A| - |B| + k < k$.

Wir zeigen, dass $A \cup b_k \in \tau$ gilt und geben dazu einen Schedule für $A \cup b_k$ an. Wir führen zuerst die Tasks von $A \setminus \{b_{k+1}, \ldots, b_l\}$ in der (zulässigen) Reihenfolge von A und dann die Tasks $b_k, b_{k+1}, \ldots, b_l$ (in dieser Reihenfolge) aus. Wir führen den Task b_j zum Zeitpunkt $\leq j$ aus, $j = k, \ldots, l$. Wegen $t_j \geq j$, $j = 1, \ldots, l$, erhalten wir eine zulässige Reihenfolge für $A \cup \{b_k\}$, d. h. $A \cup \{b_k\} \in \tau$. Dies zeigt die Austausch-Eigenschaft für τ. □

Sei (S, τ) ein Matroid mit Gewichtsfunktion $w : S \longrightarrow \mathbb{R}_{>0}$. Der folgende Algorithmus, eine generische Lösung für das Optimierungsproblem für Matroide, ruft einen Algorithmus Sort zum Sortieren von S nach Gewichten auf. Sort sortiert absteigend nach Gewichten, d. h.

$$w(s_1) \geq w(s_2) \geq \ldots \geq w(s_n).$$

Algorithmus 1.34.
   set Optimum(Matroid (S, τ))
   1 $\{s_1, \ldots, s_n\} \leftarrow \mathrm{Sort}(S), O \leftarrow \emptyset$
   2 for $i \leftarrow 1$ to n do
   3   if $O \cup \{s_i\} \in \tau$
   4   then $O \leftarrow O \cup \{s_i\}$
   5 return O

Beispiel. Seien Aufgaben $a = (1, 7), b = (1, 9), c = (2, 5), d = (2, 2)$ und $e = (3, 7)$ gegeben. Unser Algorithmus wählt zunächst b. Der Test mit a ist negativ. Dann wählt er e und anschließend c. $\{b, e, c\}$ ist zulässig und maximal. Der Schedule für $\{b, e, c\}$ ist (b, c, e).

Das Matroid ist im Allgemeinen nicht explizit, sondern nur konzeptionell gegeben. Der Test „$O \cup \{s_i\} \in \tau$" entspricht für das Task-scheduling Problem der Prüfung: Ist $O \cup \{s_i\}$ zulässig für das Task-scheduling Problem, d. h. kann eine Reihenfolge für die Bearbeitung der Elemente von $O \cup \{s_i\}$ angegeben werden, sodass wir alle Aufgaben vor dem Abschlusstermin fertigstellen.

Satz 1.35. *Sei $M = (S, \tau)$ ein Matroid und $w : \tau \longrightarrow \mathbb{R}_{>0}$ eine Gewichtsfunktion, dann liefert der Algorithmus* Optimum *eine optimale Lösung des Optimierungsproblems für (M, w).*

Beweis. Der Algorithmus gibt ein Element O aus τ zurück. Seien $S = \{s_1, \ldots, s_n\}$ und $O = \{s_{i_1}, \ldots, s_{i_k}\}$ nach Gewichten absteigend sortiert und sei $\tilde{O}$ eine optimale Lösung. Wir zeigen zunächst, dass $|O| = |\tilde{O}|$ gilt.

Aus $|O| > |\tilde{O}|$ folgt mit der Austausch-Eigenschaft, dass es ein $s \in O \setminus \tilde{O}$ gibt mit $\tilde{O} \cup \{s\} \in \tau$. Dies ist ein Widerspruch, da $\tilde{O}$ optimal ist.

Aus $|O| < |\tilde{O}|$ folgt wieder mit der Austausch-Eigenschaft, dass es ein $s \in \tilde{O} \setminus O$ gibt, sodass $O \cup \{s\} \in \tau$. Wegen der Vererbungs-Eigenschaft ist jede Teilmenge von $O \cup \{s\}$ Element von τ. Dann wäre aber s beim Abarbeiten der Liste L in Zeile 4 des Algorithmus gewählt worden. Ein Widerspruch.

Sei $\tilde{O} = \{s_{j_1}, \ldots, s_{j_k}\}$ und $w(s_{j_1}) \geq w(s_{j_2}) \geq \ldots \geq w(s_{j_k})$. Angenommen, es wäre $w(\tilde{O}) > w(O)$. Dann gäbe es ein $\tilde{l}$ mit $w(s_{j_{\tilde{l}}}) > w(s_{i_{\tilde{l}}})$. Mit l bezeichnen wir den kleinsten Index mit dieser Eigenschaft. Da S nach Gewichten absteigend sortiert ist, gilt $j_l < i_l$. Sei $A = \{s_{i_1}, \ldots, s_{i_{l-1}}\}$ und $\tilde{A} = \{s_{j_1}, \ldots, s_{j_l}\}$. Nach der Austausch-Eigenschaft gibt es ein $s \in \tilde{A} \setminus A$ mit $A \cup \{s\} \in \tau$. Da $w(s_{j_1}) \geq w(s_{j_2}) \geq \ldots \geq w(s_{j_l})$ gilt, folgt $w(s) \geq w(s_{j_l}) > w(s_{i_l})$. Ein Widerspruch zur Wahl von s_{i_l} in Zeile 4 des Algorithmus. Also gilt $w(\tilde{O}) = w(O)$. Dies zeigt, dass O eine optimale Lösung ist. $\square$

Bemerkung. Für ein $\tau \subset \mathcal{P}(S)$ gelte nur die Vererbungs-Eigenschaft (erste Bedingung von Definition 1.32). Dann berechnet der Algorithmus 1.34 genau dann eine optimale Lösung, wenn τ ein Matroid ist ([Schrijver03, Theorem 40.1]).

Greedy-Algorithmen sind der Algorithmus 1.43 zur Lösung des fraktalen Rucksackproblems, der Huffman-Algorithmus (Abschnitt 4.6.2) zur Datenkomprimierung, der Algorithmus von Dijkstra (Abschnitt 6.2) zur Berechnung von kürzesten Wegen in gewichteten Graphen, die Algorithmen von Prim (Abschnitt 6.2), Kruskal (Abschnitt 6.3) und Borůvka (Abschnitt 6.4) zur Berechnung von minimalen aufspannenden Bäumen in gewichteten Graphen. Der LZ77-Algorithmus verwendet eine Greedy-Strategie zum Parsen von Zeichenketten (Abschnitt 4.6.4).

1.5.4 Dynamisches Programmieren

Bei Anwendung der Methode des dynamischen Programmierens berechnen wir eine optimale Lösung eines Problems auf einfache Weise aus den optimalen Lösungen von Teilproblemen. Diese Methode ist schon lange bekannt. Eine systematische Behandlung wurde von Bellman[32] durchgeführt (siehe [Bellman57]). Der Schlüssel bei der Entwicklung einer Lösung nach der Methode des dynamischen Programmierens ist, eine rekursive Lösungsformel für eine optimale Lösung zu finden. Diese Formel bezeichnen wir als *Bellmansche Optimalitätsgleichung*.

Dynamisches Programmieren bezieht sich auf eine Lösungsmethode unter Verwendung von Tabellen und nicht auf eine Programmiertechnik. Ein einfacher Algorithmus, der dieser Methode folgt, ergibt sich, wenn wir die ersten n Fibonacci-Zahlen iterativ berechnen. Die Tabelle ist ein Array $Fib[0..n]$, das wir mit $Fib[0] = 0$ und $Fib[1] = 1$ initialisieren. Die weiteren Einträge berechnen wir mittels $Fib[i] = Fib[i-1] + Fib[i-2]$ für $i = 2, \ldots, n$.

$$Fib = 0, 1, 1, 2, 3, 5, \ldots$$

Dieser Algorithmus ist zugleich ein typisches Beispiel für die Anwendung der Methode dynamisches Programmieren. Die rekursive Methode versagt hier,

---

[32] Richard Bellman (1920 – 1984) war ein amerikanischer Mathematiker.

weil wir mit dieser Methode gemeinsame Teilprobleme immer wieder neu berechnen (Algorithmus 1.23). Die Methode dynamisches Programmieren löst jedes Teilproblem genau ein mal und speichert das Ergebnis in einer Tabelle. Wenn wir nur die n–te Fibonacci-Zahl berechnen wollen, kann dies wesentlich effizienter mit Algorithmus 1.20 erfolgen.

Das RMQ-Problem. Wir wenden die Entwurfsmethode des dynamischen Programmierens zur Berechnung einer Lösung für das *range minimum query (RMQ)* Problem an. Die hier dargestellte Lösung folgt [BeFa00].

Das RMQ-Problem behandelt, wie der Name vermuten lässt, die Berechnung des Minimums in einem Teilbereich eines Arrays von Zahlen. Genauer ist für jeden Teilbereich ein Index innerhalb des Teilbereichs zu ermitteln, der eine Position angibt, an der sich das Minimum des Teilbereichs befindet.

Beispiel. Das Minimum des Teilbereichs a[5..12] befindet sich an der Position 10, wie Figur 1.6 zeigt.

19	32	23	14	7	4	5	11	3	1	6	15	41	7	12	61
1	2	3	4	5	6	7	8	9	10	11	12	13	14	15	16

Fig. 1.6: Das RMQ-Problem.

Wir präzisieren zunächst die Problemstellung und führen Notationen ein.

Sei $a[1..n]$ ein Array von Zahlen. Ein Algorithmus $\mathrm{rmq}_a(i,j)$ für das RMQ-Problem berechnet für Indizes i und j mit $1 \leq i \leq j \leq n$ einen Index k mit $i \leq k \leq j$ und

$$a[k] = \min\{a[l] \mid i \leq l \leq j\}.$$

Die hier entwickelte Lösung des Problems berechnet eine Nachschlagetabelle $t_a[1..n, 1..n]$, welche für $i \leq j$ den Index eines Elements mit minimalem Wert speichert:

$$t_a[i,j] = \mathrm{rmq}_a(i,j).$$

Nachdem die Tabelle t_a erstellt ist, können wir eine Anfrage mit einem Tabellenzugriff beantworten. Wegen

$\min a[i..i] = a[i]$ und
$\min a[i..j] = \min\{\min a[i..j-1], \min a[i+1..j]\}$

folgt eine rekursive Formel für die Berechnung von $t_a[i,j]$:

$$t_a[i,i] = i,$$
$$t_a[i,j] = \begin{cases} t_a[i,j-1], & \text{falls } a[t_a[i,j-1]] \leq a[t_a[i+1,j]] \text{ gilt, und} \\ t_a[i+1,j] & \text{sonst.} \end{cases}$$

Die Idee des dynamischen Programmierens besteht nun darin, die Werte $t_a[i,j]$ nacheinander zu berechnen und in einer Tabelle abzuspeichern.

$$t_a[1,1] \ t_a[1,2] \ t_a[1,3] \quad \cdots$$
$$t_a[2,2] \ t_a[2,3]$$
$$t_a[3,3] \quad \vdots$$
$$t_a[4,4]$$
$$\ddots \quad \vdots$$
$$t_a[n,n]$$

Für die Elemente in der Diagonale gilt $t_a[i,i] = i$. Ausgehend von der Diagonale berechnen wir die Spalten in der Reihenfolge von unten nach oben und von links nach rechts. Für die Berechnung von $t_a[i,j]$ benötigen wir die Werte $t_a[i,j-1]$ und $t_a[i+1,j]$. Diese Werte sind bereits berechnet. Sie befinden sich in der Tabelle und wir lesen sie einfach aus.

Algorithmus 1.36.

```
compTab(item a[1..n])
1   index i, j
2   for j ← 1 to n do
3       t_a[j,j] ← j
4       for i ← j − 1 to 1 do
5           if a[t_a[i,j − 1]] < a[t_a[i + 1; j]]
6               then t_a[i,j] ← t_a[i,j − 1]
7               else t_a[i,j] ← t_a[i + 1,j]
```

Die Laufzeit von compTab ist von der Ordnung $O(n^2)$.

Beispiel. Für $a = [7,4,5,11,3,1]$ erhalten wir für die Tabelle t_a

	1	2	3	4	5	6
1	1	2	2	2	5	6
2		2	2	2	5	6
3			3	3	5	6
4				4	5	6
5					5	6
6						6

Wir optimieren das Verfahren, indem wir nicht für alle Indizes $i < j$ eine Nachschlagetabelle berechnen, sondern nur für Indizes $i < j$ für deren Abstand $j - i = 2^k - 1$ gilt. Wir berechnen eine Nachschlagetabelle t_a^+ für die Indexpaare

$$(i, i + 2^k - 1), i = 1, \ldots, n \text{ und für alle } k \geq 0 \text{ mit } i + 2^k - 1 \leq n.$$

Es gilt $\text{rmq}_a(i, i + 2^k - 1) = t_a^+[i,k]$ und $\text{rmq}_a(i - 2^k + 1, i) = t_a^+[i - 2^k + 1, k]$. Die folgende Überlegung zeigt, dass dies ausreicht.

Für das Indexpaar $i < j$ und $k = \lfloor \log_2(j - i + 1) \rfloor$ gilt

$$j - i + 1 = 2^{\log_2(j-i+1)} < 2^{\lfloor \log_2(j-i+1) \rfloor + 1} = 2 \cdot 2^k$$

und somit auch

$$j - 2^k + 1 \le i + 2^k - 1.$$

Deshalb gilt für das Intervall $[i, j]$

$$[i, j] = [i, i + 2^k - 1] \cup [j - 2^k + 1, j].$$

Also gilt mit $i' := \mathrm{rmq}_a(i, i + 2^k - 1)$ und $j' := \mathrm{rmq}_a(j - 2^k + 1, j)$ auch

$$\mathrm{rmq}_a(i, j) = \begin{cases} i', & \text{falls } a[i'] \le a[j'] \text{ gilt, und} \\ j' & \text{sonst.} \end{cases}$$

Wir berechnen $\mathrm{rmq}_a(i, j)$ mithilfe der Anfragen

$$\mathrm{rmq}_a(i, i + 2^k - 1) \text{ und } \mathrm{rmq}_a(j - 2^k + 1, j).$$

Für beide Anfragen ist der Abstand der Indizes eine um 1 verminderte Potenz von 2.

Wir stellen jetzt für t_a^+ eine rekursive Formel auf. Wegen

$$\min a[i..i] = a[i] \text{ und } \min a[i..i + 2^k - 1] =$$
$$\min\{\min a[i..i + 2^{k-1} - 1], \min a[i + 2^{k-1}..i + 2^k - 1]\}, k \ge 1,$$

erhalten wir die folgende rekursive Formel für t_a^+:

$$t_a^+[i, 0] = i,$$

$$t_a^+[i, k] = \begin{cases} t_a^+[i, k - 1], & \text{falls } a[t_a^+[i, k - 1]] \le a[t_a^+[i + 2^{k-1}, k - 1]], \text{ und} \\ t_a^+[i + 2^{k-1}, k - 1] & \text{sonst.} \end{cases}$$

Die Idee ist jetzt wie oben, die Spalten der Tabelle

$$\begin{array}{cccc} t_a^+[1, 0] & t_a^+[1, 1] & \cdots & \\ t_a^+[2, 0] & t_a^+[2, 1] & & \\ \vdots & \vdots & \vdots & \ddots \\ t_a^+[n - 4, 0] & t_a^+[n - 4, 1] & t_a^+[n - 4, 2] & \\ t_a^+[n - 3, 0] & t_a^+[n - 3, 1] & t_a^+[n - 3, 2] & \\ t_a^+[n - 2, 0] & t_a^+[n - 2, 1] & & \\ t_a^+[n - 1, 0] & t_a^+[n - 1, 1] & & \\ t_a^+[n, 0] & & & \end{array}$$

nacheinander zu berechnen und abzuspeichern.

Für die erste Spalte gilt $t_a^+[i, 0] = i$, $i = 1, \ldots, n$. Für die folgenden Spalten benutzen wir die rekursive Formel. Bei der Berechnung der k–ten Spalte $t_a^+[i, k]$ benötigen wir die Werte $t_a^+[i, k - 1]$ und $t_a^+[i + 2^{k-1}, k - 1]$ aus der $(k - 1)$–ten Spalte. Da wir die Spalten nacheinander von links nach rechts berechnen, befinden sich diese Werte bereits in der Tabelle t_a^+ und wir können sie einfach auslesen.

Beispiel. Für $a = [7, 4, 5, 11, 3, 1, 14, 17, 2, 6]$ ist

	1	2	3	4	5	6	7	8	9	10
0	1	2	3	4	5	6	7	8	9	10
1	2	2	3	5	6	6	7	9	9	
2	2	5	6	6	6	6	9			
3	6	6	6							

die zu t_a^+ transponierte Matrix.

Für die i–te Zeile der Tabelle t_a^+ gilt für den größten Spaltenindex l_i die Abschätzung $i + 2^{l_i} - 1 \leq n$ oder äquivalent dazu $l_i = \lfloor \log_2(n - i + 1) \rfloor$. Die Tabelle besitzt daher

$$\sum_{i=1}^{n}(l_i + 1) = \sum_{i=1}^{n}(\lfloor \log_2(n - i + 1)\rfloor + 1)$$

$$= n + \sum_{i=1}^{n}\lfloor \log_2(i) \rfloor$$

$$= (n + 1)(\lfloor \log_2(n) \rfloor + 1) - 2^{\lfloor \log_2(n) \rfloor + 1} + 1$$

viele Einträge (Lemma B.16). Deshalb können wir die Berechnung von t_a^+, analog zu Algorithmus 1.36, mit einer Laufzeit in der Ordnung $O(n \log_2(n))$ implementieren.

Satz 1.37. *Eine RMQ-Anfrage für ein Array a der Länge n kann nach einer Vorverarbeitung mit Laufzeit $O(n \log_2(n))$ mit Laufzeit $O(1)$ beantwortet werden.*

Bemerkungen:

1. Im Abschnitt 6.1.3 geben wir, zunächst für ein Array, in dem sich zwei aufeinander folgende Einträge nur um $+1$ oder -1 unterscheiden, und anschließend für ein beliebiges Array, einen Algorithmus mit linearer Laufzeit für das RMQ-Problem an.
2. Das RMQ-Problem ist äquivalent zum LCA-Problem. Dieses besteht darin, in einem Wurzelbaum den gemeinsamen Vorfahren von zwei Knoten, der den größten Abstand zur Wurzel hat, zu ermitteln (Abschnitt 6.1.3). Das LCA-Problem und damit auch das RMQ-Problem ist ein grundlegendes algorithmisches Problem, das intensiv studiert wurde. Einen Überblick gibt der Artikel „Lowest common ancestors in trees" von Farach-Colton in [Kao16].
3. Range-Minimum-Queries besitzen Anwendungen in vielen Situationen, zum Beispiel bei Dokument-Retrieval, komprimierten Suffix-Bäumen, Lempel-Ziv-Komprimierung und der Text-Indizierung (Fischer: Compressed range minimum queries in [Kao16].).

Die Editierdistanz. Ein weiteres Beispiel für die Entwurfsmethode des dynamischen Programmierens ist die Berechnung der Editierdistanz zweier Zeichenketten. Die Editierdistanz quantifiziert, wie ähnlich zwei Zeichenketten sind.

Definition 1.38. Die *Editierdistanz* von zwei Zeichenketten ist die minimale Anzahl von Operationen, um die eine Zeichenkette in die andere Zeichenkette zu überführen. Als Operationen sind dabei Einfügen (I), Löschen (D) und Ersetzen (R) eines Zeichens erlaubt. Das Übernehmen eines Zeichens (T) zählen wir nicht bei der Ermittlung der Anzahl der Operationen.

Die Definition der Editierdistanz wird Levenshtein[33] zugeschrieben ([Leven65]). In der Arbeit wird kein Algorithmus zur Berechnung angegeben. In unserer Darstellung beziehen wir uns auf die Arbeit [WagFis74], die einen etwas allgemeineren Ansatz verfolgt.

Beispiel. Die Editierdistanz zwischen „dabei" und „bereit" ist vier. Die Operationen ersetze d durch b, ersetze a durch e, ersetze b durch r, behalte e, behalte i und füge t abschließend ein führen „dabei" in „bereit" über.

Satz 1.39. *Seien* $a_1 \ldots a_n$ *und* $b_1 \ldots b_m$ *Zeichenketten. Die Editierdistanz* $d(a_1 \ldots a_n, b_1 \ldots b_m)$, *kurz* $d(n,m)$, *berechnet sich rekursiv*

$$d(0,0) = 0, d(i,0) = i, d(0,j) = j,$$
$$d(i,j) = \min\{d(i,j-1) + 1, d(i-1,j) + 1, d(i-1,j-1) + [a_i \neq b_j]\}.$$

Dabei ist $[a_i \neq b_j] = 1$, *wenn* $a_i \neq b_j$ *ist, und 0 sonst.*

Beweis. Bei der Umwandlung von $a_1 \ldots a_i$ in $b_1 \ldots b_j$ unterscheiden wir die Fälle

(1) lösche a_i (am Ende) und führe $a_1 \ldots a_{i-1}$ in $b_1 \ldots b_j$ über,
(2) führe $a_1 \ldots a_i$ in $b_1 \ldots b_{j-1}$ über und füge b_j an,
(3) führe $a_1 \ldots a_{i-1}$ in $b_1 \ldots b_{j-1}$ über und ersetze a_i durch b_j oder
(4) führe $a_1 \ldots a_{i-1}$ in $b_1 \ldots b_{j-1}$ über und übernehme das letzte Zeichen unverändert.

Da $d(i,j)$ durch einen der vier Fälle hergestellt wird, gilt $d(i,j) \geq \min\{d(i,j-1) + 1, d(i-1,j) + 1, d(i-1,j-1) + [a_i \neq b_j]\}$.
Da die Umwandlung von $a_1 \ldots a_i$ in $b_1 \ldots b_j$ durch jeden der 4 betrachteten Fälle erfolgen kann und da $d(i,j)$ der Mindestabstand ist, gilt $d(i,j) \leq \min\{d(i,j-1) + 1, d(i-1,j) + 1, d(i-1,j-1) + [a_i \neq b_j]\}$. Dies zeigt die Behauptung. □

Wir können die Formel aus Satz 1.39 ohne Mühe in eine rekursive Funktion umsetzen. Obwohl es nur $(n+1)(m+1)$ viele Teilprobleme gibt, ist

---

[33] Vladimir Levenshtein (1935 – 1917) war ein russischer Mathematiker.

die Laufzeit dieser Funktion exponentiell. Dies liegt daran, dass die rekursive Funktion dieselben Distanzen immer wieder berechnet. Einen effizienteren Algorithmus liefert das folgende Vorgehen.

Wir berechnen die Werte

$$d(0,0)\ d(0,1)\ d(0,2)\ \ldots\ d(0,m)$$
$$d(1,0)\ d(1,1)\ d(1,2)\ \ldots$$
$$d(2,0)\ d(2,1)\ \ \ \ldots$$
$$\vdots$$

nacheinander und speichern sie in einer Tabelle ab. Wir beginnen mit der Berechnung der ersten Zeile und der ersten Spalte. Die folgenden Spalten berechnen wir von oben nach unten und von links nach rechts. Bei der Berechnung von $d(i,j)$ benötigen wir die Werte $d(i,j-1)$, $d(i-1,j)$ und $d(i-1,j-1)$. Diese Werte sind bereits berechnet. Sie befinden sich in der Tabelle und wir können sie einfach auslesen. Die Tabelle besteht aus n Zeilen und m Spalten. Ihre Berechnung erfolgt in der Zeit $O(nm)$. Wir fassen das Ergebnis im folgenden Satz zusammen.

Satz 1.40. *Seien* $a = a_1 \ldots a_n$ *und* $b = b_1 \ldots b_m$. *Zeichenketten der Länge* n *und* m. *Mit der Methode dynamisches Programmieren können wir die Editierdistanz von* a *zu* b *in der Zeit* $O(nm)$ *berechnen.*

Wir geben den Algorithmus in Pseudocode an.

Algorithmus 1.41.
Dist(char $a[1..n], b[1..m]$)

```
1    int i, j, d[0..n, 0..m]
2    for i ← 0 to n do
3        d[i, 0] ← i
4    for j ← 1 to m do
5        d[0, j] ← j
6    for i ← 1 to n do
7        for j ← 1 to m do
8            if a_i = b_j
9                then k ← 0
10               else  k ← 1
11           d[i, j] ← Min(d[i, j − 1] + 1,
12                         d[i − 1, j] + 1, d[i − 1, j − 1] + k)
```

Nach der Terminierung von Dist, steht in $d[n,m]$ die Editierdistanz von $a[1..n]$ und $b[1..m]$.

Wir modifizieren nun den Algorithmus Dist so, dass er die Folge der Operationen, welche die Editierdistanz bestimmt, auch berechnet. Dazu speichern wir, wie der Wert von $d[i,j]$ zustande kommt. Wir verwenden eine zweite Matrix $op[0..n, 0..m]$, in der wir für jede Zelle als initialen Wert die leere Menge setzen. Dann erweitern wir Dist durch

$$op[i,0] = \{D\}, 0 \leq i \leq n,$$

$$op[0,j] = \{I\}, 0 \leq j \leq m,$$

$$op[i,j] = \begin{cases} op[i,j] \cup \{D\} & \text{(lösche), falls } d[i,j] = d[i-1,j] + 1, \\ op[i,j] \cup \{I\} & \text{(füge ein), falls } d[i,j] = d[i,j-1] + 1, \\ op[i,j] \cup \{R\} & \text{(ersetze), falls } d[i,j] = d[i-1,j-1] + 1, \\ op[i,j] \cup \{T\} & \text{(übernehme), falls } d[i,j] = d[i-1,j-1]. \end{cases}$$

Nach Terminierung von Dist ist es möglich eine der Editierdistanz entsprechende Folge von Operationen zu gewinnen, indem wir op von $op[n,m]$ bis zu $op[0,0]$ durchlaufen. Der Pfad, der dadurch entsteht, enthält die Operationen. Wir starten in $op[n,m]$. Der nächste Knoten im Pfad ist durch die Wahl eines Eintrags aus $op[i,j]$ bestimmt. Als nächster Knoten ist möglich

$$op[i-1,j], \qquad \text{falls } D \in op[i,j],$$
$$op[i,j-1], \qquad \text{falls } I \in op[i,j] \text{ oder}$$
$$op[i-1,j-1], \quad \text{falls } R \text{ oder } T \in op[i,j].$$

Der Pfad – und damit auch die Folge der Operationen – ist nicht eindeutig bestimmt.

Beispiel. Wir berechnen die Editierdistanz zwischen „dabei" und „bereit" und eine minimale Folge von Operationen, die „dabei" in „bereit" überführt.

Wir erhalten die Abstandsmatrix d

d		b	e	r	e	i	t
	0	1	2	3	4	5	6
d	1	1	2	3	4	5	6
a	2	2	2	3	4	5	6
b	3	2	3	3	4	5	6
e	4	3	2	3	3	4	5
i	5	4	3	3	4	3	4

und die Operationenmatrix op

op		b	e	r	e	i	t
		I	I	I	I	I	I
d	D	**R**	I,R	I,R	I,R	I,R	I,R
a	D	D,R	**R**	I,R	I,R	I,R	I,R
b	D	T	D,I,R	**R**	I,R	I,R	I,R
e	D	D	T	I	**T**	I	I
i	D	D	D	R	D,I,R	**T**	**I**

Die Folge von Operationen ist R,R,R,T,T,I.

Bemerkungen:

1. Die berechnete Operationenfolge für ein Wortpaar (v, u) ergibt sich aus der Operationenfolge für (u, v) durch Vertauschung der Operationen I (Einfügen) und D (Löschen). Wir überführen mit den Operationen R, R, R, T, T, D „bereit" in „dabei".

2. Die für das Wortpaar $(a_1 \ldots a_n, b_1 \ldots b_m)$ berechnete Matrix d enthält auch die Editierdistanzen sämtlicher Präfixpaare $(a_1 \ldots a_i, b_1 \ldots b_j), i \leq n, j \leq m$. Entsprechend enthält die Matrix op die Einträge zur Rekonstruktion einer Operationenfolge für jedes Präfixpaar.
   Die Editierdistanz $d(dabe, be) = d[4, 2] = 2$. Beginnend mit $op[4, 2]$ erhält man hier die eindeutige Operationenfolge D, D, T, T.

3. Anwendung findet die Editierdistanz und deren Berechnung in der Algorithmischen Biologie. Dort wird mit der Editierdistanz die Ähnlichkeit von DNA Sequenzen gemessen. Das Verfahren findet auch im Bereich der Mustererkennung Anwendung. Dort spricht man üblicherweise vom *Levenshtein-Abstand*.

Der Algorithmus von Warshall-Floyd ist nach der Entwurfsmethode des dynamischen Programmierens konstruiert (Abschnitt 6.7).

1.5.5 Branch-and-Bound mit Backtracking

Branch-and-Bound ist ein grundlegendes Designprinzip für Algorithmen und in vielen Situationen anwendbar. Die Idee von Branch-and-Bound wurde bereits in den 60er Jahren des letzten Jahrhunderts bei der Lösung von ganzzahligen Optimierungsproblemen entwickelt.

Branch-and-Bound erfordert, dass der Lösungsraum $\mathcal{L}$ des Berechnungsproblems aus n–Tupeln $(x_1, \ldots, x_n) \in S_1 \times \ldots \times S_n$ besteht, wobei S_i, $i = 1, \ldots, n$, eine endliche Menge ist. Diese n–Tupeln $(x_1, \ldots, x_n) \in \mathcal{L}$ sind durch gewisse Bedingungen definiert. Der Lösungsraum wird oft mit der Struktur eines Baumes versehen (Definition 4.1).

Zum Beispiel können wir Permutationen auf den Mengen $\{1, \ldots, i\}$, $i = 1, \ldots, n$, einen Baum zuordnen. Wir definieren π_2 als Nachfolger von π_1, wenn π_2 die Permutation π_1 auf einen Definitionsbereich fortsetzt, der ein Element mehr enthält. Permutationen auf $\{1, \ldots, n\}$ sind in den Blättern des Baumes lokalisiert.

Bei Anwendung von Branch-and-Bound durchsuchen wir den Lösungsraum nach einer Lösung. Eine Bounding-Funktion beschränkt den Suchraum, indem sie Teilbäume abschneidet, die eine gewünschte Lösung nicht enthalten können. Breitensuche, Tiefensuche oder die Festlegung der Reihenfolge nach Prioritäten definieren verschiedene Besuchsreihenfolgen beim Durchmustern des Lösungsbaumes.

Beim Backtracking erfolgt die Durchmusterung mittels Tiefensuche (Algorithmus 4.5). Stellen wir durch Anwendung der Bounding-Funktion fest, dass ein Teilbaum mit Wurzel w keine Lösung enthält, so setzen wir die Suche im Vaterknoten von w fort; es erfolgt ein Rückwärtsschritt (Backtracking). Wir erläutern Branch-and-Bound mit Backtracking anhand des 8-Damenproblems und des Rucksackproblems genauer.

Das 8-Damenproblem. Das 8-Damenproblem wurde von Bezzel[34] im Jahr 1848 publiziert. Es besteht darin, 8 Damen auf einem Schachbrett so zu positionieren, dass sich je zwei Damen nicht gegenseitig bedrohen. Genauer besteht das Problem darin, die Zahl der möglichen Lösungen des Problems anzugeben. Sogar der berühmte Mathematiker Gauß[35] hat sich mit dem Problem beschäftigt.

Figur 1.7 zeigt eine der 92 Lösungen des 8-Damenproblems.

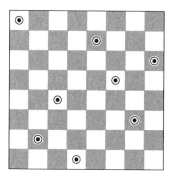

Fig. 1.7: Eine Lösung des 8-Damenproblems.

Steht eine Dame auf einem Feld F, so erlauben es die Regeln nicht, die zweite Dame auf einem Feld zu positionieren, das in der Zeile, der Spalte oder einer der beiden Diagonalen enthalten ist, die durch das Feld F gehen.

Wir müssen die Damen deshalb in verschiedenen Zeilen positionieren. Eine Lösung des Problems ist demnach durch die Angabe der Spalte für jede Zeile festgelegt, mithin ist sie ein 8-Tupel $(q_1, \ldots, q_8) \in \{1, \ldots, 8\}^8$, wobei q_j die Spalte für die j–te Zeile angibt. Zusätzlich muss $(q_1, \ldots, q_8)$ noch die Bedingung der gegenseitigen „Nichtbedrohung" erfüllen.

Da zwei Damen in verschiedenen Spalten zu positionieren sind, muss für eine Lösung $(q_1, \ldots, q_8)$ auch $q_i \neq q_j$ für $i \neq j$ gelten. Darum handelt es sich bei $(q_1, \ldots, q_8)$ um eine Permutation $(\pi(1), \ldots, \pi(8))$. Wir stellen die Menge aller Permutationen auf $(1, \ldots, 8)$ durch einen Baum mit 9 Ebenen dar, siehe Figur 1.8. Jeder Knoten in der Ebene i hat $8 - i$ viele Nachfolger. Folglich hat der Baum $1 + 8 + 8 \cdot 7 + 8 \cdot 7 \cdot 6 + \ldots + 8! = 69.281$ viele verschiedene Knoten.

---

[34] Max Friedrich Wilhelm Bezzel (1824 – 1871) war ein deutscher Schachspieler.

[35] Carl Friedrich Gauß (1777 – 1855) war ein deutscher Mathematiker. Er zählt zu den bedeutendsten Mathematikern seiner Zeit.

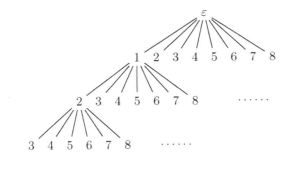

Fig. 1.8: Der Lösungsbaum für das 8-Damenproblem.

Eine Permutation q ist im Baum durch einen Pfad P von der Wurzel zu einem Blatt gegeben. Gehört ein Knoten k in der Ebene i zu P, so gibt k die i–te Komponente von q an.

Wir finden die Lösungen durch Traversieren des Baumes mittels Tiefensuche (Algorithmus 4.5). Dabei prüfen wir in jedem Knoten, ob die Permutation $(q_1, \ldots, q_i)$ noch Teil einer Lösung ist. Falls dies der Fall ist, untersuchen wir die Nachfolgeknoten in der nächsten Ebene. Ist $(q_1, \ldots, q_i)$ nicht Teil einer Lösung, so setzen wir die Suche in der übergeordneten Ebene fort. Es findet somit ein Rückwärtsschritt (Backtracking) statt.

Der folgende Algorithmus Queens implementiert diesen Lösungsweg, ohne den Baum explizit darzustellen. Die Darstellung ist implizit durch die Abstiegspfade der Rekursion gegeben.

Queens gibt eine Lösung für das n–Damenproblem an, das die Problemstellung für n Damen und ein Schachbrett mit $n \times n$–Feldern verallgemeinert.

Algorithmus 1.42.
Queens(int $Q[1..n], i$)
  1 if $i = n + 1$
  2   then print(Q)
  3 for $j \leftarrow 1$ to n do
  4   if testPosition($Q[1..n], i, j$)
  5   then $Q[i] \leftarrow j$
  6   Queens($Q[1..n], i + 1$)

boolean testPosition(int $Q[1..n], i, j$)
  1 for $k \leftarrow 1$ to $i - 1$ do
  2   if $Q[k] = j$ or $Q[k] = j + i - k$ or $Q[k] = j - i + k$
  3   then return false
  4 return true

Der Aufruf Queens($Q[1..n], 1$) berechnet alle Lösungen des n–Damenproblems und gibt sie mit print(Q) aus. Die Funktion testPosition prüft für die

i–te Zeile, ob wir in der j–ten Spalte eine Dame positionieren können. Dazu prüft sie, ob auf der j-ten Spalte oder einer der Geraden $y = x + (j - i)$ oder $y = -x + (j + i)$ durch das Feld mit den Koordinaten (i, j) bereits eine Dame steht. Dies geschieht in der Zeile 2 von testPosition für die Zeile k, $k = 1, \ldots, i - 1$.

Ein PC kann die 92 Lösungen für das 8-Damenproblem in weniger als einer Sekunde berechnen. Kürzlich ist es einer Arbeitsgruppe an der TU Dresden gelungen alle Lösungen des 27-Damenproblems zu berechnen. Es gibt 234.907.967.154.122.528 viele Lösungen. Zur Berechnung wurden Field Programmable Gate Arrays (FPGA) eingesetzt, die ein massiv paralleles Rechnen ermöglichen. Diese haben ein Jahr lang mit all ihrer Leerlaufzeit gerechnet, um das Ergebnis zu erzielen ([Queens@TUD-Team16]).

Das Rucksackproblem. Beim Rucksackproblem sind ein Rucksack und Gepäckstücke fester Größe gegeben. Das Ziel ist, mit einer geeigneten Auswahl aus allen Gepäckstücken den Rucksack möglichst vollzupacken. Abstrakter und allgemeiner formuliert sich das Problem folgendermaßen:

Gegeben seien $m \in \mathbb{N}$, $w = (w_1, \ldots, w_n)$ und $p = (p_1, \ldots, p_n) \in \mathbb{N}^n$. Gesucht ist $x = (x_1, \ldots, x_n) \in \{0, 1\}^n$ mit

$$\sum_i^n x_i w_i \leq m \text{ und } \sum_i^n x_i p_i \text{ ist maximal.}$$

Die Zahl m heißt *Kapazität*, der Vektor w *Gewichtsvektor* und der Vektor p *Profitvektor*. Das Problem besteht darin, eine Lösung $(x_1, \ldots, x_n)$ zu berechnen, die bei Beachtung der Kapazitätsschranke ($\sum_i^n x_i w_i \leq m$) den Profit ($\sum_i^n x_i p_i$) maximiert. Eine Lösung, die dies erfüllt, heißt *optimale Lösung*.

Genauer handelt es sich bei diesem Problem um das *0,1-Rucksackproblem*. Das 0,1 Rucksackproblem gehört zu den sogenannten *NP-vollständigen* Problemen. Unter der Annahme, dass P $\neq$ NP[36] gilt, gibt es zur Lösung des Problems keinen Algorithmus polynomialer Laufzeit. Die Berechnungsprobleme aus der Komplexitätsklasse P kann ein deterministischer Turingautomat in Polynomzeit lösen, die aus der Komplexitätsklasse NP ein nichtdeterministischer Turingautomat. Ein deterministischer Turingautomat kann Lösungen aus NP in Polynomzeit verifizieren. Die NP-vollständigen Probleme erweisen sich als die schwierigsten Probleme aus NP. Jedes Problem $\mathcal{P}' \in$ NP lässt sich in Polynomzeit auf ein NP-vollständiges Problem $\mathcal{P}$ reduzieren, d. h. es gibt einen Algorithmus polynomialer Laufzeit zur Lösung von $\mathcal{P}'$, der einen Algorithmus zur Lösung von $\mathcal{P}$ als Unterprogramm benutzt. Deshalb ist es möglich alle Probleme in NP in Polynomzeit zu lösen, wenn ein einziges NP-vollständiges Problem eine polynomiale Lösung besitzt. Die Komplexitätsklassen P,

---

[36] Zu entscheiden, ob diese Annahme richtig ist, wird als P versus NP Problem bezeichnet. Es ist in der Liste der Millennium-Probleme enthalten, die im Jahr 2000 vom Clay Mathematics Institute aufgestellt wurde. Die Liste enthält 7 Probleme, zu den 6 ungelösten Problemen gehört auch das P versus NP Problem.

NP und weitere sind Gegenstand der Theoretischen Informatik. Die daran interessierten Leser verweisen wir auf Lehrbücher über Berechenbarkeits- und Komplexitätstheorie, wie zum Beispiel [GarJoh79], [HopMotUll07] und [Hromkovič14].

Das Rucksackproblem weist eine lange Geschichte auf. Die wesentlichen Methoden zur Lösung des Problems sind dynamisches Programmieren und Branch-and-Bound. Über das Problem wurden viele theoretische und auch anwendungsorientierte Arbeiten publiziert. Eine umfassende Übersicht ist in [MartToth90] oder in [KelPisPfe04] zu finden.

Wir schwächen zunächst die Anforderung an die Lösungen ab und lassen auch Vektoren $x = (x_1, \ldots, x_n) \in [0,1]^n$ mit Brüchen als Komponenten zu. In diesem Fall bezeichnen wir das Problem als *fraktales Rucksackproblem*. Wir lösen das fraktale Rucksackproblem durch den folgenden Algorithmus greedyKnapsack. Er geht auf eine Arbeit von Dantzig[37] aus dem Jahr 1957 zurück.

Der Algorithmus folgt zur Maximierung des Profits folgender naheliegender Greedy-Strategie: Packe die Gepäckstücke in der absteigenden Reihenfolge ihrer *Profitdichte* $\frac{p_i}{w_i}$, $i = 1 \ldots, n$, ein, genauer, beginne mit dem Gepäckstück mit der größten Profitdichte, fahre fort die Gepäckstücke in der absteigenden Reihenfolge ihrer Profitdichte einzupacken, solange die Schranke m noch nicht erreicht ist, und fülle die Restkapazität mit einem Teil des nächsten Gepäckstücks. Dazu sortieren wir $w = (w_1, \ldots, w_n)$ und $p = (p_1, \ldots, p_n)$ so, dass $\frac{p_1}{w_1} \geq \frac{p_2}{w_2} \geq \ldots \geq \frac{p_n}{w_n}$ gilt. Die Funktion greedyKnapsack hat für $i = 1$ als Aufrufparameter den Gewichtsvektor $w[1..n]$, den Profitvektor $p[1..n]$, den mit 0 initialisierten Vektor $x[1..n]$, der nach der Berechnung die Lösung enthält, und die Kapazität m des Rucksacks. Die Funktion greedyKnapsack gibt den größten Index j mit $x[j] \neq 0$ und den erzielten Profit P zurück.

Algorithmus 1.43.

```
(int, real) greedyKnapsack(int p[i..n], w[i..n], x[i..n], m)
 1   index j; int c ← 0, P ← 0
 2   for j ← i to n do
 3       c ← c + w[j]
 4       if c < m
 5       then x[j] ← 1
 6             P ← P + p[j]
 7       else  x[j] ← w[j]−(c−m)/w[j]
 8             P ← P + p[j] · x[j]
 9             break
10   return (j, P)
```

---

[37] George Bernard Dantzig (1914 – 2005) war ein amerikanischer Mathematiker. Er hat das Simplex-Verfahren, das Standardverfahren zur Lösung von linearen Optimierungsproblemen, entwickelt.

Satz 1.44. *Rufen wir den Algorithmus 1.43 mit dem Parameter $i = 1$ auf, so berechnet er eine optimale Lösung für die Instanz $(p[1..n], w[1..n], m)$ des fraktalen Rucksackproblems.*

Beweis. Für das Ergebnis $x = (x_1, \ldots, x_n)$ von Algorithmus 1.43 gilt $\sum_{i=1}^{n} x_i w_i = m$. Falls $x_i = 1$ für $i = 1, \ldots, n$ gilt, ist x eine optimale Lösung. Sonst gibt es ein j mit $1 \le j \le n$, $x_1 = \ldots = x_{j-1} = 1$ und $0 < x_j \le 1$, $x_{j+1} = \ldots = x_n = 0$.

Angenommen, $x = (x_1, \ldots, x_n)$ wäre nicht optimal. Sei k maximal, sodass für alle optimalen Lösungen $(\tilde{y}_1, \ldots, \tilde{y}_n)$ gilt $\tilde{y}_1 = x_1, \ldots, \tilde{y}_{k-1} = x_{k-1}$ und $\tilde{y}_k \ne x_k$. Für dieses k gilt $k \le j$, denn für $k > j$ gilt $x_k = 0$ und es folgt $\tilde{y}_k > 0$ und $\sum_{i=1}^{n} w_i \tilde{y}_i > \sum_{i=1}^{n} w_i x_i = m$, ein Widerspruch.

Sei $(y_1, \ldots, y_n)$ eine optimale Lösung, für die $y_1 = x_1, \ldots, y_{k-1} = x_{k-1}$ und $y_k \ne x_k$ gilt. Wir zeigen jetzt, dass $y_k < x_k$ gilt. Für $k < j$ gilt $x_k = 1$, also folgt $y_k < x_k$. Es bleibt der Fall $k = j$ zu zeigen. Angenommen, es wäre $y_j > x_j$. Dann folgt $\sum_{i=1}^{n} w_i y_i > \sum_{i=1}^{n} w_i x_i = m$, ein Widerspruch. Demzufolge ist $k \le j$ und $y_k < x_k$ gezeigt.

Aus $y_1 = \ldots = y_{k-1} = 1$ folgt

$$w_k(x_k - y_k) = \sum_{i=k+1}^{n} w_i \alpha_i \text{ mit } \alpha_i \le y_i.$$

Wir ändern jetzt die Lösung $(y_1, \ldots, y_n)$ an den Stellen $k, \ldots, n$ ab. Genauer definieren wir $(z_1, \ldots, z_n)$ wie folgt: Wähle $z_i = y_i$, $i = 1, \ldots, k-1$, $z_k = x_k$ und $z_i = y_i - \alpha_i$, für $i = k+1, \ldots, n$. Dann gilt

$$\sum_{i=1}^{n} p_i z_i = \sum_{i=1}^{n} p_i y_i + p_k(z_k - y_k) - \sum_{i=k+1}^{n} p_i \alpha_i$$

$$\ge \sum_{i=1}^{n} p_i y_i + \left(w_k(z_k - y_k) - \sum_{i=k+1}^{n} w_i \alpha_i \right) \frac{p_k}{w_k}$$

$$= \sum_{i=1}^{n} p_i y_i.$$

Da $(y_1, \ldots, y_n)$ optimal ist, folgt $\sum_{i=1}^{n} p_i z_i = \sum_{i=1}^{n} p_i y_i$. Daher ist $(z_1, \ldots, z_n)$ optimal, ein Widerspruch zur Wahl von k. Somit ist $(x_1, \ldots, x_n)$ optimal. $\square$

Wir lösen jetzt das 0,1-Rucksackproblem und nehmen ohne Einschränkung an, dass $w_i \le m$ für $i = 1, \ldots, n$ und $\sum_{i=1}^{n} w_i > m$ gilt. Wir wenden dazu den Algorithmus 1.43 an und setzen deshalb voraus, dass die Anordnung von $p[1..n]$ und $w[1..n]$ eine absteigend sortierte Folge $\frac{p[1]}{w[1]} \ge \frac{p[2]}{w[2]} \ge \ldots \ge \frac{p[n]}{w[n]}$ ergibt.

Wir betrachten folgenden binären Baum B (Definition 4.3). Knoten sind die Binärvektoren $(x_1, \ldots, x_i)$, $i = 0, \ldots, n$. Der Knoten $(x'_1, \ldots, x'_{i+1})$ ist Nachfolger von $(x_1, \ldots, x_i)$, wenn $x'_j = x_j$ für $j = 1, \ldots i$ gilt, siehe Figur 1.9.

Der Baum besitzt $2^{n+1} - 1$ viele Knoten, die auf $n + 1$ viele Ebenen verteilt sind (nummeriert von 0 bis n).

Die Lösungen des Rucksackproblems sind in den 2^n Blättern lokalisiert. Diese befinden sich alle in der Ebene n. Aber nicht alle Blätter sind Lösungen des Rucksackproblems. Einige verletzen unter Umständen die Kapazitätsschranke, andere erreichen nicht den maximal möglichen Profit. Den Baum komplett zu durchlaufen und dann die Kapazitätsschranke und Optimalitätsbedingung in jedem Blatt zu prüfen, liefert ein korrektes Ergebnis. Da aber die Anzahl der Knoten von B in der Anzahl der Gepäckstücke exponentiell wächst, führt dieses Vorgehen zu einem Algorithmus exponentieller Laufzeit. Die Idee ist, rechtzeitig zu erkennen, dass ein Teilbaum keine optimale Lösung enthalten kann. Ist in einem Knoten v die Kapazitätsbedingung verletzt, dann ist sie für alle Knoten im Teilbaum, der v als Wurzel besitzt, verletzt. Wenn im Knoten v die Summe aus dem bereits erreichten Profit und dem Profit, den wir noch erwarten, den bisher erreichten maximalen Profit nicht übertrifft, untersuchen wir den Teilbaum mit Wurzel v nicht weiter.

Mit dieser Strategie löst der folgende Algorithmus das 0,1-Rucksackproblem. Er besteht aus der Funktion knapSack, mit der die Ausführung startet und der Funktion traverse, die B mittels Tiefensuche traversiert (vergleiche Algorithmus 4.5). Auch hier stellen wir, wie bei der Lösung des 8-Damenproblems, den Lösungsbaum B nicht explizit als Datenstruktur dar.

Algorithmus 1.45.
   int: $p[1..n]$, $w[1..n]$, $x[1..n]$, $\tilde{x}[1..n]$

```
knapSack(int p[1..n], w[1..n], m)
1   (i, p'') ← greedyKnapsack(p[1..n], w[1..n], x̃[1..n], m)
2   if x̃[i] < 1
3     then x̃[i] ← 0
4         traverse(x[1..1], m, 0)
5   return x̃
```

$$\text{traverse(int } x[1..j], m', p')$$
```
1   int : p̃
2   p̃ ← Σ_{k=1}^{n} p[k]x̃[k]
3   if j ≤ n
4     then (i, p'') ← greedyKnapsack(p[j..n], w[j..n], x[j..n], m')
5         if p' + p'' > p̃
6           then if w[j] ≤ m'
7               then x[j] ← 1
8                   traverse(x[1..j+1], m' − w[j], p' + p[j])
9                 x[j] ← 0, traverse(x[1..j+1], m', p')
10    else if p' > p̃ then x̃ ← x
```

Bemerkungen:

1. Die Funktion knapSack ruft greedyKnapsack auf (Zeile 1). Diese berechnet eine Lösung $\tilde{x}$ für das fraktale Rucksackproblem. Wenn $\tilde{x}$ eine ganzzahlige Lösung ist, so ist eine ganzzahlige optimale Lösung berechnet. Sonst setzen wir die letzte von 0 verschiedene Komponente der Lösung $\tilde{x}$ auf 0 und erhalten eine Lösung in $\{0,1\}^n$. Nach Terminierung des Aufrufs traverse($x[1..1], m, 0$) (Zeile 4 in knapSack) enthält $\tilde{x}$ die als erste gefundene optimale Lösung.

2. Die Parameter von traverse sind der aktuelle Knoten $(x_1, \ldots, x_j)$, die im Knoten $(x_1, \ldots, x_j)$ verbleibende Kapazität m' und der bis zum Knoten $(x_1, \ldots, x_{j-1})$ erzielte Profit p'. Der Algorithmus greedyKnapsack berechnet für das auf $[j..n]$ eingeschränkte fraktale Teilproblem eine optimale Lösung (Satz 1.44). Der Profit der 0,1-Lösung ist stets $\leq$ dem Profit der optimalen fraktalen Lösung.

3. Die Lösung $(\tilde{x}_1, \ldots, \tilde{x}_n)$ initialisieren wir zunächst mit greedyKnapsack und aktualisieren sie anschließend immer dann, wenn wir eine Lösung mit höherem Profit entdecken (Zeile 10).

4. Die Bedingung in Zeile 5 prüft, ob der Teilbaum mit Wurzel $(x_1, \ldots, x_j)$ eine optimale Lösung enthalten kann. Dies ist der Fall, wenn folgendes gilt: Der bis zum Knoten $(x_1, \ldots, x_{j-1})$ erzielte Profit p' plus dem Profit p'' einer optimalen Lösung des auf $[j..n]$ eingeschränkten fraktalen Problems ist größer dem Profit $\tilde{p} = \sum_{i=1}^{n} p_i \tilde{x}_i$ der momentanen optimalen Lösung $(\tilde{x}_1, \ldots, \tilde{x}_n)$. Ist dies der Fall, so setzen wir mit $x_j = 0$ und mit $x_j = 1$ die Suche in der nächsten Ebene fort, falls dies die verbleibende Kapazität zulässt (Zeile 6: $w[j] \leq m'$). Die Variable j gibt die Ebene des Baumes an, in der sich der Knoten $(x_1, \ldots, x_j)$ befindet. Insbesondere ist für $j = n$ ein Blatt erreicht.

5. Falls die Bedingung in Zeile 5 nicht eintritt, schneiden wir den Teilbaum unter dem Knoten $(x_1, \ldots, x_{j-1})$ ab, d. h. wir durchsuchen weder den Teilbaum mit Wurzel $(x_1, \ldots, x_{j-1}, 0)$ noch den Teilbaum mit Wurzel $(x_1, \ldots, x_{j-1}, 1)$ nach einer optimalen Lösung.

6. Die Notation $x[1..j]$ übergibt beim Funktionsaufruf auch den Parameter j. Wenn wir traverse mit $j = n + 1$ aufrufen, so aktualisieren wir $\tilde{x}$, falls der Profit $p' = \sum_{k=1}^{n} p_k x_k$, der mit dem Knoten $(x_1, \ldots, x_n)$ gegeben ist, größer dem Profit der in $\tilde{x}$ gespeicherten Lösung ist, d. h. wenn $p' > \sum_{k=1}^{n} p_k \tilde{x}_k$ gilt (Zeile 10).

Beispiel. Figur 1.9 zeigt einen Lösungsbaum für das Rucksackproblem mit 5 Gepäckstücken, $p = (10, 18, 14, 12, 3)$, $w = (2, 6, 5, 8, 3)$ und $m = 12$.

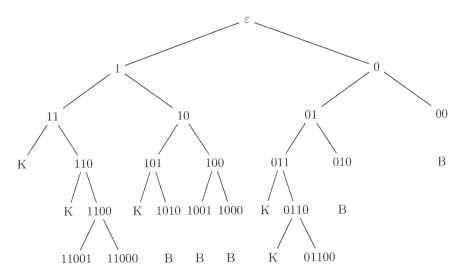

Fig. 1.9: Lösungsbaum bei 5 Gepäckstücken.

Die Greedy-Lösung ist 11000 und erzielt den Profit $p' = 28$. Diese wird erstmals aktualisiert mit 11001. Der zugeordnete Profit $p' = 31$. K steht für eine verletzte Kapazitätsbedingung (Zeile 6: $w[j] > m'$) und B für eine verletzte Bounding-Bedingung (Zeile 5: $p' + p'' \leq \tilde{p}$). Die optimale Lösung ist 01100 und ergibt den Profit 32.

1.6 Probabilistische Algorithmen

Ursprünglich wurden probabilistische Algorithmen hauptsächlich in der Algorithmischen Zahlentheorie und Kryptographie eingesetzt. Wichtige Beispiele sind die Primzahltests von Solovay-Strassen und Miller-Rabin (siehe zum Beispiel [DelfsKnebl15]). In der Kryptographie sind probabilistische Verfahren die Schlüsseltechnologie für sichere kryptographische Verfahren (loc. cit.). Inzwischen gibt es ein weites Anwendungsfeld für probabilistische Methoden. Sie zählen zu den grundlegenden Techniken zur Konstruktion einfacher und effizienter Algorithmen. Dieser Abschnitt orientiert sich am Buch „Randomized Algorithms" von Motwani und Raghavan, das einen guten Einblick in das Gebiet der probabilistischen Algorithmen vermittelt ([MotRag95]). Eine Einführung findet man in [Hromkovič04].

Der Kontrollfluss in probabilistischen Algorithmen hängt von Zufallsentscheidungen ab, wie zum Beispiel dem Ergebnis eines Münzwurfs. Wenden wir einen probabilistischen Algorithmus zweimal zur Berechnung für denselben Input an, so können unterschiedliche Resultate der Münzwürfe zu unterschiedlichen Ergebnissen der Berechnung führen. Für theoretische Zwecke werden probabilistische Algorithmen analog zu (deterministischen) Algorithmen mit probabilistischen Turingautomaten modelliert (siehe [HopMotUll07]).

Irrfahrt auf der Geraden. Der folgende Algorithmus ist komplett vom Zufall gesteuert. Das Ergebnis hängt nur von einer Folge von Münzwürfen ab, bei denen mit Wahrscheinlichkeit p Kopf und mit Wahrscheinlichkeit $1 - p$ Zahl eintritt. Es handelt sich um eine Irrfahrt auf der Zahlengeraden $\mathbb{Z}$ (random walk). Beim Start positionieren wir eine Figur F im Nullpunkt von $\mathbb{Z}$. In jedem Schritt bewegen wir F abhängig von einem Münzwurf bei Kopf eine Einheit nach rechts (+1) und bei Zahl eine Einheit nach links (-1).

Algorithmus 1.46.

```
int randomWalk(int n)
 1   int x ← 0
 2   for i ← 1 to n do
 3       choose at random z ∈ {−1, 1}
 4       x ← x + z
 5   return x
```

Die Zufallsvariable X beschreibt den Rückgabewert x (den Endpunkt der Irrfahrt). Sie kann die Werte $-n, \ldots, n$ annehmen.

Die Variable X hat den Wert x, wenn k mal 1 und $n-k$ mal -1 eingetreten ist und wenn $x = k - (n - k) = 2k - n$ gilt, d. h. $k = (n + x)/2$. Wir erhalten als Erzeugendenfunktion von X

$$G_X(z) = \sum_{x=-n}^{n} \binom{n}{\frac{n+x}{2}} p^{(x+n)/2}(1 - p)^{(n-x)/2} z^x$$

$$= \sum_{x=0}^{2n} \binom{n}{\frac{x}{2}} p^{x/2}(1 - p)^{n-x/2} z^{x-n}$$

$$= \frac{1}{z^n} \sum_{x=0}^{n} \binom{n}{x} p^x(1 - p)^{n-x} \left(z^2\right)^x$$

$$= \frac{(pz^2 + (1 - p))^n}{z^n}$$

(siehe Definition A.15, Definition A.11 und Anhang B (F.3)). Hieraus folgt

$$G_X'(1) = n(2p - 1), G_X''(1) = 4n \left(n \left(p - \tfrac{1}{2}\right)^2 - p \left(p - \tfrac{1}{2}\right) + \tfrac{1}{4}\right).$$

Für den Erwartungswert folgt $\mathrm{E}(X) = n(2p - 1)$ und für die Varianz $\mathrm{Var}(X) = 4np(1 - p)$ (Satz A.12). Das Nachrechnen der Formeln stellen wir als Übungsaufgabe.

Für $p = \tfrac{1}{2}$ ist der Erwartungswert von X gleich 0. Wir erwarten, dass die Irrfahrt nach n Schritten wieder im Ursprung endet. Die Varianz $\mathrm{Var}(X) = n$. Wir wären daher erstaunt, wenn die Irrfahrt in vielen Fällen um mehr als $\sigma(X) = \sqrt{n}$ Positionen vom Ursprung entfernt endet.

Beispiel. Das Histogramm der Figur 1.10 zeigt die relativen Häufigkeiten der Endpunkte von 10.000 simulierten Irrfahrten, wobei jede Irrfahrt aus 50 Schritten besteht.

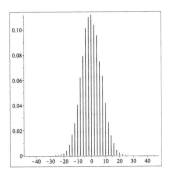

Fig. 1.10: Verteilung der Endpunkte von 10.000 Irrfahrten zu je 50 Schritten.

Da bei gerader Anzahl der Schritte die Endpunkte gerade sind, sind nur die geraden Koordinaten angegeben. Beim Münzwurf handelt es sich um eine faire Münze, Kopf und Zahl treten jeweils mit Wahrscheinlichkeit $1/2$ ein. Bei 68 % der durchgeführten Experimente endet die Irrfahrt, wie erwartet, im Intervall [-7,7]. Die experimentell ermittelte Verteilung weicht kaum von der berechneten Verteilung ab.

1.6.1 Vergleich von Polynomen

Wir betrachten das Problem, zu entscheiden, ob zwei endliche Folgen von ganzen Zahlen

$$\alpha_1, \ldots, \alpha_n \text{ und } \beta_1, \ldots, \beta_n$$

dieselben Elemente enthalten. Wenn wir die beiden Folgen sortieren und anschließend die Folgen Element für Element vergleichen, haben wir eine Lösung, die eine Laufzeit der Ordnung $O(n \log_2(n))$ besitzt (siehe Kapitel 2).

Eine effizientere Lösung gewinnen wir, mit den $\alpha_1, \ldots, \alpha_n$ und $\beta_1, \ldots, \beta_n$ zugeordneten Polynomen

$$f(X) = \prod_{i=1}^{n} (X - \alpha_i) \text{ und } g(X) = \prod_{i=1}^{n} (X - \beta_i).$$

Seien $f(X)$ und $g(X) \in \mathbb{Z}[X]$ Polynome mit ganzen Zahlen als Koeffizienten. Die Aufgabe ist festzustellen, ob $f(X) = g(X)$ gilt.

Falls die Koeffizienten von $f(X)$ und $g(X)$ bekannt sind, kann dies einfach durch Vergleich der einzelnen Koeffizienten erfolgen. Es gibt aber auch Situationen, in denen die Koeffizienten nicht bekannt sind. Dies ist zum Beispiel der Fall, wenn wir nur die Nullstellen von $f(X)$ und $g(X)$ kennen. Bekanntlich sind zwei normierte Polynome gleich, wenn $f(X)$ und $g(X)$ dieselben Nullstellen $\alpha_1, \ldots, \alpha_n$ und $\beta_1, \ldots, \beta_n$ besitzen.

Die Produkte auszumultiplizieren und anschließend die Polynome zu vergleichen, liefert keinen schnelleren Algorithmus, als die gerade angegebene Lösung. Einen schnelleren Algorithmus erhalten wir, wenn wir die Idee mit den Fingerabdrücken anwenden. Der Fingerabdruck von $f(X)$ ist $f(x)$. x ist ein Argument, das wir in f einsetzen können. Für unser Verfahren wählen wir das Argument x aus einer endlichen Menge $A \subset \mathbb{Z}$ zufällig und vergleichen

$$f(x) = g(x).$$

$f(x) = \prod_{i=1}^{n}(x - \alpha_i)$ berechnen wir mit n Multiplikationen, ohne vorher die Koeffizienten zu berechnen. Wir erhalten folgenden Algorithmus.

Algorithmus 1.47.
   boolean OnePassPolyIdent(polynomial f, g)
   1   choose at random $x \in A$
   2   if $f(x) \neq g(x)$
   3   then return false
   4   return true

Man sagt, x ist ein *Zeuge* für $f(X) \neq g(X)$, falls $f(x) \neq g(x)$ gilt.

Gilt $f(X) = g(X)$, dann gilt auch $f(x) = g(x)$ und das Ergebnis ist korrekt. Falls $f(X) \neq g(X)$ ist, kann es durchaus sein, dass $f(x) = g(x)$ gilt. In diesem Fall irrt sich OnePassPolyIdent. Wir untersuchen jetzt die Wahrscheinlichkeit, mit der sich OnePassPolyIdent irrt. Dazu nehmen wir der Einfachheit halber an, dass $\deg(f - g) = n - 1$ ist und wählen A mit $|A| = 2(n-1)$ im Vorhinein. Wenn $f(X) \neq g(X)$ ist, dann ist $f(X) - g(X) \neq 0$ ein Polynom vom Grad $n-1$ und besitzt somit – mit Vielfachheit gezählt – höchstens $n-1$ Nullstellen. OnePassPolyIdent irrt sich genau dann, wenn in Zeile 1 eine Nullstelle von $f - g$ gewählt wird. Die Wahrscheinlichkeit dafür ist $\leq {(n-1)}/{2(n-1)} = {1}/{2}$. Sei p die Wahrscheinlichkeit, dass OnePassPolyIdent korrekt rechnet. Es gilt daher $p = 1$, falls $f(X) = g(X)$ ist und $p \geq {1}/{2}$, falls $f(X) \neq g(X)$ ist. Auf den ersten Blick scheint ein Algorithmus, der sich in vielen Fällen mit Wahrscheinlichkeit bis zu ${1}/{2}$ irrt, von geringem Nutzen zu sein. Die Irrtumswahrscheinlichkeit können wir jedoch durch unabhängige Wiederholungen – einem Standardvorgehen bei probabilistischen Algorithmen – beliebig klein machen.

Algorithmus 1.48.
   boolean PolyIdent(polynomial f, g; int k)
   1   for $i = 1$ to k do
   2   choose at random $x \in A$
   3   if $f(x) \neq g(x)$
   4   then return false
   5   return true

Die Wahrscheinlichkeit, dass sich PolyIdent k–mal irrt – bei k unabhängigen Wiederholungen der Wahl von x – ist kleiner gleich $1/2^k$. Die Erfolgswahrscheinlichkeit ist dann größer gleich $1 - 1/2^k$. Durch geeignete Wahl von k, erreichen wir, dass sie beliebig nahe bei 1 liegt.

Ein probabilistischer Algorithmus, heißt Monte-Carlo-Algorithmus, wenn er ein korrektes Ergebnis mit hoher Wahrscheinlichkeit liefert und Las-Vegas-Algorithmus, wenn er immer ein korrektes Ergebnis liefert. Genauer formulieren wir

Definition 1.49. Sei $\mathcal{P}$ ein Berechnungsproblem. Ein probabilistischer Algorithmus A für $\mathcal{P}$ heißt

1. *Monte-Carlo-Algorithmus*, wenn gilt:
   a. Das Ergebnis $A(x)$ ist mit hoher Wahrscheinlichkeit richtig.
   b. Die Laufzeit ist polynomial.
2. *Las-Vegas-Algorithmus*, wenn gilt:
   a. Das Ergebnis $A(x)$ ist immer richtig.
   b. Der Erwartungswert der Laufzeit ist polynomial.

Wir geben ein Beispiel für einen Las-Vegas-Algorithmus an. Der Algorithmus PolyDif beweist, dass zwei Polynome vom Grad n verschieden sind. Er basiert auf denselben Tatsachen wie der Algorithmus PolyIdent.

Algorithmus 1.50.
  boolean PolyDif(polynomial f, g)
  1   while true do
  2   choose at random $x \in A$
  3   if $f(x) \neq g(x)$
  4   then return true

Falls $f(X) = g(X)$ terminiert der Algorithmus nicht. Wir berechnen den Erwartungswert der Anzahl I der Iterationen der while-Schleife in PolyDif für den Fall $f(X) \neq g(X)$. Wir betrachten das Ereignis $\mathcal{E}$, dass die zufällige Wahl von $x \in A$ keine Nullstelle von $f(X) - g(X)$ liefert. Sei p die relative Häufigkeit der Nichtnullstellen, dann gilt $\mathrm{p}(\mathcal{E}) = p$. Die Zufallsvariable I ist geometrisch verteilt mit Parameter p. Der Erwartungswert $\mathrm{E}(I) = 1/p$ (Satz A.20).

Soll der Algorithmus für praktische Zwecke eingesetzt werden, so muss man die Schleife irgendwann terminieren. In diesem Fall gibt der Algorithmus aus: „kein Ergebnis erzielt". Wahrscheinlich sind dann die beiden Polynome gleich. Für $p = 1/2$ ist nach k Iterationen die Irrtumswahrscheinlichkeit höchstens $1/2^k$.

Bei der Berechnung von $f(x) = \prod_{i=1}^{n}(x - \alpha_i)$ im Algorithmus PolyIdent entstehen unter Umständen sehr große Zahlen. Eine Multiplikation ist dann keine Elementaroperation. Der Aufwand hängt von der Länge der Zahlen ab. Dieses Problem ist auch durch die Technik lösbar, Fingerabdrücken zu verwenden.

1.6.2 Verifikation der Identität großer Zahlen

Wir demonstrieren den Vorteil der probabilistischen Methode anhand der Problemstellung Objekte auf Gleichheit zu prüfen. Wir betrachten Objekte x_1 und x_2, die Elemente einer großen Menge X sind. Die Aufgabe besteht darin festzustellen, ob $x_1 = x_2$ gilt. Bei x_1, x_2 kann es sich zum Beispiel um große Zahlen oder um Folgen von Zahlen handeln.

Die Idee ist, eine *Hashfunktion*

$$h : X \longrightarrow Y$$

zu verwenden und $h(x_1) = h(x_2)$ zu prüfen. Hashfunktionen führen wir im Abschnitt 3.2 ein. Üblicherweise bilden Hashfunktionen Elemente sehr großer Mengen X – X kann sogar unendlich viele Elemente besitzen – auf Elemente von Mengen moderater Größe ab. Wir bezeichnen den Hashwert $h(x)$ als *Fingerabdruck* von x. Der Vergleich von Elementen in Y ist weniger aufwendig. Dies bringt natürlich nur einen Vorteil, wenn die Berechnung von $h(x_1)$ und $h(x_2)$ und der Vergleich $h(x_1) = h(x_2)$ weniger kostet als der Vergleich $x_1 = x_2$. Wir werden gleich Situationen kennenlernen, bei denen dies der Fall ist. Ein anderes Problem besteht darin, dass $h(x_1) = h(x_2)$ gelten kann, ohne dass $x_1 = x_2$ gelten muss. In diesem Fall sagen wir (x_1, x_2) ist eine *Kollision* von h (siehe Abschnitt 3.2.2). Die Methode, den Vergleich der Objekte $x_1 = x_2$ auf den Vergleich der Fingerabdrücke $h(x_1) = h(x_2)$ zurückzuführen, ist nur einsetzbar, wenn für $x_1 \neq x_2$ die Kollisionswahrscheinlichkeit $\mathrm{p}(h_p(x) = h_p(y))$ klein ist (siehe Definition 3.5). Zur Konstruktion von Hashfunktion mit kleiner Kollisionswahrscheinlichkeit dienen universelle Familien von Hashfunktion (Definition 3.6). Wir können die Universellen Familien aus dem Abschnitt 3.2.2 beim Test auf Gleichheit einsetzen, wenn nur Anforderungen an die Hashfunktion gestellt sind, die jene erfüllen.

Seien x und y natürliche Zahlen mit $x, y < 2^l$. Wir wenden jetzt die Idee mit den Fingerabdrücken an, um festzustellen, ob $x = y$ gilt.

Wir benötigen für die folgende Anwendung Hashfunktionen, die mit der Multiplikation vertauschen. Da die universellen Familien aus dem Abschnitt 3.2.2 diese Eigenschaft nicht besitzen, geben wir eine geeignete Familie von Hashfunktionen an.

Wir wählen eine Primzahl p zufällig aus einer geeigneten Menge von Primzahlen P und betrachten die Familie $(h_p)_{p \in P}$,

$$h_p : \{0, 1\}^l \longrightarrow \{0, \ldots, p - 1\}, \; x \longmapsto x \bmod p.$$

Da der Beweis der Primzahleigenschaft aufwendig ist, wählt man für Anwendungen, die eine große Primzahl benötigen, eine Zufallszahl passender Größe und prüft die Primzahleigenschaft mit einem probabilistischen Primzahltest wie dem Miller-Rabin-Test ([DelfsKnebl15, Algorithm A.93]). Dieser Test ergibt für zusammengesetzte Zahlen das korrekte Resultat „zusammengesetzt". Das Resultat „Primzahl" ist jedoch nur mit hoher Wahrscheinlichkeit richtig. Allerdings können wir durch unabhängige Wiederholungen des Tests erreichen, dass die Irrtumswahrscheinlichkeit beliebig klein ist. Probabilistische Primzahltests sind auch beim Test von großen Zahlen sehr effizient.

Wir geben zunächst die Menge P von Primzahlen an, aus der wir eine Primzahl zufällig wählen. Sei z eine Zahl und

$$\pi(z) = |\{p \text{ Primzahl} \mid p \leq z\}|.$$

Nach dem Primzahlsatz[38] gilt für große z

$$\pi(z) \approx \frac{z}{\ln(z)}.$$

Da $\pi(z)$ divergiert, können wir für jede Konstante t die Schranke z so groß wählen, dass $\pi(z) \approx tl$ gilt. Wir betrachten für dieses z die Menge $P = \{p \text{ Primzahl} \mid p \leq z\}$.

Satz 1.51. *Sei $x \neq y$. Dann gilt für die Kollisionswahrscheinlichkeit für zufällig gewähltes $p \in P$*

$$\mathrm{p}(h_p(x) = h_p(y)) \leq \frac{1}{t}.$$

Beweis. Sei $x \neq y$ und $z := x - y$. Es ist $h_p(x) = h_p(y)$ genau dann, wenn $h_p(z) = 0$ ist. Dies aber ist äquivalent zu p ist ein Teiler von z. Da $|z| < 2^l$ ist, besitzt z höchstens l Primteiler. Es folgt

$$\mathrm{p}(h_p(x) = h_p(y)) \leq \frac{l}{|P|} \approx \frac{l}{tl} = \frac{1}{t}.$$

Dies zeigt die Behauptung. $\qquad\square$

Wir erhalten den folgenden Algorithmus, der Zahlen auf Gleichheit testet.

Algorithmus 1.52.
  boolean IsEqual(int x, y)
  1   choose at random $p \in P$
  2   if $x \not\equiv y \bmod p$
  3   then return false
  4   return true

---

[38] Für einen einfachen Beweis des Primzahlsatzes siehe [Newman80].

Für $x = y$, ist auch $x \equiv y \bmod p$ wahr, und das Ergebnis ist korrekt. Wenn $x \neq y$ gilt, dann kann es durchaus sein, dass $x \equiv y \bmod p$ gilt. In diesem Fall ist die Irrtumswahrscheinlichkeit $\approx \frac{1}{t}$. Durch k unabhängige Wiederholungen des Tests können wir die Irrtumswahrscheinlichkeit auf $\approx \frac{1}{t^k}$ senken. Für $t = 2$ ist die Irrtumswahrscheinlichkeit $\approx \frac{1}{2}$ bzw. $\approx \frac{1}{2^k}$.

Wir benutzen jetzt diese probabilistische Methode im Algorithmus Poly-Ident, um $f(x) = g(x)$ zu testen. Die Berechnung von

$$h_p(f(x)) = \left(\prod_{i=1}^{n} (x - \alpha_i) \right) \bmod p = \left(\prod_{i=1}^{n} (x - \alpha_i) \bmod p \right) \bmod p$$

kann modulo p erfolgen. Ebenso die Berechnung von $h_p(g(x))$. Aus diesem Grund bleibt die Anzahl der Stellen bei den n Multiplikationen durch $\log_2(p)$ beschränkt.

Algorithmus 1.53.
    boolean OnePassPolyIdent(polynomial f, g; int k)
  1   choose at random $x \in A$
  2   for $i \leftarrow 1$ to k do
  3   choose at random $p \in P$
  4   if $f(x) \not\equiv g(x) \bmod p$
  5   then return false
  6   return true

Falls $f(X) = g(X)$ ist, liefert OnePassPolyIdent wie vorher ein korrektes Ergebnis. Der Vergleich $f(x) = g(x)$, durchgeführt in den Zeilen 2 – 4 mit der probabilistischen Methode von Algorithmus 1.52, ist nur noch mit hoher Wahrscheinlichkeit korrekt ($\geq 1 - 1/2^k$). Die Erfolgswahrscheinlichkeit von OnePassPolyIdent sinkt dadurch im Fall $f(X) \neq g(X)$ etwas ($\geq 1/2 - 1/2^k$). Durch unabhängige Wiederholungen kann die Erfolgswahrscheinlichkeit – wie bei PolyIdent – wieder beliebig nahe an 1 gebracht werden.

1.6.3 Vergleich mulitivariater Polynome

Wir besprechen jetzt die Grundlagen, die notwendig sind, um den Algorithmus zum Vergleich univariater Polynome auf multivariate Polynome zu erweitern.

Satz 1.54. *Sei $\mathbb{F}$ ein endlicher Körper mit q Elementen[39] und sei $f(X_1, \ldots, X_n) \in \mathbb{F}[X_1, \ldots, X_n]$ ein Polynom vom Grad d, $d > 0$. Sei $N(f) = \{(x_1, \ldots, x_n) \mid f(x_1, \ldots, x_n) = 0\}$ die Menge der Nullstellen von f. Dann gilt*

$$|N(f)| \leq d \cdot q^{n-1}.$$

---

[39] Die Anzahl der Elemente ist eine Primzahlpotenz, $q = p^n$. Für $q = p$ siehe Anhang B, Corollar B.12.

Beweis. Wir zeigen die Behauptung durch Induktion nach der Anzahl n der Variablen. Für $n = 1$ ist die Behauptung richtig, weil ein Polynom in einer Variablen vom Grad d über einem Körper höchstens d Nullstellen besitzt. Wir zeigen, dass n aus $n - 1$ folgt. Sei

$$f(X_1, \ldots, X_n) = \sum_{i=0}^{k} f_i(X_1, \ldots, X_{n-1}) X_n^i, f_k(X_1, \ldots, X_{n-1}) \neq 0.$$

Wir nehmen ohne Einschränkung an, dass $k \geq 1$ gilt, sonst entwickeln wir $f(X_1, \ldots, X_n)$ nach einer anderen Variablen. Das Polynom $f_k(X_1, \ldots, X_{n-1})$ besitzt einen Grad $\leq d - k$. Nach Induktionsvoraussetzung gilt für

$$N(f_k) = \{(x_1, \ldots, x_{n-1}) \mid f_k(x_1, \ldots, x_{n-1}) = 0\},$$

dass $|N(f_k)| \leq (d - k) \cdot q^{n-2}$ ist. Zu jedem $(x_1, \ldots, x_{n-1}) \in N(f_k)$ gibt es höchstens q Nullstellen von $f(x_1, \ldots, x_{n-1}, X_n)$. Zu jedem $(x_1, \ldots, x_{n-1}) \notin N(f_k)$ ist $f(x_1, \ldots, x_{n-1}, X_n)$ ein Polynom vom Grad k. Folglich gibt es zu jedem $(x_1, \ldots, x_{n-1}) \notin N(f_k)$ höchstens k Nullstelle von $f(x_1, \ldots, x_{n-1}, X_n)$. Dann gilt mit $l = |N(f_k)|$

$$|N(f)| \leq l \cdot q + (q^{n-1} - l)k \leq (d - k) \cdot q^{n-1} + k \cdot q^{n-1} = d \cdot q^{n-1},$$

dies zeigt die Behauptung. □

Corollar 1.55. *Sei $\mathbb{F}$ ein endlicher Körper und sei $f(X_1, \ldots, X_n) \in \mathbb{F}[X_1, \ldots, X_n]$ ein Polynom vom Grad d, $d > 0$. Dann ist die Wahrscheinlichkeit, dass ein in $\mathbb{F}^n$ zufällig gewähltes Element $(x_1, \ldots, x_n)$ eine Nullstelle von f ist, kleiner gleich d/q.*

Bemerkungen:

1. Das vorangehende Corollar erlaubt für $d \leq q/2$ einen probabilistischen Algorithmus, analog zu Algorithmus 1.48, für multivariate Polynome zu implementieren.
2. Corollar 1.55 wurde unabhängig von Schwartz[40] und Zippel[41] publiziert. In der Literatur wird es mit Schwartz–Zippel Lemma bezeichnet.
3. Das vorangehende Corollar besitzt eine interessante Anwendung bei Graphalgorithmen. Das Problem, ob ein gegebener bipartiter Graph eine perfekte Zuordnung besitzt, führen wir auf die Frage zurück, ob ein bestimmtes Polynom das Nullpolynom ist (Satz 5.8). Der in Punkt 1 angesprochene probabilistische Algorithmus, der multivariate Polynome auf Gleichheit testet, kann verwendet werden, um diese Frage zu entscheiden.

---

[40] Jacob Theodore Schwartz (1930 — 2009) war ein amerikanischer Mathematiker und Informatiker.
[41] Richard Zippel ist ein amerikanischer Informatiker.

1.6.4 Zufallszahlen

Die Algorithmen in diesem Abschnitt verwenden die Anweisung „choose at random". Eine Implementierung dieser Anweisung erfordert Zufallszahlen. Für echte Zufallszahlen sind physikalische Prozesse, wie Würfeln, radioaktive Zerfallsprozesse oder Quanteneffekte notwendig. Eine gleichverteilte Zufallszahl mit n Bit kann durch das n–malige Werfen einer unverfälschten Münze gewonnen werden. Diese Methode eignet sich jedoch nicht zur Implementierung in einem Rechner. Wir verwenden *Pseudozufallszahlen*. Pseudozufallszahlen erzeugt ein *Pseudozufallszahlen-Generator*, kurz Generator. Ein *Generator* ist ein deterministischer Algorithmus, der aus einem kurzen zufällig gewählten Startwert, *Keim* oder *Seed* genannt, eine lange Folge von Ziffern (Bits) erzeugt.

Es gibt zur Erzeugung von Zufallszahlen spezielle Hardware. Das Trusted Platform Module (TPM), zum Beispiel, ist ein Chip, der neben grundlegenden Sicherheitsfunktionen auch die Generierung von Zufallszahlen bietet. Gute Quellen für Zufall, die ohne zusätzliche Hardware zur Verfügung stehen, sind Zeitdifferenzen zwischen Ereignissen innerhalb eines Computers, die aus mechanisch generierten Informationen herrühren, wie zum Beispiel Timing zwischen Netzwerkpaketen, Rotationslatenz von Festplatten und Timing von Maus- und Tastatureingaben. Aus der Kombination dieser Ereignisse lässt sich ein guter Startwert berechnen.

Es gibt im Hinblick auf die Qualität der Pseudozufallszahlen und auf die Rechenzeit der Algorithmen unterschiedliche Verfahren. Kryptographische Algorithmen, zum Beispiel, benötigen Pseudozufallszahlen hoher Qualität. Die Sicherheit kryptographischer Verfahren ist eng mit der Generierung nicht vorhersagbarer Zufallszahlen verknüpft. Die theoretischen Aspekte der Erzeugung von Pseudozufallszahlen in der Kryptographie werden umfassend in [DelfsKnebl15, Kapitel 8] dargestellt.

Für unsere Zwecke genügt es, dass die Folge der Pseudozufallszahlen keine offensichtliche Regularität aufweist und bestimmte statistische Tests bestehen, wie zum Beispiel den χ^2–Test. Diese Aspekte sind ausführlich in [Knuth98] diskutiert.

Beispiel. Wir betrachten drei 0-1-Folgen der Länge 50. Welche der drei Folgen der Figur 1.11 ist eine Zufallsfolge?

```
0001011101 1100101010 1111001010 1100111100 0101010100
0000000000 0000000000 0000001010 1100111100 0101010100
0000000000 0000000000 0000000000 0000000000 0000000001
```

Fig. 1.11: 0-1-Folgen.

Obwohl jede der drei Folgen die Wahrscheinlichkeit $1/2^{50}$ hat, wenn wir sie zufällig in $\{0,1\}^{50}$ wählen, erscheint intuitiv die erste Folge typisch für eine Zufallsfolge, die zweite weniger typisch und die dritte untypisch.

Dies lässt sich wie folgt begründen. Falls wir eine Folge durch das Werfen einer fairen Münze erzeugen, ist die Zufallsvariable X, die die Anzahl der Einsen in der Folge zählt binomialverteilt mit den Parametern $(50, {}^1/_2)$ (Definition A.15). Der Erwartungswert $E(X) = 25$ und die Standardabweichung $\sigma(X) = \sqrt{50}/2 = 3.54$ (Satz A.16). Eine Folge der Länge 50, bei der die Anzahl der Einsen (und damit auch die der Nullen) stark von der 25 abweicht, erscheint uns nicht typisch für eine Zufallsfolge. Deshalb erscheint die erste Folge mit 26 Einsen typisch und die dritte Folge mit einer Eins untypisch.

Eine andere Methode, um die obige Frage zu entscheiden, liefert die Informationstheorie. Für eine gleichverteilte Zufallsfolge der Länge 50 ist der Informationsgehalt 50 Bit. Der Informationsgehalt hängt eng mit der Länge einer kürzesten Codierung der Folge zusammen. Der Informationsgehalt einer Bitfolge $\approx$ der Länge einer kürzesten Codierung der Bitfolge (Satz 4.39). Die 3. Folge besitzt eine kurze Codierung 0(49),1 (49 mal die Null gefolgt von der Eins).[42] Folglich ist der Informationsgehalt klein und damit auch der bei der Generierung der Folge beteiligte Zufall. Eine Folge von 50 Bit, die wie die erste Folge mit Münzwürfen erzeugt wurde, kann man nicht mit weniger als 50 Bit codierten, wenn man die ursprüngliche Folge wieder aus der codierten Folge decodieren kann.

Der am meisten (für nicht kryptographische Anwendungen) genutzte Pseudozufallsgenerator ist der *lineare Kongruenzengenerator*. Dieser ist durch folgende Parameter festgelegt: $m, a, c, x_0 \in \mathbb{Z}$ mit $0 < m$, $0 \le a < m$, $0 \le c < m$ und $0 \le x_0 < m$. m heißt *Modulus* und x_0 heißt *Startwert* des linearen Kongruenzengenerators. Ausgehend von x_0 berechnen wir nach der Vorschrift

$$x_{n+1} = (ax_n + c) \bmod m, \ n \ge 1,$$

die Pseudozufallsfolge. Die Auswirkungen der Wahl der Parameter a, c und m auf die Sicherheit der Pseudozufallsfolge und auf die Länge der Periode werden ausführlich in [Knuth98, Chapter 3] studiert.

Dieser Abschnitt dient als Einstieg für probabilistische Verfahren, die wir im weiteren Text behandeln. Quicksort, Quickselect, Suchbäume und Hashfunktionen sind effizient im Durchschnitt. Dies hat als Konsequenz, dass bei zufälliger Wahl der Eingaben, entsprechende Laufzeiten zu erwarten sind. Die Idee ist, den Zufall in der Eingabe durch Zufall im Algorithmus zu ersetzen (Einsatz von Zufallszahlen). Dieser Idee folgend, erhalten wir probabilistische Verfahren zum Sortieren und Suchen in sortierten Arrays (Algorithmus 2.9 und Algorithmus 2.30), universelle Familien von Hashfunktionen (Abschnitt 3.2.2) und probabilistische binäre Suchbäume (Abschnitt 4.4). Wir lösen die Graphenprobleme der Berechnung eines minimalen Schnittes und eines minimalen aufspannenden Baumes durch probabilistische Algorithmen (Abschnitt 5.7 und 6.6).

---

[42] Die hier angewendete Methode der Codierung bezeichnen wir als *Lauflängencodierung*.

Bei allen Algorithmen, außer dem Algorithmus zur Berechnung eines minimalen Schnitts handelt es sich um Las-Vegas-Algorithmen. Sie liefern somit immer korrekte Ergebnisse. Der Algorithmus zur Berechnung eines minimalen Schnitts ist ein Monte-Carlo-Algorithmus. Für alle Probleme gibt es auch Lösungen durch deterministische Algorithmen. Diese sind jedoch weniger effizient.

1.7 Pseudocode für Algorithmen

Wir formulieren die Algorithmen mit Pseudocode. Pseudocode ist wesentlich präziser und kompakter als eine umgangssprachliche Formulierung. Pseudocode erlaubt uns, die Algorithmen hinreichend klar zu formulieren, ohne auf die Details einer Implementierung in einer konkreten Programmiersprache – wie zum Beispiel C oder Java – eingehen zu müssen. Auf der Basis von Pseudocode erfolgen Überlegungen zur Korrektheit und Berechnungen der Laufzeit.

Wir vereinbaren folgende Notation:

1. In unserem Pseudocode gibt es Variablen und elementare Datentypen wie in Java oder C.
2. Der Zuweisungsoperator ist „←", der Vergleichsoperator ist „=".
3. Wir verwenden Kontrollstrukturen, wie in den Programmiersprachen Java oder C. Im einzelnen geht es um for- und while-Schleifen, bedingte Anweisungen (if-then-else) und den Aufruf von Funktionen. Anders als in Java oder C terminieren for-Schleifen immer. Nach dem Verlassen der Schleife hat die Laufvariable den Wert, der zum Abbruch geführt hat.
4. Wir machen die Blockstruktur durch Einrücken sichtbar. Da die Codierung der betrachteten Algorithmen stets auf eine Seite passt, verzichten wir darauf, Blockanfang und Blockende konventionell zu markieren. So umfasst im folgenden Algorithmus, dem Algorithmus von Euklid[43], der den größten gemeinsamen Teiler von Zahlen a und b berechnet, der Schleifenrumpf der while-Schleife die eingerückten Zeilen 2, 3 und 4.

Algorithmus 1.56.
int gcd(int a, b)
  1   while $b \neq 0$ do
  2       $r \leftarrow a \bmod b$
  3       $a \leftarrow b$
  4       $b \leftarrow r$
  5   return $|a|$

---

[43] Euklid von Alexandria war ein griechischer Mathematiker, der wahrscheinlich im 3. Jahrhundert v. Chr. in Alexandria gelebt hat. Euklid hat den Algorithmus in seinem berühmten Werk „Die Elemente" in äquivalenter Form beschrieben.

5. Elementare Datentypen sind *value types*, d. h. eine Variable enthält das elementare Datenobjekt.

6. Zusammengesetzte Datentypen fassen mehrere Variablen zusammen, die möglicherweise von unterschiedlichen Typen sind. Sie sind *reference types*. Eine Variable enthält eine Referenz (Zeiger) auf das Datenobjekt. Der Zugriff auf eine Komponente erfolgt durch den Punktoperator „.". Neben der Deklartion eines reference types muss mit dem new-Operator die Zuteilung von Speicher für das Datenobjekt erfolgen.

Wir zeigen die Definition von zusammengesetzte Datentypen anhand der Definition eines Listenelements:

type listElem = struct

    char c

    listElem   *next*

Ein Datenobjekt vom Typ listElem besteht aus den Komponenten c und *next*. Die Variable c kann ein Zeichen und *next* kann eine Referenz auf ein Datenobjekt vom Typ listElem speichern. Die Definition erlaubt Selbstreferenzierung.

Wir benutzen jetzt Datenobjekte vom Typ ListElem um die Zeichen A, B und C in einer verketteten Liste abzuspeichern, wie Figur 1.12 zeigt.

Fig. 1.12: Verkettete Liste.

Eine Variable *start* vom Typ listElem speichert eine Referenz auf das erste Datenobjekt. Mit *start.c* kann man auf das Zeichen und mit *start.next* auf die Referenz zugreifen.

Die Variable *next* speichert eine Referenz auf ein Datenobjekt vom Typ listElem oder null. Die null-Referenz zeigt an, dass das Ende der Liste erreicht ist. Wir verwenden die null-Referenz, wenn eine Referenzvariable kein Objekt referenziert.

7. Arrays sind wie zusammengesetzte Datentypen reference types. Der Zugriff auf einzelne Elemente erfolgt durch den [ ]–Operator. Bei der Definition eines Arrays geben wir den Bereich der Indizes mit an. Der Ausdruck „int $a[1..n]$" definiert ein Array von ganzen Zahlen von der Dimension n, das von 1 bis n indiziert ist. Später ist es möglich mit $a[i..j]$, $1 \leq i \leq j \leq n$, auf Teilarrays zuzugreifen. Für $i = j$ greifen wir auf das i–te Element zu und wir schreiben kurz $a[i]$. Ist ein Array $a[1..n]$ Parameter in der Definition einer Funktion, so ist vereinbart, dass wir auf die Variable n, die Länge des Arrays, in der Funktion zugreifen können.

8. Unser Pseudocode enthält Funktionen wie die Programmiersprachen Java oder C. Parameter übergeben wir an Funktionen stets „by value", d. h. die gerufene Funktion erhält eine Kopie des Parameters in einer eigenen Variablen. Eine Änderung der Variablen wirkt sich nur in der gerufenen

Funktion aus. Sie ist in der rufenden Funktion nicht sichtbar. Ist x eine Referenz und Parameter einer Funktion, so wirkt sich eine Zuweisung $x \leftarrow y$ nur in der gerufenen Funktion aus, eine Zuweisung $x.prop \leftarrow a$ ist auch in der rufenden Funktion sichtbar.

Variable, die wir innerhalb einer Funktion definieren, sind nur in der Funktion sichtbar. Außerhalb von Funktionen definierte Variable sind global sichtbar.

1.8 Lehrbücher zu Algorithmen und Datenstrukturen

Es folgt eine Liste von Lehrbüchern, die ich bei der Vorbereitung der Vorlesungen, aus denen dieses Buch entstanden ist, benutzt habe. Sie waren eine wertvolle Quelle bei der Auswahl und Darstellung der behandelten Algorithmen. Im Text kann man sicher Spuren der referenzierten Lehrbücher finden.

Als Erstes möchte ich „The Art of Computer Programming" (Band 1–3) von Knuth nennen ([Knuth97], [Knuth98], [Knuth98a]). Das Standardwerk, stellt die behandelten Themen umfassend dar. Die entwickelte Methodik besitzt sehr große Präzision. Dieses Werk bei der Vorbereitung einer Vorlesung über Algorithmen und Datenstrukturen nicht zu verwenden, wäre ein Versäumnis.

„Concrete Mathematics" von Graham, Knuth und Patashnik entwickelt mathematische Methoden zur Analyse von Algorithmen anhand zahlreicher Beispiele ([GraKnuPat94]). Dieses Buch ist nicht nur für Informatiker, sondern auch für Freunde „Konkreter Mathematik" eine exorbitante Fundgrube.

Bei meinen ersten Vorlesungen zu Beginn der neunziger Jahre habe ich auch die Bücher von Wirth „Algorithmen und Datenstrukturen" ([Wirth83]) und „Systematisches Programmieren" ([Wirth83a]) verwendet. Weiter ist der Klassiker „The Design and Analysis of Computer Algorithms" ([AhoHopUll74]), der auch aus heutiger Sicht viel Interessantes enthält, und „Data Structures and Algorithms" ([AhoHopUll83]), beide Werke von Aho, Hopcroft und Ullman als auch „Algorithms" von Sedgewick ([Sedgewick88]), das in vierter Auflage ([SedWay11]) mit Wayne als zusätzlichem Autor erschienen ist, zu nennen.

Von den neueren Lehrbüchern ist „Introduction to Algorithms" von Cormen, Leiserson und Rivest ([CorLeiRiv89]), das in seiner dritten Auflage, mit Stein als zusätzlichem Autor, auch in deutscher Übersetzung vorliegt ([CorLeiRivSte07]) und „Algorithmen und Datenstrukturen" von Dietzfelbinger, Mehlhorn und Sanders ([DieMehSan15]) zu erwähnen.

Umfassend behandeln Motwani und Raghavan randomisierte oder probabilistische Algorithmen in „Randomized Algorithms" ([MotRag95]).

Die im Text angegebenen biografischen Daten von Personen sind den jeweiligen Wikipedia Einträgen entnommen.

Übungen.

1. Zeigen Sie, dass $n = \frac{2^k-1}{3}$, wobei $k \in \mathbb{N}$ gerade ist, eine natürliche Zahl ist, und dass der Algorithmus 1.2 bei Eingabe von n terminiert.

2. Wir betrachten Sortieren durch Einfügen.

   Algorithmus 1.57.
   InsertionSort(item $a[1..n]$)
   ```
   1   index i, j; item x
   2   for i ← 2 to n do
   3       x ← a[i], a[0] ← x, j ← i − 1
   4       while x < a[j] do
   5           a[j + 1] ← a[j], j ← j − 1
   6       a[j + 1] ← x
   ```

   a. Veranschaulichen Sie die Arbeitsweise des Algorithmus anhand geeigneter Inputarrays.

   b. Zeigen Sie, dass InsertionSort korrekt ist.

3. Gegeben seien Algorithmen A_1, A_2 und A_3, welche die Laufzeiten

$$T_1(n) = c_1 n, \ T_2(n) = c_2 n^3 \text{ und } T_3(n) = c_3 2^n$$

   haben, wobei die c_i konstant sind, $i = 1, 2, 3$. Für jeden Algorithmus bezeichne m_i, $i = 1, 2, 3$, die maximale Größe der Eingabe, die innerhalb einer fest vorgegebenen Zeit T auf einem Rechner R verarbeitet werden kann. Wie ändern sich die Zahlen m_i, $i = 1, 2, 3$, wenn der Rechner R durch einen k–mal schnelleren Rechner ersetzt wird?

4. Ordnen Sie die folgenden Funktionen in aufsteigender Reihenfolge bezüglich des asymptotischen Wachstums an. Hierzu schätzen Sie das asymptotische Wachstum einer jeden Funktion. Dann vergleichen Sie zwei aufeinander folgende Glieder der Folge mithilfe einer Rechnung. Bei allen Rechnungen sind nur die Rechenregeln für Brüche, Potenzen und Logarithmen zu verwenden.

$$f_1(n) = n,$$
$$f_2(n) = \sqrt{n},$$
$$f_3(n) = \log_2(n),$$
$$f_4(n) = \log_2(\sqrt{n}),$$
$$f_5(n) = \log_2(\log_2(n)),$$
$$f_6(n) = \log_2(n)^2,$$

$$f_7(n) = \frac{n}{\log_2(n)},$$
$$f_8(n) = \sqrt{n}\log_2(n)^2,$$
$$f_9(n) = (1/3)^n,$$
$$f_{10}(n) = (3/2)^n,$$
$$f_{11}(n) = \sqrt{\log_2(\log_2(n))}\log_2(n),$$
$$f_{12}(n) = 2^{f_{11}(n)}.$$

5. Für welche (i, j) gilt $f_i = O(f_j)$?

$$f_1(n) = n^2. \qquad\qquad f_2(n) = n^2 + 1000n.$$

$$f_3(n) = \begin{cases} n, & \text{falls } n \text{ ungerade,} \\ n^3 & \text{sonst.} \end{cases} \qquad f_4(n) = \begin{cases} n, & \text{falls } n \leq 100 \text{ ist,} \\ n^3 & \text{sonst.} \end{cases}$$

6. Sei $f_1(n) = n(\sqrt[n]{n} - 1)$ und $f_2(n) = \binom{n}{k} k!$.
   Bestimmen Sie die Ordnungen von $f_1(n)$ und $f_2(n)$.

7. Ein Kapital k werde mit jährlich $p\,\%$ verzinst. Nach Ablauf eines Jahres erhöht sich das Kapital um die Zinsen und um einen konstanten Betrag c. Geben Sie eine Formel für das Kapital nach n Jahren an.

8. Lösen Sie die folgenden Differenzengleichungen:

   $a.$ $x_1 = 1$, $\qquad\qquad\qquad$ $b.$ $x_1 = 0$,

   $\quad x_n = x_{n-1} + n,\ n \geq 2.$ $\qquad\quad x_n = \frac{n+1}{n} x_{n-1} + \frac{2(n-1)}{n},\ n \geq 2.$

9. Bestimmen Sie mithilfe von Differenzengleichungen, wie oft die Zeichenkette „Hello!" durch den folgenden Algorithmus (in Abhängigkeit von n) ausgegeben wird.

   Algorithmus 1.58.
   DoRec(int n)
   1   if $n > 0$
   2   then for $i \leftarrow 1$ to $n - 1$ do
   3   DoRec(i)
   4   print(Hello!), print(Hello!)

10. Wie oft wird die Zeichenkette „Hello!" durch den folgenden Algorithmus (in Abhängigkeit von n) ausgegeben?

    Algorithmus 1.59.
    DoRec(int n)
    1   if $n > 0$
    2   then for $i \leftarrow 1$ to $2n$ do
    3   DoRec($n - 1$)
    4           $k \leftarrow 1$
    5   for $i \leftarrow 2$ to $n + 1$ do
    6               $k \leftarrow k \cdot i$
    7   for $i \leftarrow 1$ to k do
    8   print(Hello!)

    Setzen Sie zur Lösung Differenzengleichungen ein.

11. Seien $n \in \mathbb{R}_{\geq 0}$, $T(n) = T(\sqrt{n}) + r(n)$ für $n > 2$ und $T(n) = 0$ für $n \leq 2$. Berechnen Sie für $r(n) = 1$ und $r(n) = \log_2(n)$ eine geschlossene Lösung für $T(n)$. Verwenden Sie Lemma B.24.

12. Seien $a \geq 1$, $b > 1$, d, $l \geq 0$ und

$$x_1 = ad + cb^l, \quad x_k = ax_{k-1} + c(b^l)^k \text{ für } k > 1.$$

Geben Sie eine geschlossene Lösung der Gleichung an. Verwenden Sie die inverse Transformation $k = \log_b(n)$ zur Berechnung einer Lösung der Rekursionsgleichung (R1).

13. Sei $T(n) = aT\left(\lfloor \frac{n}{2} \rfloor\right) + n^l$, $T(1) = 1$.
Geben Sie Abschätzungen für $a = 1, 2$ und $l = 0, 1$ an.

14. Die Funktion Fib(n) zur Berechnung der n-ten Fibonacci-Zahl werde rekursiv implementiert (analog zur definierenden Formel). Wie groß ist der notwendige Stack in Abhängigkeit von n zu wählen?

15. Programmieren Sie TowersOfHanoi iterativ. Untersuchen Sie dazu den Baum, der durch die rekursiven Aufrufe von TowersOfHanoi definiert ist.

16. Implementieren Sie den Algorithmus Optimum für das Task-scheduling Problem.

17. Ein Betrag von n (Euro-)Cent soll ausbezahlt werden. Dabei sollen die Münzen so gewählt werden, dass die Anzahl der Münzen minimiert wird. Entwickeln Sie dafür einen Greedy-Algorithmus und zeigen Sie, dass die Greedy-Strategie zum Erfolg führt.

18. Satz 1.39 enthält eine rekursive Formel zur Berechnung der Editierdistanz. Setzen Sie die Formel in eine rekursive Funktion um und geben Sie eine untere Schranke für die Laufzeit an.

19. Sei $a_1 \ldots a_n$ eine Zeichenkette. Eine Teilkette von $a_1 \ldots a_n$ entsteht, indem wir Zeichen in der Kette $a_1 \ldots a_n$ löschen. Entwickeln Sie einen Algorithmus nach der Methode des dynamischen Programmierens, der zu zwei Zeichenketten $a_1 \ldots a_n$ und $b_1 \ldots b_m$ die Länge der größten gemeinsamen Teilkette berechnet.

20. Sei $a_1 \ldots a_n$ eine Folge ganzer Zahlen. $f(i,j) = \sum_{k=i}^{j} a_k$. Gesucht ist

$$m := \max_{i,j} f(i,j).$$

Entwickeln Sie einen Algorithmus nach der Methode des dynamischen Programmierens, der m berechnet.

21. Seien $a = a_1 \ldots a_n$ und $b = b_1 \ldots b_m$, $m \leq n$, Zeichenketten. Das Problem besteht nun darin zu entscheiden, ob b ein Teilstring von a ist, und falls dies der Fall ist, das kleinste i mit $a_i \ldots a_{i+m-1} = b_1 \ldots b_m$ anzugeben. Dieses Problem wird mit „pattern matching" in Zeichenketten bezeichnet.

Entwickeln Sie einen probabilistischen Algorithmus zur Lösung dieses Problems und verwenden Sie dabei die Technik der Fingerabdrücke.

2. Sortieren und Suchen

Sei $a_1, \ldots, a_n$ eine endliche Folge. Die Folgenglieder sollen Elemente einer geordneten Menge sein. Die Ordnungsrelation bezeichnen wir mit $\leq$. Gesucht ist eine Permutation π der Indizes $\{1, \ldots, n\}$, sodass die Folge $a_{\pi(1)} \leq a_{\pi(2)} \leq \ldots \leq a_{\pi(n)}$ aufsteigend angeordnet ist. Genauer sind wir an einem Algorithmus interessiert, welcher diese Anordnung herbeiführt. Derartige Algorithmen bezeichnen wir als Sortierverfahren.

Bei Sortierverfahren unterscheidet man zwischen Sortierverfahren, die Daten im Hauptspeicher, und denen, die Daten auf dem Sekundärspeicher sortieren. Wir betrachten in diesem Abschnitt nur Sortierverfahren für Daten im Hauptspeicher. Die zu sortierenden Elemente sind in einem Array a abgelegt. Die Sortierung soll im Array a (bis auf Variable möglichst ohne zusätzlichen Speicher) durch Umstellung von Elementen aufgrund von Vergleichen erfolgen. Ein Maß für die Effizienz der Algorithmen ist die Anzahl der Vergleiche und Umstellungen in Abhängigkeit von n. n bezeichnet die Länge des Arrays.

Bei Sortierverfahren für Daten im Hauptspeicher unterscheiden wir zwischen den einfachen Sortierverfahren wie *Sortieren durch Auswählen (selection sort*, Algorithmus 1.1), *Sortieren durch Einfügen (insertion sort*, Algorithmus 1.57) und *Sortieren durch Austauschen (bubble sort*, Algorithmus 2.32) und den effizienteren Verfahren *Heapsort* und *Quicksort*. Die einfachen Verfahren besitzen eine Laufzeit von der Ordnung $O(n^2)$. Quicksort und Heapsort besitzen eine Laufzeit von der Ordnung $O(n \log_2(n))$, Quicksort im Mittel und Heapsort im schlechtesten Fall. Wir behandeln sie ausführlich in diesem Kapitel.

Eine wichtige Anwendung der Sortieralgorithmen besteht darin, durch Sortieren die nachfolgende Suche zu vereinfachen. Unsortierte Arrays erfordern die sequenzielle Suche. In sortierten Arrays können wir binär suchen. Die Ordnung der Laufzeit verbessert sich dadurch beachtlich, nämlich von $O(n)$ auf $O(\log(n))$. Neben der sequenziellen und binären Suche behandeln wir auch das Problem, das k–kleinste Element einer endlichen Folge zu finden. Dieses Problem können wir lösen, indem wir die Folge zuerst sortieren und anschließend auf das k–te Element zugreifen. Quickselect jedoch stellt eine wesentlich effizientere Lösungen bereit.

© Springer Fachmedien Wiesbaden GmbH, ein Teil von Springer Nature 2021
H. Knebl, *Algorithmen und Datenstrukturen*,
https://doi.org/10.1007/978-3-658-32714-9_2

2.1 Quicksort

Quicksort verfolgt die Divide-and-Conquer-Strategie (Abschnitt 1.5.2). Wir teilen das Problem, eine Folge der Länge n zu sortieren, in kleinere Teilprobleme auf. Ein Teilproblem besteht darin, eine kürzere Folge zu sortieren. Die Teilprobleme sind vom selben Typ wie das Gesamtproblem. Es bietet sich an, die Teilprobleme rekursiv zu lösen. Die Lösungen der Teilprobleme werden dann zu einer Lösung des Gesamtproblems zusammengesetzt.

Sei F die zu sortierende Folge. Bei Quicksort besteht die Zerlegung des Problems darin, ein *Pivotelement* x aus F zu wählen und F auf zwei Folgen F_1 und F_2 aufzuteilen. F_1 enthalte nur Elemente, die $\leq x$ und F_2 nur Elemente, die $\geq x$ sind. Wir wenden dann Quicksort rekursiv auf F_1 und F_2 an. Im Fall von Quicksort besteht das Zusammensetzen der Teillösungen „F_1 und F_2 sortiert" zu der Gesamtlösung „F sortiert" einfach darin, nacheinander die Elemente von F_1, in sortierter Reihenfolge, dann x und zum Schluss F_2, wieder in sortierter Reihenfolge, auszugeben.

Die zu sortierende Folge F speichern wir in einem Array a. Quicksort sortiert auf der Grundlage von Vergleichen und Umstellungen im Inputarray a.

Der Algorithmus Quicksort wurde von Hoare veröffentlicht ([Hoare62]).

Algorithmus 2.1.
QuickSort(item $a[i..j]$)
```
1    item x; index l, r; boolean loop ← true
2    if i < j
3       then x ← a[j], l ← i, r ← j − 1
4          while loop do
5             while a[l] < x do l ← l + 1
6             while a[r] > x do r ← r − 1
7             if l < r
8                then exchange a[l] and a[r]
9                      l = l + 1, r = r − 1
10               else  loop ← false
11          exchange a[l] and a[j]
12          QuickSort(a[i..l − 1])
13          QuickSort(a[l + 1..j])
```

Der Aufruf QuickSort($a[1..n]$) sortiert ein Array $a[1..n]$. Vor dem ersten Aufruf von QuickSort setzen wir $a[0]$ als Wächter.[1] Für den Wächter muss $a[0] \leq a[i]$, $1 \leq i \leq n$, gelten.

Beispiel. Wir betrachten die Anwendung von QuickSort auf die Folge 67, 56, 10, 41, 95, 18, 6, 42. Figur 2.1 gibt die Hierarchie der Aufrufe des QuickSort-Algorithmus an.

---

[1] Das Wächterelement stellt sicher, dass wir auf das Array a nicht mit negativem Index zugreifen.

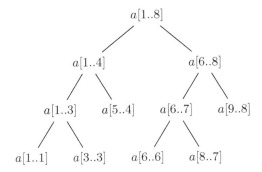

Fig. 2.1: Aufrufhierarchie für Quicksort.

In den Knoten des Baums sind die Teilarrays angegeben, die wir als Aufrufparameter übergeben. Jeder Knoten, der kein Blatt ist, hat genau zwei Nachfolger. Wir sehen, dass rekursive Aufrufe mit einem Element oder auch keinem Element stattfinden. Dies wäre bei einer Implementierung zu vermeiden. Die Reihenfolge der Aufrufe erhalten wir durch die Preorder-Ausgabe und die Reihenfolge der Terminierungen durch die Postorder-Ausgabe der Knoten des Baumes (Definition 4.4). Der Aufruf Quicksort($a[1..1]$) terminiert als erster Aufruf. Das kleinste Element steht dann an der ersten Stelle.

Im Folgenden geben wir die Pivotelemente und die zugehörigen Zerlegungen an.

Folge:	67	56	10	41	95	18	6	<u>42</u>
Pivotelement:					<u>42</u>			
Zerlegung:	6	18	10	<u>41</u>		56	67	<u>95</u>
Pivotelemente:				<u>41</u>				<u>95</u>
Zerlegungen:	6	18	<u>10</u>			56	<u>67</u>	
Pivotelemente:		<u>10</u>					<u>67</u>	
Zerlegungen:	6		18			56		
Sortierte Folge:	6	10	18	41	42	56	67	95

Nach Terminierung des Aufrufs QuickSort($a[i'..j']$) ist der Teilbereich mit den Indizes $i'..j'$ sortiert.

Satz 2.2. *QuickSort sortiert das Array a in aufsteigender Reihenfolge.*

Beweis. Wir zeigen zunächst, dass QuickSort terminiert.

1. Die while-Schleife in Zeile 5 terminiert beim ersten Durchlauf spätestens für $l = j$, denn das Pivotelement steht ganz rechts.
2. Die while-Schleife in Zeile 6 terminiert beim ersten Durchlauf spätestens für $r = i - 1$ (falls das Pivotelement das kleinste Element ist). Denn an dieser Stelle steht das Pivotelement der vorangehenden Zerlegung oder für $i = 1$ das Wächterelement $a[0]$. Es gilt demnach $a[i - 1] \leq a[r]$ für $i \leq r \leq j$.

3. Für $l < r$ vertauschen wir $a[l]$ und $a[r]$ (Zeile 8). Nach Inkrementieren von l und Dekrementieren von r stehen links von $a[l]$ Elemente $\leq x$ und rechts von $a[r]$ Elemente $\geq x$. Alle nachfolgenden Durchläufe der beiden inneren while-Schleifen terminieren. Nach jeder Iteration der äußeren while-Schleife (Zeilen 4 – 10) nimmt der Abstand $r - l$ ab. Deshalb tritt $l \geq r$ ein, d. h. die while-Schleife terminiert.

Die Korrektheit folgt jetzt unmittelbar mit vollständiger Induktion nach n, der Anzahl der Elemente von a. Der Induktionsbeginn für $n = 1$ ist offensichtlich richtig. Die Teilarrays, für die wir QuickSort rekursiv aufrufen, haben höchstens $n - 1$ viele Elemente. Deshalb nehmen wir per Induktionshypothese an, dass die Teilarrays in aufsteigender Reihenfolge sortiert sind. Nach Terminierung der äußeren while-Schleife (Zeile 4) gilt: $i \leq l \leq j$ und $a[i], \ldots, a[l-1] \leq x$ und $a[l+1], \ldots, a[j] \geq x$. Das Element x kann bei einer sortierten Reihenfolge an der Stelle l stehen. Das ganze Array a ist demzufolge sortiert. $\qquad\Box$

Bemerkungen:

1. Nach Terminierung der äußeren while-Schleife gilt: $l \geq r$. Da $a[l-1] < x$ ist, gilt $l = r$ oder $l = r + 1$.

2. Sei $n = j - (i-1)$ (Anzahl der Elemente). Es finden n oder $n+1$ viele Vergleiche statt (Zeilen 5 und 6). Durch eine kleine Modifikation kann man erreichen, dass $n - 1$ Vergleiche mit Elementen aus a ausreichen (Übungen, Aufgabe 8). Die Vergleiche mit Elementen aus a bezeichnen wir als wesentliche Vergleiche. Vergleiche zwischen Indizes erfordern geringeren Aufwand, weil Indizes meistens mit Registervariablen implementiert werden und Elemente im Array im Vergleich zu Indizes eine komplexe Struktur aufweisen können. Vergleiche zwischen Indizes zum Beispiel sind unwesentlich. Wir zählen nur wesentliche Vergleiche.
   Da bei jeder Vertauschung zwei Elemente beteiligt sind, ist die Anzahl der Vertauschungen in Zeile 8 durch $\lfloor \frac{n-1}{2} \rfloor$ beschränkt.

3. Im obigen Algorithmus finden rekursive Aufrufe für ein Array mit einem oder sogar ohne Elemente statt. In einer Implementierung wäre dies zu vermeiden. Es wären sogar rekursive Aufrufe für kleine Arrays zu vermeiden, denn QuickSort ist einer einfachen Sortiermethode wie zum Beispiel Sortieren durch Einfügen nur überlegen, wenn die Anzahl der Elemente der zu sortierenden Menge hinreichend groß ist. Deshalb wird empfohlen, statt eines rekursiven Aufrufs von QuickSort, die Methode Sortieren durch Einfügen zu verwenden, falls die Anzahl der zu sortierenden Elemente klein ist, d. h. eine gegebene Schranke unterschreitet. In [Knuth98a] wird dies genau analysiert und eine Schranke für n berechnet. Für den dort betrachteten Rechner ist diese Schranke 10.

2.1.1 Laufzeitanalyse

Wir nehmen an, dass das zu sortierende Array $a[1..n]$ lauter verschiedene Elemente enthält. Der Aufwand für die Zeilen 2 - 11 ist cn, c konstant. Wir zerlegen $a[1..n]$ in Arrays der Länge $r - 1$ und $n - r$. Für die Laufzeit $T(n)$ erhalten wir rekursiv:

$$T(n) = T(r-1) + T(n-r) + cn, c \text{ konstant.}$$

Der beste und der schlechteste Fall. Das Pivotelement bestimmt bei der Zerlegung die beiden Teile. Es können gleich große Teile oder Teile stark unterschiedlicher Größe entstehen. Im Extremfall ist ein Teil leer. Dieser Fall tritt ein, falls das Pivotelement das größte oder kleinste Element ist. Wir betrachten die beiden Bäume, die die rekursive Aufrufhierarchie von QuickSort in diesen beiden Fällen darstellen, siehe Figur 2.2 In den Knoten notieren wir die Anzahl der Elemente des Arrays, das wir als Parameter übergeben. Knoten für die keine Vergleiche stattfinden sind weggelassen. Der erste Baum stellt den Fall der gleich großen Teile dar. Der zweite Baum den Fall, in dem in jedem Schritt ein Teil leer ist.

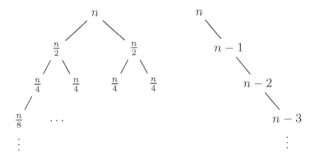

Fig. 2.2: Der beste und der schlechteste Fall.

Im ersten Fall ist die Höhe des Baumes $\lfloor \log_2(n) \rfloor$. Auf jeder Ebene des Baumes befinden sich ungefähr n Elemente. Die Summe aller Vergleiche auf derselben Rekursionsstufe, d. h. in einer Ebene des Baumes, ist ungefähr n. Insgesamt ist die Anzahl der Vergleiche $O(n \log_2(n))$.

Im zweiten Fall ist die Höhe des Baumes n. Auf der i-ten Ebene finden $n - (i + 1)$ viele Vergleiche statt. Insgesamt ist die Anzahl der Vergleiche $\sum_{i=1}^{n-1} i = \frac{n(n-1)}{2} = O(n^2)$.

Satz 2.26 besagt, dass $O(n \log_2(n))$ eine untere Schranke für die Anzahl der Vergleiche ist, die ein Algorithmus im schlechtesten Fall benötigt, der auf der Grundlage des Vergleichs von zwei Elementen sortiert. Eine obere Schranke für die Anzahl der Vergleiche liefert die folgende Überlegung.

Für die Anzahl $V(n)$ der Vergleiche[2], die QuickSort zum Sortieren von n Elementen benötigt, gilt

$$V(n) \leq \max_{1 \leq r \leq \lfloor \frac{n}{2} \rfloor} V(r-1) + V(n-r) + (n-1).$$

---

[2] Wir betrachten eine optimierte Version von Quicksort, die mit $n - 1$ vielen Vergleichen auskommt (siehe die Bemerkungen nach dem Beweis von Satz 2.2).

Wir zeigen durch Induktion nach n, dass $V(n) \leq \frac{n(n-1)}{2}$ gilt. Für $n = 1$ ist kein Vergleich notwendig, die Behauptung ist erfüllt. Aus der Induktionshypothese folgt

$$V(n) \leq \max_{1 \leq r \leq \lfloor \frac{n}{2} \rfloor} \frac{(r-1)(r-2)}{2} + \frac{(n-r)(n-r-1)}{2} + (n-1).$$

Die Funktion auf der rechten Seite, über die wir das Maximum bilden, ist für $r \in [1, \lfloor \frac{n}{2} \rfloor]$ monoton fallend. Die Induktionsbehauptung folgt unmittelbar. Dies zeigt, dass die Anzahl der Vergleiche von QuickSort nach unten durch $O(n \log_2(n))$ und nach oben durch $\frac{n(n-1)}{2} = O(n^2)$ beschränkt ist. Da die Laufzeit proportional zur Anzahl der Vergleiche ist, ergeben sich analoge Schranken für die Laufzeit.

Wir untersuchen die Laufzeit von QuickSort im besten und schlechtesten Fall genauer.

Satz 2.3. *Für die Laufzeit $T(n)$ von QuickSort gilt im besten Fall*

$$T(n) \leq b2^{\lfloor \log_2(n) \rfloor} + cn \lfloor \log_2(n) \rfloor,$$

wobei b und c konstant sind. Insbesondere gilt $T(n) = O(n \log_2(n))$.

Beweis. Der beste Fall tritt ein, wenn in jedem Rekursionsschritt der Zerlegungsprozess etwa gleich große Mengen liefert. $n - 1$ Elemente zerlegen sich dann in $\lceil \frac{n-1}{2} \rceil$ und $\lfloor \frac{n-1}{2} \rfloor$ Elemente.

$$T(n) = T\left(\left\lfloor \frac{n-1}{2} \right\rfloor \right) + T\left(\left\lceil \frac{n-1}{2} \right\rceil \right) + cn,$$
$$T(1) = b.$$

Es gilt $\lfloor \frac{n-1}{2} \rfloor \leq \lfloor \frac{n}{2} \rfloor$ und $\lceil \frac{n-1}{2} \rceil = \lfloor \frac{n}{2} \rfloor$. Da T monoton wachsend ist, gilt

$$T(n) \leq 2T\left(\left\lfloor \frac{n}{2} \right\rfloor \right) + cn.$$

Wir ersetzen $\leq$ durch $=$ und erhalten mit Satz 1.28 die Formel der Behauptung. $\qquad\square$

QuickSort ist im besten Fall wesentlich effizienter als die einfachen Sortiermethoden Sortieren durch Einfügen, Sortieren durch Auswählen und Bubblesort. Die Laufzeit dieser Methoden ist von der Ordnung $O(n^2)$. Im schlechtesten Fall ist die Laufzeit von QuickSort auch von der Ordnung $O(n^2)$.

Satz 2.4. *Für die Laufzeit $T(n)$ von QuickSort gilt im schlechtesten Fall*

$$T(n) = \frac{c}{2}n^2 + \left(\frac{c}{2} + b \right) n - c.$$

b und c sind konstant. Insbesondere gilt $T(n) = O(n^2)$.

Beweis. Der schlechteste Fall tritt ein, wenn in jedem Rekursionsschritt der Zerlegungsprozess eine 0-elementige und eine $(n-1)$–elementige Menge liefert.

$$T(n) = T(n-1) + T(0) + cn, n \geq 2, T(0) = T(1) = b,$$

besitzt nach Satz 1.15 die Lösung

$$T(n) = b + \sum_{i=2}^{n}(ci + b) = bn + c\left(\frac{n(n+1)}{2} - 1\right)$$
$$= \frac{c}{2}n^2 + \left(\frac{c}{2} + b\right)n - c.$$

Dies zeigt die Behauptung.   □

Bemerkung. In Algorithmus 2.1 tritt der schlechteste Fall für ein sortiertes Array ein.

Die durchschnittliche Laufzeit. Die Analyse für die durchschnittliche Laufzeit erfolgt unter der Annahme, dass alle Elemente paarweise verschieden sind. Wir bezeichnen die zu sortierenden Elemente in sortierter Reihenfolge mit $a_1 < a_2 < \ldots < a_n$. Die Wahrscheinlichkeit, dass a_i an der letzten Position n steht, beträgt $\frac{1}{n}$, denn es gibt $(n-1)!$ viele Permutationen π mit $\pi(i) = n$ und $n!$ viele Permutationen insgesamt und $\frac{(n-1)!}{n!} = \frac{1}{n}$.

Falls a_i an der letzten Position steht, zerlegt sich $\{a_1, a_2, \ldots, a_n\}$ in $\{a_1, \ldots, a_{i-1}\}, \{a_{i+1}, \ldots, a_n\}$ und $\{a_i\}$. Wir zeigen zunächst, dass nach dem Partitionieren Gleichverteilung auf $\{a_1, \ldots, a_{i-1}\}$ und $\{a_{i+1}, \ldots, a_n\}$ vorliegt.

Nach der Zerlegung mit dem Pivotelement a_i erhalten wir – vor Ausführung von Zeile 11 – die Folge

$$(2.1) \qquad a_{\pi(1)}, a_{\pi(2)}, \ldots, a_{\pi(i-1)}, a_{\tilde{\pi}(i+1)}, a_{\tilde{\pi}(i+2)}, \ldots, a_{\tilde{\pi}(n)}, a_i.$$

π ist eine Permutation auf $\{1, \ldots, i-1\}$ und $\tilde{\pi}$ ist eine Permutation auf $\{i+1, \ldots, n\}$.

Wir bestimmen jetzt die Anzahl der Anordnungen von $\{a_1, \ldots, a_n\}$ die nach der Zerlegung zur Folge (2.1) führen. Für jede Wahl von j Positionen in $(1, \ldots, i-1)$ und von j Positionen in $(i+1, \ldots, n)$, $j \geq 0$, ist genau eine Folge bestimmt, die beim Partitionieren j Umstellungen benötigt und nach dem Partitionieren die Folge (2.1) als Ergebnis hat. Es gibt deshalb

$$(2.2) \qquad \binom{i-1}{j}\binom{n-i}{j}$$

viele Ausgangsfolgen, die nach dem Partitionieren mit j Vertauschungen zur Folge (2.1) führen.

Sei $m = \min\{i-1, n-i\}$. Die Anzahl l aller Folgen die nach dem Partitionieren die Folge (2.1) als Ergebnis haben ist

$$l = \sum_{j=0}^{m} \binom{i-1}{j} \binom{n-i}{j} = \binom{n-1}{i-1}$$

(Lemma B.18). Die Zahl l ist unabhängig von der Anordnung der Folge (2.1). Für alle Permutationen π auf $\{1, \ldots, i-1\}$ und für alle Permutationen $\tilde{\pi}$ auf $\{i+1, \ldots, n\}$ erhalten wir dieselbe Zahl l. Deshalb sind alle Anordnungen auf $\{a_1, \ldots, a_{i-1}\}$ und auf $\{a_{i+1}, \ldots, a_{n-1}\}$ gleich wahrscheinlich. Die Gleichverteilung auf $\{a_1, a_2, \ldots, a_n\}$ führt daher zur Gleichverteilung auf $\{a_1, \ldots, a_{i-1}\}$ und auf $\{a_{i+1}, \ldots, a_n\}$.

Die Überlegungen zur durchschnittlichen Laufzeit, der durchschnittlichen Anzahl der Vergleiche und der durchschnittlichen Anzahl der Umstellungen basieren auf [Knuth98a].

Durchschnittliche Anzahl der Vergleiche. Unser Quicksort-Algorithmus führt bei n Elementen n oder auch $n+1$ viele Vergleiche durch. Bei n Elementen kommt man aber mit $n-1$ vielen Vergleichen aus. Wir müssen das Pivotelement nur einmal mit jedem der übrigen $n-1$ Elemente vergleichen. Dazu müssen wir im Algorithmus die Indizes kontrollieren. Wir gehen bei der Bestimmung der durchschnittlichen Anzahl der Vergleiche deshalb von einem optimierten Algorithmus aus, der mit $n-1$ vielen Vergleichen auskommt (siehe die Bemerkungen nach dem Beweis von Satz 2.2). Die Berechnung der Anzahl der durchschnittlichen Vergleiche für den Algorithmus 2.1 ist eine Übungsaufgabe (Aufgabe 4).
$V(n)$ bezeichne die durchschnittliche Anzahl der Vergleiche und $\tilde{V}(n,i)$ die durchschnittliche Anzahl der Vergleiche, falls das i–te Element Pivotelement ist. Wir erhalten

$$\tilde{V}(n,i) = V(i-1) + V(n-i) + n - 1.$$

$V(n)$ ergibt sich als Mittelwert der $\tilde{V}(n,i)$, $i = 1, \ldots, n$:

$$V(n) = \frac{1}{n} \sum_{i=1}^{n} \tilde{V}(n,i)$$

$$= \frac{1}{n} \sum_{i=1}^{n} (V(i-1) + V(n-i) + n - 1)$$

$$= \frac{2}{n} \sum_{i=0}^{n-1} V(i) + n - 1, n \geq 2,$$

Ziel ist, die Rekursion $V(n) = \frac{2}{n} \sum_{i=0}^{n-1} V(i) + n - 1$ durch eine geeignete Substitution in eine Differenzengleichung zu transformieren. Bei Rekursionen, bei denen das n–te Glied von der Summe aus allen Vorgängern abhängt, gelingt dies mit der Substitution

$$x_n = \sum_{i=0}^{n} V(i).$$

Dann gilt

$$x_n - x_{n-1} = \frac{2}{n} x_{n-1} + n - 1.$$

Wir erhalten die Differenzengleichung

$$x_1 = V(0) + V(1) = 0,$$

$$x_n = \frac{n+2}{n} x_{n-1} + n - 1, n \geq 2.$$

Diese Gleichung besitzt die Lösung

$$x_n = (n+1)(n+2) \left(\mathrm{H}_{n+1} + \frac{3}{n+2} - \frac{5}{2} \right)$$

(siehe Seite 16, Gleichung (D 1)). Wir erhalten

$$V(n) = x_n - x_{n-1} = \frac{2}{n} x_{n-1} + n - 1 = 2(n+1)\mathrm{H}_n - 4n.$$

Wir fassen das Ergebnis im folgenden Satz zusammen.

Satz 2.5. *Für die durchschnittliche Anzahl $V(n)$ der Vergleiche in Quicksort gilt für $n \geq 1$*

$$V(n) = 2(n+1)\mathrm{H}_n - 4n.$$

Bei der Berechnung der durchschnittlichen Anzahl mitteln wir über alle Anordnungen des zu sortierenden Arrays.

Durchschnittliche Anzahl der Umstellungen. $U(n)$ bezeichne die durchschnittliche Anzahl der Umstellungen und $\tilde{U}(n,i)$ die durchschnittliche Anzahl der Umstellungen in Zeile 8, falls das i–te Element Pivotelement ist. Wir berechnen zunächst $\tilde{U}(n,i)$ für $n \geq 2$.

Sei $L = \{1, \ldots, i-1\}$ und $R = \{i+1, \ldots, n\}$. Zur Berechnung der Wahrscheinlichkeit $\mathrm{p}(\tilde{U}(n,i) = j)$ für j viele Umstellungen betrachten wir folgendes Experiment. Wir ziehen (ohne Zurücklegen) $i-1$ viele Zahlen $z_1, \ldots, z_{i-1}$ aus $L \cup R$ und setzen $a[k] = z_k$, $k = 1, \ldots, i-1$. Das Ergebnis unseres Experiments erfordert j Umstellungen, wenn j der Zahlen aus R und $i-1-j$ der Zahlen aus L gezogen wurden. Dies ist unabhängig von der Reihenfolge, in der wir die Zahlen ziehen. Aus diesem Grund gilt

$$\mathrm{p}(\tilde{U}(n,i) = j) = \frac{\binom{n-i}{j} \binom{i-1}{i-1-j}}{\binom{n-1}{i-1}}.$$

Die Zufallsvariable $\tilde{U}(n,i)$ ist hypergeometrisch verteilt. Für den Erwartungswert $\mathrm{E}(\tilde{U}(n,i))$ gilt nach Satz A.24

$$\mathrm{E}(\tilde{U}(n,i)) = (i-1)\frac{n-i}{n-1}.$$

Mit der letzten Umstellung, die a_i auf die i–te Position bringt (Zeile 11 im Algorithmus 2.1) ergibt sich $\frac{(i-1)(n-i)}{n-1} + 1$.

Lemma 2.6. *Die durchschnittliche Anzahl der Umstellungen (ohne Rekursi-on) gemittelt über alle Pivotelemente ist für $n \geq 2$*

$$\frac{1}{n} \sum_{i=1}^{n} \mathrm{E}(\tilde{U}(n,i) + 1) = \frac{n+4}{6}.$$

Beweis. Die durchschnittliche Anzahl der Umstellungen (ohne Rekursion) ge-mittelt über alle Pivotelemente

$$\frac{1}{n} \sum_{i=1}^{n} \mathrm{E}(\tilde{U}(n,i) + 1)$$

$$= \frac{1}{n} \sum_{i=1}^{n} \left(\frac{(i-1)(n-i)}{n-1} + 1 \right)$$

$$= \frac{1}{(n-1)n} \sum_{i=1}^{n} ((n+1)i - n - i^2) + 1$$

$$= \frac{1}{(n-1)n} \left(\frac{n(n+1)^2}{2} - n^2 - \frac{n(n+1)(2n+1)}{6} \right) + 1$$

$$= \frac{1}{6(n-1)} (n-1)(n-2) + 1 = \frac{n+4}{6}.$$

Damit ist die Behauptung gezeigt.   □

Für die durchschnittliche Anzahl der Umstellungen $\tilde{U}(n,i)$ bei Pivotele-ment a_i erhalten wir

$$\tilde{U}(n,i) = U(i-1) + U(n-i) + \frac{(i-1)(n-i)}{n-1} + 1.$$

Für die durchschnittliche Anzahl der Umstellungen $U(n)$ ergibt sich

$$U(n) = \frac{1}{n} \sum_{i=1}^{n} \tilde{U}(n,i)$$

$$= \frac{1}{n} \sum_{i=1}^{n} (U(i-1) + U(n-i) + \frac{(n-i)(i-1)}{n-1} + 1)$$

$$= \frac{2}{n} \sum_{i=0}^{n-1} U(i) + \frac{n+4}{6}, n \geq 2.$$

Analog zu oben ergibt sich mit der Substitution $x_n = \sum_{i=0}^{n} U(i)$

$$x_n - x_{n-1} = \frac{2}{n} x_{n-1} + \frac{n+4}{6}$$

und

$$x_1 = U(0) + U(1) = 0,$$
$$x_n = \frac{n+2}{n}x_{n-1} + \frac{n+4}{6}, n \geq 2.$$

Diese Gleichung besitzt die Lösung

$$x_n = \frac{(n+1)(n+2)}{6}\left(\mathrm{H}_{n+1} - \frac{2}{n+2} - \frac{5}{6}\right)$$

(Seite 16, Gleichung (D 1)). Wir erhalten

$$U(n) = x_n - x_{n-1} = \frac{2}{n}x_{n-1} + \frac{n+4}{6} = \frac{1}{3}(n+1)\mathrm{H}_n - \frac{1}{9}n - \frac{5}{18}.$$

Wir halten das Ergebnis im folgenden Satz fest.

Satz 2.7. *Für die durchschnittliche Anzahl von Umstellungen $U(n)$ ergibt sich für $n \geq 2$*
$$U(n) = \frac{1}{3}(n+1)\mathrm{H}_n - \frac{1}{9}n - \frac{5}{18}.$$

Bei der Berechnung der durchschnittlichen Anzahl mitteln wir über alle Anordnungen des zu sortierenden Arrays.

Bemerkung. Im Algorithmus 2.1 rufen wir in Zeile 11 auch für $l = j$ exchange auf. Die Berechnung der Formel für $U(n)$ für den modifizierten Algorithmus, der diesen unnötigen Aufruf vermeidet, ist eine Übungsaufgabe (Aufgabe 5).

Analog zu den Formeln in Satz 2.5 und Satz 2.7 erhalten wir eine Formel für die durchschnittliche Laufzeit $T(n)$ von QuickSort:

$$T(n) = 2c(n+1)\mathrm{H}_n + \frac{1}{3}(2b - 10c)n + \frac{1}{3}(2b - c).$$

b und c sind konstant. Den Durchschnitt bilden wir über alle Anordnungen des zu sortierenden Arrays. Insbesondere gilt $T(n) = O(n\ln(n))$. Die Ausführung der Berechnung stellen wir als Übungsaufgabe (Aufgabe 6).

2.1.2 Speicherplatzanalyse

Die Implementierung von Funktionsaufrufen verwendet einen *Stackframe* auf einem Speicherbereich, dem *Stack*, den das Betriebssystem bereitstellt. Der Aufruf der Funktion belegt den Stackframe und bei der Terminierung der Funktion wird er wieder freigegeben. Der Stackframe dient unter anderem zum Speichern der Übergabeparameter, der lokalen Variablen und der Rücksprungadresse. Ein Funktionsaufruf ist aktiv zu einem Zeitpunkt t, wenn der Aufruf vor dem Zeitpunkt t erfolgte und zum Zeitpunkt t noch keine Terminierung stattgefunden hat. Für jeden aktiven Aufruf belegt sein Stackframe

Speicher auf dem Stack. Die *Rekursionstiefe* bezeichnet die maximale Anzahl der aktiven Aufrufe einer Funktion. Bei der Ausführung einer rekursiven Funktion steigt der Speicherplatzverbrauch linear mit der Rekursionstiefe.

Mit $S(n)$ bezeichnen wir die Rekursionstiefe von QuickSort, in Abhängigkeit von der Anzahl n der zu sortierenden Elemente.

Satz 2.8. *Für die Rekursionstiefe $S(n)$ von QuickSort gilt:*

$$S(n) \begin{cases} \leq \lfloor \log_2(n) \rfloor + 1 \ \textit{im besten Fall,} \\ = n \qquad\qquad \textit{im schlechtesten Fall.} \end{cases}$$

Beweis. Es gilt $S(1) = 1$.

1. Der beste Fall tritt ein, falls sich die $n-1$ Elemente in $\lceil \frac{n-1}{2} \rceil$ und $\lfloor \frac{n-1}{2} \rfloor$ Elemente aufteilen. Es gilt $\lfloor \frac{n-1}{2} \rfloor \leq \lfloor \frac{n}{2} \rfloor$ und $\lceil \frac{n-1}{2} \rceil = \lfloor \frac{n}{2} \rfloor$. Da S monoton wachsend ist, gilt

$$S(n) \leq S\left(\left\lfloor \frac{n}{2} \right\rfloor\right) + 1.$$

Wir ersetzen $\leq$ durch $=$ und erhalten

$$S(n) = S\left(\left\lfloor \frac{n}{2} \right\rfloor\right) + 1.$$

Mit Satz 1.28 folgt, dass $S(n) \leq \lfloor \log_2(n) \rfloor + 1$ gilt .

2. Im schlechtesten Fall wird in jedem Rekursionsschritt eine einelementige Teilmenge abgespalten. Es folgt

$$S(n) = S(n-1) + 1 = \ldots = S(1) + n - 1 = n.$$

Dies zeigt die Behauptung des Satzes. □

Bemerkung. Der Speicherverbrauch variiert beachtlich. Wir können Quick-Sort so implementiert, dass der beste Fall stets eintritt. Dazu erfolgt zuerst der rekursive Aufruf für den kleineren Teil der Zerlegung. Der zweite rekursive Aufruf erfolgt als letzte Anweisung in der Funktion. Es handelt sich um eine *Endrekursion*. Endrekursionen werden ganz allgemein durch Sprunganweisungen mit Wiederverwendung des Speichers für die Variablen auf dem Stack eliminiert (Übungen, Aufgabe 11). Wir eliminieren die Endrekursion. Für die so gewonnene Implementierung ist die Anzahl der aktiven Aufrufe durch $\lfloor \log_2(n) \rfloor + 1$ beschränkt.

2.1.3 Quicksort ohne Stack

Wir können jede rekursive Funktion in eine Iteration umwandeln, indem wir einen Stack explizit aufsetzen und dadurch den Stack ersetzen, den das Betriebssystem bereitstellt und den Funktionsaufrufe implizit verwenden. Quicksort jedoch können wir iterativ programmieren, ohne zusätzlich einen Stack zu benutzen, d. h. wir benötigen neben lokalen Variablen keinen zusätzlichen Speicher. Das Problem, das dabei zu lösen ist, besteht darin, dass wir unmittelbar nach der Zerlegung nur einen Teil verarbeiten können. Informationen über den anderen Teil müssen wir für die spätere Verarbeitung zwischenspeichern. Verarbeiten wir den rechten Teil zuerst, so müssen wir den Anfangsindex des linken Teils zwischenspeichern. Die Idee besteht nun darin, diese Information im Array selbst zu hinterlegen. Die Quicksort-Variante ohne Stack ist in [Ďurian86] publiziert.

Wir erläutern nun die Idee von Durians Algorithmus.

1. Wir betrachten eine Zerlegung, die sich geringfügig von der Zerlegung im Algorithmus 2.1 unterscheidet (siehe die Quicksort Variante, Übungen Aufgabe 9). Die Zerlegung für das Teilarray $a[i..j]$ erfolgt mithilfe eines Pivotelements x. Wir ordnen die Elemente von a so um, dass $a[k] < x$ für $i \leq k \leq l-1$, $a[l] = x$ und $a[k] \geq x$ für $l+1 \leq k \leq j$.

2. Sei $a[i..j]$ rechter Teil bei der Zerlegung von $a[g..j]$ und $x = a[i]$ das Pivotelement für diese Zerlegung. Die Elemente links von der Position i sind kleiner als x, insbesondere gilt $a[i-1] < x$ und die Elemente rechts von der Position i sind $\geq x$ d. h. $x \leq a[k], i \leq k \leq j$.

3. Wir zerlegen jetzt $a[i..j]$ mit dem Pivotelement y in die Teile $a[i..l-1]$ und $a[l..j]$, siehe Figur 2.3. Wir speichern das Pivotelement y in der Position l und vertauschen $a[i]$ mit $a[l-1]$. Aus l bestimmen wir i durch Suchen. An der Position $i-1$ steht das erste Element (links von der Position l) das kleiner als x ist (x steht an der Position $l-1$). Dieses Element ermitteln wir durch sequentielle Suche.

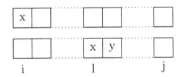

Fig. 2.3: Zerlegung mit zusätzlicher Information.

4. Wir rufen QuickSort zuerst für den rechten Teil $a[l..j]$ auf. Nachdem der Aufruf von QuickSort für diesen Teil terminiert, ermitteln wir den Anfangsindex für den linken Teil wie in Punkt 3 und verarbeiten den linken Teil weiter.

5. QuickSort hat jetzt nur noch einen rekursiven Aufruf ganz am Ende – eine Endrekursion. Wie oben beschrieben, ist dieser einfach zu eliminieren.

2.1.4 Probabilistisches Quicksort

Wir haben gezeigt, dass die durchschnittliche Laufzeit von QuickSort von der Ordnung $O(n \log_2(n))$ ist. Dabei mitteln wir über alle Anordnungen der zu sortierenden Folge. Dies impliziert, dass wir bei zufälliger Wahl der Eingabe eine Laufzeit von der Ordnung $O(n \log_2(n))$ erwarten. Diese Voraussetzung ist in der Anwendung unrealistisch. Die Anordnung der Eingabe ist vorgegeben. Die Idee ist nun, die Annahme über die Zufälligkeit der Anordnung durch „Zufall im Algorithmus" zu ersetzen. Diese Art von Zufall können wir immer garantieren. Die naheliegende Idee, auf die Eingabe erst eine Zufallspermutation anzuwenden, erfordert die Berechnung einer Zufallspermutation. Dazu müssen wir bei einem Array der Länge n mindestens $n - 1$ mal eine Zufallszahl ermitteln. Unter Umständen sind n Umstellungen notwendig. Weniger Aufwand erfordert es, das Pivotelement zufällig zu wählen. Hier müssen wir für jeden Aufruf nur eine Zufallszahl ermitteln. In der probabilistischen Version von Quicksort machen wir dies.

Zu jeder deterministischen Methode das Pivotelement zu bestimmen, gibt es eine Reihenfolge der Elemente, für die der „schlechteste" Fall – d. h. die Laufzeit ist von der Ordnung $O(n^2)$ – eintritt. In der probabilistischen Version von Quicksort gibt es solche schlechten Eingaben nicht mehr. Die Wahrscheinlichkeit, dass wir in jedem rekursiven Aufruf das „schlechteste" Pivotelement wählen, ist $1/n!$, wobei n die Anzahl der Elemente in der zu sortierenden Folge ist. Wegen dieser kleinen Wahrscheinlichkeit erwarten wir, dass die probabilistische Version von *QuickSort* immer gutes Laufzeitverhalten aufweist.

Algorithmus 2.9.
ProbQuickSort(item $a[i..j]$)

```
1    item x; index l, r
2    if i < j
3       then exchange a[j] and a[Random(i, j)]
4          x ← a[j], l ← i, r ← j − 1
5          while true do
6             while a[l] < x do l ← l + 1
7             while a[r] > x do r ← r − 1
8             if l < r
9                then exchange a[l] and a[r]
10                  l ← l + 1, r ← r − 1
11               else break
12          exchange a[l] and a[j]
13          ProbQuickSort(a[i..l − 1])
14          ProbQuicksort(a[l + 1..j])
```

Random(i, j) gibt eine Zufallszahl p mit $i \leq p \leq j$ zurück. Wir nehmen an, dass alle Elemente im Array a verschieden sind. Wenn wir das Pivotelement zufällig wählen, beschreibt die Zufallsvariable R, die Werte aus $\{1, \ldots, n\}$ annehmen kann, die Wahl des Pivotelements. R sei gleichverteilt, d. h. $p(R = r) = \frac{1}{n}$. Der Erwartungswert der Laufzeit T_n von ProbQuickSort berechnet sich

$$E(T_n) = \sum_{r=1}^{n} E(T_n \mid R = r) p(R = r)$$

(Lemma A.9). Aus

$$T_n \mid (R = r) = T_{r-1} + T_{n-r} + cn$$

und der Linearität des Erwartungswertes ergibt sich

$$E(T_n \mid R = r) = E(T_{r-1}) + E(T_{n-r}) + cn.$$

Es folgt

$$E(T_n) = \sum_{r=1}^{n} E(T_n \mid R = r) p(R = r)$$

$$= \frac{1}{n} \sum_{r=1}^{n} (E(T_{r-1}) + E(T_{n-r}) + cn)$$

$$= cn + \frac{2}{n} \sum_{r=0}^{n-1} E(T_r), n \geq 2.$$

Wir erhalten analog zur durchschnittlichen Laufzeit von Quicksort

Satz 2.10. *Für den Erwartungswert der Laufzeit T_n von ProbQuickSort gilt:*

$$E(T_n) = 2c(n + 1)H_n + \frac{1}{3}(2b - 10c)n + \frac{1}{3}(2b - c).$$

b und c sind konstant. Insbesondere gilt $E(T_n) = O(n \ln(n))$.

Bemerkung. Analog ergibt sich für die Zufallsvariablen V_n der Anzahl der Vergleiche:

$$E(V_n) = 2(n + 1)H_n - 4n.$$

Für die Varianz $\text{Var}(V_n)$ gilt die Formel

$$\text{Var}(V_n) = 7n^2 - 4(n + 1)^2 H_n^{(2)} - 2(n + 1)H_n + 13n,$$

wobei $H_n^{(2)} = \sum_{i=1}^{n} \frac{1}{i^2}$[3]. Die umfangreiche Herleitung der Formel benutzt Erzeugendenfunktionen (siehe [IliPen10]).

Bei der Berechnung des Erwartungswertes der Anzahl der Umstellungen berücksichtigen wir die Umstellung in Zeile 3. Wir erhalten

$$E(U_n) = \frac{1}{3}(n + 1)H_n + \frac{7}{18}n - \frac{41}{18}, \ n \geq 2.$$

2.2 Heapsort

Heapsort zählt zu den Sortiermethoden *Sortieren durch Auswählen*. Beim Sortieren durch Auswählen suchen wir ein kleinstes Element x in der zu sortierenden Folge F. Wir entfernen x aus F und wenden die Sortiermethode

---

[3] Im Gegensatz zur harmonischen Reihe konvergiert die Reihe $\sum_{i=1}^{\infty} \frac{1}{i^2}$. Ihr Grenzwert ist $\pi^2/6$.

rekursiv auf F ohne x an. Beim einfachen Sortieren durch Auswählen verwenden wir die naive Methode zur Bestimmung des Minimums – inspiziere nacheinander die n Elemente der Folge. Die Laufzeit dieser Methode ist von der Ordnung $O(n)$. Heapsort verwendet die Datenstruktur des *binären Heaps*. Dadurch verbessert sich die Laufzeit der Funktion zur Bestimmung des Minimums wesentlich (von der Ordnung $O(n)$ auf die Ordnung $O(\log_2(n))$). Der Algorithmus Heapsort wurde nach Vorarbeiten durch Floyd[4] von Williams[5] in [Williams64] veröffentlicht. Wir betrachten zunächst die Datenstruktur eines binären Heaps.

2.2.1 Binäre Heaps

Definition 2.11. In einem Array $h[1..n]$ seien Elemente einer total geordneten Menge abgespeichert.

1. h heißt *(binärer) Heap*, wenn gilt:

$$h[i] \le h[2i], 1 \le i \le \left\lfloor \frac{n}{2} \right\rfloor, \text{ und } h[i] \le h[2i+1], 1 \le i \le \left\lfloor \frac{n-1}{2} \right\rfloor.$$

2. Der Heap $h[1..n]$ erhält die Struktur eines binären Baumes (Definition 4.3), indem wir $h[1]$ als Wurzel erklären. Für $i \ge 1$ und $2i \le n$ ist das Element $h[2i]$ linker und für $2i+1 \le n$ ist $h[2i+1]$ rechter Nachfolger von $h[i]$. Mit dieser Baumstruktur lautet die Heapbedingung für h: Sind n_1 und n_2 Nachfolger von k, so gilt: $n_i \ge k, i = 1, 2$.

Beispiel. In Figur 2.4 unterlegen wir der Folge 6, 41, 10, 56, 95, 18, 42, 67 die Struktur eines binären Baumes.

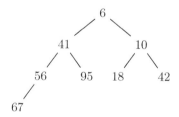

Fig. 2.4: Heap als Baum.

---

[4] Robert W. Floyd (1936 – 2001) war ein amerikanischer Informatiker und Turing-Preisträger.

[5] John William Joseph Williams (1929 – 2012) war ein britisch-kanadischer Informatiker.

Bemerkungen:

1. Alternativ beschreibt sich die Baumstruktur wie folgt: Das erste Element $h[1]$ ist die Wurzel. Anschließend sortieren wir die nachfolgenden Elemente nacheinander von links nach rechts und von oben nach unten in die Ebenen des Baumes ein. Wir erhalten einen binären Baum minimaler Höhe, und die Blätter befinden sich auf höchstens zwei Ebenen. Die resultierende Pfadlänge von der Wurzel zu einem Blatt ist durch $\lfloor \log_2(n) \rfloor - 1$ beschränkt (Lemma 2.16).
2. Ist a ein beliebiges Array, so erfüllen die Blätter – die Knoten, die keine Nachfolger besitzen ($i > \lfloor \frac{n}{2} \rfloor$) – die Heapbedingung.
3. Ein Heap $h[1..n]$ ist längs eines jeden seiner Pfade sortiert. Insbesondere gilt $h[1] \leq h[j], 1 \leq j \leq n$, d.h. $h[1]$ ist das Minimum.

Der Algorithmus DownHeap (Algorithmus 2.12) ist zentraler und wesentlicher Bestandteil für Heapsort. DownHeap beruht auf der folgenden Beobachtung: Ist in h die Heapbedingung nur in der Wurzel verletzt, so können wir durch „Einsickern" – ein einfaches effizientes Verfahren – die Heapbedingung für das gesamte Array herstellen. Einsickern bedeutet: Vertausche solange mit dem kleineren Nachfolger, bis die Heapbedingung hergestellt ist.

Algorithmus 2.12.

```
DownHeap(item a[l..r])
 1   index i, j; item x
 2   i ← l, j ← 2 · i, x ← a[i]
 3   while j ≤ r do
 4       if j < r
 5           then if a[j] > a[j + 1]
 6               then j ← j + 1
 7       if x ≤ a[j]
 8           then break ;
 9       a[i] ← a[j], i ← j, j ← 2 · i
10   a[i] ← x
```

Bemerkungen:

1. In Downheap folgen wir einem Pfad, der in $a[l]$ startet. Den aktuellen Knoten indizieren wir mit j und den Vorgänger mit i.
2. Die Zeilen 5 und 6 machen den kleineren Nachfolger zum aktuellen Knoten.
3. Falls x größer als der aktuelle Knoten ist, kopieren wir den aktuellen Knoten $a[j]$ im durchlaufenen Pfad eine Position nach oben und machen den aktuellen Knoten zum Vorgänger und den Nachfolger zum aktuellen Knoten (Zeile 9). Es entsteht eine Lücke im durchlaufenen Pfad.
4. Falls x kleiner oder gleich dem aktuellen Knoten $a[j]$ ist, kann x an der Stelle i stehen. Die Einfügestelle i ist ermittelt. Wir weisen x an $a[i]$ zu

(Zeile 10). An der Position i befindet sich eine Lücke. Die Heapbedingung in a ist wiederhergestellt.

Beispiel. Im linken Baum ist die Heapbedingung nur in der Wurzel verletzt. Figur 2.5 zeigt, wie wir durch Einsickern der 60 die Heapbedingung herstellen. Wir bewegen die 60 auf dem Pfad 60-37-45-58 solange nach unten, bis die Heapbedingung hergestellt ist. Dies ist hier erst der Fall, nachdem 60 in einem Blatt lokalisiert ist.

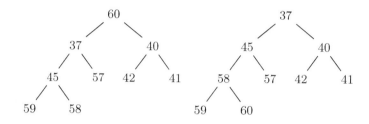

Fig. 2.5: Einsickern der Wurzel.

Heapsort arbeitet in zwei Phasen, um ein Array zu sortieren. In der ersten Phase ordnen wir die Elemente von a so um, dass a die Heapbedingung erfüllt (BuildHeap). In der zweiten Phase findet der eigentliche Sortiervorgang statt. Das Minimum befindet sich nach der ersten Phase an der ersten Position von a (in der Wurzel des Baumes). DownHeap kommt beim Heapaufbau durch den Algorithmus BuildHeap zum Einsatz. Dies zeigen wir zunächst anhand eines Beispiels.

Beispiel. Figur 2.6 zeigt den Heapaufbau mit der Folge 50, 40, 7, 8, 9, 18, 27, 10, 30, 17, 33.

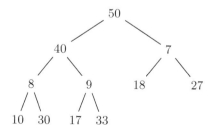

Fig. 2.6: Die Heapbedingung ist in den Knoten 40 und 50 verletzt.

Der Heapaufbau erfolgt mit DownHeap von unten nach oben und von rechts nach links. Bei dieser Reihenfolge ist der Knoten 40 der erste Knoten, in dem die Heapbedingung verletzt ist. Wir stellen die Heapbedingung im Teilbaum mit Wurzel 40 durch Einsickern her. Das Ergebnis ist im ersten Baum der Figur 2.7 dargestellt. Jetzt ist die Heapbedingung nur noch in der Wurzel verletzt. Der zweite Baum zeigt das Ergebnis, nachdem die Heapbedingung im ganzen Baum hergestellt ist.

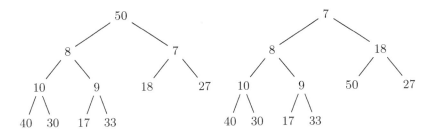

Fig. 2.7: Herstellung der Heapbedingung.

Wir geben jetzt nach der Betrachtung des Beispiels zum Heapaufbau den Algorithmus für den allgemeinen Fall an.

Algorithmus 2.13.
BuildHeap(item $a[1..n]$)
1   index l
2   for $l \leftarrow n$ div 2 downto 1 do
3   DownHeap($a[l..n]$)

2.2.2 Die Sortierphase von Heapsort

Nachdem ein Heap aufgebaut ist, findet in der zweiten Phase der eigentliche Sortiervorgang statt. Das Minimum befindet sich nach der ersten Phase an der ersten Position von a. Wir vertauschen jetzt das erste Element mit dem letzten Element und betrachten nur noch die ersten $n-1$ Elemente in a. Die Heapbedingung ist jetzt nur in der Wurzel verletzt. Wir stellen die Heapbedingung durch Einsickern der Wurzel wieder her (DownHeap). Wir setzen das Verfahren rekursiv fort und erhalten die Elemente in umgekehrter Reihenfolge sortiert.

Beispiel. Sortierphase von Heapsort:

$$
\begin{array}{l}
6 \;\; 41 \; 10 \; 56 \; 95 \; 18 \; 42 \; 67 \\
\hline
67 \; 41 \; 10 \; 56 \; 95 \; 18 \; 42 \; |6 \\
10 \; 41 \; 18 \; 56 \; 95 \; 67 \; 42 \; |6 \\
\hline
42 \; 41 \; 18 \; 56 \; 95 \; 67 \; |10 \; 6 \\
18 \; 41 \; 42 \; 56 \; 95 \; 67 \; |10 \; 6 \\
\vdots
\end{array}
$$

Das Beispiel startet mit einem Heap und zeigt die ersten beiden Sortierschritte mit anschließendem Einsickern der Wurzel.

Algorithmus 2.14.
   HeapSort(item $a[1..n]$)
   1   index l, r
   2   for $l \leftarrow n$ div 2 downto 1 do
   3   DownHeap($a[l..n]$)
   4   for $r \leftarrow n$ downto 2 do
   5   exchange $a[1]$ and $a[r]$
   6   DownHeap($a[1..r-1]$)

Satz 2.15. *Heapsort sortiert das Array a in umgekehrter Reihenfolge.*

Beweis. Der Beweis folgt sofort per vollständiger Induktion.   □

Bemerkung. Ersetzen wir in Zeile 5 im Algorithmus 2.12 > durch < und in Zeile 7 ≤ durch ≥, so sortieren wir a aufsteigend.

2.2.3 Laufzeitanalyse

HeapSort (Algorithmus 2.14) besteht aus zwei for-Schleifen. In jeder der beiden for-Schleifen wird die Funktion DownHeap (Algorithus 2.12) aufgerufen. Die Analyse von HeapSort erfordert demzufolge die Analyse von DownHeap. Die Laufzeit von HeapSort hängt wesentlich von der Anzahl der Iterationen der while-Schleife in DownHeap ab. Diese erfassen wir mit den Zählern I_1 und I_2. $I_1(n)$ gibt an, wie oft die while-Schleife in Downheap iteriert wird, für alle Aufrufe von HeapSort in der Zeile 3. I_2 zählt dasselbe Ereignis für alle Aufrufe in Zeile 6. $I_1(n)$ ist auch die Anzahl der Iterationen der while-Schleife in Downheap, akkumuliert über alle Aufrufe durch BuildHeap (Algorithmus 2.13, Zeile 3). Wir geben Abschätzungen für $I_1(n)$ und $I_2(n)$ an.

    Zur Analyse der Laufzeit von BuildHeap benötigen wir das folgende Lemma.

Lemma 2.16. *Sei $a[1..r]$ Input für DownHeap (Algorithmus 2.12), $1 \leq l \leq r$, und sei k die Anzahl der Iterationen der while-Schleife in DownHeap. Dann gilt*

$$k \leq \left\lfloor \log_2\left(\frac{r}{l}\right) \right\rfloor.$$

Beweis. Den längsten Pfad erhalten wir mit der Folge $l, 2l, 2^2l, \ldots, 2^{\tilde{k}}l$, wobei $\tilde{k}$ maximal mit $2^{\tilde{k}}l \leq r$ ist. Es gilt

$$\tilde{k} = \left\lfloor \log_2\left(\frac{r}{l}\right) \right\rfloor.$$

Da die Anzahl der Iterationen der while-Schleife in DownHeap durch die Länge des Pfads beschränkt ist, der im Knoten $a[l]$ beginnt, gilt die Abschätzung auch für die Anzahl der Iterationen. Aus $k \leq \tilde{k}$ folgt die Behauptung.

       □

Satz 2.17.

1. *Für die Anzahl $I_1(n)$ der Iterationen der while-Schleife in* DownHeap, *akkumuliert über alle Aufrufe von* Downheap *in* BuildHeap, *gilt*

$$I_1(n) \leq 3 \left\lfloor \frac{n}{2} \right\rfloor - \log_2\left(\left\lfloor \frac{n}{2} \right\rfloor\right) - 2.$$

2. *Für die Laufzeit $T(n)$ von* BuildHeap *im schlechtesten Fall gilt*

$$T(n) \leq cI_1(n),$$

c konstant. Insbesondere gilt: $T(n) = O(n)$.

Beweis. Mit Lemma B.16 folgt

$$I_1(n) \leq \sum_{l=1}^{\lfloor n/2 \rfloor} \left\lfloor \log_2\left(\frac{n}{l}\right) \right\rfloor \leq \sum_{l=1}^{\lfloor n/2 \rfloor} \log_2\left(\frac{n}{l}\right)$$

$$= \left\lfloor \frac{n}{2} \right\rfloor \log_2(n) - \sum_{l=1}^{\lfloor n/2 \rfloor} \log_2(l)$$

$$\leq \left\lfloor \frac{n}{2} \right\rfloor \log_2(n) - \sum_{l=1}^{\lfloor n/2 \rfloor} \lfloor \log_2(l) \rfloor$$

$$= \left\lfloor \frac{n}{2} \right\rfloor \log_2(n) - \left(\left(\left\lfloor \frac{n}{2} \right\rfloor + 1\right)\log_2\left(\left\lfloor \frac{n}{2}\right\rfloor\right) - 2\left(2^{\lfloor \log_2(\lfloor \frac{n}{2}\rfloor)\rfloor} - 1\right)\right)$$

$$\leq \left\lfloor \frac{n}{2} \right\rfloor \log_2\left(\frac{n}{\lfloor \frac{n}{2}\rfloor}\right) - \log_2\left(\left\lfloor \frac{n}{2}\right\rfloor\right) + 2\left\lfloor \frac{n}{2}\right\rfloor - 2$$

$$\approx 3\left\lfloor \frac{n}{2}\right\rfloor - \log_2\left(\left\lfloor \frac{n}{2}\right\rfloor\right) - 2.^{[6]}$$

Dies zeigt Punkt 1 der Behauptung, aus dem unmittelbar Punkt 2 folgt. $\square$

Lemma 2.18. *Sei $n \geq 2$. Für die Anzahl $I_2(n)$ der Iterationen der while-Schleife in* DownHeap, *akkumuliert über alle Aufrufe von* HeapSort *in Zeile 6, gilt*

$$I_2(n) \leq n\lfloor \log_2(n-1)\rfloor - n + 2.$$

Beweis. Mit Lemma B.16 und wegen $n \leq 2 \cdot 2^{\lfloor \log_2(n-1)\rfloor}$ folgt

$$I_2(n) \leq \sum_{r=1}^{n-1} \lfloor \log_2(r)\rfloor = n\lfloor \log_2(n-1)\rfloor - 2\left(2^{\lfloor \log_2(n-1)\rfloor} - 1\right)$$

$$\leq n\lfloor \log_2(n-1)\rfloor - n + 2.$$

---

[6] Für gerades n gilt Gleichheit. Für ungerades n lässt sich der Term durch $3\left\lfloor \frac{n}{2}\right\rfloor - \log_2\left(\left\lfloor \frac{n}{2}\right\rfloor\right) - 1$ abschätzen.

Die Behauptung des Lemmas ist gezeigt. □

Wir fassen das Ergebnis der Laufzeitanalyse für HeapSort im folgenden Satz zusammen.

Satz 2.19.

1. *Für die Laufzeit (im schlechtesten Fall) von* HeapSort, *die wir mit* $T(n)$ *bezeichnen, gilt*

$$T(n) = c_1(I_1(n) + I_2(n)) + c_2(n-1)$$
$$\leq c_1 \left(3 \left\lfloor \frac{n}{2} \right\rfloor - n + n \lfloor \log_2(n-1) \rfloor - \log_2 \left(\left\lfloor \frac{n}{2} \right\rfloor \right) + 2 \right) + c_2(n-1),$$

   wobei c_1 *und* c_2 *konstant sind. Insbesondere gilt:* $T(n) = O(n \log_2(n))$.
2. *Für die Anzahl* $V(n)$ *der wesentlichen Vergleiche in Heapsort gilt*

$$V(n) = 2(I_1(n) + I_2(n))$$
$$\leq 2 \left(3 \left\lfloor \frac{n}{2} \right\rfloor - n + n \lfloor \log_2(n-1) \rfloor - \log_2 \left(\left\lfloor \frac{n}{2} \right\rfloor \right) + 2 \right).$$

2.2.4 Heapsort Optimierungen

Den Pfad, der beim Einsickern eines Elementes x in DownHeap (Algorithmus 2.12) entsteht, bilden wir, indem wir in jedem Knoten als nächsten Knoten den kleineren Nachfolger wählen. Auf diesem Pfad *des kleineren Nachfolgers*, der von der Wurzel des Baumes bis zu einem Blatt führt, liegt die Einfügestelle für x. Der Algorithmus DownHeap ermittelt in einem Schritt den nächsten Knoten und prüft, ob die Einfügestelle bereits erreicht ist. In jeder Iteration der inneren Schleife finden zwei Vergleiche statt (Zeile 5 und 7 in Algorithmus 2.12).

Die Idee, den Algorithmus zu beschleunigen, besteht nun darin, zunächst den Pfad des kleineren Nachfolgers – von der Wurzel, bis zum Blatt – zu berechnen (siehe [Carlson87]). Dies erfordert in jeder Iteration der inneren Schleife nur einen Vergleich.

Algorithmus 2.20.

```
index DownHeapO(item a[l..r])
1   index i, j; item x
2   i ← l, j ← 2 · i, x ← a[i]
3   while j ≤ r do
4       if j < r
5           then if a[j] > a[j + 1]
6               then j ← j + 1
7       i ← j, j ← 2 · i
8   return i
```

Bemerkungen:

1. In DownHeapO indizieren wir den aktuellen Knoten mit j und den Vorgänger mit i.
2. In der while-Schleife folgen wir dem Pfad des kleineren Nachfolgers bis zum Blatt, das nach Terminierung der Schleife von i indiziert wird.

Beispiel. Figur 2.8 zeigt den Pfad des kleineren Nachfolgers mit den Indizes 1, 3, 6, 13, 27 und 55. Die tiefer gestellte Zahl gibt den Index des jeweiligen Elements an.

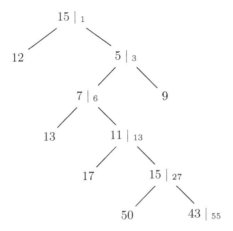

Fig. 2.8: Der Pfad des kleineren Nachfolgers.

Wir bezeichnen die Indizes des Pfades von der Wurzel bis zu einem Blatt mit $v_1, \ldots, v_\ell$. Es gilt

$$v_{k-1} = \left\lfloor \frac{v_k}{2} \right\rfloor, \ 2 \le k \le \ell, \ v_1 = 1.$$

Wir erhalten die Binärentwicklung von v_{k-1}, wenn wir in der Binärentwicklung von v_k die letzte Stelle streichen. Der Index k von v_k gibt auch die Anzahl der Binärstellen von v_k an. Der k–te Knoten v_k im Pfad ist durch die k höherwertigen Bits von v_ℓ gegeben. Deshalb können wir auf jeden Knoten des Pfades unmittelbar zugreifen, wenn der Index des letzten Knotens bekannt ist.

Wir diskutieren zwei Varianten zur Bestimmung der Einfügestelle.

Sequenzielle Suche. Wenn die Einfügestelle im letzten Teil des Pfades, d. h. in einer unteren Ebene des Baumes liegt, finden wir die Einfügestelle durch sequenzielle Suche vom Ende des Pfades nach wenigen Schritten.

Diese Modifikation wirkt sich in der zweiten Phase von Heapsort positiv aus. In der zweiten Phase kopieren wir in jedem Schritt ein großes Element in die Wurzel. Anschließend sickert dieses Element tief in den Baum ein. Die

Einfügestelle liegt im letzten Teil des Pfades. Diese Variante von DownHeap folgt einer Idee von Wegener[7] ([Wegener93]).

Algorithmus 2.21.
    index SequentialSearch(item $a[1..n]$, index v)
    1   $x \leftarrow a[1]$
    2   while $x < a[v]$ do $v \leftarrow v$ div 2
    3   return v

SequentialSearch ermittelt ausgehend vom Endknoten des Pfads des kleineren Nachfolgers die Einfügestelle für x durch sequenzielle Suche.

Die folgende Funktion Insert fügt x in den Pfad an der Position v ein. Der Index v ist durch seine Binärentwicklung $v = w_1 \ldots w_k$ gegeben.

Algorithmus 2.22.
    Insert(item $a[1..n]$, index $v = w_1 \ldots w_k$)
    1   int j; item $x \leftarrow a[1]$
    2   for $j \leftarrow 2$ to k do
    3       $a[w_1..w_{j-1}] \leftarrow a[w_1..w_j]$
    4   $a[v] \leftarrow x$

Bemerkungen:

1. In der for-Schleife schieben wir die Elemente auf dem Pfad des kleineren Nachfolgers, den wir mit P bezeichnen, um eine Position nach oben. Dazu durchlaufen wir P nochmals von oben nach unten und berechnen die Knoten auf P aus dem Index des Endknotens v. Der Index des i–ten Knotens von P ist durch die i höherwertigen Bits von v gegeben.

2. In DownHeap finden in jedem Knoten zwei Vergleiche statt. In DownHeapO findet nur ein Vergleich statt. Ist t die Anzahl der Knoten in P und $\tilde{t}$ die Anzahl der Knoten bis zur Einfügestelle. Dann finden in DownHeap $2t$ Vergleiche und in DownHeapO mit SequentialSearch finden zusammen $t + t - \tilde{t} = 2t - \tilde{t}$ viele Vergleiche statt. Wenn die Einfügestelle im letzten Drittel von P liegt, ist die Anzahl der Vergleiche in DownHeapO und SequentialSearch kleiner, denn es gilt $2t - \tilde{t} < 2\tilde{t}$ genau dann, wenn $\tilde{t} > \frac{2}{3}t$ ist.

3. Heapsort erfordert im Durchschnitt $2n \log_2(n) - O(n)$ Vergleiche. Mit DownHeapO und SequentialSearch sind es nur $n \log_2(n) + O(n)$ Vergleiche. Die Analysen sind jedoch kompliziert (siehe [Wegener93]).

Binäre Suche. Wir bezeichnen die Indizes des Pfades von der Wurzel bis zum Blatt mit $v_1, \ldots, v_\ell$. Die Folge $a[v_2], \ldots, a[v_\ell]$ ist aufsteigend sortiert. Wir ermitteln in dieser Folge die Einfügestelle durch binäre Suche. Ausgehend von v_ℓ berechnen wir $v_{\ell - \lfloor \ell/2 \rfloor}$

---

[7] Ingo Wegener (1950 – 2008) war ein deutscher Informatiker.

$$v_{\ell-\lfloor \ell/2 \rfloor} = \left\lfloor \frac{v_\ell}{2^{\lfloor \ell/2 \rfloor}} \right\rfloor = w_1 \ldots w_{\ell-\lfloor \ell/2 \rfloor},$$

wenn v_ℓ die Binärentwicklung $v_\ell = w_1 \ldots w_\ell$ besitzt.

Der folgende Algorithmus ermittelt mit der Methode der binären Suche (Übungen, Algorithmus 2.36) den Index der Einfügestelle auf dem Pfad, der von der Wurzel zum Knoten v führt. Der Knoten v ist durch seine Binärentwicklung $v = w_1 \ldots w_k$ gegeben.

Algorithmus 2.23.

    index BinarySearch(item $a[1..n]$, index $v = w_1 \ldots w_k$)

  1   index l, r; item x

  2   $l \leftarrow 2$, $r \leftarrow k$, $x \leftarrow a[w_1]$

  3   while $l <= r$ do

  4       $m \leftarrow (l+r)$ div 2

  5   if $a[w_1..w_m] < x$

  6   then $l \leftarrow m+1$

  7   else $r \leftarrow m-1$

  8   return $w_1 \ldots w_{l-1}$

Satz 2.24. *Der Algorithmus 2.23 berechnet die Einfügestelle für $x = a[1]$.*

Beweis. Sei $w_1 \ldots w_i$ die Einfügestelle für x. Die Invariante der while-Schleife ist

$$l - 1 \le i < r.$$

Wir zeigen durch Induktion nach der Anzahl der Iterationen von while, dass die Invariante gilt. Die Behauptung gilt für $l = 2$ und $r = k$, also für 0 Iterationen. Wir betrachten für $j \ge 1$ die j–te Iteration von while. Mit l_{j-1} und r_{j-1} bzw. l_j und r_j bezeichnen wir die Werte von l und r nach der $(j-1)$–ten bzw. j–ten Iteration. Mit $(*)$ bezeichnen wir die Bedingung $l = r$.

Wir betrachten zunächst den Fall, dass l_{j-1} und r_{j-1} die Bedingung $(*)$ erfüllen. Nach der Induktionshypothese gilt $l_{j-1} - 1 \le i < r_{j-1}$. Aus $a[w_1..w_m] < x$ folgt $m \le i$ und $l_j = m + 1$, also folgt $l_j - 1 \le i$. Weiter gilt $l_j = r_{j-1} + 1 = r_j + 1$. Aus $a[w_1..w_m] \ge x$ folgt $i < m$. Wegen $l_j = l_{j-1}$ gilt $l_j \le i$. Wir setzen in Zeile 7 $r_j = m-1$, also gilt $l_j = l_{j-1} = m = r_j + 1$. Die Invariante gilt demnach auch für die j–te Iteration von while (für $a[w_1..w_m] < x$ und $a[w_1..w_m] \ge x$). Weiter gilt $l_j > r_j$ und while terminiert im nächsten Schritt mit $r_j = l_j - 1$, also folgt nach Terminierung von while $i = l - 1$.

Falls $l_{j-1} < r_{j-1}$ gilt, folgt $2l_{j-1} < l_{j-1} + r_{j-1} < 2r_{j-1}$ und $2l_{j-1} \le r_{j-1} + l_{j-1} - 1 < 2r_{j-1}$, falls $r_{j-1} + l_{j-1}$ ungerade ist. Insgesamt ergibt sich $l_{j-1} \le m < r_{j-1}$. Es folgt entweder $l_j = r_j$ und in der nächsten Iteration der Schleife tritt $(*)$ ein oder $l_j < r_j$ und $r_j - l_j < r_{j-1} - l_{j-1}$. Da der Abstand $r - l$ mit jeder Iteration abnimmt, falls $l \ne r$ gilt, muss der Fall $(*)$ eintreten. Aus $(*)$ und der Invariante der while-Schleife folgt, dass $w_1 \ldots w_{l-1}$ die Einfügestelle für x ist. $\square$

Beispiel. Figur 2.9 zeigt das Ermitteln der Einfügestelle für $a[1] = 15$ mit Algorithmus 2.23. Der Algorithmus terminiert mit $l = 5$ und $w_1 w_2 w_3 w_4 = 1101 = 13$.

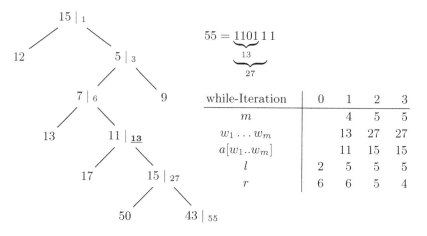

while-Iteration	0	1	2	3
m		4	5	5
$w_1 \ldots w_m$		13	27	27
$a[w_1..w_m]$		11	15	15
l	2	5	5	5
r	6	6	5	4

Fig. 2.9: Binäre Suche der Einfügestelle.

Wir schätzen jetzt die Anzahl der wesentlichen Vergleiche bei Anwendung von DownHeapO und binärer Suche der Einfügestelle ab. Sei $V_2(n)$ die Anzahl der wesentlichen Vergleiche in der Sortierphase von Heapsort. Dann gilt

$$V_2(n) \leq \sum_{r=2}^{n-1} \lfloor \log_2(r) \rfloor + \sum_{r=2}^{n-1} (\lfloor \log_2(\lfloor \log_2(r) \rfloor) \rfloor + 1)$$
$$\leq n(\lfloor \log_2(n-1) \rfloor - 1) + 3 + (n-2)(\lfloor \log_2(\log_2(n-1)) \rfloor + 1)$$
$$= n\lfloor \log_2(n-1) \rfloor + (n-2)(\lfloor \log_2(\log_2(n-1)) \rfloor) + 1.$$

Die Anzahl der Elemente in einem Pfad ist $\leq \lfloor \log_2(r) \rfloor$. Bei binärer Suche benötigen wir deshalb nur $\lfloor \log_2(\lfloor \log_2(r) \rfloor) \rfloor + 1$ viele wesentliche Vergleiche (Übungen, Algorithmus 2.36). Die erste Summe haben wir bereits abgeschätzt. Die zweite Abschätzung folgt unmittelbar. Da die Anzahl der Vergleiche in der Heapaufbauphase linear ist, schätzen wir diese nicht genauer ab. Die Anzahl $V(n)$ der wesentlichen Vergleiche schätzt sich durch

$$V(n) \leq 2 \left(3 \left\lfloor \frac{n}{2} \right\rfloor - \log_2 \left(\left\lfloor \frac{n}{2} \right\rfloor \right) - 2 \right) +$$
$$n\lfloor \log_2(n-1) \rfloor + (n-2)(\lfloor \log_2(\log_2(n-1)) \rfloor) + 1$$

nach oben ab.

2.2.5 Vergleich von Quicksort und Heapsort

Wir haben die Anzahl der wesentlichen Vergleiche im schlechtesten Fall für zwei Heapsort-Varianten abgeschätzt. Für Quicksort ist die durchschnittliche

Anzahl von Vergleichen $2(n+1)\mathrm{H}_n - 4n$ (Satz 2.5). Die Funktionsgraphen, die Figur 2.10 zeigt, stellen die Schranken für die Anzahl der wesentlichen Vergleiche für Heapsort und die durchschnittliche Anzahl von Vergleichen für Quicksort dar.

Die Funktionsgraphen zeigen, dass Heapsort mit binärer Suche dem gewöhnlichen Heapsort klar überlegen ist. Die Kurve für Quicksort ergibt die geringste Anzahl von Vergleichen. Wir betonen aber nochmals, dass es sich bei Heapsort um Abschätzungen im schlechtesten Fall handelt, bei Quicksort um die exakte Lösung für die durchschnittliche Anzahl der Vergleiche.

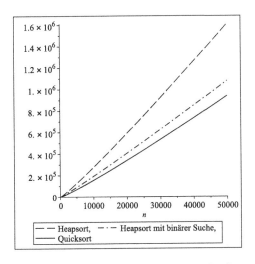

Fig. 2.10: Vergleich der Sortiermethoden.

2.3 Eine untere Schranke für Sortieren durch Vergleichen

Quicksort und Heapsort setzen eine geordnete Menge voraus, d. h. auf die zu sortierenden Elemente lässt sich der $\leq$–Operator anwenden. Die beiden genannten Algorithmen stellen Elemente aufgrund eines Vergleichs mit dem $\leq$–Operator um. *Vergleichsbasierte Sortieralgorithmen* verwenden nur den $\leq$–Operator und keine strukturellen Eigenschaften der zu sortierenden Elemente. In den Übungen, Aufgabe 1, behandeln wir Situationen, die Sortieren mit der Laufzeit $O(n)$ ermöglichen. Die Algorithmen benutzen strukturelle Eigenschaften der zu sortierenden Elemente.

Für vergleichsbasierte Sortieralgorithmen ist das Sortieren der Elemente $a[1], \ldots, a[n]$, $a[i] \neq a[j]$ für $i \neq j$, äquivalent zur Bestimmung einer Permutation auf $\{1, \ldots, n\}$. Diese Permutation π liefert die sortierte Reihenfolge:

$$a[\pi(1)] < a[\pi(2)] < \ldots < a[\pi(n)].$$

Wir ermitteln π mithilfe eines binären Entscheidungsbaumes. Dabei findet in jedem Knoten ein Vergleich mit dem $<$- Operator statt. Ein Blatt gibt die sortierte Reihenfolge der Elemente an. Ein binärer Entscheidungsbaum für n paarweise verschiedene Elemente hat $n!$ viele Blätter.

Beispiel. Figur 2.11 zeigt einen binären Entscheidungsbaum für a, b und c. Sie zeigt die notwendigen Vergleiche, um die Reihenfolge für a, b, c zu ermitteln.

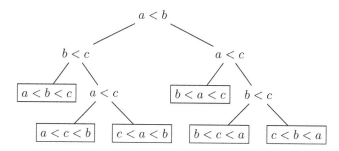

Fig. 2.11: Der Entscheidungsbaum für 3 Elemente.

Die inneren Knoten des Baumes enthalten die Vergleiche, die Blätter des Baumes alle möglichen Anordnungen. Jede Anordnung erfordert die Durchführung der Vergleiche, die auf dem Pfad von der Wurzel zum jeweiligen Blatt liegen. Ist das Ergebnis eines Vergleichs wahr, so ist der nächste Knoten des Pfades der linke Nachfolger, sonst ist es der rechte Nachfolger.

Ein Algorithmus, der die sortierte Reihenfolge aufgrund von Vergleichen herstellt, muss die Vergleiche durchführen, die auf dem Pfad von der Wurzel zum Blattknoten liegen, der die sortierte Reihenfolge angibt. Die Anzahl der Vergleiche stimmt deswegen mit der Länge des entsprechenden Pfades im Entscheidungsbaum überein. Eine untere Schranke für die Länge eines Pfades, der die Wurzel mit einem Blatt im binären Entscheidungsbaum verbindet, ist eine untere Schranke für die Anzahl der Vergleiche, die ein Sortierverfahren, das nur eine geordnete Menge voraussetzt, durchführen muss.

Lemma 2.25. *Sei B ein binärer Baum mit n Blättern. Dann ist die maximale Länge eines Pfades von der Wurzel zu einem Blatt $\geq log_2(n)$.*

Beweis. Sei t_B die Länge eines längsten Pfades von der Wurzel zu einem Blatt im Baum B. Dann gilt $n \leq 2^{t_B}$. Hieraus folgt $t_B \geq \log_2(n)$. $\quad\square$

Satz 2.26. *Ein vergleichsbasierter Algorithmus benötigt beim Sortieren von n Elementen im schlechtesten Fall mindestens $n \log_2(n) - O(n)$ viele Vergleiche.*

Beweis. Die Anzahl der Vergleiche V ist gleich der Länge eines Pfades im Entscheidungsbaum mit $n!$ Blättern. Mit der Stirlingschen[8] Näherungsformel

---

[8] James Stirling (1692–1770) war ein schottischer Mathematiker.

$$n! \approx \sqrt{2\pi n} \left(\frac{n}{e}\right)^n > \left(\frac{n}{e}\right)^n$$

folgt für die Anzahl $V(n)$ der Vergleich im schlechtesten Fall

$$V(n) \geq \log_2(n!) > n\log_2(n) - n\log_2(e) = n\log_2(n) - O(n).$$

Dies zeigt die Behauptung. $\square$

2.4 Suchen in Arrays

In diesem Abschnitt behandeln wir das Problem, ein bestimmtes Element in einem Array a zu suchen. Falls a unsortiert ist, müssen wir *sequenziell* suchen, d. h. wir inspizieren die Elemente von a nacheinander, bis das gewünschte Element gefunden ist. Die Laufzeit ist von der Ordnung $O(n)$. Ein sortiertes Array erlaubt *binäre Suche*. Die Laufzeit dieser Methode ist von der Ordnung $O(\log_2(n))$. Eine weitere Methode mit logarithmischer Laufzeit ist die Fibonacci-Suche (siehe Kapitel 4, Übungen, Aufgabe 11). Werden Elemente hinreichend oft gesucht, dann macht sich der Aufwand zu sortieren bezahlt. Neben der sequenziellen und binären Suche behandeln wir die Suche nach dem k–kleinsten Element. Hier geben wir das Element nicht explizit an. Wir spezifizieren das Element durch eine Eigenschaft.

2.4.1 Sequenzielle Suche

Der Algorithmus der sequenziellen Suche – SequSearch – sucht ein Element x in einem Array $a[0..n]$ unter den ersten n Elementen. Dabei inspizieren wir die Elemente von $a[0..n-1]$ nacheinander, bis x gefunden oder das Ende von a erreicht ist. Der Algorithmus benötigt die Variable $a[n]$ als Wächterelement.

Algorithmus 2.27.
    index SequSearch(item $a[0..n], x$)
    1   index i
    2   $a[n] \leftarrow x, i \leftarrow 0$
    3   while $a[i] \neq x$ do
    4      $i \leftarrow i + 1$
    5   return i

Bemerkungen:

1. Wir setzen an der n–ten Stelle im Array a das gesuchte Element x als Wächterelement ($n \geq 1$). Das Wächterelement verhindert, dass wir mit Indizes $> n$ auf a zugreifen, wenn x nicht in a gespeichert ist.
2. Die Funktion SequSearch sucht x in a und ermittelt den kleinsten Index l mit $x = a[l]$. SequSearch gibt n zurück, falls x nicht gespeichert ist.

3. Für die Anzahl $I(n)$ der Iterationen der while-Schleife im schlechtesten Fall gilt $I(n) = n$.

4. Werden alle in a gespeicherten Elemente gesucht und sind die Elemente in a paarweise verschieden, so ist die mittlere Anzahl der Iterationen der while-Schleife $\frac{1}{2}(n-1)$.

2.4.2 Binäre Suche

Der folgende Algorithmus für binären Suche, BinSearch, sucht ein Element x in einem sortierten Array a mit n Elementen. Er folgt der Divide-and-Conquer-Strategie (Abschnitt 1.5.2). Wir vergleichen das zu suchende Element x mit dem mittleren Element $a[i]$. Falls der Vergleich $a[i] = x$ ergibt, ist das gesuchte Element gefunden. Falls x kleiner als $a[i]$ ist, befindet sich x links von $a[i]$ und falls x größer $a[i]$ ist, befindet es sich rechts von $a[i]$. Das Teilarray, in dem wir weiter suchen, ist etwa halb so groß wie das ursprüngliche Array. Die Lösung des Problems reduziert sich auf die Lösung des Teilproblems. Deshalb brauchen wir die Lösungen der Teilprobleme nicht zusammenzusetzen.

Algorithmus 2.28.

```
index BinSearch(item a[0..n − 1], x)
 1   index l, r, i
 2   l ← 0, r ← n − 1
 3   repeat
 4       i ← (l + r) div 2
 5       if a[i] < x
 6           then l ← i + 1
 7           else  r ← i − 1
 8   until a[i] = x or l > r
 9   if a[i] = x
10       then return i
11       else  return − 1
```

Bemerkungen:

1. In $a[l..r]$ sind $r - (l-1) = r - l + 1$ viele Elemente gespeichert. Der Index $i := (l+r)$ div 2 referenziert das „mittlere Element" in $a[l..r]$. BinSearch gibt den Index für x zurück oder -1, falls x nicht in a ist.

2. Befinden sich gleiche Elemente im Array, so gibt BinSearch den Index von irgendeinem der gleichen Elemente zurück. Wir können dann das erste oder letzte unter gleichen Elementen einfach ermitteln.

3. In jeder Iteration der repeat-until-Schleife finden zwei Vergleiche mit Arrayelementen statt. Eine andere Version der binären Suche (Übungen, Algorithmus 2.36) optimiert die Anzahl der Vergleiche. Es finde nur noch ein Vergleich pro Iteration statt. Insgesamt halbiert sich die Anzahl der Vergleiche. Sie ist durch $\lfloor \log_2(n) \rfloor + 1$ beschränkt.

Beispiel. Figur 2.12 gibt alle Zugriffspfade an, die beim Suchen der Elemente in $a[1..11]$ entstehen. Ein binärer Suchbaum (Definition 4.6) dient der Navigation bei der Suche in $a[1..11]$.

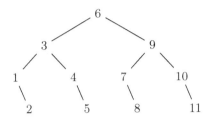

Fig. 2.12: Alle Zugriffspfade.

Satz 2.29. *Für die Anzahl $I(n)$ der Iterationen der repeat-until-Schleife gilt im schlechtesten Fall:*

$$I(n) \leq \lfloor \log_2(n) \rfloor + 1.$$

Die Anzahl der Vergleiche beträgt $2I(n)$ und ist somit $\leq 2(\lfloor \log_2(n) \rfloor + 1)$.

Beweis. In jeder Iteration teilen wir $n-1$ Elemente auf in $\left\lceil \frac{n-1}{2} \right\rceil$ und $\left\lfloor \frac{n-1}{2} \right\rfloor$ viele Elemente. Es gilt $\left\lfloor \frac{n-1}{2} \right\rfloor \leq \left\lfloor \frac{n}{2} \right\rfloor$ und $\left\lceil \frac{n-1}{2} \right\rceil = \left\lfloor \frac{n}{2} \right\rfloor$. Da I monoton wachsend ist, gilt $I\left(\left\lfloor \frac{n-1}{2} \right\rfloor\right) \leq I\left(\left\lfloor \frac{n}{2} \right\rfloor\right)$.
Im schlechtesten Fall terminiert die repeat-until-Schleife mit $l > r$. $I(n)$ genügt daher der Rekursion:

$$I(n) \leq I\left(\left\lfloor \frac{n}{2} \right\rfloor\right) + 1, I(1) = 1.$$

Hieraus folgt die Behauptung mit Satz 1.28.   □

2.4.3 Die Suche nach dem k–kleinsten Element

Sei $a_1, a_2, \ldots, a_n$ eine endliche Folge. Ein Element a dieser Folge heißt k–*kleinstes Element* oder *Element vom Rang k*, wenn a in einer Sortierung der Folge an der Position k stehen kann. Falls sich mehrere gleiche Elemente in der Folge befinden, ist das Element vom Rang k nicht eindeutig bestimmt.
    Das Problem, das k–kleinste Element in einer Folge zu finden, lässt sich natürlich dadurch lösen, dass man zunächst die Elemente sortiert und dann auf das k-te Element zugreift. Der Aufwand zum Sortieren der Folge ist von der Ordnung $O(n \ln(n))$, wenn wir zum Beispiel den Algorithmus QuickSort verwenden. Wir behandeln einen probabilistischen Algorithmus, der das k-te Element – ohne vorher zu sortieren – bestimmt. Der Erwartungswert seiner Laufzeit ist von der Ordnung $O(n)$.

Wir nennen diesen Algorithmus QuickSelect. Er entsteht durch Modifikation von QuickSort. Der Algorithmus gibt nach dem Aufruf QuickSelect($a[1..n], k$) das Element vom Rang k zurück. Die Vorbedingung für QuickSelect ist, dass wir auf die Elemente von a den $<$–Operator anwenden können und dass $1 \leq k \leq n$ gilt.

Algorithmus 2.30.
QuickSelect(item $a[i..j]$, int k)
   1   item x, index l, r, boolean $loop \leftarrow$ true
   2   if $i < j$
   3   then exchange $a[j]$ and $a[\mathrm{Random}(i, j)]$
   4         $x \leftarrow a[j], l \leftarrow i, r \leftarrow j - 1$
   5   while $loop$ do
   6   while $a[l] < x$ do $l \leftarrow l + 1$
   7   while $a[r] > x$ do $r \leftarrow r - 1$
   8   if $l < r$
   9   then exchange $a[l]$ and $a[r]$
 10                $l \leftarrow l + 1, r \leftarrow r - 1$
 11   else $loop \leftarrow false$
 12   exchange $a[l]$ and $a[j]$
 13   if $k < l$
 14   then return QuickSelect($a[i..l - 1], k$)
 15   else if $k > l$
 16   then return QuickSelect($a[l + 1..j], k - l$)
 17   return $a[l]$
 18 return $a[i]$

Die Laufzeit im schlechtesten Fall ist – wie bei Quicksort – von der Ordnung $O(n^2)$. In QuickSelect wählen wir das Pivotelement zufällig. Die Wahl des Pivotelement werde durch die Zufallsvariable R mit Wertebereich $\{1, \ldots, n\}$ beschrieben. R ist gleichverteilt, d. h. $\mathrm{p}(R = r) = \frac{1}{n}$.

Satz 2.31. *Der Algorithmus* QuickSelect *gibt das k–te Element von a zurück. Der Erwartungswert der Laufzeit ist linear.*

Beweis. Die Aussage folgt mit vollständiger Induktion nach n. Für $n = 1$ gibt QuickSelect $a[1]$ zurück. Der Induktionsanfang ist richtig. Sei $n \geq 2$. Nach Terminierung der äußeren while-Schleife (Zeile 5) gilt $a[1], \ldots, a[l - 1] \leq x$ und $a[l + 1], \ldots, a[n] \geq x$. Falls $k < l$ gilt, befindet sich das k–te Element links von der Position l und falls $k > l$ gilt, befindet sich das k–te Element rechts von der Position l. Nach Induktionsvoraussetzung liefert der Aufruf QuickSelect($a[1..l - 1], k$) das k–te Element und der Aufruf QuickSelect($a[l + 1..n], k - l$) das $(k - l)$–te Element. Es wird in beiden Fällen das k–te Element von a berechnet. Falls $l = k$ ist, ist $a[l]$ das k–te Element.

Der Erwartungswert der Laufzeit $T(n)$ von QuickSelect berechnet sich nach Lemma A.9

$$\mathrm{E}(T(n)) = \sum_{r=1}^{n} \mathrm{E}(T(n) \mid R = r)\mathrm{p}(R = r) + cn$$

$$= \sum_{r \in I} \mathrm{E}(T(n) \mid R = r)\frac{1}{n} + \sum_{r \notin I} \mathrm{E}(T(n) \mid R = r)\frac{1}{n} + cn$$

$$\leq \sum_{r \in I} \mathrm{E}\left(T\left(\left\lfloor\frac{3n}{4}\right\rfloor\right)\right)\frac{1}{n} + \sum_{r \notin I} \mathrm{E}(T(n))\frac{1}{n} + cn$$

$$= \frac{1}{2}\mathrm{E}\left(T\left(\left\lfloor\frac{3n}{4}\right\rfloor\right)\right) + \frac{1}{2}\mathrm{E}(T(n)) + cn.$$

wobei $I = [n/4, 3n/4]$ und c konstant ist. Es folgt

$$\mathrm{E}(T(n)) \leq \mathrm{E}\left(T\left(\frac{3n}{4}\right)\right) + 2cn.$$

Setze $b = \frac{4}{3}$, $n = b^k$ und $x_k = \mathrm{E}(T(b^k))$. Dann gilt $x_1 = 2c$ und $x_k = x_{k-1} + 2cb^k = 2c + 2c\sum_{i=2}^{k} b^i = 8cb^k - \frac{26}{3}c$ (Satz 1.15).
Mit $k = \log_b(n)$ und Lemma B.24 folgt $\mathrm{E}(T(n)) \leq 8cn - \frac{26}{3}c = O(n)$.   □

Übungen.

1. a. Ein Array besteht aus Datensätzen mit einer Komponente, die nur 1 oder 2 enthält. Geben Sie einen Algorithmus an, der das Array nach dieser Komponente in situ mit Laufzeit $O(n)$ sortiert. Gibt es einen Algorithmus, der das Array in situ mit Laufzeit $O(n)$ sortiert, falls die Elemente 1, 2 und 3 vorkommen?
    b. Ein Array enthält Datensätze mit den Schlüsseln $1, 2, \ldots, n$. Geben Sie einen Algorithmus an, der das Array in situ mit Laufzeit $O(n)$ sortiert.

2. **Algorithmus 2.32.**
   BubbleSort(item $a[1..n]$)
   ```
   1   index i, j; item x
   2   for i ← 1 to n − 1 do
   3       for j ← n downto i + 1 do
   4           if a[j] < a[j − 1]
   5               then exchange a[j] and a[j − 1]
   ```
   Zeigen Sie, dass der Algorithmus 2.32 korrekt ist und analysieren Sie die Laufzeit und anschließend auch die Laufzeit von Sortieren durch Einfügen (Algorithmus 1.57). Benutzen die folgende Aussage über den Mittelwert von Inversionen.

   Inversionen. $(a[i], a[j])$ ist eine *Inversion*, wenn $i < j$ und $a[j] < a[i]$ gilt. In den beiden Algorithmen ist die Anzahl der Vertauschungen gleich der Anzahl der Inversionen.

Zum Beispiel besitzt (3,1,4,2) die Inversionen (3,1), (3,2) und (4,2). Somit sind 3 Austauschoperationen notwendig.

Gemittelt über alle Anordnungen gibt es $\frac{1}{2}\binom{n}{2} = \frac{n(n-1)}{4}$ viele Inversionen, denn entweder ist $(a[i], a[j])$ eine Inversion in a oder im umgekehrt angeordneten Array.

3. Ein Sortieralgorithmus wird als *stabil* bezeichnet, falls die Reihenfolge gleicher Elemente nicht verändert wird. Welche der Algorithmen Sortieren durch Einfügen, durch Auswählen, durch Austauschen, Quicksort und Heapsort sind stabil?

4. Zeigen Sie, dass für die durchschnittliche Anzahl der Vergleiche $V(n)$ im Algorithmus 2.1

$$V(n) = 2(n+1)\mathrm{H}_n - \frac{8n+2}{3}$$

   gilt.

5. Vermeiden Sie in Zeile 11 in Algorithmus 2.1 den unnötigen Aufruf von exchange für $l = j$ und zeigen Sie, dass für den modifizierten Algorithmus für die durchschnittliche Anzahl der Umstellungen

$$U(n) = \frac{1}{3}(n+1)\mathrm{H}_n - \frac{5n+8}{18}$$

   gilt.

6. Zeigen Sie: Für die durchschnittliche Laufzeit $T(n)$ von Quicksort gilt

$$T(n) = 2c(n+1)\mathrm{H}_n + \frac{1}{3}(2b - 10c)n + \frac{1}{3}(2b - c),$$

   wobei b und c konstant sind. Der Durchschnitt wird über alle Anordnungen des zu sortierenden Arrays gebildet. Insbesondere gilt $T(n) = O(n\ln(n))$.

7. Wir betrachten eine Quicksort Variante, die von N. Lomuto stammt (siehe [CorLeiRivSte07]).

   Algorithmus 2.33.
   QuickSortVariant(item $a[i..j]$)

   ```
   1    item x, index l
   2    if i < j
   3       then x ← a[j], l ← i
   4          for k ← i to j − 1 do
   5             if a[k] ≤ x
   6                then exchange a[k] and a[l]
   7                   l ← l + 1
   8          exchange a[l] and a[j]
   9          QuickSort(a[i..l − 1])
   10         QuickSort(a[l + 1..j])
   ```

a. Vergleichen Sie QuickSortVariante mit Algorithmus 2.1. Diskutieren Sie Vor- und Nachteile.

b. Geben Sie die Invariante der for-Schleife an und zeigen Sie, dass der Algorithmus korrekt ist.

8. Modifizieren Sie Algorithmus 2.1 so, dass er mit $n - 1$ Vergleichen im Zerlegungsprozess auskommen. Analysieren Sie die Anzahl der Vergleiche im besten Fall.

9. Zeigen Sie, dass die folgende Variante von Quicksort korrekt ist und bestimmen Sie die Laufzeit.

Algorithmus 2.34.

QuickSort(item $a[i..j]$)
```
 1   index l, r, p, item x
 2   if p ← Pivot(a[i..j]) ≠ 0
 3      then x ← a[p], l ← i, r ← j
 4         repeat
 5            exchange a[l] and a[r]
 6            while a[l] < x do l ← l + 1
 7            while a[r] ≥ x do r ← r − 1
 8         until l = r + 1
 9         QuickSort(a[i..l − 1])
10         Quicksort(a[l..j])
```

index Pivot(item $a[i..j]$)
```
 1   index l, item x
 2   x ← a[i]
 3   for l ← i + 1 to j do
 4      if a[l] > x
 5         then return l
 6         else  if a[l] < x
 7                  then return i
 8   return 0
```

10. Modifizieren Sie den Quicksort-Algorithmus so, dass eine logarithmisch beschränkte Rekursionstiefe gewährleistet wird. Ersetzen Sie dazu im Algorithmus 2.34 aus der vorangehenden Übungsaufgabe einen rekursiven Aufruf durch eine Iteration.

11. Geben Sie eine Implementierung der iterativen Version von Quicksort an und analysieren Sie diese.

12. Sei $a[1..n]$ ein Array von Zahlen. Geben Sie einen Algorithmus an, der die ersten k Elemente in $a[1..n]$ für kleine k $\left(k \leq {}^n/\log_2(n)\right)$ ohne zusätzlichen Speicher mit Laufzeit $O(n)$ sortiert.

13. Entwickeln Sie eine Formel für die maximale Anzahl der Zuweisungen bei Ausführung von HeapSort und bei Ausführung von HeapSort mit binärer Suche.

14. Geben Sie ein Beispiel an, das zeigt, dass die obere Schranke $\sum_{l=1}^{\lfloor \frac{n}{2} \rfloor} \lfloor \log_2 \left(\frac{n}{l} \right) \rfloor$ in der Abschätzung für die Anzahl der Iterationen der while-Schleife in DownHeap für alle Aufrufe in BuildHeap angenommen wird (siehe Beweis von Satz 2.17).

15. **Mergesort.** Mergesort teilt das Array $a[i..j]$ in etwa zwei gleich große Teile und sortiert die beiden Teile rekursiv. Anschließend werden die beiden Teile zu einer sortierten Folge zusammengefügt.

    Algorithmus 2.35.

    MergeSort(item $a[i..j]$; index i, j)
    1   index l
    2   if $i < j$
    3   then $l \leftarrow (i + j)$ div 2
    4   MergeSort($a[i..l]$)
    5   MergeSort($a[l + 1..j]$)
    6   Merge($a[i..j], l + 1$)

    Merge fügt die sortierten Teilarrays $a[i..l]$ und $a[l + 1..j]$ zusammen.
    a. Geben Sie eine Implementierung von *Merge* an. Achten Sie dabei auf den Speicherverbrauch.
    b. Analysieren sie die Laufzeit.

16. Vergleichen Sie die folgende Version der binären Suche mit Algorithmus 2.28 und zeigen Sie, dass die Anzahl der wesentlichen Vergleiche durch $\lfloor \log_2(n) \rfloor + 1$ beschränkt ist.

    Algorithmus 2.36.

    index BinSearch(item $a[0..n - 1], x$)
    1   index $l, r, i, l \leftarrow 0, r \leftarrow n - 1$
    2   while $l < r$ do
    3        $i \leftarrow (l + r - 1)$ div 2
    4   if $a[i] < x$
    5   then $l \leftarrow i + 1$
    6   else $r \leftarrow i$
    7   return l

17. Sei $a[1..n]$ ein Array von Zahlen. Geben Sie einen Algorithmus an, der die k kleinsten Elemente in $a[1..n]$ ohne zusätzlichen Speicher mit Laufzeit $O(n)$ bestimmt.

3. Hashverfahren

Die Anzahl der Zugriffe, um ein gespeichertes Objekt zu suchen, ist bei Verwendung von sortierten Arrays oder binären Suchbäumen von der Ordnung $\log_2(n)$. Bei Hashverfahren finden wir ein gespeichertes Objekt im Idealfall mit einem einzigen Zugriff. Dies erreichen wir durch die Berechnung der Adresse des Objekts.

In einer Anwendung von Hashverfahren speichern wir Objekte in einer Hashtabelle. Ein Objekt bezeichnen wir hier als Datensatz. Im Datensatz ist ein *Schlüssel* gespeichert, der dem Datensatz eindeutig zugeordnet ist, d. h. die Abbildung von der Menge der Datensätze in die Menge der Schlüssel ist injektiv.[1] Bei der Organisation dieser Datensätze in einer Hashtabelle ist nur der Schlüssel von Bedeutung. Wir identifizieren deshalb den Datensatz mit seinem Schlüssel und sprechen nur noch von Schlüsseln, die wir abspeichern, suchen oder löschen.

Wir nehmen an, dass es sich bei der Menge der Schlüssel um eine Menge von Zahlen handelt. Dies bedeutet keine Einschränkung, weil wir die Schlüsselmenge über einem Zahlensystem, zum Beispiel den binären Zahlen, codieren können.

Die oben erwähnte Effizienz lässt sich nur erreichen, indem wir darauf verzichten, die Hashtabelle ganz zu füllen. Eine sorgfältige Analyse zeigt, welche Laufzeit wir in Abhängigkeit vom Füllgrad der Hashtabelle erreichen. Umgekehrt können wir die Ergebnisse dieser Analyse dazu benutzen, um die Hashtabelle so zu dimensionieren, dass wir eine gewünschte Laufzeit – zum Beispiel ein Schlüssel soll mit zwei Zugriffen gefunden werden – erwarten dürfen.

3.1 Grundlegende Begriffe

Definition 3.1. Sei X die Menge der möglichen Schlüssel. Ein *Hashverfahren* besteht aus einer *Hashtabelle* H mit m Zellen und einer *Hashfunktion* $h : X \longrightarrow \{1, \ldots, m\}$. Für $s \in X$ ist $h(s)$ der Tabellenindex, den wir für die Speicherung von s verwenden, siehe Figur 3.1. Sollen zwei Schlüssel

---

[1] Eine Abbildung $f : X \longrightarrow Y$ heißt injektiv, wenn für $x_1, x_2 \in X$ aus $f(x_1) = f(x_2)$ $x_1 = x_2$ folgt.

© Springer Fachmedien Wiesbaden GmbH, ein Teil von Springer Nature 2021
H. Knebl, *Algorithmen und Datenstrukturen*,
https://doi.org/10.1007/978-3-658-32714-9_3

$s_1, s_2 \in X$, $s_1 \neq s_2$, gespeichert werden und ergibt sich der gleiche Tabellenindex, d. h. $h(s_1) = h(s_2)$, so sprechen wir von einer *Kollision*. Da Hashfunktionen nicht injektiv sind, Hashfunktionen lassen Kollisionen zu, ist für ein Hashverfahren neben der Hashtabelle und der Hashfunktion ein *Verfahren zur Behandlung der Kollisionen* notwendig.

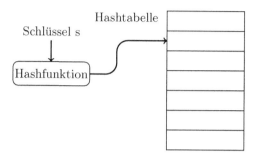

Fig. 3.1: Hashverfahren.

Bemerkung. Die Menge der tatsächlichen Schlüssel S ist oft nicht a priori bekannt. Man weiß nur, dass S eine Teilmenge einer großen Menge X ist, der Menge der möglichen Schlüssel. Eine Funktion, die X injektiv abbildet, ist nicht praktikabel oder sogar unmöglich, wenn X eine Hashtabelle erfordert, deren Größe den verfügbaren Speicher überschreitet. Deshalb nehmen wir Kollisionen hin.

In [Knuth98a] wird umfangreiches Material zu Hashverfahren und in [MotRag95] zu probabilistische Hashverfahren bereitgestellt, dass die hier behandelten Aspekte umfasst.

3.2 Hashfunktionen

In einem Hashverfahren bildet die Hashfunktion jeden Schlüssel auf einen Tabellenplatz ab. Dies setzt voraus, dass die Hashfunktion durch einen effizienten Algorithmus berechenbar ist. Alle Beispiele von Hashfunktionen, die wir diskutieren, lassen sich durch wenige einfache arithmetische Operationen berechnen.

Eine zweite Anforderung an Hashfunktionen ist, dass Hashfunktionen Kollisionen minimieren sollen. Bei *universellen Familien von Hashfunktionen* sind quantitative Aussagen möglich. Die zugrunde liegenden Annahmen sind in Anwendungen realisierbar.

Das folgende Beispiel zeigt, dass Kollisionen auch bei einer kleinen Anzahl von Schlüsseln und einer im Vergleich dazu großen Tabelle möglich sind.

Beispiel. X sei eine Menge von Personen. Die Funktion h

$$h : X \longrightarrow \{1, \ldots, 365\}$$

ordnet einer Person aus X den Tag zu, an dem sie Geburtstag hat (ohne Beachtung von Schaltjahren). Wir nehmen an, dass es sich bei h um eine Zufallsfunktion handelt, d. h. die Geburtstage erscheinen uns zufällig gewählt.

Bei einer Anzahl von mehr als 23 Personen ist die Wahrscheinlichkeit für eine Kollision $\geq 1/2$. Erstaunlich ist, dass wir schon bei einer so kleinen Anzahl von Personen mit einer Kollision rechnen müssen.

Unter dieser Annahme – zufällige Wahl (mit Zurücklegen) des Geburtstages aus der Menge der Tage eines Jahres $\{1, \dots, 365\}$ – können wir folgendes rechnen: Wählen wir aus einer m–elementigen Menge k Elemente, so ist die Wahrscheinlichkeit p, dass keine Kollision eintritt

$$p = p(m, k) = \frac{1}{m^k} \prod_{i=0}^{k-1} (m - i) = \prod_{i=1}^{k-1} \left(1 - \frac{i}{m}\right).$$

Für alle reellen Zahlen x gilt $1 - x \leq e^{-x}$ (Corollar B.20) und es folgt

$$p \leq \prod_{i=1}^{k-1} e^{-i/m} = e^{-(1/m) \sum_{i=1}^{k-1} i} = e^{-k(k-1)/2m}.$$

Die Wahrscheinlichkeit für eine Kollision ist $1 - p$ und $1 - p \geq \frac{1}{2}$, falls $k \geq \frac{1}{2} \left(\sqrt{1 + 8 \ln 2 \cdot m} + 1\right) \approx 1.18\sqrt{m}$. Für $m = 365$ ergibt sich $1.18\sqrt{365} \approx 22,5$.

3.2.1 Division und Multiplikation

Die arithmetischen Operationen Multiplikation und Division mit Rest (Satz B.1) liefern geeignete Hashfunktionen. Die meisten Prozessoren führen die Multiplikationen von zwei Zahlen wesentlich schneller als deren Division aus.

Definition 3.2 *(Division mit Rest).* Sei $m \in \mathbb{N}$.

$$h : S \longrightarrow \{0, \dots, m-1\}, \quad s \longmapsto s \bmod m.$$

Beispiel. Sei $S = \{2, 4, \dots, 200\}$. Für $m = 100$ gilt $h(s) = h(s + 100)$. Es finden 50 Kollisionen statt. Wählen wir für $m = 101$, so finden keine Kollisionen statt. Dies lässt vermuten, dass Primzahlen als Teiler besser geeignet sind.

Definition 3.3 *(Multiplikation).* Sei $c \in \mathbb{R}, 0 < c < 1$.

$$h : S \longrightarrow \{0, \dots, m-1\}, \quad s \longmapsto \lfloor m\{sc\} \rfloor,$$

wobei für $x \in \mathbb{R}$ der Ausdruck $\{x\}$ den gebrochenen Anteil von x bezeichnet, d. h. $\{x\} := x - \lfloor x \rfloor$.

Bemerkung. Sei $g = \frac{1}{2}(1 + \sqrt{5})$ das Verhältnis des goldenen Schnitts (siehe Definition 1.22). Für $c = \frac{1}{g}$ werden die besten Resultate erzielt (vgl. [Knuth98a, Chapter 6.4]).

Obwohl in der Definition von h reelle Zahlen vorkommen, die auf einem Rechner durch Floatingpoint-Zahlen approximiert werden, lässt sich diese Funktion einfach mit ganzzahliger Arithmetik implementieren, wenn $m = 2^p$ mit $p \leq w$ gilt, wobei w die Wortbreite des Rechners bezeichnet. Es ist nur eine Multiplikation von zwei ganzen Zahlen und eine Shift-Operation notwendig.

$$h(s) = \lfloor 2^p \{ s \cdot c \cdot 2^w \cdot 2^{-w} \} \rfloor = \lfloor 2^p \{ s (\lfloor c \cdot 2^w \rfloor + \{ c \cdot 2^w \}) 2^{-w} \} \rfloor$$
$$= \lfloor 2^p \{ s \lfloor c \cdot 2^w \rfloor 2^{-w} + s \{ c \cdot 2^w \} 2^{-w} \} \rfloor.$$

Schreibe $s \lfloor c \cdot 2^w \rfloor = q2^w + r$ und setze $s \{ c \cdot 2^w \} 2^{-w} = 0$. Dann gilt:

$$h(s) = \lfloor 2^p \{ q + r \cdot 2^{-w} \} \rfloor = \lfloor 2^p \{ r \cdot 2^{-w} \} \rfloor.$$

Wenn s und c in je einem Register des Prozessors gespeichert sind, ergibt sich $h(s)$ aus den p signifikantesten Bits von r, dem niederwertigen Anteil von $s \cdot c$. Diese p Bits von r gewinnen wir durch eine Rechts-Shift-Operation um $w - p$ Stellen.

Beispiel. Sei $w = 8, p = 6, m = 2^6 = 64$ die Anzahl der Zellen der Hashtabelle, $c = 0.618 = 0.10011110$ und $s = 4 = 100$ (binär). Dann berechnet sich $h(s)$ durch $10011110 \cdot 100 = 10|01111000$. Also gilt $h(s) = 011110 = 30$.

3.2.2 Universelle Familien

Hashfunktionen sollen Kollisionen minimieren. Zufallsfunktionen haben diese Eigenschaft. Sie sind jedoch nicht implementierbar. Universelle Familien von Hashfunktionen, die in [CarWeg79] eingeführt wurden, minimieren Kollisionen und sind einfach zu implementieren. Wir betrachten zunächst Zufallsfunktionen.

Sei X die Menge der möglichen Schlüssel, $n := |X|$ und $m \in \mathbb{N}$. Wir definieren eine Zufallsfunktion

$$h : X \longrightarrow \{0, \dots, m - 1\}$$

durch die folgende Konstruktion. Für jedes Argument x wählen wir den Wert $y \in \{0, \dots, m - 1\}$ zufällig. Die Paare (x, y) speichern wir in einer Tabelle. Die Zufallsfunktion h wird durch diese Tabelle beschrieben – ein Eintrag (x, y) definiert die Zuordnung $x \longmapsto y$. Soll für $x \in X$ der Funktionswert $y = h(x)$ berechnet werden, so schaue in der Tabelle nach, ob x als Argument verzeichnet ist.

1. Falls ja, verwende den Tabelleneintrag (x, y) und setze $h(x) = y$.
2. Sonst wähle $y \in \{0, \dots, m - 1\}$ zufällig, setze $h(x) = y$ und trage (x, y) in die Tabelle ein.

Bei der Anwendung der Hashfunktionen h soll die *Kollisionswahrscheinlichkeit*

$$\mathrm{p}(h(x_1) = h(x_2)), x_1, x_2 \in X, x_1 \neq x_2,$$

klein sein. Für Zufallsfunktion h ist dies erfüllt, es gilt $\mathrm{p}(h(x_1) = h(x_2)) = \frac{1}{m}$.

Beispiel. Figur 3.2 zeigt eine Zufallsfunktion, die Punkte gleichmäßig in der Ebene verteilt.

Fig. 3.2: Mit einer Zufallsfunktion erzeugte Koordinaten.

Das oben beschriebene Verfahren, um eine Zufallsfunktion zu konstruieren, erzeugt eine bestimmte Funktion mit der Wahrscheinlichkeit $\frac{1}{m^n}$. Auf $\mathcal{F}(X, Y)$, der Menge aller Abbildungen von X nach Y, erhalten wir somit die Gleichverteilung.

Eine andere Methode, eine Zufallsfunktion zu erhalten, besteht darin, eine Funktion aus $\mathcal{F}(X, Y)$ zufällig zu wählen. Beide Methoden liefern die Gleichverteilung auf $\mathcal{F}(X, Y)$. Wir definieren Zufallsfunktionen durch

Definition 3.4. Eine *Zufallsfunktion* ist eine aus $\mathcal{F}(X, Y)$ zufällig gewählte Funktion.

Bemerkung. Die Kollisionswahrscheinlichkeit bezieht sich jetzt auf die zufällige Wahl von h.

$$\mathrm{p}(h(x_1) = h(x_2)) = \frac{|\{f \in \mathcal{F}(X,Y) \mid f(x_1) = f(x_2)\}|}{|\mathcal{F}(X,Y)|} = \frac{m^{n-1}}{m^n} = \frac{1}{m}.$$

Diese Definition der Kollisionswahrscheinlichkeit können wir für beliebige Familien von Funktionen verallgemeinern.

Definition 3.5. Sei $\mathcal{H}$ eine Familie von Funktionen $h : X \longrightarrow Y$ und $x_1, x_2 \in X, x_1 \neq x_2$. Für zufällig gewähltes $h \in \mathcal{H}$ ist die Kollisionswahrscheinlichkeit

$$\mathrm{p}(h(x_1) = h(x_2)) := \frac{|\{h \in \mathcal{H} \mid h(x_1) = h(x_2)\}|}{|\mathcal{H}|}.$$

Beispiel. Sei $X = \{0, 1\}^l$ und $Y = \{0, 1\}^r$. Wir können eine Zufallsfunktion durch eine Tabelle mit 2^l Zeilen mit je r Bit speichern. Die Kollisionswahrscheinlichkeit ist $\frac{1}{2^r}$. Ist zum Beispiel $l = 64$ und $r = 16$, so ist die Kollisionswahrscheinlichkeit nur $\frac{1}{2^{16}}$. Zum Abspeichern einer einzigen Zufallsfunktion braucht man jedoch $16 \cdot 2^{64}$ Bit $= 2^{65}$ Byte. Zufallsfunktionen sind riesengroße Objekte. Deshalb sind sie nicht implementierbar.

Als Hashfunktion wünschen wir uns Funktionen, deren Kollisionswahrscheinlichkeit klein ist – wie bei Zufallsfunktionen – und die zusätzlich effizient implementierbar sind. Dies leisten universelle Familien von Hashfunktionen. Sie verhalten sich bezüglich Kollisionen wie Zufallsfunktionen und sind effizient implementierbar (Satz 3.20 und Satz 3.7).

Definition 3.6. Eine Familie $\mathcal{H}$ von Funktionen $h : X \longrightarrow Y$ heißt *eine universelle Familie von Hashfunktionen*, wenn für alle $x_1, x_2 \in X, x_1 \neq x_2$, gilt: Für zufällig gewähltes $h \in \mathcal{H}$ ist die Kollisionswahrscheinlichkeit

$$\mathrm{p}(h(x_1) = h(x_2)) \leq \frac{1}{m} \text{, wobei } m = |Y| \text{ gilt.}$$

Eine Hashfunktionen $h : X \longrightarrow Y$ soll die tatsächlichen Schlüssel $S \subset X$ gleich verteilen, d. h. es soll gelten

$$n_{h(y)} := |\{s \in S \mid h(s) = h(y)\}| = \frac{|S|}{m} \text{, für alle } y \in Y.$$

Der Aufwand für die Kollisionsbehandlung bezüglich eines Wertes y hängt von der Anzahl der Schlüssel ab, die auf diesen Wert abgebildet werden. Sie ist proportional zu $n_{h(y)}$ (Abschnitt 3.3). Im Idealfall tritt keine Kollision auf. Dies ist äquivalent zu $n_{h(y)} \leq 1$ für alle $y \in Y$. Wenn wir die Menge der Schlüssel zufällig wählen oder eine Zufallsfunktion h verwenden, dann erwarten wir, dass $n_{h(y)} = \frac{|S|}{m}$ ist (Übungen, Aufgabe 10 und Satz 3.16). Zufallsfunktionen sind jedoch nicht implementierbar und auf die Verteilung der Schlüssel können wir keinen Einfluss nehmen. Die Anwendung, in der wir das Hashverfahren einsetzen, gibt die Verteilung vor. Eine Lösung des Problems bietet die Verwendung einer universellen Familie von Hashfunktionen.

Universelle Familien von Hashfunktionen und Varianten davon spielen auch in der Informationstheorie und Kryptographie eine wichtige Rolle (siehe [DelfsKnebl15, Chapter 10.1 und 10.3]). Es gibt universelle Familien von Hashfunktionen, die die effiziente binäre Arithmetik verwenden. Da wir auf die Einführung endlicher Erweiterung von $\mathbb{F}_2$ verzichten, geben wir jetzt zwei Beispiele für universelle Familien an, die auf der weniger effizienten modularen Arithmetik basieren. Für eine natürliche Zahl m bezeichnet

$$\mathbb{Z}_m = \{[0], \ldots, [m-1]\}$$

die Menge der Restklassen modulo m. Wir identifizieren $\mathbb{Z}_m$ mit $\{0, \ldots, m-1\}$, der Menge der Reste modulo m (Definition B.8). Für eine Primzahl $m = p$ ist $\mathbb{Z}_p$ ein Körper und $\mathbb{Z}_p^r$, $r \in \mathbb{N}$, ein Vektorraum über dem Körper $\mathbb{Z}_p$ (Corollar B.12).

Satz 3.7. *Sei p eine Primzahl, seien $a, b \in \mathbb{Z}_p$, $m \in \mathbb{N}$, $2 \leq m \leq p$ und*

$$h_{a,b} : \{0, \ldots, p-1\} \longrightarrow \{0, \ldots, m-1\}, \ x \longmapsto ((ax+b) \bmod p) \bmod m.$$

Die Familie $\mathcal{H} = \{h_{a,b} \mid a, b \in \mathbb{Z}_p, a \neq 0\}$ ist universell.

Beweis. Wir zeigen zunächst, dass $|\mathcal{H}| = |\{(a, b) \mid a, b \in \mathbb{Z}_p, a \neq 0\}| = p(p-1)$ gilt. Dabei unterscheiden wir:

1. Seien $a, a', b, b' \in \mathbb{Z}_p$, $a \neq a'$. Wir zeigen, dass $h_{a,b} \neq h_{a',b'}$ gilt. Für $a \neq 0$ ist die Abbildung

$$f_{a,b} : \mathbb{Z}_p \longrightarrow \mathbb{Z}_p, \ x \longmapsto (ax + b) \bmod p$$

   bijektiv. Folglich ist die Abbildung $f_{a,b} - f_{a',b'} = f_{a-a',b-b'}$ für $a \neq a'$ bijektiv. Für $x \in \mathbb{Z}_p$ mit $(f_{a,b} - f_{a',b'})(x) = [1]$ gilt $h_{a,b}(x) \neq h_{a',b'}(x)$.

2. Sei nun $a = a'$ und $b > b'$ (ohne Einschränkung annehmbar). Falls m die Zahl $b - b'$ nicht teilt, folgt $h_{a,b}(0) \neq h_{a,b'}(0)$. Falls m die Zahl $b - b'$ teilt, gilt für $y = p - b$

$$h_{a,b}(a^{-1}y) = ((p - b + b) \bmod p) \bmod m = 0 \text{ und}$$
$$h_{a',b'}(a^{-1}y) = ((p - b + b') \bmod p) \bmod m$$
$$= ((p - (b - b')) \bmod p) \bmod m$$
$$= (p - (b - b')) \bmod m$$
$$= p \bmod m \neq 0.$$

Wir haben gezeigt, dass aus $(a, b) \neq (a', b')$ folgt $h_{a,b} \neq h_{a',b'}$. Deshalb gilt

$$|\mathcal{H}| = |\{(a, b) \in \mathbb{Z}_p^2 \mid a \neq 0\}| = p(p - 1).$$

Seien $x, y \in \mathbb{Z}_p$, $x \neq y$ gegeben. Wir zeigen jetzt, dass

$$|\{(a, b) \mid a, b \in \mathbb{Z}_p, a \neq 0, h_{a,b}(x) = h_{a,b}(y)\}| \leq \frac{p(p - 1)}{m}$$

gilt. Sei

$$\varphi : \mathbb{Z}_p^2 \longrightarrow \mathbb{Z}_p^2, \ (a, b) \longmapsto A \begin{pmatrix} a \\ b \end{pmatrix} \text{ wobei } A = \begin{pmatrix} x & 1 \\ y & 1 \end{pmatrix}$$

Da $x \neq y$ gilt, ist φ bijektiv (siehe [Fischer14, Kap. 2]).

$$\varphi(\{(a, b) \in \mathbb{Z}_p^2 \mid a \neq 0\}) = \{(r, s) \in \mathbb{Z}_p^2 \mid r \neq s\}$$

und

$$\varphi(\{(a, b) \in \mathbb{Z}_p^2 \mid a \neq 0, h_{a,b}(x) = h_{a,b}(y)\})$$
$$= \{(r, s) \in \mathbb{Z}_p^2 \mid r \neq s, r \equiv s \bmod m\}.$$

Deshalb gilt

$$|\{(a, b) \in \mathbb{Z}_p^2 \mid a \neq 0, h_{a,b}(x) = h_{a,b}(y)\}|$$
$$= |\{(r, s) \in \mathbb{Z}_p^2 \mid r \neq s, r \equiv s \bmod m\}|.$$

Da es zu jedem (festen) r höchstens $\lfloor \frac{p}{m} \rfloor$ viele s mit $s \neq r$ und $s \equiv r \bmod m$ gibt (dies sind die Elemente $r + m, \ldots, r + \lfloor \frac{p}{m} \rfloor m$) und da es für r gerade p viele Möglichkeiten gibt, gilt

$$|\{(r,s) \in \mathbb{Z}_p^2 \mid r \neq s, r \equiv s \bmod m\}| \leq \left\lfloor \frac{p}{m} \right\rfloor \cdot p.$$

Aus $\lfloor \frac{p}{m} \rfloor \leq \frac{p-1}{m}$ folgt $\lfloor \frac{p}{m} \rfloor \cdot p \leq \frac{p(p-1)}{m}$. Mit $|\mathcal{H}| = (p-1)p$ folgt die Behauptung. $\square$

Bemerkung. Sei m die Anzahl der gewünschten Tabellenindizes und $n = |X|$. Für eine universelle Familie $\mathcal{H} = \{h_{a,b} \mid a,b \in \mathbb{Z}_p, a \neq 0\}$ ist eine Primzahl $p \geq n$ notwendig. Wir benötigen somit eine Primzahl p mit etwa $\lceil \log_2(n) \rceil$ Bit. Weiter benötigen wir zwei Zufallszahlen a und b mit je etwa $\lceil \log_2(n) \rceil$ Bit. Die Berechnung des Hashwertes erfolgt durch einfache arithmetische Operationen.

Beispiel. Sei $X = \{0, 1, \ldots, 100\,000\}$, $p = 100\,003$ und $m = 10\,000$. p ist eine Primzahl. Wähle $a, b \in \mathbb{Z}_p$, $a \neq 0$, zufällig und verwende $h_{a,b}(x) = ((ax + b) \bmod 100\,003) \bmod 10\,000$ als Hashfunktion.

Satz 3.8. *Sei p eine Primzahl, $a = (a_1, \ldots, a_r) \in \mathbb{Z}_p^r$ und*

$$h_a : \mathbb{Z}_p^r \longrightarrow \mathbb{Z}_p, \quad (x_1, \ldots, x_r) \longmapsto \sum_{i=1}^r a_i x_i \bmod p.$$

Die Familie $\mathcal{H} = \{h_a \mid a \in \mathbb{Z}_p^r\}$ ist universell.

Beweis. Wir zeigen zunächst, dass $|\mathcal{H}| = p^r$ gilt. Aus $h_a(x) = 0$ für alle $x \in \mathbb{Z}_p^r$ folgt $a_i = h_a(e_i) = 0$ für $i = 1, \ldots, r$, d. h. $a = 0$. Sei $h_a(x) = h_{a'}(x)$ für alle $x \in \mathbb{Z}_p^r$. Dann ist $h_a(x) - h_{a'}(x) = h_{a-a'}(x) = 0$ und es folgt $a = a'$. Somit ist $|\mathcal{H}| = |\mathbb{Z}_p^r| = p^r$ gezeigt.

Seien $x, y \in \mathbb{Z}_p^r$, $x \neq y$ gegeben. Zu zeigen ist

$$\frac{1}{|\mathcal{H}|} |\{a \in \mathbb{Z}_p^r \mid h_a(x) = h_a(y)\}| \leq \frac{1}{p}.$$

Aus $h_a(x) = h_a(y)$ folgt $h_a(x - y) = 0$ (und umgekehrt) d. h.

$$(a_1, \ldots, a_r) \begin{pmatrix} x_1 - y_1 \\ \vdots \\ x_r - y_r \end{pmatrix} = 0.$$

Da $x - y \neq 0$ ist, hat die durch $x - y$ definierte lineare Abbildung den Rang 1 und einen Kern der Dimension $r - 1$[2] (siehe [Fischer14, Kap. 2]). Es folgt

$$\left| \{a \in \mathbb{Z}_p^r \mid h_a(x - y) = 0\} \right| = p^{r-1}.$$

Hieraus folgt sofort die Behauptung. $\square$

---

[2] Die Vektoren, die in $\mathbb{Z}_p^r$ auf einem Vektor $\neq 0$ senkrecht stehen, bilden einen Untervektorraum der Dimension $r - 1$.

Bemerkung. Sei m die Anzahl der gewünschten Tabellenindizes. Für eine universelle Familie $\mathcal{H} = \{h_a \mid a \in \mathbb{Z}_p^r\}$ ist eine Primzahl $p \geq m$ notwendig. Wir benötigen somit eine Primzahl p mit etwa $\lceil \log_2(m) \rceil$ Bit. Weiter benötigen wir r Zufallszahlen $a_1, \ldots, a_r$ mit je etwa $\lceil \log_2(m) \rceil$ Bit.

Um h_a auf $x \in X$ anwenden zu können, entwickeln wir x im p–adischen Zahlensystem (Satz B.2). r ist so groß zu wählen, dass $x \leq p^r - 1$ für alle $x \in X$ gilt (Lemma B.3). Die Berechnung des Hashwertes erfolgt durch einfache arithmetische Operationen in $\mathbb{Z}_p$.

Verfahren bei Verwendung universeller Familien. Wenn wir eine universellen Familie $\mathcal{H}$ von Hashfunktionen verwenden, machen wir das Hashverfahren zu einem probabilistischen Verfahren. Dies erfolgt durch die zufällige Wahl der Hashfunktion. Die zufällige Wahl der Hashfunktion h macht die Anzahl $n_{h(y)}$ der Elemente aus S, die h auf y abbildet, zu einer Zufallsvariablen. Ihr Erwartungswert ist ähnlich wie bei einer Zufallsfunktion $\frac{|S|}{m}$ (Satz 3.16 und Satz 3.20).

Wir implementieren das Verfahren so, dass wir die Hashfunktion als Parameter übergeben.

1. Bei der Initialisierung des Verfahrens wählen wir $h \in \mathcal{H}$ zufällig.
2. Diese Funktion h verwenden wir dann für die gesamte Laufzeit des Verfahrens, d. h. alle Einfüge- und Suchoperationen führen wir mit dieser Hashfunktion h durch.

3.3 Kollisionsauflösung

Der Einsatz einer Hashfunktion, die mögliche Schlüssel eins zu eins auf Tabellenindizes abbildet, ist nicht praktikabel oder sogar unmöglich, wenn es viel mehr mögliche als tatsächlich gespeicherte Schlüssel gibt. Hashfunktionen sind nicht injektiv. Verschiedene Schlüssel können auf den gleichen Hashwert abgebildet werden. Wir sprechen dann von einer Kollision (siehe Definition 3.1). Es gibt effiziente Verfahren, um das durch Kollisionen verursachte Problem zu lösen. Wir diskutieren die Methoden Verkettungen und offene Adressierung.

3.3.1 Kollisionsauflösung durch Verkettungen

Die Verfahren zur Kollisionsauflösung durch Verkettungen organisieren die Schlüssel, die auf denselben Hashwert abgebildet werden, in einer linear verketteten Liste. Beim Suchen eines Schlüssels durchsuchen wir die verkettete Liste.

Verkettungen mit Überlaufbereich. Wir teilen die Hashtabelle in einen *Primärbereich* und einen *Überlaufbereich* auf. Die Hashfunktion berechnet Indizes der Zellen im Primärbereich. Die Zellen im Überlaufbereich speichern

Schlüssel, die im Primärbereich aufgrund von Kollisionen keinen Platz finden, siehe Figur 3.3.

Zur Verwaltung der Schlüssel im Überlaufbereich erweitern wir die Einträge der Hashtabelle um einen Index für Verkettungen und organisieren alle Schlüssel mit gleichem Hashwert in einer verketteten Liste.

Für die Zellen im Überlaufbereich ist eine Speicherverwaltung zu implementieren. Dies kann mithilfe einer verketteten Liste der freien Zellen erfolgen.

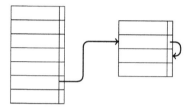

Fig. 3.3: Primär- und Überlaufbereich.

Separate Verkettungen. Alle Schlüssel speichern wir in den Knoten der verketteten Listen. Die Hashtabelle enthält Anker für die verketteten Listen, siehe Figur 3.4. Die Hashfunktion bildet Schlüssel auf Indizes der Hashtabelle ab. Die Knotenelemente für die verketteten Listen werden nach Bedarf belegt und freigegeben.

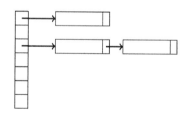

Fig. 3.4: Separate Verkettung.

Üblicherweise unterstützt dies die zur Implementierung verwendete Programmiersprache. Höhere Programmiersprachen bieten eine dynamische Speicherverwaltung auf dem sogenannten *Heapspeicher*.[3] Der Vorteil zu Verkettungen mit Überlaufbereich liegt daher darin, dass keine Freispeicherverwaltung zu implementieren ist. Da die Speicherverwaltung auf dem Heapspeicher Blöcke variabler Länge verwaltet, ist sie im Vergleich zu einer auf die obige Situation angepasste Speicherverwaltung weniger effizient.

---

[3] Das Betriebssystem stellt für ein laufendes Programm einen zusammenhängenden Speicherbereich, den Heapspeicher, bereit. Ein Programm kann Speicherblöcke aus dem Heapspeicher zur Laufzeit belegen und freigeben.

Bei der Initialisierung des Hashverfahrens sollte bekannt sein, wie viele Datensätze zu erwarten sind. Dann stellt sich die Frage, wie die Hashtabelle und eventuell der Überlaufbereich zu dimensionieren sind. Das Verfahren separate Verkettungen ist nur durch den zur Verfügung stehenden Heapspeicher beschränkt. Wenn wir die Hashtabelle jedoch zu klein wählen, ergeben sich lange verkettete Listen. Dies bedingt dann schlechtes Laufzeitverhalten. Das Problem der Dimensionierung behandeln wir im Abschnitt 3.4.1.

3.3.2 Offene Adressierung

Bei der *offenen Adressierung* verwenden wir eine Hashtabelle T mit m Zellen. Die Einträge sind im Gegensatz zu Verkettungen ohne Zusatzinformation. Im Falle einer Kollision suchen wir den Ersatzplatz innerhalb der Tabelle T. Der Ersatzplatz hängt auch von der augenblicklichen Belegung der Tabelle ab. Die Adresse steht somit nicht von vornherein fest. Deshalb bezeichnen wir dieses Verfahren als offene Adressierung.

Definition 3.9.

1. Unter einer *Sondierfolge* verstehen wir eine Folge von Indizes $i_1, i_2, i_3, \ldots$ der Hashtabelle.
2. Unter einer *Sondierfolge für $s \in X$* verstehen wir eine s eindeutig zugeordnete Sondierfolge, d. h. eine Abbildung $i : X \longrightarrow \{1, \ldots, m\}^{\mathbb{N}}$ definiert eine Sondierfolge $i(s)$ für $s \in X$.

Bemerkungen:

1. Jene Zellen der Hashtabelle, die $s \in X$ aufnehmen können, sind durch die Sondierfolge für s festgelegt. Innerhalb dieser Folge ist die Adresse offen.
2. Da die Tabelle endlich ist, kommen auch nur endliche Sondierfolgen zur Anwendung.

Bevor wir auf verschiedene Methoden zur Berechnung von Sondierfolgen eingehen, geben wir an, wie wir diese Sondierfolgen verwenden. Wir beschreiben, wie die Algorithmen zum Einfügen, Suchen und Löschen im Prinzip arbeiten.

Algorithmen zum Einfügen, Suchen und Löschen.

1. Einfügen: Inspiziere die Zellen mit den Indizes $i_1, i_2, i_3 \ldots$, die durch die Sondierfolge für s vorgegeben sind, und verwende die erste „leere Zelle" zur Speicherung von s. Ist der Index dieser Zelle i_k, so heißt $i_1, i_2, \ldots, i_k$ die für s verwendete Sondierfolge.
2. Suchen: Sei $s \in X, i_1, i_2, \ldots$ die Sondierfolge für s. Wir inspiziere die Zellen mit den Indizes $i_1, i_2, \ldots$ solange, bis wir s finden oder $s \notin T$ entscheiden können.
3. Löschen: Suche s. Falls s gespeichert ist, kennzeichne die Zelle, die s enthält, als gelöscht.

Bemerkungen:

1. Wir können gelöschte Zellen wieder belegen. Die Indizes gelöschter Zellen treten aber unter Umständen in Sondierfolgen anderer Elemente auf. Dies kann bei Zellen, die noch nie belegt waren, nicht eintreten. Deshalb müssen wir zwischen gelöschten und nie belegten Zellen unterscheiden. Gelöschte Zellen verkürzen unter Umständen die Sondierfolgen für andere Einträge nicht.

2. Wir können gelöschte Zellen zu nie belegten Zellen machen, falls der Index der Zelle in keiner verwendeten Sondierfolge der Einträge der Tabelle auftritt.

Wir behandeln verschiedene Typen von Sondierfolgen. Alle Sondierfolgen sollen die folgenden Anforderungen erfüllen:

1. Zur Berechnung der Sondierfolgen soll, wie bei den Hashfunktionen, ein effizienter Algorithmus zur Verfügung stehen.

2. Die Sondierfolge soll alle freien Plätze der Tabelle enthalten.

Definition 3.10. Sei $h : X \longrightarrow \{0, \ldots, m-1\}$ eine Hashfunktion. *Lineares Sondieren* verwendet die Sondierfolge

$$i(s)_j = (h(s) + j) \bmod m, j = 0, \ldots, m - 1.$$

Die Sondierfolge besteht aus den Indizes $h(s), (h(s) + 1) \bmod m, \ldots, (h(s) + m - 1) \bmod m$, wobei m gleich der Länge der Hashtabelle ist. Die Sondierfolge erfüllt die Anforderungen von oben. Beim Löschen setzten wir eine Zelle auf nie belegt, falls die nachfolgende Zelle frei ist. Es tritt aber das Problem der Clusterbildung ein, das wir mit einem Beispiel erläutern.

Beispiel. Figur 3.5 zeigt Clusterbildung bei linearem Sondieren. Die belegten Zellen sind grau hinterlegt.

$$0 \quad 1 \quad 2 \quad 3 \quad 4 \quad 5 \quad 6 \quad 7 \quad 8 \quad 9 \quad 10 \quad 11 \quad 12 \quad 13 \quad 14 \quad 15$$

Fig. 3.5: Clusterbildung.

Sei p_i die Wahrscheinlichkeit für die Belegung von Zelle i. Wir beobachten:

1. Es gilt $p_{14} = 5p_9$, falls alle Werte gleich wahrscheinlich sind.
2. Wird Zelle 4 belegt, so vereinigen sich zwei Cluster.

Eine weitere Methode zur Berechnung von Sondierfolgen ist das quadratische Sondieren.

Definition 3.11. Sei $h : X \longrightarrow \{0, \ldots, m-1\}$ eine Hashfunktion. *Quadratisches Sondieren* verwendet die Sondierfolge

$$i(s)_{\pm j} = (h(s) \pm j^2) \bmod m, j = 0, \ldots, m - 1,$$

d. h. die Folge $h(s), (h(s) + 1) \bmod m, (h(s) - 1) \bmod m, \ldots \ldots$

Beim quadratischen Sondieren betrachten wir nur Indizes, deren Abstand vom Hashwert ein Quadrat modulo m ist.

Satz 3.12. *Sei $m = p$ eine Primzahl und es gelte $p \equiv 3 \bmod 4$. Beim quadratischen Sondieren modulo p treten in jeder Sondierfolge alle Indizes der Hashtabelle auf.*

Beweis. Nach Corollar B.15 gilt $\mathbb{Z}_p = \{\pm[i^2] \mid i = 0, \ldots, (p-1)/2\}$. Die bei der Berechnung einer Sondierfolge angewendete Translation um $c = h(s)$ definiert eine bijektive Abbildung auf $\mathbb{Z}_p$. Somit kommen bei quadratischem Sondieren in einer Sondierfolge alle Tabellenindizes vor. $\qquad\square$

Das Problem der primären Clusterbildung bei linearem Sondieren tritt bei quadratischen Sondieren nicht mehr auf. Die Clusterbildung wird allerdings nicht vollständig unterbunden, denn die Sondierfolge hängt deterministisch vom Hashwert ab. Der folgenden Methode des Doppelhashing liegt das Modell zugrunde, dass nicht nur der Hashwert, sondern auch die Schrittweite der Sondierfolge zufällig gewählt ist.

Definition 3.13. Gegeben seien die Hashfunktionen $h : X \longrightarrow \{0, \ldots, m-1\}$ und $h^* : X \longrightarrow \{1, \ldots, m-1\}$. *Doppelhashing* verwendet die Sondierfolge

$$i(s)_j = (h(s) + jh^*(s)) \bmod m, \, j = 0, \ldots, m-1,$$

d. h. die Folge $h(s), (h(s) + h^*(s)) \bmod m, (h(s) + 2h^*(s)) \bmod m, \ldots$.

Bemerkungen:

1. Die Formel ist der des linearen Sondierens ähnlich. Beim Doppelhashing sondieren wir ausgehend vom Hashwert $h(s)$ in der Schrittweite $h^*(s)$. Die Schrittweite ist nicht konstant. Die Hashfunktion h^* bestimmt die Schrittweite für jeden Schlüssel s.
2. Es wird empfohlen die Hashfunktionen h und h^* unabhängig zu wählen (siehe Bemerkung nach Satz 3.23). Bei universellen Familien von Hashfunktionen bedeutet dies, dass wir die Hashfunktionen h und h^* zufällig und unabhängig voneinander wählen. Für $x_1 \neq x_2 \in X$ folgt dann

$$\mathrm{p}(h(x_1) = h(x_2) \text{ und } h^*(x_1) = h^*(x_2)) \leq \frac{1}{m^2}.$$

Dies bedeutet, dass für $x_1 \neq x_2$ die Wahrscheinlichkeit, dass die Hashwerte und die Schrittweite gleich sind, kleiner oder gleich $1/m^2$ ist.
3. Die obige Sondierfolge ist eine lineare Kongruenzenfolge (Abschnitt 1.6.4): $x_{n+1} = (ax_n + c) \bmod m$, $a = 1$, $c = h^*(s)$ und $x_0 = h(s)$. Lineare Kongruenzenfolgen benutzen wir zur Erzeugung von Pseudozufallszahlen (Abschnitt 1.6.4).

Satz 3.14. *Sind $h^*(s)$ und m teilerfremd, so gilt*

$$|\{(h(s) + jh^*(s)) \bmod m \mid j = 0, \ldots, m-1\}| = m.$$

In dieser Situation kommen in einer Sondierfolge alle Tabellenindizes vor.

Beweis. Seien $j, k \in \{0, \ldots, m-1\}$, $j > k$. Aus $(h(s) + jh^*(s)) \bmod m = (h(s)+kh^*(s)) \bmod m$ folgt, dass m die Zahl $(j-k)h^*(s)$ teilt. Da m und $h^*(s)$ teilerfremd sind, teilt m die Zahl $j-k$. Dies ist ein Widerspruch, da $j-k < m$ ist. Somit sind die Zahlen $(h(s) + jh^*(s)) \bmod m$ paarweise verschieden. □

Bemerkung. Die Voraussetzung des Satzes ist für eine Primzahl m oder für $m = 2^k$ und ein h^* mit ungeraden Zahlen als Wertebereich erfüllt. Dann kommen in einer Sondierfolge alle Tabellenindizes vor.

Das Bertrandsche[4] Postulat besagt, dass es für jedes $n \in \mathbb{N}$ zwischen n und $2n$ eine Primzahl gibt [RemUll08]. Es findet sich somit stets eine Primzahl passender Größe.

Bemerkung. Zur Dimensionierung der Hashverfahren sind Annahmen über die Anzahl der zu speichernden Schlüssel notwendig. Unterschreitet die geschätzte Anzahl stark die tatsächlich benötigte Anzahl, so entstehen Performance-Probleme. Die gewünschte Eigenschaft der Hashverfahren, die Operationen Einfügen, Suchen und Löschen mit annähernd konstantem Zeitaufwand $O(1)$ bereitzustellen, ist dann nicht mehr erfüllt. Bei Verkettungen mit Überlaufbereich oder der offenen Adressierung versagen die Verfahren, wenn die Anzahl der Schlüssel die geplante Kapazität übersteigt. Praktisch löst man dieses Problem, indem man bei Erreichen eines bestimmten Füllgrads den Inhalt der bestehenden Hashtabelle (inkl. der Elemente in den separaten Ketten) in eine neue größere Hashtabelle umspeichert und die bisherige Tabelle löscht. Diese Vorgehensweise wird oft auch als *Rehashing* bezeichnet.

3.4 Analyse der Hashverfahren

Wir interessieren uns für die Frage, wie viele Vergleiche im Mittel notwendig sind, um ein gespeichertes Objekt zu finden, und wie viele Vergleiche notwendig sind, um zu entscheiden, dass ein Objekt nicht gespeichert ist. Die beiden Verfahren der Kollisionsauflösung erfordern eine getrennte Betrachtung.

3.4.1 Verkettungen

Bei den Verkettungen interessiert uns neben der Frage nach der Anzahl der Vergleiche bei erfolgreicher oder bei erfolgloser Suche auch die Anzahl der zu erwartenden Kollisionen. Diese Anzahl muss bekannt sein, um den Überlaufbereich adäquat dimensionieren zu können.

Wir betrachten zunächst den Fall, dass es sich bei der Hashfunktion um eine Zufallsfunktion handelt. Das Zufallsexperiment besteht darin, n Schlüssel mit einer Zufallsfunktion in eine leere Hashtabelle einzufügen. Sei X die Menge der möglichen Schlüssel. Die Hashfunktion

---

[4] Joseph Louis François Bertrand (1822 – 1900) war ein französischer Mathematiker.

$$h : X \longrightarrow \{0, \ldots, m-1\}$$

sei eine Zufallsfunktion, d. h. wir wählen die Werte für jedes Argument in $\{0, \ldots, m-1\}$ zufällig und gleichverteilt (Abschnitt 3.2.2).

Zufallsfunktionen sind nicht implementierbar. Universelle Familien von Hashfunktionen sind eine gute Approximation von Zufallsfunktionen. Sie verhalten sich bezüglich Kollisionen wie Zufallsfunktionen (Abschnitt 3.2.2). Mit $S = \{s_1, \ldots, s_n\} \subset X$ bezeichnen wir die Menge der tatsächlich vorhandenen Schlüssel.

Satz 3.15. *Sei* $h : X \longrightarrow \{0, \ldots, m-1\}$ *eine Zufallsfunktion und sei*

$$n_j = |\{s \in S \mid h(s) = j\}|, \ j = 0, \ldots, m-1.$$

Die Zufallsvariable n_j *kann die Werte* $0, \ldots, n$ *annehmen. Für die Wahrscheinlichkeit* p_i, *die angibt, dass* i *Schlüssel auf einen Wert* j *abgebildet werden, gilt:*

$$p_i := p_{ij} := p(n_j = i) = \binom{n}{i} \left(\frac{1}{m}\right)^i \left(1 - \frac{1}{m}\right)^{n-i}.$$

Die Zufallsvariable n_j *ist binomialverteilt mit Parameter* $(n, p = \frac{1}{m})$ *(Definition A.15).*

Beweis. Unter der Annahme, dass h eine Zufallsfunktion ist, ist das Einfügen von n Schlüsseln die unabhängige Wiederholung des Experiments „Einfügen eines Schlüssels". Es handelt sich um ein Bernoulli-Experiment und die Wahrscheinlichkeit dafür, dass der Index j genau i–mal auftritt, ist durch die Binomialverteilung gegeben. □

Satz 3.16. *Die Zufallsvariable* n_j *besitzt den Erwartungswert* $\mathrm{E}(n_j) = \frac{n}{m}$.

Beweis. Die Behauptung folgt aus Satz A.16. □

Bemerkung. Für die Anzahl w_i der Werte mit i Urbildern gilt:

$$w_i = |\{j \mid n_j = i\}| = \sum_{j=0}^{m-1} \delta_{n_j i}, i = 0, \ldots, n,$$

wobei $\delta_{n_j i} = 1^5$ genau dann, wenn $n_j = i$ gilt, sonst ist $\delta_{n_j i} = 0$. Werden auf einen Wert i Schlüssel abgebildet, so führen $i-1$ viele der Schlüssel zu Kollisionen. Für die Anzahl *kol* der Kollisionen gilt

$$kol = \sum_{i=2}^{n} w_i (i-1)$$

mit den Zufallsvariablen w_i und *kol*.

---

[5] Das Zeichen δ_{ij} wird mit Kronecker-Delta bezeichnet. Leopold Kronecker (1823 – 1891) war ein deutscher Mathematiker.

Satz 3.17. *Sei H eine Hashtabelle mit m Zellen im Primärbereich und n gespeicherten Elementen. Die Anzahl der Werte mit i Urbildern beträgt im Mittel mp_i. Die Anzahl der stattgefundenen Kollisionen beträgt im Mittel $n - m(1 - p_0)$.*

Beweis.

$$
\mathrm{E}(w_i) = \mathrm{E}\left(\sum_{j=0}^{m-1} \delta_{n_j i}\right) = \sum_{j=0}^{m-1} \mathrm{E}(\delta_{n_j i}) = \sum_{j=0}^{m-1} \mathrm{p}(\delta_{n_j i} = 1)
$$

$$
= \sum_{j=0}^{m-1} \mathrm{p}(n_j = i) = \sum_{j=0}^{m-1} p_i = mp_i.
$$

$$
\mathrm{E}(kol) = \mathrm{E}\left(\sum_{i=2}^{n} w_i(i-1)\right) = \sum_{i=2}^{n}(i-1)\mathrm{E}(w_i)
$$

$$
= \sum_{i=2}^{n}(i-1)mp_i = m\sum_{i=2}^{n}(i-1)p_i = m\left(\sum_{i=2}^{n} ip_i - \sum_{i=2}^{n} p_i\right)
$$

$$
= m\left(\frac{n}{m} - p_1 - (1 - (p_0 + p_1))\right) = n - m\left(1 - p_0\right).
$$

Wir haben $\sum_{i=1}^{n} ip_i = \frac{n}{m}$ verwendet. Dies folgt aus Satz 3.16.   □

Definition 3.18. Befinden sich in einer Hashtabelle H mit m Zellen im Primärbereich n Elemente, so heißt $B := \frac{n}{m}$ *Belegungsfaktor* von H.

Wir approximieren die Binomialverteilung durch die Poisson-Verteilung (Seite 328) $p_i \approx r_i = \frac{B^i}{i!}e^{-B}$ und berechnen den Prozentsatz $\mathrm{E}(w_i)/m \cdot 100 = p_i \cdot 100$ der durch i Schlüssel belegten Werte für $i = 0, 1, 2$ und den Prozentsatz $\frac{\mathrm{E}(Kol)}{n} \cdot 100$ der Schlüssel, die Kollisionen verursachen für $B = 0.1, 0.5, 1, 1.5$ und 3.

	$B = 0.1$	$B = 0.5$	$B = 1$	$B = 1.5$	$B = 3$
$p_0 \cdot 100$	90.5	60.7	36.8	22.3	5.0
$p_1 \cdot 100$	9.0	30.3	36.8	33.5	14.9
$p_2 \cdot 100$	0.5	7.6	18.4	25.1	22.4
$\frac{\mathrm{E}(Kol)}{n} \cdot 100$	4.8	21.3	36.8	48.2	68.3

Wir können diese Tabelle benutzen, um Primär- und Überlaufbereich zu dimensionieren. So erwarten wir bei einem Belegungsfaktor 1, d. h. die Anzahl der Schlüssel stimmt mit der Länge der Hashtabelle überein, dass 36,8 % der Tabellenplätze frei bleiben und dass somit auch 36,8 % der Schlüssel zu Kollisionen führen. Entsprechend ist der Überlaufbereich zu dimensionieren. Der Belegungsfaktor beeinflusst die Performance des Verfahrens und umgekehrt. Genaue Auskunft darüber gibt

Satz 3.19. *Sei $h : X \longrightarrow \{0, \ldots, m-1\}$ eine Zufallsfunktion, $S = \{s_1, \ldots, s_n\}$ die Menge der gespeicherten Schlüssel und $B = \frac{n}{m}$ der Belegungsfaktor.*

1. *Die Anzahl der Vergleiche bei erfolgreicher Suche eines Schlüssels beträgt im Mittel $1 + \frac{1}{2}B$.*
2. *Die Anzahl der Vergleiche bei erfolgloser Suche eines Schlüssels beträgt im Mittel $B + e^{-B}$.*

Beweis. 1. Die Anzahl der Vergleiche, falls wir alle Schlüssel einer Kette der Länge i suchen, ist $i(i+1)/2$. Da es w_i viele Ketten der Länge i gibt, ist die Anzahl der Vergleiche, falls wir alle Schlüssel suchen, gleich $\sum_{i=1}^{n} \frac{i(i+1)}{2} w_i$. Wir erhalten für die Anzahl der Vergleiche pro Schlüssel

$$V = \frac{1}{n} \sum_{i=1}^{n} \frac{i(i+1)}{2} w_i.$$

Für den Erwartungswert $\mathrm{E}(V)$ gilt

$$\mathrm{E}(V) = \frac{1}{n} \sum_{i=1}^{n} \frac{i(i+1)}{2} \mathrm{E}(w_i) = \frac{1}{n} \sum_{i=1}^{n} \frac{i(i+1)}{2} m p_i = \frac{1}{2} \frac{m}{n} \left(\frac{(n-1)n}{m^2} + 2 \frac{n}{m} \right)$$

$$= \frac{1}{2} \left(\frac{n-1}{m} + 2 \right) = 1 + \frac{n-1}{2m} \approx 1 + \frac{1}{2} B.$$

Dabei verwenden wir

$$\sum_{i=1}^{n} i(i+1) p_i = \sum_{i=1}^{n} i^2 p_i + \sum_{i=1}^{n} i p_i = \frac{n(n-1)}{m^2} + 2 \frac{n}{m}.$$

Das letzte „$=$" ergibt sich mit Satz A.16:

$$\sum_{i=1}^{n} i p_i = \frac{n}{m} \quad \text{und} \quad \sum_{i=1}^{n} i^2 p_i = \frac{n(n-1)}{m^2} + \frac{n}{m}.$$

2. Bei erfolgloser Suche müssen wir die verkettete Liste ganz durchsuchen. Die verkettete Liste hat die Länge n_j. Also sind n_j Vergleiche notwendig, falls $n_j > 0$ ist. Für $n_j = 0$ ist ein Zugriff notwendig. Für die Anzahl V der Vergleiche gilt $V = \delta_{n_j 0} + n_j$.

$$\mathrm{E}(V) = \mathrm{E}(\delta_{n_j 0}) + \mathrm{E}(n_j) = p_0 + \frac{n}{m} = e^{-B} + B.$$

Die Behauptung des Satzes ist somit gezeigt. $\square$

Statt einer Zufallsfunktion h betrachten wir jetzt ein zufällig gewähltes $h \in \mathcal{H}$, wobei $\mathcal{H}$ eine universelle Familie von Hashfunktionen ist. Wir erhalten analog zu Satz 3.19 Aussagen für universelle Familien von Hashfunktionen (Corollar 3.21). Sei

$$\delta_h(x, y) = \begin{cases} 1, & \text{falls } h(x) = h(y), x \neq y, \\ 0 & \text{sonst.} \end{cases}$$

δ_h ist die Indikatorfunktion für Kollisionen. Die Anzahl der $s \in S \setminus \{x\}$ mit $h(s) = h(x)$ berechnet sich

$$\delta_h(x, S) = \sum_{s \in S \setminus \{x\}} \delta_h(x, s).$$

Bemerkung. Sei $n_{h(x)} = |\{s \in S \mid h(s) = h(x)\}|$ die Anzahl der Schlüssel $s \in S$ mit $h(s) = h(x)$. Es gilt

$$\delta_h(x, S) = \begin{cases} n_{h(x)}, & \text{falls } x \notin S, \\ n_{h(x)} - 1, & \text{falls } x \in S. \end{cases}$$

Wir betrachten $\delta_h(x, S)$ als Zufallsvariable in Abhängigkeit von h.

Satz 3.20. *Sei* $\mathcal{H} = \{h : X \longrightarrow \{0, \dots, m-1\}\}$ *eine universelle Familie von Hashfunktionen,* $S = \{s_1, \dots, s_n\}$ *die Menge der gespeicherten Schlüssel und* $x \in X$. *Dann ist der Erwartungswert (bezüglich der gleichverteilten zufälligen Wahl von* $h \in \mathcal{H}$)

$$\mathrm{E}(\delta_h(x, S)) \leq \begin{cases} \frac{n}{m}, & \text{falls } x \notin S, \\ \frac{n-1}{m} & \text{sonst.} \end{cases}$$

In allen Fällen gilt $\mathrm{E}(\delta_h(x, S)) \leq \frac{n}{m}$.

Beweis.

$$\mathrm{E}(\delta_h(x, S)) = \sum_{h \in \mathcal{H}} \frac{1}{|\mathcal{H}|} \delta_h(x, S) = \sum_{h \in \mathcal{H}} \frac{1}{|\mathcal{H}|} \sum_{s \in S \setminus \{x\}} \delta_h(x, s)$$

$$= \frac{1}{|\mathcal{H}|} \sum_{s \in S \setminus \{x\}} \sum_{h \in \mathcal{H}} \delta_h(x, s) = \sum_{s \in S \setminus \{x\}} \frac{|\{h \in \mathcal{H} \mid h(s) = h(x)\}|}{|\mathcal{H}|}$$

$$\leq \frac{|S \setminus \{x\}|}{m} = \begin{cases} \frac{n}{m}, & \text{falls } x \notin S, \\ \frac{n-1}{m} & \text{sonst.} \end{cases}$$

In die letzte Abschätzung geht ein, dass die Kollisionswahrscheinlichkeit der Familie $\mathcal{H}$ kleiner oder gleich $1/m$ ist. $\qquad\square$

Bemerkungen:

1. Sei $x \in S$. Für den Erwartungswert von $n_{h(x)}$ gilt die Abschätzung

$$\mathrm{E}(n_{h(x)}) \leq (n-1)/m + 1 \approx n/m + 1.$$

Wir erwarten, dass ein zufällig gewähltes $h \in \mathcal{H}$ die Schlüssel gleichmäßig auf die Tabellenindizes verteilt. Dies ist unabhängig von der Verteilung auf X, nach der wir die Schlüssel wählen.

2. Der Aufwand für eine Einfügeoperation (oder Suchoperation) für ein Element mit Hashwert $h(x)$ ist proportional zu $n_{h(x)}$. Die Abschätzung $E(n_{h(x)}) \leq \frac{n}{m}$ für eine Einfügeoperation und $E(n_{h(x)}) \leq \frac{n-1}{m} + 1$ für erfolgreiche Suche hängt nicht von $h(x)$ ab.

3. Für die Wahrscheinlichkeit, dass $\delta_h(x, S)$ Werte oberhalb des Erwartungswertes annimmt, folgt mit der Ungleichung von Markov (Satz A.10) für jede reelle Zahl $r > 0$

$$p(\delta_h(x, S) \geq r E(\delta_h(x, S))) \leq \frac{1}{r}.$$

Dies bedeutet $|\{h \in \mathcal{H} \mid \delta_h(x, S) \geq r E(\delta_h(x, S))\}| \leq \frac{|\mathcal{H}|}{r}$.

Sei $\tilde{H} = \{h \in \mathcal{H} \mid \delta_h(x, S) \geq rn/m\}$. Dann gilt $|\tilde{H}| \leq \frac{|\mathcal{H}|}{r}$.

Corollar 3.21. *Sei* $\mathcal{H} = \{h : X \longrightarrow \{0, \ldots, m-1\}\}$ *eine universelle Familie von Hashfunktionen,* $S = \{s_1, \ldots, s_n\}$ *die Menge der gespeicherten Schlüssel und* $B = \frac{n}{m}$ *der Belegungsfaktor. Dann gilt*

1. *Der Erwartungswert der Anzahl der Vergleiche bei erfolgreicher Suche eines Schlüssels ist* $< 1 + \frac{1}{2}B$.
2. *Der Erwartungswert der Anzahl der Vergleiche bei erfolgloser Suche eines Schlüssels ist* $\leq 1 + B$.

Der Erwartungswert bezieht sich dabei auf die zufällige Wahl von h.

Beweis. 1. Sei $h \in \mathcal{H}$ gewählt, $x \in S$ und $j = h(x)$. Die Anzahl der Vergleiche, falls wir alle Schlüssel mit Hashwert j suchen, ist gleich $(n_j(n_j + 1))/2$. Für die durchschnittliche Anzahl der Vergleiche pro Schlüssel ergibt sich $V = (n_j + 1)/2$. Aus der Linearität des Erwartungswertes und Satz 3.20 folgt

$$E(V) = E\left(\frac{1}{2}(n_j + 1)\right) \leq \frac{1}{2}\left(2 + \frac{n-1}{m}\right) < 1 + \frac{1}{2}B.$$

2. Sei $x \notin S$. Sei V die Anzahl der Vergleiche bei (erfolgloser) Suche von x. Dann ist ein Vergleich notwendig, falls sich kein Schlüssel mit Hashwert j in S befindet, und n_j viele sonst. Deshalb gilt $V = \delta_{n_j 0} + n_j$. Mit Satz 3.20 folgt

$$E(V) = E(\delta_{n_j 0}) + E(n_j) = p(n_j = 0) + E(n_j) \leq 1 + B.$$

Dies zeigt die Behauptung. $\square$

3.4.2 Offene Adressierung

Modell. Eine Hashtabelle besitze m Zellen und n Zellen seien belegt, wobei $n < m$ gilt. Die Wahl einer Sondierfolge $i_1, \ldots, i_k$ der Länge k entspricht der Wahl von $k - 1$ belegten Plätzen und der Wahl eines freien Platzes. Dabei nehmen wir an, dass alle Sondierfolgen der Länge k gleich wahrscheinlich sind. Dies ist die Annahme *uniformes Sondieren (uniform hashing)*.

Mit sl_n bezeichnen wir die Länge einer Sondierfolge, um den $(n+1)$-ten Schlüssel einzufügen. Die Zufallsvariable sl_n zählt, wie oft wir das Experiment „Wahl eines Platzes" durchführen müssen, bis wir den ersten freien Platz erreichen. Die Entnahme der Stichprobe erfolgt dabei ohne Zurücklegen des gezogenen Elements.

Satz 3.22. *Für die Wahrscheinlichkeit p_k, die angibt, dass sl_n die Länge k hat, gilt:*

$$p_k = \mathrm{p}(sl_n = k) = \frac{\binom{n}{k-1}}{\binom{m}{k-1}} \frac{m-n}{m-(k-1)}, \; k = 1, \dots, n+1.$$

Beweis. Die Zufallsvariable sl_n ist negativ hypergeometrisch verteilt mit den Parametern $N = m, M = m - n$ und der Schranke $r = 1$ (Definition A.25 und Erläuterung danach). M ist die Anzahl der freien Zellen. sl_n zählt die Wiederholungen, bis wir zum ersten Mal eine freie Zelle sondieren.   □

Satz 3.23 *(uniformes Sondieren).*
In einer Hashtabelle seien n von m Zellen belegt, wobei $n < m$ gilt. $B = \frac{n}{m}$ sei der Belegungsfaktor.

1. *Die mittlere Länge einer Sondierfolge ist beim Suchen eines Elementes gleich $\frac{1}{B} \ln\left(\frac{1}{1-B}\right)$.*
2. *Die mittlere Länge einer Sondierfolge ist beim Einfügen des $n+1$-ten Elementes gleich $\frac{1}{1-B}$.*

Beweis. Zu Punkt 2: Der Erwartungswert der negativen hypergeometrischen Verteilung berechnet sich mit den Bezeichnungen $N = m$ und $M = m - n$ von Satz A.26

$$\mathrm{E}(sl_n) = \frac{N+1}{M+1} = \frac{m+1}{m-n+1} = \frac{\frac{m+1}{m}}{\frac{m+1}{m} - \frac{n}{m}} \approx \frac{1}{1-B}.$$

Zu Punkt 1: In der Tabelle seien n Elemente. $sl_0, \dots, sl_{n-1}$ seien die Längen der Sondierfolgen für die n Elemente. Die mittlere Länge sl einer Sondierfolge beim Suchen ist $sl = \frac{1}{n} \sum_{j=0}^{n-1} sl_j$.

$$\begin{aligned}
\mathrm{E}(sl) &= \frac{1}{n} \sum_{j=0}^{n-1} \mathrm{E}(sl_j) = \frac{1}{n} \sum_{j=0}^{n-1} \frac{m+1}{m-j+1} \\
&= \frac{m+1}{n}(\mathrm{H}_{m+1} - \mathrm{H}_{m-n+1}) \\
&\approx \frac{m+1}{n}(\ln(m+1) - \ln(m-n+1)) \\
&= \frac{m+1}{n} \ln\left(\frac{m+1}{m+1-n}\right) \approx \frac{1}{B} \ln\left(\frac{1}{1-B}\right).
\end{aligned}$$

Dabei wurde $\mathrm{H}_n = \sum_{k=1}^{n} \frac{1}{k}$ durch $\ln(n)$ approximiert (siehe B.5).   □

Bemerkung. Werden beim Doppelhashing die Hashfunktionen h und h^* aus einer Familie universeller Hashfunktionen unabhängig gewählt, so sind die mittleren Längen der Sondierfolgen ähnlich wie bei uniform hashing. Die Analyse ist jedoch viel komplizierter. In [SieSch95] wird gezeigt, dass die mittlere Länge einer Sondierfolge beim Einfügen eines Elements gleich $\frac{1}{1-B} + O(\frac{1}{m})$ ist.

Satz 3.24 *(lineares Sondieren).*

In einer Hashtabelle seien n von m Zellen belegt. B sei der Belegungsfaktor.

1. *Die mittlere Länge einer Sondierfolge ist beim Suchen eines Elementes gleich $\frac{1}{2}\left(1 + \frac{1}{1-B}\right)$.*
2. *Die mittlere Länge einer Sondierfolge ist beim Einfügen eines Elementes gleich $\frac{1}{2}\left(1 + \left(\frac{1}{1-B}\right)^2\right)$.*

Beweis. Siehe [Knuth98a].   □

Wir vergleichen jetzt die Verfahren uniform hashing (UH), Doppelhashing mit einer universellen Familie (DU), Verkettungen mit einer universellen Familie (VU) und Verkettungen mit einer Zufallsfunktion (VZ).

Figur 3.6 zeigt die Anzahl der Vergleiche bei erfolgreicher Suche in Abhängigkeit vom Belegungsfaktor B.

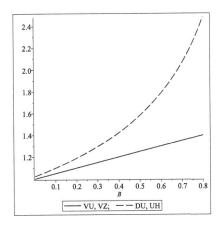

Fig. 3.6: Vergleich – erfolgreiche Suche.

Figur 3.7 zeigt die Anzahl der Vergleiche bei erfolgloser Suche in Abhängigkeit vom Belegungsfaktor B.

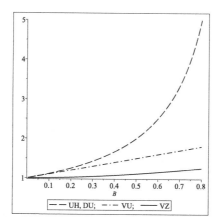

Fig. 3.7: Vergleich – erfolglose Suche.

Bemerkung. Auf den ersten Blick scheinen die Verfahren mit Verkettungen überlegen zu sein. Diese Verfahren benötigen allerdings Speicher zum Abspeichern der Links. Wenn der für die Links notwendige Speicher im Vergleich zum Speicher für die Datensätze groß ist, kann sich ein Vorteil für die Verfahren mit offener Adressierung ergeben.

Übungen.

1. Sei $M = \{0, \ldots, m-1\}$ und $N = \{0, \ldots, n-1\}$. Geben Sie den Prozentsatz der injektiven Abbildungen $f : M \longrightarrow N$ an.

2. Eine Hashtabelle besitze 2048 viele Zellen. Betrachten Sie die Multiplikation mit c = 0.618 als Hashfunktion. Bestimmen Sie die Hashwerte für alle Zahlen $2^k, 0 \leq k \leq 10$.

3. Sei p eine Primzahl, $\mathbb{Z}_p$ der Körper mit p Elementen und $a \in \mathbb{Z}_p$.

$$h_a : \mathbb{Z}_p \times \mathbb{Z}_p \longrightarrow \mathbb{Z}_p, \ (x, y) \longmapsto ax + y.$$

Zeigen Sie: $\mathcal{H} = \{h_a \mid a \in \mathbb{Z}_p\}$ ist eine universelle Familie von Hashfunktionen.

4. Sei p eine Primzahl und $\mathbb{Z}_p$ der Körper mit p Elementen. Zeigen Sie, dass die Menge der linearen Abbildungen $A : \mathbb{Z}_p^k \longrightarrow \mathbb{Z}_p^l$ eine universelle Familie von Hashfunktionen ist.

5. Gegeben sei die Sondierfolge : $i(s)_j := (s + j \cdot c) \bmod m, \ j = 0, 1, 2, \ldots$.

a. Tragen Sie mithilfe dieser Sondierfolge in eine zunächst leere Hash-tabelle folgende Schlüssel ein: 261, 321, 453, 781, 653, 1333,109, 235, 800. Setzen Sie dazu $c = 7$ und $m = 21$.

b. Bei der Sondierfolge unter Punkt a werden nicht alle Plätze in der Hashtabelle sondiert. Für welche c werden bei der Sondierfolge $i(s)_j := (s + j \cdot c) \bmod m$, $j = 0, 1, 2, \ldots$, bei gegebenem m alle Plätze in der Hashtabelle sondiert. Begründen Sie Ihre Aussage.

6. Im Hauptspeicher werden 10000 Datensätze verwaltet. Dabei kommt ein Hashverfahren mit Primär- und Überlaufbereich zum Einsatz. Im Mittel soll ein Datensatz mit zwei Zugriffen gefunden werden.

   a. Bestimmen Sie den Belegungsfaktor.

   b. Wie ist Primär- und Überlaufbereich zu dimensionieren?

7. Mit einem Hashverfahren im Hauptspeicher werden 1000 Datensätze verwaltet. Kollisionsauflösung erfolgt durch Doppelhashing. Wir verwenden die Familie von Funktionen

$$h_{a,b} : \{0, \ldots, p - 1\} \longrightarrow \{0, \ldots, m - 1\}, \ x \longmapsto ((ax + b) \bmod p) \bmod m,$$

wobei $p = 2003$ und $2 \leq m \leq p$ ist. Wir nehmen an, dass sich Doppel-hashing wie uniform hashing verhält, falls h und h^* unabhängig gewählt sind. Im Mittel soll ein Datensatz mit zwei Zugriffen gefunden werden. Wie ist die Hashtabelle zu dimensionieren, um dieses Ziel zu erreichen? Wie ist m zu wählen? Geben Sie das kleinste geeignete m an.

8. Bei der LZ77-Datenkomprimierung (Abschnitt 4.6.4) kann das Auffinden eines übereinstimmenden Segmentes durch den Einsatz von Hashverfah-ren beschleunigt werden. Arbeiten Sie die Details dieser Idee aus.

9. a. Das Eindeutigkeitsproblem ist, zu entscheiden, ob n gegebene Ob-jekte paarweise verschieden sind. Geben Sie einen Algorithmus zur Lösung dieses Problems an.

   b. Gegeben seien Zahlen $z_1, \ldots, z_n \in \mathbb{Z}$ und $s \in \mathbb{Z}$. Geben Sie einen Algorithmus an, der entscheidet, ob es zwei Zahlen z_i und z_j gibt mit $s = z_i + z_j$.

10. Sei $h : S \longrightarrow \{0, \ldots, m - 1\}$ eine Hashfunktion, S ist die Menge der möglichen Schlüssel. h verteile die möglichen Schlüssel gleichmäßig:

$$|h^{-1}(j)| = \frac{|S|}{m}, j = 0, \ldots, m - 1.$$

Wir nehmen an, dass n Schlüssel $s_1, \ldots, s_n \in S$ zufällig gewählt und ge-speichert werden. Sei $n_j = |\{s_i \mid h(s_i) = j\}|, j = 0, \ldots, m - 1$. Berechnen Sie den Erwartungswert $\mathrm{E}(n_j)$.

11. **Hashverfahren auf Festplattenspeichern**. Hashverfahren können auch für Daten auf dem Sekundärspeicher verwendet werden. Daten wer-den hier in Blöcken abgespeichert. Ein Block kann mehrere Elemente

aufnehmen. Die Wertemenge der Hashfunktion ist gleich der Menge der Blockadressen. Ein Block enthalte maximal b Elemente. Sei n die Anzahl der Elemente und m die Anzahl der Blöcke. Dann verstehen wir unter dem Belegungsfaktor $\beta = \frac{n}{m}$ die Anzahl der Elemente pro Adresse. Der Belegungsfaktor für den Speicher ist $B = \frac{n}{bm}$. Führen Sie die Analyse der Hashverfahren für die obige Situation durch und lösen Sie die folgende Aufgabe.

5000 Datensätze sollen in einer Datei gespeichert werden. Dabei soll ein Hashverfahren mit Primär- und Überlaufbereich zum Einsatz kommen. Im Primärbereich können 10000 Sätze gespeichert werden. Beantworten Sie für die Blockgrößen 1 und 5 die folgenden Fragen:

  a. Wie viele Blöcke bleiben im Primärbereich frei?
  b. Wie viele Blöcke sind im Überlaufbereich bereitzustellen?
  c. Wie viele Datensätze führen beim Einfügen zu Kollisionen?

12. **Stapel Symboltabellen und Hashverfahren.** Symboltabellen dienen zur Verwaltung der Namen eines Quellprogramms bei der Übersetzung. Die zu realisierenden Zugriffe auf Symboltabellen sind Einfügen, Löschen und Suchen.

Ein Eintrag der Symboltabelle besteht aus

(a) dem Namen der Variablen (Labels, Prozedur,...) und

(b) weiterer Information.

Die Organisation von Symboltabellen als Stapel unterstützt die Regeln zur Sichtbarkeit in Sprachen mit einer Blockstruktur.

Für die Sichtbarkeit der Namen gelten folgende Regeln:

  a. Ein Name ist sichtbar in dem Block, in dem er deklariert wird (und auch in untergeordneten Blöcken).
  b. Ein Name ist in einem Block eindeutig (ohne Verschachteln).
  c. Wird in zwei verschachtelten Blöcken ein Name zweimal deklariert, so wird im inneren Block auf die innere Deklaration Bezug genommen (most closely nested rule).

Der Übersetzungsvorgang erfolgt sequentiell. Ein Block heißt aktiv, falls der Compiler den Anfang des Blocks (begin block), aber noch nicht das Ende des Blocks (end block), passiert hat. Daraus ergeben sich folgende Anforderungen des Compilers bezüglich der Organisation der Symboltabellen:

  a. Nur auf Namen in aktiven Blöcken muss der Zugriff gegeben sein.
  b. Namen sollen gemäß der Verschachtelungsstruktur angeordnet werden (von innen nach außen—most closely nested first).

Da der Aufwand für Zugriffe auf Symboltabellen wesentlich ist, sind effiziente Zugriffsmethoden notwendig. Der Organisation der Symboltabellen als Stapel wird ein Hashverfahren überlagert. Überlegen Sie, welche Operationen am Blockanfang, am Blockende, zum Einfügen, zum Suchen und zum Löschen notwendig sind. Arbeiten Sie die Details des Verfahrens aus.

4. Bäume

In sortierten Arrays finden wir ein gespeichertes Element mit maximal $O(\log_2(n))$ Vergleichen. Eine andere Methode, Elemente zu sortieren, stellen *binäre Suchbäume* bereit. Binäre Suchbäume sind für den Fall konzipiert, dass Elemente dynamisch eingefügt oder gelöscht werden. Dabei ist wünschenswert, dass durch die Einfüge- und Löschoperationen der Baum möglichst ausgeglichen bleibt, d. h. die Anzahl der Ebenen soll klein sein.

Binäre Suchbäume sind im Mittel ausgeglichen (gemittelt über alle möglichen Anordnungen der zu speichernden Elemente). Im ungünstigen Fall degenerieren binäre Suchbäume zu linearen Listen. Dann ist die Anzahl der notwendigen Vergleiche beim Suchen eines Elements von der Ordnung $O(n)$ im Vergleich zur Ordnung $O(\log_2(n))$ im ausgeglichenen Fall.

Im Idealfall ist die Anzahl der Ebenen $\lfloor \log_2(n) \rfloor + 1$ und die Blätter befinden sich auf ein oder zwei Ebenen, wenn n die Anzahl der gespeicherten Elemente bezeichnet. Der Aufwand, um diesen Idealfall zu erreichen, ist nicht vertretbar. Deshalb streben wir diesen Idealfall nicht an.

AVL-Bäume sind beinahe ausgeglichen (nur etwa 45 % schlechter als im Idealfall). Wir erreichen dies mit geringem zusätzlichen Aufwand. Der Aufwand zum Suchen eines Elements ist vergleichbar mit dem Aufwand, der beim Suchen in einem sortierten Array zu leisten ist. Eine weitere Methode zu verhindern, dass binäre Suchbäume degenerieren, ist die Verwendung von probabilistischen binären Suchbäumen. Die durchschnittliche Pfadlänge bei binären Suchbäumen wird zum Erwartungswert der Pfadlänge bei probabilistischen binären Suchbäumen. Die Pfadlänge nimmt um höchstens 39 % im Vergleich zum optimalen Fall zu.

Binäre Suchbäume und ihre Varianten dienen der Organisation von Daten im Hauptspeicher. Für die Organisation von Daten auf dem Sekundärspeicher diskutieren wir B-Bäume.

Codebäume zur graphischen Darstellung von Codes zur Datenkomprimierung runden das Kapitel ab. Wir zeigen, dass das Problem der eindeutigen Decodierbarkeit entscheidbar ist und behandeln Huffman-Codes inklusive adaptiver Huffman-Codes, die arithmetische Codierung und die allgegenwärtigen Lempel-Ziv-Codes.

© Springer Fachmedien Wiesbaden GmbH, ein Teil von Springer Nature 2021
H. Knebl, *Algorithmen und Datenstrukturen*,
https://doi.org/10.1007/978-3-658-32714-9_4

4.1 Wurzelbäume

Bäume sind spezielle Graphen (Kapitel 5). Ein Graph ist ein *Baum*, wenn es zwischen zwei Knoten genau einen Weg gibt, der beide Knoten verbindet. Zeichnen wir in einem Baum einen Knoten als Wurzel aus und versehen wir die Kanten mit einer Richtung, so entsteht ein Wurzelbaum. Bäume treten in der Informatik häufig auf und sind uns schon in den vorangehenden Kapiteln 1 und 2 begegnet, siehe zum Beispiel die Branch-and-Bound-Methode (Abschnitt 1.5.5), binäre Heaps (Abschnitt 2.2.1) oder Entscheidungsbäume (Abschnitt 2.3). Wir präzisieren jetzt den Begriff Wurzelbaum.

Definition 4.1.

1. Ein *Wurzelbaum* $B = (V, E, r)$ besteht aus einer endlichen Menge von *Knoten* V, einer endlichen Menge von *gerichteten Kanten* $E \subset V \times V$ und aus der *Wurzel* $r \in V$. Wir definieren rekursiv:
   a. Ein Knoten r ist ein Wurzelbaum ($B = (\{r\}, \emptyset, r)$).
   b. Sind $B_1 = (V_1, E_1, r_1), \ldots, B_k = (V_k, E_k, r_k)$ Bäume mit den Wurzeln $r_1, \ldots, r_k$, so erweitern wir die Knotenmenge V um eine neue Wurzel r und die Kantenmenge E um die Kanten (r, r_i), $i = 1, \ldots, k$, so erhalten wir einen Baum mit Wurzel r:

$$(V_1 \cup \ldots \cup V_k \cup \{r\}, \{(r, r_i) \mid i = 1, \ldots, k\} \cup E_1 \cup \ldots \cup E_k, r).$$

   Abweichend von dieser Struktur ist der *leere Baum* erklärt. Er besitzt keine Knoten und keine Kanten.
2. Ist $e = (v, w) \in E$, so heißt v *Vorgänger* oder *Vater* von w und w *Nachfolger* oder *Sohn* von v. Die Kanten in B sind gerichtet. Ein Knoten, der keine Söhne besitzt, heißt *Blatt*.
3. Ein *Pfad P in B* ist eine Folge von Knoten $v_0, \ldots, v_n$ mit: $(v_i, v_{i+1}) \in E, i = 0, \ldots, n - 1$. n heißt *Länge* von P.
4. Seien $v, w \in V$. Der Knoten w heißt vom Knoten v aus *erreichbar*, wenn es einen Pfad P von v nach w gibt, d. h. es gibt einen Pfad $P = v_0, \ldots, v_n$ mit $v_0 = v$ und $v_n = w$. Ist w von v aus erreichbar, so heißt v ein *Vorfahre* von w und w ein *Nachfahre* von v. Jeden Knoten v von B können wir als Wurzel des Teilbaumes, der von v aus erreichbaren Knoten, betrachten. Hat v die Nachfolger $v_1, \ldots, v_k$, so heißen die Teilbäume $B_1, \ldots, B_k$ mit den Wurzeln $v_1, \ldots, v_k$ die *Teilbäume von* v.

Bemerkung. In einem Baum gibt es zu jedem Knoten v genau einen Pfad, der von der Wurzel zu v führt, jeder Knoten außer der Wurzel besitzt genau einen Vorgänger.

Definition 4.2.

1. Die *Höhe eines Knotens* v ist das Maximum der Längen aller Pfade, die in v beginnen.

2. Die *Tiefe eines Knotens* v ist die Länge des Pfades von der Wurzel zu v. Die Knoten der Tiefe i bilden die *i–te Ebene* des Baumes.

3. Die *Höhe und Tiefe des Baumes* ist die Höhe der Wurzel. Der leere Baum besitzt die Höhe und die Tiefe -1.

Bemerkung. Besitzt jeder Knoten eines Baumes B der Höhe h höchstens d Nachfolger, dann gilt für die Anzahl n der Knoten von B:

$$n \le \sum_{i=0}^{h} d^i = \frac{d^{h+1} - 1}{d - 1}.$$

Definition 4.3. Sei B ein Wurzelbaum. Besitzt jeder Knoten v in B höchstens zwei Nachfolger, so heißt B ein *binärer Baum*. Dabei unterscheidet man die beiden Nachfolger in *linker Nachfolger* und *rechter Nachfolger* und die beiden Teilbäume von v in *linker Teilbaum* und *rechter Teilbaum*.

Bemerkung. Sei n die Anzahl der Knoten in einem binären Baum der Höhe h. Dann ist die Anzahl der Knoten $n \le 2^{h+1} - 1$ oder äquivalent dazu, die Höhe h ist mindestens $\log_2(n + 1) - 1$, d. h. es gilt $\lceil \log_2(n + 1) \rceil - 1 \le h$. Die Schranke wird für einen binären Baum, in dem alle Ebenen vollständig besetzt sind, angenommen.

Die folgenden Algorithmen verwenden verkettete Listen von Knotenelementen zur Implementierung binärer Bäume. Ein Knotenelement ist definiert durch

```
type node = struct
        item    element
        node    left, right
        node    parent
```

Die Referenz *parent* auf den Vaterknoten ist optional. Wir benötigen sie nur, falls wir im Algorithmus auf den Vaterknoten zugreifen. Ein Baum ist vom Typ tree und wird durch seinen Wurzelknoten oder eine Referenz auf den Wurzelknoten definiert. Der Zugriff auf eine Komponente von *node* erfolgt mit dem . – Operator (siehe Abschnitt 1.7).

Definition 4.4. Wir führen mit einem binären Baum Tiefensuche (depth-first search, kurz DFS) durch (Algorithmus 4.5, Abschnitt 5.4.2). Dabei werden seine Knoten in verschiedenen Reihenfolgen ausgegeben. Wir definieren folgende Alternativen:

1. Bei *Preorder-Ausgabe* gebe zuerst den Knoten, dann die Knoten des linken Teilbaumes und anschließend die Knoten des rechten Teilbaumes aus.

2. Bei *Inorder-Ausgabe* gebe zuerst die Knoten des linken Teilbaumes, dann den Knoten und anschließend die Knoten des rechten Teilbaumes aus.

3. Bei *Postorder-Ausgabe* gebe zuerst die Knoten des linken Teilbaumes, dann anschließend die Knoten des rechten Teilbaumes und zuletzt den Knoten aus.

Die jeweilige Vorschrift ist ausgehend von der Wurzel rekursiv anzuwenden.

Die rekursive Definition eines Baumes ermöglicht die Tiefensuche einfach durch einen rekursiven Algorithmus zu implementieren.

Algorithmus 4.5.
   TreeDFS(node a)
   1   if $a.left \neq$ null then TreeDFS($a.left$)
   2   if $a.right \neq$ null then TreeDFS($a.right$)
   3   mark node a as visited

Beispiel. Figur 4.1 zeigt die Tiefensuche in einem binären Baum.

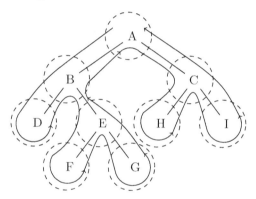

Fig. 4.1: Tiefensuche.

Der Pfad, der im Knoten A startet und endet, gibt die Besuchsreihenfolge der Knoten durch den Algorithmus 4.5 wieder. Der erste Eintritt des Pfades in die Umgebung U_v eines Knotens v, die durch den gestrichelten Kreis um v dargestellt ist, entspricht dem Aufruf von TreeDFS in v und das letzte Verlassen der Umgebung U_v der Terminierung dieses Aufrufs.

4.2 Binäre Suchbäume

Wir verwenden zur Speicherung einer geordneten Menge S einen binären Suchbaum, falls S in einem großen „Universum" U liegt, $|S|$ im Vergleich zu $|U|$ klein ist und falls die Möglichkeit Elemente hinzuzufügen oder zu löschen gefordert ist.

Definition 4.6. Ein *binärer Suchbaum* für eine geordnete Menge S ist ein binärer Baum $B = (V, E)$ mit einer bijektiven Abbildung $l : V \longrightarrow S$ (jeder Knoten ist mit einem $s \in S$ markiert), sodass für jeden Knoten v gilt:

1. Für jeden Knoten w im linken Teilbaum von v ist $l(w) < l(v)$.
2. Für jeden Knoten w im rechten Teilbaum von v ist $l(w) > l(v)$.

Satz 4.7. *DFS mit Inorder-Ausgabe der Markierung der Knoten von B liefert die Elemente von S in sortierter Reihenfolge.*

Beweis. Für einen Knoten ist die Aussage richtig. Da die Elemente, die im linken Teilbaum der Wurzel gespeichert sind, vor dem in der Wurzel gespeicherten Element und die Elemente, die im rechten Teilbaum der Wurzel gespeichert sind, nach dem in der Wurzel gespeicherten Element ausgegeben werden, folgt die Aussage durch vollständige Induktion nach der Anzahl der Knoten von B. □

Beispiel. Die Inorder-Ausgabe gibt die Knoteninhalte sortiert aus, wie Figur 4.2 zeigt. Die Hochzahlen geben die Ausgabereihenfolge bei Inorder-Traversieren an. Die Ausgabefolge ist 10, 18, 41, 43, 45, 56, 57, 59, 64, 66, 67, 95, 97.

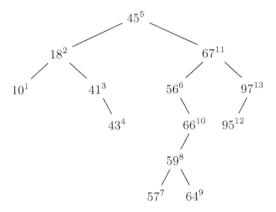

Fig. 4.2: Tiefensuche mit Inorder-Ausgabe.

4.2.1 Suchen und Einfügen

Das Suchen eines Elementes in einem binären Suchbaum erfolgt analog zur binären Suche (Algorithmus 2.28). Wir prüfen zunächst, ob das zu suchende Element e in der Wurzel gespeichert ist. Falls dies nicht der Fall ist und e kleiner dem in der Wurzel gespeicherten Element ist, setzen wir die Suche (rekursiv) im linken Teilbaum der Wurzel fort. Ist e größer als das in der Wurzel gespeicherte Element, so setzen wir die Suche (rekursiv) im rechten Teilbaum der Wurzel fort. Bei der Implementierung der Suche durch die Funktion Search vermeiden wir die Rekursion. Wir ersetzen die Rekursion durch eine Iteration. Beim Aufruf von Search ist der Baum und das zu suchende Element zu übergeben.

Algorithmus 4.8.

```
node Search(tree t, item e)
1   node a ← t
2   while a ≠ null and  a.element ≠ e do
3       if e < a.element
4           then a ← a.left
5           else  a ← a.right
6   return a
```

Das Einfügen eines Elementes erfolgt mit der Funktion Insert. Beim Aufruf von Insert ist ein Baum und das einzufügende Element e zu übergeben. Insert führt zunächst eine Suche nach e durch. Falls e bereits im Baum ist, ist nichts zu tun. Ansonsten endet die Suche bei einem Blatt b. Wir fügen bei b einen neuen Knoten für e an und speichern in diesem e ab.

Algorithmus 4.9.

```
Insert(tree t, item e)
1    node a ← t, b ← null
2    while a ≠ null and  a.element ≠ e do
3        b ← a
4        if e < a.element
5            then a ← a.left
6            else  a ← a.right
7    if a = null
8        then a ← new(node), a.element ← e
9            a.left ← null, a.right ← null, a.parent ← b
10           if b = null
11               then t ← a, return
12           if e < b.element
13               then b.left ← a
14               else  b.right ← a
```

4.2.2 Löschen

Beim Löschen eines Elementes e betrachten wir folgende Fälle:

1. Es gibt keinen Knoten mit Element e: Es ist nichts zu tun.
2. Falls der Knoten mit dem Element e ein Blatt ist, können wir den Konten einfach aus dem Baum entfernen. Wir ändern die Referenz im Vorgänger auf null ab.
3. Wir können den Knoten v von e auch aus der verketteten Liste entfernen, wenn v nur einen Nachfolger besitzt. Dazu muss der Vorgänger von v den Nachfolger von v referenzieren. Die binäre Suchbaumeigenschaft ist davon nicht betroffen.
4. Falls der Knoten v von e zwei Nachfolger besitzt, kann der Knoten v nicht aus der verketteten Liste entfernt werden. Wir suchen im linken

Teilbaum von v das größte Element $\tilde{e}$. Dieses liegt im linken Teilbaum am weitesten rechts. Der Knoten $\tilde{v}$ von $\tilde{e}$ besitzt somit höchstens einen (linken) Nachfolger. Wir vertauschen e mit $\tilde{e}$. Den Knoten $\tilde{v}$ entfernen wir dann zusammen mit e nach Punkt 3 aus dem Baum. Da $\tilde{e}$ das größte Element im linken Teilbaum von v war, sind jetzt die Elemente im linken Teilbaum von v kleiner als $\tilde{e}$. Die Elemente im rechten Teilbaum von v sind größer als e und damit auch größer als $\tilde{e}$. Die binäre Suchbaumeigenschaft ist somit in v erfüllt. Der Knoten $\tilde{v}$ von $\tilde{e}$ heißt *symmetrischer Vorgänger* von v.

Beispiel. Wir löschen die 45 im linken Baum von Figur 4.3.

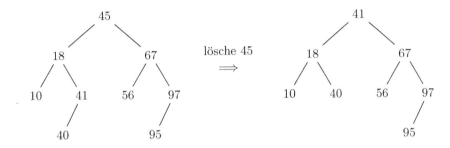

Fig. 4.3: Löschen im binären Suchbaum.

Wir implementieren das Löschen eines Elementes durch die folgenden Algorithmen.

Algorithmus 4.10.
    Delete(tree t, item e)
     1   node $b, a \leftarrow t$
     2   $a \leftarrow$ Search(t, e)
     3   if $a =$ null then return
     4   if $a.right \neq$ null and $a.left \neq$ null
     5   then DelSymPred(a), return
     6   if $a.left =$ null
     7   then $b \leftarrow a.right$
     8   else $b \leftarrow a.left$
     9   if $t = a$
   10   then $t \leftarrow b$, return
   11   if $a.parent.left = a$
   12   then $a.parent.left \leftarrow b$
   13   else $a.parent.right \leftarrow b$
   14   $b.parent \leftarrow a.parent$
   15   return

```
DelSymPred(node a)
1   node b ← a
2   if a.left.right = null
3      then c ← a.left, a.left ← c.left
4      else  b ← a.left
5           while b.right.right ≠ null do
6                b ← b.right
7           c ← b.right, b.right ← c.left
8   a.element ← c.element
9   c.left.parent ← b
```

4.3 Ausgeglichene Bäume

Die Höhe eines binären Suchbaumes, der n Elemente speichert, liegt zwischen $\log_2(n)$ und n. Wünschenswert ist, dass die Höhe nahe bei $\log_2(n)$ liegt. Dies erreichen wir mit geringem zusätzlichen Aufwand beim Einfügen und Löschen von Elementen. Genauer geht es darum, die folgende Bedingung für einen binären Suchbaum, die auf Adel'son-Vel'skiĭ[1] und Landis[2] zurückgeht (siehe [AdeLan62]), beim Einfügen und Löschen aufrechtzuerhalten.

Definition 4.11 *(AVL-Bedingung).* Ein binärer Baum heißt *(AVL-)ausgeglichen*, wenn für jeden Knoten v gilt: Die Höhen des linken und rechten Teilbaumes von v unterscheiden sich um höchstens 1. Ausgeglichene binäre Suchbäume heißen auch *AVL-Bäume.*

Bei der Familie der Fibonacci-Bäume, die wir in der folgenden Definition einführen, handelt es sich um ausgeglichene Bäume. Fibonacci-Bäume dienen der Navigation bei der Fibonacci-Suche in sortierten Arrays (siehe Übungen, Aufgabe 11)

Definition 4.12. Die Folge der *Fibonacci-Bäume* $(FB_k)_{k \geq 0}$ ist analog zur Folge der Fibonacci-Zahlen (Definition 1.19) rekursiv definiert.

1. FB_0 und FB_1 bestehen aus dem Knoten 0.
2. Sei $k \geq 2$. Wähle die k–te Fibonacci-Zahl f_k als Wurzel, nehme FB_{k-1} als linken und FB_{k-2} als rechten Teilbaum.
3. Erhöhe jeden Knoten im rechten Teilbaum der Wurzel um f_k.

Die Höhe von FB_k ist für $k \geq 1$ gleich $k - 1$. Deshalb sind die Fibonacci-Bäume ausgeglichen.

Figur 4.4 zeigt $FB_2 - FB_5$.

---

[1] Georgy Maximovich Adel'son-Vel'skiĭ (1922 – 2014) war ein russischer und israelischer Mathematiker und Informatiker
[2] Evgenii Mikhailovich Landis (1921 – 1997) war ein russischer Mathematiker.

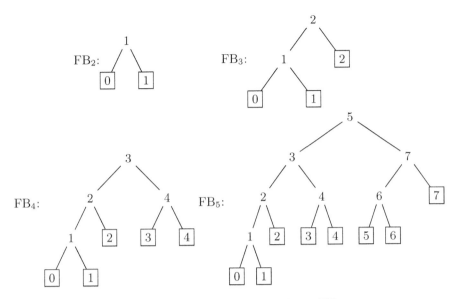

Fig. 4.4: Fibonacci-Bäume $FB_2 - FB_5$

Mit B_k bezeichnen wir den Baum der inneren Knoten von FB_k, d. h. der Knoten, die keine Blattknoten sind. Die Folge $(B_k)_{k \geq 0}$ ist analog zur Folge der Fibonacci-Bäume definiert, wie Figur 4.5 zeigt. Der Induktionsbeginn ist gegeben durch $B_0 = B_1 = \emptyset$.

Der Baum B_k, $k \geq 2$, besitzt f_k als Wurzel, B_{k-1} als linken und B_{k-2} als rechten Teilbaum der Wurzel. Die Knoten von B_{k-2} sind um f_k zu erhöhen.

Per Rekursion erhalten wir

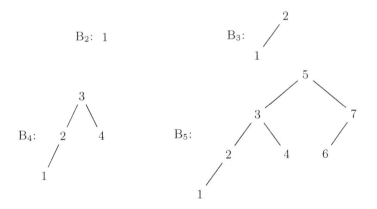

Fig. 4.5: Innere Knoten $B_2 - B_5$

B_k ist ein ausgeglichener Baum der Höhe $k-2$ mit einer minimalen Anzahl von Knoten. Über die Anzahl der Knoten von B_k gibt der folgende Satz Auskunft.

Satz 4.13. *Für die Anzahl b_h der Knoten eines ausgeglichenen Baumes der Höhe h mit einer minimalen Anzahl von Knoten gilt:*

$$b_h = f_{h+3} - 1,$$

wobei f_{h+3} die $(h+3)$–te Fibonacci-Zahl ist.

Beweis. Sei T_h ein ausgeglichener Baum der Höhe h mit einer minimalen Anzahl von Knoten. Der linke Teilbaum der Wurzel habe die Höhe $h-1$. Der rechte Teilbaum der Wurzel hat dann, wegen der Bedingung der „minimalen Anzahl von Knoten", die Höhe $h-2$.
Für die Anzahl b_h der Knoten von T_h gilt:

$$b_0 = 1,\ b_1 = 2,\ b_h = b_{h-1} + b_{h-2} + 1,\ h \geq 2.$$

Hier handelt es sich um eine inhomogene lineare Differenzengleichung zweiter Ordnung mit konstanten Koeffizienten. Derartige Gleichungen behandeln wir im Abschnitt 1.3.2.

Wir berechnen eine spezielle Lösung der Gleichung durch den Lösungsansatz $\varphi_h = c$, c konstant, und erhalten $c = 2c + 1$ oder $c = -1$. Die allgemeine Lösung b_h ergibt sich aus der allgemeinen Lösung der homogenen Gleichung

$$b_h = \lambda_1 g^h + \lambda_2 \hat{g}^h, \lambda_1, \lambda_2 \in \mathbb{R},$$

die im Beweis von Satz 1.21 gelöst ist, und der speziellen Lösung φ_h:

$$b_h = \lambda_1 g^h + \lambda_2 \hat{g}^h - 1, \lambda_1, \lambda_2 \in \mathbb{R},$$

wobei $g = \frac{1}{2}(1 + \sqrt{5})$ und $\hat{g} = \frac{1}{2}(1 - \sqrt{5})$ die Lösungen von $x^2 = x + 1$ sind (Abschnitt 1.3.2, Satz 1.21).

Aus den Anfangsbedingungen $b_0 = 1$, $b_1 = 2$ ergibt sich

$$\lambda_1 g^0 + \lambda_2 \hat{g}^0 - 1 = 1,$$
$$\lambda_1 g^1 + \lambda_2 \hat{g}^1 - 1 = 2.$$

Wir erhalten

$$\lambda_2 = 2 - \lambda_1,$$
$$\lambda_1 g + (2 - \lambda_1)(1 - g) = 3.$$

Hieraus folgt:

$$\lambda_1 = \frac{2\mathrm{g}+1}{2\mathrm{g}-1} = \frac{\mathrm{g}^3}{\sqrt{5}},$$

$$\lambda_2 = 2 - \frac{2\mathrm{g}+1}{\sqrt{5}} = -\frac{2\mathrm{g}+1-2\sqrt{5}}{\sqrt{5}} = -\frac{2(\mathrm{g}-\sqrt{5})+1}{\sqrt{5}}$$

$$= -\frac{2\hat{\mathrm{g}}+1}{\sqrt{5}} = -\frac{\hat{\mathrm{g}}^3}{\sqrt{5}}.$$

Bei der Rechnung wurde benutzt, dass für g und ĝ die Gleichung $2x + 1 = x + x + 1 = x + x^2 = x(x+1) = xx^2 = x^3$ gilt. Damit ergibt sich die Lösung

$$b_h = \frac{1}{\sqrt{5}}\left(\mathrm{g}^{h+3} - \hat{\mathrm{g}}^{h+3}\right) - 1 = \mathrm{f}_{h+3} - 1.$$

$\square$

Satz 4.14 *(Adel'son-Vel'skiĭ und Landis). Für die Höhe h eines ausgeglichenen Baumes mit n Knoten gilt:*

$$h < 1.45 \log_2(n+2) - 1.33.$$

Beweis. Für die Anzahl n der Knoten gilt:

$$n \geq b_h = \mathrm{f}_{h+3} - 1 = round\left(\frac{\mathrm{g}^{h+3}}{\sqrt{5}}\right) - 1 > \frac{\mathrm{g}^{h+3}}{\sqrt{5}} - 2.$$

Hieraus folgt $\sqrt{5}(n+2) > \mathrm{g}^{h+3}$. Es ergibt sich

$$h < \log_{\mathrm{g}}(\sqrt{5}(n+2)) - 3 \approx 1.45 \log_2(n+2) - 1.33.$$

Dies zeigt die Behauptung des Satzes.

$\square$

Da ein AVL-Baum ein binärer Suchbaum ist, verwenden wir zum Suchen die Suchfunktion eines binären Suchbaums (Algorithmus 4.8). Wir studieren jetzt die Algorithmen zum Einfügen und Löschen und die dabei notwendigen Ausgleichsoperationen, um die AVL-Bedingung aufrecht zu erhalten.

4.3.1 Einfügen

Beim Einfügen verfahren wir zunächst wie in einem binären Suchbaum (Algorithmus 4.9). Die Suche nach dem einzufügenden Element e endet in einem Blatt, falls e nicht im Baum gespeichert ist. An diesem Blatt verankern wir einen neuen Knoten und füllen ihn mit dem einzufügenden Element. Dabei kann die AVL-Bedingung verletzt werden. Anschließend reorganisieren wir den Baum und stellen die AVL-Bedingung wieder her. Dazu prüfen wir für jeden Knoten n des Suchpfades, ausgehend vom Blatt, ob der Baum in n ausgeglichen ist, d. h. ob sich die Höhen der beiden Teilbäume von n höchstens um 1 unterscheiden. Falls dies nicht der Fall ist, erreichen wir dies durch eine Ausgleichsoperation. Der Algorithmus benötigt nicht die Höhen der beiden Teilbäume eines Knotens, sondern nur die Differenz aus den beiden Höhen, den Balancefaktor des Knotens. Die Ausgleichsoperation muss invariant bezüglich der binären Suchbaumeigenschaft sein. Dies erreichen wir mit *Rotationen*, wie Figur 4.6 zeigt.

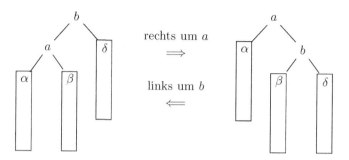

Fig. 4.6: Rechts-, Linksrotation.

Die Rechtsrotation um a bringt b eine Ebene nach unten und a eine Ebene nach oben. Die Linksrotation um b bringt a eine Ebene nach unten und b eine Ebene nach oben. Da die Elemente in β größer als a und kleiner als b sind, bleibt die binäre Suchbaumeigenschaft bei Rechts- und Linksrotationen erhalten.

Definition 4.15. Sei a ein Knoten in einem binären Baum. Der *Balancefaktor* bf(a) von a ist die Differenz Höhe des rechten minus Höhe des linken Teilbaumes von a. Wir schreiben bei Balancefaktoren $-$ für -1, $+$ für $+1$, $--$ für -2 und $++$ für $+2$.

Beispiel. Der Baum von Figur 4.7 ist nicht AVL-ausgeglichen. Die Balancefaktoren sind an jedem Knoten hochgestellt angegeben.

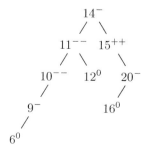

Fig. 4.7: Balancefaktoren.

Bemerkungen:

1. In einem ausgeglichenen Baum gibt es nur Knoten mit den Balancefaktoren $-$, 0 und $+$.
2. Ein negativer (positiver) Balancefaktor eines Knotens zeigt an, dass der linke (rechte) Teilbaum eine größere Höhe besitzt.

Beispiel. Wir fügen die 6 in den linken Baum der Figur 4.8 ein:

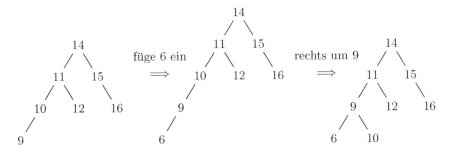

Fig. 4.8: Beispiel – Einfügen mit Rechtsrotation.

In einen ausgeglichenen Baum B werde ein Knoten eingefügt. Gilt nach dem Einfügen $\mathrm{bf}(a) = --$ oder $\mathrm{bf}(a) = ++$, so ist im Knoten a die Bedingung für einen ausgeglichenen Baum verletzt.

Wir diskutieren jetzt den Fall $\mathrm{bf}(a) = --$. Der hierzu symmetrische Fall $\mathrm{bf}(a) = ++$ ist analog zu behandeln. Sei a ein Knoten mit $\mathrm{bf}(a) = --$ und b die Wurzel des linken von a ausgehenden Teilbaumes.

Im Allgemeinen gilt für $\mathrm{bf}(b)$ vor dem Einfügen und nach dem Einfügen eines Knotens

vorher	nachher
0	$-,+$
$-$	$--$
$+$	$++$
$-,+$	0

.

Wegen $\mathrm{bf}(a) = --$ nahm die Höhe von b nach dem Einfügen eines Knotens um eins zu. Da in den beiden Fällen der letzten Zeile die Höhe von b unverändert bleibt, scheiden diese Fälle aus.

Für die Fälle $\mathrm{bf}(b) = --$ oder $\mathrm{bf}(b) = ++$ gehen wir zum Teilbaum mit Wurzel b über. Damit bleiben die Fälle $\mathrm{bf}(a) = --$, $\mathrm{bf}(b) = -$ und $\mathrm{bf}(a) = --$, $\mathrm{bf}(b) = +$ übrig.

Wir geben jetzt die Ausgleichsoperation für $\mathrm{bf}(a) = --$, $\mathrm{bf}(b) = -$ an. Der Höhenausgleich erfolgt durch eine Rechtsrotation um b. Wir skizzieren diese in Figur 4.9.

Fig. 4.9: Einfügen mit Rechtsrotation.

Sei h die Höhe von α. Dann ist die Höhe von δ gleich h und die Höhe von β nach Einfügen des Knotens gleich $h+1$.
Nach erfolgter Rotation gilt bf$(a) = 0$ und bf$(b) = 0$. Daher erfüllt der rechte Baum in den Knoten a und b die AVL-Bedingung. Die Höhe des betrachteten Teilbaumes ist vor dem Einfügen und nach durchgeführter Rotation gleich $h+2$. Deshalb sind keine weiteren Ausgleichsoperationen notwendig.

Beispiel. Figur 4.10 zeigt eine Situation, in der es nicht möglich ist, die AVL-Bedingung mit einer Rotation herzustellen.

Fig. 4.10: Einfachrotation gleicht nicht aus.

Beispiel. In Figur 4.11 stellen wir durch eine Doppelrotation die AVL-Bedingung her – erst eine Links-, dann eine Rechtsrotation.

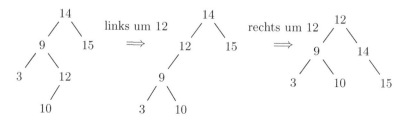

Fig. 4.11: Beispiel für eine Doppelrotation.

Wir betrachten jetzt den allgemeinen Fall für die Ausgleichsoperation für $\mathrm{bf}(a) = --$, $\mathrm{bf}(b) = +$. Der Höhenausgleich erfolgt durch eine Links- und Rechtsrotation, erst links um c, dann rechts um c. Wir skizzieren diese in Figur 4.12.

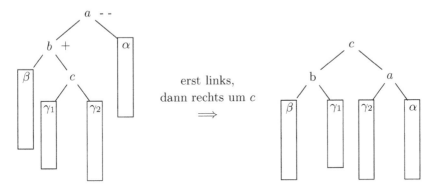

Fig. 4.12: Einfügen mit Doppelrotation.

Sei h die Höhe von α. Es folgt, dass die Höhe von β gleich h ist und dass die Höhen von γ_1 und γ_2 vor dem Einfügen gleich $h-1$ sind. Da nach Einfügen des Knotens die Höhe von b um eins zunimmt, ist entweder die Höhe von γ_1 oder von γ_2 nach dem Einfügen gleich h. Figur 4.12 stellt den zweiten Fall dar.

Die folgende Tabelle gibt in der ersten Spalte Balancefaktoren nach dem Einfügen und in den weiteren Spalten Balancefaktoren nach erfolgter Reorganisation an.

$\mathrm{bf}(c)$	$\mathrm{bf}(a)$	$\mathrm{bf}(b)$	$\mathrm{bf}(c)$
$+$	0	$-$	0
$-$	$+$	0	0

Daher erfüllt der rechte Baum in den Knoten a, b und c die AVL-Bedingung. Die Höhe des betrachteten Teilbaumes vor dem Einfügen und des Teilbaumes nach durchgeführter Rotation ist gleich $h+2$. Deshalb sind keine weiteren Ausgleichsoperationen notwendig.

Die folgenden Algorithmen implementieren Einfügen in AVL-Bäume. Der erste Parameter von AVLInsert ist der Baum, der zweite Parameter die Wurzel des Baums und der dritte Parameter das einzufügende Element e.

Wir erweitern die Knotenobjekte zur Darstellung der Bäume um die Komponente Balancefaktor.

    type balFac $= 0, -, --, +, ++$

type node = struct

item	*element*
node	*left, right*
node	*parent*
balFac	*bf*

Algorithmus 4.16.

boolean AVLInsert(tree t, node a, item e)

```
1   if e < a.element
2     then b ← a.left
3         if b = null then insertNode(b, e), return true
4         if AVLInsert(t, b, e)
5             then if a.bf = + then a.bf ← 0, return false
6                 if a.bf = 0 then a.bf ← −, return true
7                 if b.bf = −
8                     then R-Rot(t, b), return false
9                     else  c ← b.right
10                           LR-Rot(t, c), return false
11    else  if e > a.element
12             then b ← a.right
13                 if b = null then insertNode(b, e), return true
14                 if AVLInsert(t, b, e)
15                     then if a.bf = − then a.bf ← 0, return false
16                         if a.bf = 0 then a.bf ← +, return true
17                         if b.bf = +
18                             then L-Rot(t, b), return false
19                             else  c ← b.left
20                                   RL-Rot(t, c), return false
21    return false
```

Wir geben die Algorithmen für die Links-Rechts- und Rechtsrotation an. Die Links- und die Rechts-Links-Rotation sind analog zu implementieren.

Algorithmus 4.17.

R − Rot(tree t, node b)

```
1   a ← b.parent, c ← a.parent
2   a.bf ← 0, b.bf ← 0
3   a.parent ← b, b.parent ← c, a.left ← b.right, b.right ← a
4   if c = null
5     then t ← b
6     else if c.right = a
7             then
8                     c.right ← b
9             else  c.left ← b
```

Algorithmus 4.18.
  LR − Rot(tree t, node c)
  1   $b \leftarrow c.parent,\ a \leftarrow b.parent,\ d \leftarrow a.parent$
  2   if $c.bf = +$
  3   then $b.bf \leftarrow -,\ a.bf \leftarrow 0$
  4   else $b.bf \leftarrow 0,\ a.bf \leftarrow +$
  5   $c.bf \leftarrow 0;$
  6   $a.parent \leftarrow c,\ b.parent \leftarrow c,\ c.parent \leftarrow d$
  7   $a.left \leftarrow c.right,\ b.right \leftarrow c.left,\ c.left \leftarrow b,\ c.right \leftarrow a$
  8   if $d = $ null
  9   then $t \leftarrow c$
  10   else if $d.right = a$
  11   then
  12                    $d.right \leftarrow c$
  13   else $d.left \leftarrow c$

Bemerkungen:

1. AVLInsert ermittelt analog zur Tiefensuche (Algorithmus 4.5) durch rekursiven Abstieg den Einfügepfad und das Zielblatt. Dann fügt insertNode im Zielblatt einen neuen Knoten an und speichert e in diesem. Auf dem Rückweg zur Wurzel werden die Rotationen durchgeführt und die Balancefaktoren richtiggestellt.

2. Bei Ausführung von AVLInsert wird der Abstiegspfad implizit auf dem Aufrufstack gespeichert. Auf die node-Komponente *parent*, die R-Rot und LR-Rot verwenden, greifen wir in AVLInsert nicht zu.

3. AVLInsert gibt in Zeile 6 oder Zeile 16 true zurück, falls die Höhe im Teilbaum mit Wurzel b zugenommen hat. Unter Umständen ist ein Update des Balancefaktors $a.bf$ notwendig. Falls der Balancefaktor in a weder 0 noch + ist, gilt $a.bf = -$. Also gilt nach Terminierung des Aufrufs in Zeile 4 $a.bf = - -$. Dann ist in diesem Teilbaum eine Rechtsrotation (R-Rot) oder eine Linksrechtsrotation (LR-Rot) notwendig. Falls AVLInsert false zurückgibt, sind auf dem Abstiegspfad keine weiteren Updates notwendig.

4. Die auf den Aufruf von AVLInsert in Zeile 14 folgenden Zeilen 15 – 20 sind für den Abstieg rechts symmetrisch zu den Zeilen 5 – 10.

5. Befindet sich e im Baum, so ist keiner der Vergleiche in den Zeilen 1 und 11 wahr. AVLInsert gibt in Zeile 21 false zurück.

6. Bei einer alternativen iterativen Implementierung von AVLInsert fügen wir mit dem Algorithmus Insert (Algorithmus 4.9) ein Element ein. Zur Herstellung der AVL-Bedingung durchlaufen wir dann den Pfad, der durch die *parent*-Komponente von node gegeben ist. Dabei führen wir die notwendigen Rotationen und Aktualisierungen der Balancefaktoren durch (vergleiche Algorithmus 4.19).

4.3.2 Löschen

Löschen muss invariant bezüglich der AVL-Bedingung und der binären Suchbaumeigenschaft sein. Wir löschen zunächst wie in einem binären Suchbaum (Algorithmus 4.10) und stellen dann eventuell die AVL-Bedingung durch Ausgleichsaktionen her.

Beispiel. In Figur 4.13 löschen wir die 16:

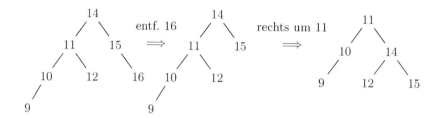

Fig. 4.13: Beispiel – Löschen mit Rechtsrotation.

Für die Ausgleichsaktion betrachten wir den Pfad P, der von der Wurzel zum Vorgänger des Knotens führt, den wir aus dem Baum entfernen. Den am weitesten von der Wurzel entfernte Knoten, in dem der Baum nicht mehr balanciert ist, bezeichnen wir mit a. Wir betrachten den Fall $\mathrm{bf}(a) = --$. Den symmetrische Fall $\mathrm{bf}(a) = ++$ kann man analog behandeln.

Sei b die Wurzel des linken Teilbaumes von a und α der rechte Teilbaum von a. Sei h die Höhe von α vor dem Löschen des Knotens. Wegen $\mathrm{bf}(a) = --$ nimmt nach dem Löschen des Knotens die Höhe des Teilbaumes α um eins ab. Der Teilbaum mit Wurzel b und damit auch der Balancefaktor $\mathrm{bf}(b)$ bleiben unverändert.

Wir betrachten jetzt den Fall $\mathrm{bf}(a) = --$, $\mathrm{bf}(b) = -$ oder 0. Der Höhenausgleich erfolgt durch eine Rechtsrotation um b. Wir skizzieren diese mit der Figur 4.14.

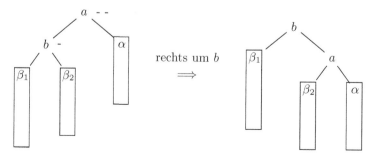

Fig. 4.14: Löschen mit Rechtsrotation.

Es folgt, dass die Höhe von β_1 gleich h ist und dass die Höhe von β_2 gleich $h - 1$ oder h ist (bf$(b) = -$ oder 0). Figur 4.14 stellt den ersten Fall dar. Die Höhe des Teilbaumes mit der Wurzel a war vor dem Löschen des Knotens $h + 2$.

Im rechten Baum gilt bf$(a) = $ bf$(b) = 0$, falls vor dem Löschen bf$(b) = -$ war, und es gilt bf$(a) = -$ und bf$(b) = +$, falls vor dem Löschen bf$(b) = 0$ war. Daher ist im rechten Baum in den Knoten a und b die AVL-Bedingung erfüllt. Für bf$(b) = -$ nimmt die Höhe des reorganisierten Baumes ab. Er besitzt nur noch die Höhe $h + 1$. Deshalb sind eventuell Ausgleichsaktionen für höher gelegene Knoten im Pfad P notwendig.

Es bleibt noch der Höhenausgleich beim Löschen im Fall bf$(a) = --$, bf$(b) = +$ zu behandeln.

Beispiel. In Figur 4.15 wurde ein Nachfolger der 15 entfernt. Im Knoten, der die 14 enthält, entsteht der Balancefaktor $--$.

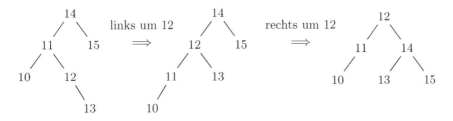

Fig. 4.15: Beispiel – Löschen mit Doppelrotation.

Wir betrachten jetzt den allgemeinen Fall. Der Höhenausgleich erfolgt durch eine Links- und Rechtsrotation, erst links um c dann rechts um c. Wir skizzieren diese in Figur 4.16.

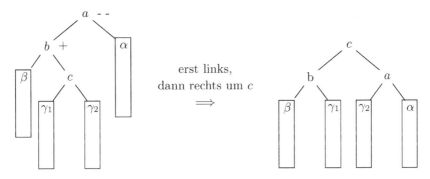

Fig. 4.16: Löschen mit Doppelrotation.

Der Teilbaum α hat nach dem Löschen des Knotens die Höhe $h-1$. Wegen $bf(b) = +$ ist die Höhe des rechten Teilbaumes von b gleich h und die Höhe von β gleich $h-1$. Entweder einer der Teilbäume $\gamma 1$ oder $\gamma 2$ besitzt die Höhe $h-1$ und der andere die Höhe $h-2$ oder beide besitzen die Höhe $h-1$. Der ursprüngliche Baum hatte vor dem Löschen des Knotens die Höhe $h+2$.

Die folgende Tabelle gibt in der ersten Spalte die Balancefaktoren von c vor und in den weiteren Spalten Balancefaktoren nach erfolgter Reorganisation an.

bf(c)	bf(a)	bf(b)	bf(c)
0	0	0	0
+	0	−	0
−	+	0	0

Daher erfüllt der rechte Baum in den Knoten a, b und c die AVL-Bedingung und besitzt die Höhe $h+1$. Eventuell erfordert dies Ausgleichsaktionen für höher gelegene Knoten im Pfad P.

Beispiel. Beim Löschen eines Knotens kann der Fall eintreten, wie Figur 4.17 zeigt, dass längs des Pfades bis zu Wurzel Rotationen erfolgen. Dies tritt ein für die Bäume, die aus den inneren Knoten der Fibonacci-Bäume (Definition 4.12) bestehen, wenn wir das am weitesten rechts liegende Element löschen. Wir löschen im Baum B$_8$ die 12.

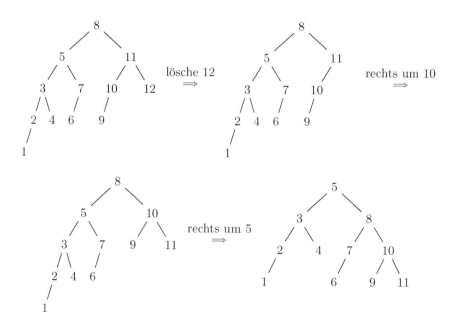

Fig. 4.17: Beispiel – Löschen mit mehreren Rotationen

Die Herstellung der Ausgeglichenheit erfordert erst eine Rechtsrotation um 10 und anschließend eine Rechtsrotation um 5. Der rechte Baum zeigt das Ergebnis.

Zum Löschen eines Elements verwenden wir Delete (Algorithmus 4.10). Delete ist so zu modifizieren, dass der Vorgänger a des Knotens b, der aus dem Baum entfernt wurde, Rückgabewert ist. Weiter enthält der Rückgabewert die Information, ob b linker ($bal = +$) oder rechter ($bal = -$) Nachfolger von a war. Nach dem Aufruf von AVLRepair mit diesen Parametern durchlaufen wir den Pfad P von a bis zur Wurzel. Dabei führen wir die Rotationen zur Herstellung der AVL-Bedingung durch und aktualisieren die Balancefaktoren. Die Rotationen, die wir beim Einfügen eines Knotens verwenden (Algorithmen 4.17 und 4.18), sind bezüglich der Korrektur der Balancefaktoren anzupassen.

Die Variable h steuert, ob in höher gelegenen Knoten Ausgleichsoperationen notwendig sind.

Algorithmus 4.19.

AVLRepair(tree t, node a, int bal)

```
 1   node b, c; int h ← bal
 2   while a ≠ null and h ≠ 0 do
 3       a.bf ← a.bf + h, next ← a.parent
 4       if a = next.left then h ← + else h ← −
 5       if a.bf = − −
 6         then b ← a.left
 7             if b.bf = −
 8               then R-Rot(t, b)
 9               else if b.bf = 0
10                   then h ← 0, R-Rot(t, b)
11                   else  c ← b.right, LR-Rot(t, c)
12       if a.bf = + +
13         then b ← a.right
14             if b.bf = +
15               then L-Rot(t, b)
16               else if b.bf = 0
17                   then h ← 0, L-Rot(t, b)
18                   else  c ← b.left, RL-Rot(t, c)
19       if a.bf = − or a.bf = + then h ← 0
20       a ← next
```

Bemerkung. Einfügen eines Knotens erfordert höchstens zwei Rotationen mit konstante Laufzeit. Zusammen mit dem Aufwand für das Auffinden der Einfügestelle, ist der Aufwand für das Einfügen eines Elementes in der Ordnung $O(\log(n))$. Die Anzahl der beim Löschen eines Elementes notwendigen Rotationen ist durch die Höhe des Baumes beschränkt. Da die Höhe eines

AVL-Baumes in der Ordnung $O(\log(n))$ ist (Satz 4.14), gilt für die Laufzeit $T(n)$ für das Löschen eines Elements $T(n) = O(\log(n))$.

4.4 Probabilistische binäre Suchbäume

Wir nehmen an, dass n Elemente in einem binären Suchbaum gespeichert sind. Die maximale Anzahl von Knoten in einem Suchpfad liegt je nach Baum zwischen $\log_2(n)$ und n. Wir berechnen die durchschnittliche Anzahl der Knoten in einem Suchpfad.

Satz 4.20. *Fügen wir n Elemente in einen leeren binären Suchbaum ein, so gilt für die durchschnittliche Anzahl $P(n)$ von Knoten in einem Suchpfad*

$$P(n) = 2\,\frac{n+1}{n}\mathrm{H}_n - 3.^3$$

Dabei berechnen wir den Durchschnitt über alle Suchpfade und alle möglichen Anordnungen der n Elemente.

Beweis. Die Wahrscheinlichkeit dafür, dass das i–te Element (in der Sortierreihenfolge) v_i erstes Element beim Einfügen ist, beträgt $\frac{1}{n}$.

Sei $\tilde{P}(n,i)$ die durchschnittliche Anzahl der Knoten in einem Suchpfad, falls v_i Wurzel ist. In diesem Fall erhalten wir den Baum in Figur 4.18:

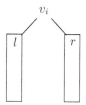

Fig. 4.18: Binärer Suchbaum.

Im linken Teilbaum l der Wurzel befinden sich $i-1$ und im rechten Teilbaum r befinden sich $n-i$ viele Knoten. Deshalb gilt die folgende rekursive Formel für die durchschnittliche Anzahl von Knoten in einem Suchpfad bei fester Wurzel v_i.

$$\tilde{P}(n,i) = \frac{1}{n}((P(i-1)+1)(i-1) + (P(n-i)+1)(n-i)+1)$$

$$= \frac{1}{n}(P(i-1)(i-1) + P(n-i)(n-i)) + 1.$$

---

[3] H_n ist die n–te harmonische Zahl (Definition B.4).

$$P(n) = \frac{1}{n} \sum_{i=1}^{n} \tilde{P}(n, i)$$

$$= \frac{1}{n} \sum_{i=1}^{n} \left(\frac{1}{n}(P(i-1)(i-1) + P(n-i)(n-i)) + 1 \right)$$

$$= 1 + \frac{2}{n^2} \sum_{i=1}^{n-1} iP(i).$$

Ziel ist, diese Rekursionsgleichung durch eine geeignete Substitution in eine Differenzengleichung zu transformieren. Diese Rekursionsgleichung ist der Rekursionsgleichung, die wir bei der Laufzeitberechnung von QuickSort gesehen haben, ähnlich (Abschnitt 2.1.1). Wie dort hängt das n–te Glied von allen Vorgängern ab. Eine ähnliche Substitution führt zum Erfolg.

Wir setzen $x_n := \sum_{i=1}^{n} iP(i)$ und erhalten die Differenzengleichung

$$x_n = nP(n) + \sum_{i=1}^{n-1} iP(i)$$

$$= \frac{2}{n} \sum_{i=1}^{n-1} iP(i) + \sum_{i=1}^{n-1} iP(i) + n$$

$$= \frac{2}{n} x_{n-1} + x_{n-1} + n$$

$$= \frac{n+2}{n} x_{n-1} + n, n \geq 2, x_1 = P(1) = 1.$$

Diese Gleichung besitzt die Lösung

$$x_n = (n+1)(n+2)(\mathrm{H}_{n+2} + \frac{1}{n+2} - 2).$$

(Seite 16, Gleichung (D 1)). Für $P(n)$ ergibt sich

$$P(n) = 1 + \frac{2}{n^2} \sum_{i=1}^{n-1} iP(i) = 1 + \frac{2}{n^2} x_{n-1}$$

$$= 1 + \frac{2}{n^2} n(n+1) \left(\mathrm{H}_{n+1} + \frac{1}{n+1} - 2 \right)$$

$$= 2 \frac{n+1}{n} \mathrm{H}_n - 3.$$

Die Behauptung ist daher gezeigt. $\square$

Bemerkungen:

1. Für große n gilt: $P(n) \approx 2\ln(n)$. Die durchschnittliche Anzahl von Knoten in einem Suchpfad im optimalen Fall beträgt $\approx \log_2(n)$. Da $\frac{2\ln(n)}{\log_2(n)} \approx 1,39$ gilt, ist die durchschnittliche Anzahl der Knoten in einem Suchpfad um höchstens 39 % größer als im optimalen Fall.

2. Speichern wir die Elemente in einer zufällig gewählten Reihenfolge ab, so erhalten wir den Durchschnittswert als Erwartungswert für die Anzahl der Knoten eines Suchpfades. Ziel ist, den Suchbaum, wie bei zufälliger Wahl der zu speichernden Elemente aufzubauen. Dies erreichen wir durch folgende Konstruktion.

4.4.1 Die Datenstruktur Treap

Bei der Datenstruktur Treap (= Tr(ee) + (H)eap) überlagern wir einem binären Suchbaum die Heapstruktur (Definition 2.11). Treaps werden in [AragSeid89] verwendet, um randomisierte Suchbäume zu implementieren. Die im Treap zu speichernden Elemente $e = (k, p)$ bestehen aus der Schlüsselkomponente k und der Prioritätskomponente p. In einem binären Suchbaum ist die Priorität durch die zeitliche Reihenfolge definiert, in der wir die Elemente in den Suchbaum einfügen. Bei einem binären Suchbaum wird das Element Wurzel, welches wir als erstes einfügen. Jetzt soll das Element mit der geringsten Priorität Wurzel werden. Wir weisen die Prioritäten zufällig zu und erreichen damit, dass ein Suchbaum, wie bei zufälliger Wahl der Reihenfolge der Elemente, entsteht. Insbesondere ist jedes Element mit der Wahrscheinlichkeit $1/n$ Wurzel.

Definition 4.21. Ein binärer Suchbaum heißt *Treap*, wenn für jeden Knoten neben der Suchbaumeigenschaft auch die Heapbedingung erfüllt ist:

1. Die Schlüssel der Elemente, die im rechten Teilbaum eines Knotens v gespeichert sind, sind größer als der Schlüssel des Elements von v. Dieser wiederum ist größer als die Schlüssel der Elemente, die im linken Teilbaum von v gespeichert sind.
2. Die Priorität eines Elementes e ist kleiner als die Priorität der beiden Elemente, die in den beiden Nachfolgeknoten des Knotens von e gespeichert sind.

Figur 4.19 zeigt einen Treap.

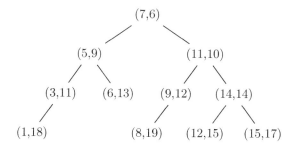

Fig. 4.19: Ein Treap.

Satz 4.22. *Sei S eine Menge von Elementen (k, p) mit paarweise verschiedenen Prioritäten p. Dann gibt es genau einen Treap T, der S speichert.*

Beweis. Wir zeigen die Behauptung durch Induktion nach $n := |S|$. Für $n = 0$ und $n = 1$ ist nichts zu zeigen.

Aus n folgt $n + 1$: Sei $n \geq 1$ und sei $(k, p) \in S$ das Element minimaler Priorität. Dieses ist Wurzel des Treap. Linker Teilbaum der Wurzel ist $S_1 := \{(\tilde{k}, \tilde{p}) \in S \mid \tilde{k} < k\}$ und $S_2 := \{(\tilde{k}, \tilde{p}) \in S \mid \tilde{k} > k\}$ ist rechter Teilbaum der Wurzel. Dann gilt $|S_1| < n$ und $|S_2| < n$. Nach Induktionsvoraussetzung gibt es genau einen Treap T_1 für S_1 und genau einen Treap T_2 für S_2. Mit T_1 und T_2 ist auch T eindeutig bestimmt. $\qquad\qquad\qquad\qquad\qquad\qquad\qquad\qquad\qquad$ $\square$

Corollar 4.23. *Sei S eine Menge von Elementen (k, p). Dann hängt der Treap T, der S speichert, nicht von der Reihenfolge ab, in der wir die Elemente einfügen. Denken wir uns die Prioritäten für alle Elemente im Vorhinein gewählt, so ergibt sich unabhängig von der Reihenfolge des Einfügens genau ein Treap.*

4.4.2 Suchen, Einfügen und Löschen in Treaps

Beim Suchen von Elementen verwenden wir die Suchfunktion eines binären Suchbaums (Algorithmus 4.8). Beim Einfügen gehen wir zunächst auch wie in einem binären Suchbaum vor (Algorithmus 4.9). Im Zielknoten der Suche, einem Blatt, verankern wir einen neuen Knoten und füllen ihn mit dem einzufügenden Element. Anschließend reorganisieren wir den Baum, um die Heapbedingung herzustellen. Wir bewegen einen Knoten durch eine Linksoder Rechtsrotation solange nach oben, bis die Heapbedingung hergestellt ist.

Beispiel. Einfügen von $(13, 7)$ in den Treap der Figur 4.19: Wir fügen zunächst wie in einem binären Suchbaum ein.

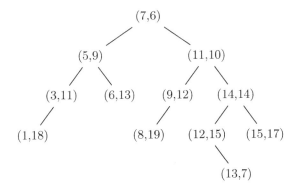

Fig. 4.20: Beispiel für Einfügen.

Anschließend wird der Knoten $(13, 7)$ mithilfe von Rotationen solange nach oben bewegt, bis die Heapbedingung hergestellt ist. Figur 4.21 stellt das Ergebnis dar.

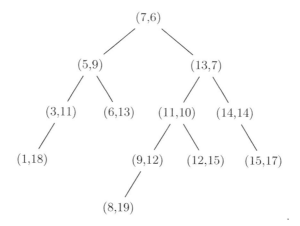

Fig. 4.21: Beispiel – Heapbedingung hergestellt.

Beim Entfernen eines Knotens verfährt man genau umgekehrt zum Einfügen. Zunächst bewegen wir den Knoten durch Links- oder Rechtsrotationen nach unten. Dabei rotieren wir stets mit dem Nachfolger, der kleinere Priorität besitzt. In der untersten Ebene löschen wir den Knoten einfach.

4.4.3 Treaps mit zufälligen Prioritäten

Wir untersuchen Treaps deren Elemente Prioritäten besitzen, die zufällig und paarweise verschieden gewählt sind. Wir erwarten, dass ein binärer Baum, wie bei einer zufälligen Wahl der Schlüssel, entsteht. Es stellt sich die Frage nach dem Aufwand, der zusätzlich zu erbringen ist, d. h. die Anzahl der Rotationen, die beim Einfügen oder beim Löschen eines Elementes notwendig sind.

Wir betrachten das Löschen eines Knotens zunächst in einem binären Baum, in dem alle Ebenen voll besetzt sind. Die Hälfte der Knoten liegt in der untersten Ebene. Für diese Knoten ist beim Löschen keine Rotation notwendig. Ein Viertel der Knoten liegt in der zweituntersten Ebene. Für diese Knoten ist beim Löschen nur eine Rotation notwendig. Als Mittelwert erhalten wir $\frac{1}{2} \cdot 0 + \frac{1}{4} \cdot 1 + \frac{1}{8} \cdot 2 + \ldots \leq 1$.

Im Fall eines Treaps mit zufälligen Prioritäten gibt der folgende Satz auch über den Erwartungswert der Anzahl der notwendigen Rotationen Auskunft.

Satz 4.24. *Fügen wir n Elemente in einen leeren Treap ein und wählen wir dabei die Priorität der Elemente zufällig nach der Gleichverteilung, dann gilt:*

1. *Für den Erwartungswert $P(n)$ der Anzahl der Knoten in einem Suchpfad gilt*

$$P(n) = 2\,\frac{n+1}{n}\mathrm{H}_n - 3.$$

2. *Der Erwartungswert der Anzahl der Rotationen beim Einfügen oder Löschen eines Elementes ist kleiner als 2.*

Beweis. 1. Die Wahrscheinlichkeit dafür, dass das i–te Element (in der Sortierreihenfolge) die geringste Priorität hat, d. h. Wurzel des Treaps ist, beträgt $\frac{1}{n}$. Der Beweis ergibt sich analog zum Beweis von Satz 4.20.

2. Wir betrachten die Anzahl der Rotationen, die zum Löschen eines Knotens notwendig ist. Die Anzahl der Rotationen beim Einfügen eines Knotens ist aus Symmetriegründen gleich der Anzahl der Rotationen beim Löschen des Knotens. Das zu löschende Element a sei das $k+1$–te Element in der Sortierreihenfolge.

Sei R der Pfad, der vom linken Nachfolger von a ausgeht und immer dem rechten Nachfolger eines Knotens folgt und L der Pfad, der vom rechten Nachfolger von a ausgeht und immer dem linken Nachfolger eines Knotens folgt. Sei $R : b, d, \ldots, u$, $L : c, e, \ldots, v$, $R' : d, \ldots, u$, $L' : e, \ldots, v$, LT_b der linke Teilbaum von b und RT_c der rechte Teilbaum von c. Wir betrachten eine Rechtsrotation um b, wie Figur 4.22 zeigt:

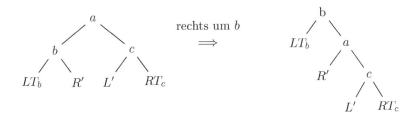

Fig. 4.22: Rechtsrotation.

Wir bringen den Knoten a durch eine Rechtsrotation um b eine Ebene tiefer. Die Anzahl der Knoten in R vermindert sich um eins, die Anzahl der Knoten in L ändert sich nicht. Die Situation bei Linksrotationen ist analog. Damit a auf die Blattebene gelangt, muss a um alle Knoten aus $L \cup R$ rotieren. Da wir bei jeder Rotation die Anzahl der Knoten in $L \cup R$ um eins vermindern und für einen Blattknoten $L \cup R = \emptyset$ gilt, ist die Anzahl der Rotationen gleich der Summe der Knoten in den beiden Pfaden L und R.

Wir zeigen für den Erwartungswert l der Anzahl der Knoten von L und für den Erwartungswert r der Anzahl der Knoten von R:

$$l = 1 - \frac{1}{k+1}, r = 1 - \frac{1}{n-k}.$$

Aus diesen beiden Gleichungen folgt $l+r \leq 2$ und damit auch die Behauptung 2 des Satzes. Aus Symmetriegründen genügt es, eine Formel zu zeigen. Wir zeigen die Formel für l.

Sei $x_1 < x_2 < \ldots x_k < x_{k+1} < \ldots < x_n$. Wir betrachten nun den binären Suchbaum, der entsteht, wenn wir $(x_1, x_2, \ldots, x_n)$ einer Zufallspermutation unterziehen und die Elemente in der neuen Reihenfolge einfügen. Die Zufallspermutation realisieren wir, indem wir die Elemente nacheinander zufällig und gleichverteilt aus $\{x_1, x_2, \ldots, x_n\}$ (ohne Zurücklegen) ziehen.

Dieser Baum ist gleich dem Baum, den wir erhalten, wenn wir alle Prioritäten vorweg wählen und die Elemente in aufsteigender Reihenfolge, nach Prioritäten, einfügen. Bei dieser Reihenfolge sind keine Rotationen notwendig. Die Elemente fügen wir unter Beachtung der binären Suchbaumbedingung als Blatt ein. Der Treap hängt jedoch nicht von dieser Einfüge-Reihenfolge ab.

Sei P der Pfad, der von der Wurzel des linken Teilbaumes des Knotens ausgeht, der x_{k+1} speichert und immer dem rechten Nachfolger eines Knotens folgt. Sei l_k der Erwartungswert der Anzahl der Knoten in P. Dann gilt $l = l_k$. Wir wollen l_k bestimmen. Das Problem hängt nur von der Reihenfolge der Elemente $x_1, x_2, \ldots, x_k, x_{k+1}$ ab. Die Elemente $x_{k+2}, \ldots, x_n$ liegen nicht auf P. Sie sind für diese Fragestellung irrelevant.

Wir wählen das erste Element $x \in \{x_1, x_2, \ldots x_k, x_{k+1}\}$ zufällig nach der Gleichverteilung. Wir unterscheiden zwei Fälle:

1. $x = x_{k+1}$.
2. $x = x_i, 1 \leq i \leq k$.

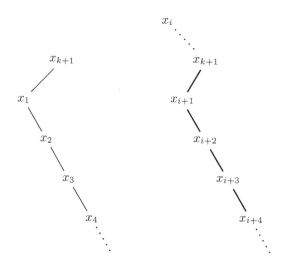

Fig. 4.23: Linker Teilbaum – rechter Schenkel.

In Figur 4.23 ist mit der Auflistung der möglichen Schlüssel in P begonnen worden. Diese müssen natürlich nicht alle vorkommen.

Ein Element x liegt genau dann auf P, wenn

(1) $x < x_{k+1}$, d. h. $x \in \{x_1, x_2, \ldots x_k\}$ und
(2) x ist größer als alle Elemente, die vor x aus $\{x_1, x_2, \ldots x_k\}$ gewählt wurden.

Wir betrachten den ersten Fall ($x = x_{k+1}$). Sei $\tilde{l}_k$ die Zufallsvariable, die angibt, wie oft die Bedingung (2) eintritt. Wenn wir nach x_{k+1} als nächstes x_i wählen, kann für $x_1, \ldots, x_{i-1}$ die Bedingung (2) nicht mehr erfüllt sein. Die Bedingung (2) kann höchstens für die $k - i$ Elemente $x_{i+1}, \ldots, x_k$ erfüllt sein. Rekursiv ergibt sich: Bedingung (2) ist $\tilde{l}_{k-i} + 1$ mal erfüllt. Gemittelt über alle i gilt deshalb

$$\tilde{l}_k = \frac{1}{k} \sum_{i=1}^{k} (1 + \tilde{l}_{k-i}) = 1 + \frac{1}{k} \sum_{i=0}^{k-1} \tilde{l}_i, k \geq 1,$$

$$\tilde{l}_0 = \tilde{l}_{k-k} = 0 \text{ (das erste Element ist } x_k\text{)}.$$

Wir lösen diese Gleichung und setzen dazu $x_k = \sum_{i=0}^{k} \tilde{l}_i$. Wir erhalten

$$x_k = \tilde{l}_k + \sum_{i=0}^{k-1} \tilde{l}_i = \frac{1}{k} x_{k-1} + x_{k-1} + 1.$$

Hieraus folgt:

$$x_1 = \tilde{l}_1 = 1,$$
$$x_k = \frac{k+1}{k} x_{k-1} + 1, k \geq 2.$$

Die lineare Differenzengleichung erster Ordnung lösen wir mit den Methoden aus Abschnitt 1.3.1. Dazu berechnen wir $\pi_k = \prod_{i=2}^{k} \frac{i+1}{i} = \frac{k+1}{2}$ und

$$x_k = \frac{k+1}{2} \left(1 + \sum_{i=2}^{k} \frac{2}{i+1} \right) = \frac{k+1}{2} \left(1 + 2 \sum_{i=3}^{k+1} \frac{1}{i} \right)$$

$$= \frac{k+1}{2} \left(1 + 2 \left(H_{k+1} - \frac{3}{2} \right) \right)$$

$$= (k+1)(H_{k+1} - 1).$$

Wir erhalten

$$\tilde{l}_k = x_k - x_{k-1} = H_k.$$

Im ersten Fall $(x = x_{k+1})$ ist $l_k = \tilde{l}_k$. Im zweiten Fall $(x = x_i, 1 \leq i \leq k)$ liegen die Elemente $x_1, \ldots, x_{i-1}$ nicht auf P (sie liegen ja im linken Teilbaum von x_i). Auf P liegen nur Elemente aus $\{x_{i+1}, \ldots, x_k\}$. Rekursiv folgt: Die Anzahl der Elemente in P ist l_{k-i}. Gemittelt über alle i ergibt sich:

$$l_k = \frac{1}{k+1} \tilde{l}_k + \sum_{i=1}^{k} \frac{1}{k+1} l_{k-i} = \frac{1}{k+1} \tilde{l}_k + \frac{1}{k+1} \sum_{i=0}^{k-1} l_i, k \geq 1,$$

$$l_0 = 0.$$

Wir lösen jetzt diese Gleichung und setzen dazu $x_k = \sum_{i=0}^{k} l_i$. Wir erhalten:

$$x_k = l_k + \sum_{i=0}^{k-1} l_i = \frac{1}{k+1} x_{k-1} + x_{k-1} + \frac{1}{k+1} \tilde{l}_k.$$

Hieraus folgt:

$$x_1 = l_1 \ = \ \frac{1}{2}\,\tilde{l}_1 \ = \ \frac{1}{2},$$

$$x_k = \frac{k+2}{k+1}\,x_{k-1} + \frac{1}{k+1}\,\tilde{l}_k, k \geq 2.$$

Wir haben das Problem auf die Lösung einer inhomogenen Differenzengleichung erster Ordnung zurückgeführt. Diese Gleichung lösen wir mit den Methoden aus Abschnitt 1.3.1.

Wir berechnen $\pi_i = \prod_{j=2}^{i} \frac{j+2}{j+1} = \frac{i+2}{3}$ und

$$
\begin{aligned}
x_k &= \frac{k+2}{3}\left(\frac{1}{2} + 3\sum_{i=2}^{k}\tilde{l}_i\,\frac{1}{i+1}\frac{1}{i+2}\right) \\
&= \frac{k+2}{3}\left(\frac{1}{2} + 3\sum_{i=2}^{k}\tilde{l}_i\left(\frac{1}{i+1} - \frac{1}{i+2}\right)\right) \\
&= \frac{k+2}{3}\left(\frac{1}{2} + 3\left(\sum_{i=3}^{k+1}\tilde{l}_{i-1}\frac{1}{i} - \sum_{i=4}^{k+2}\tilde{l}_{i-2}\frac{1}{i}\right)\right) \\
&= \frac{k+2}{3}\left(\frac{1}{2} + 3\left(\frac{1}{3}\tilde{l}_2 + \sum_{i=4}^{k+1}\left(\tilde{l}_{i-1} - \tilde{l}_{i-2}\right)\frac{1}{i} - \frac{\tilde{l}_k}{k+2}\right)\right) \\
&= \frac{k+2}{3}\left(\frac{1}{2} + 3\left(\frac{1}{2} + \sum_{i=4}^{k+1}\frac{1}{i-1}\frac{1}{i} - \frac{H_k}{k+2}\right)\right) \\
&= \frac{k+2}{3}\left(\frac{1}{2} + 3\left(\frac{1}{2} + \sum_{i=4}^{k+1}\frac{1}{i-1} - \frac{1}{i} - \frac{H_k}{k+2}\right)\right) \\
&= \frac{k+2}{3}\left(\frac{1}{2} + 3\left(\frac{1}{2} + \sum_{i=3}^{k}\frac{1}{i} - \sum_{i=4}^{k+1}\frac{1}{i} - \frac{H_k}{k+2}\right)\right) \\
&= \frac{k+2}{3}\left(\frac{1}{2} + 3\left(\frac{1}{2} + \frac{1}{3} - \frac{1}{k+1} - \frac{H_k}{k+2}\right)\right) \\
&= \frac{k+2}{3}\left(3 - \frac{3}{k+1} - 3\frac{H_k}{k+2}\right) \\
&= k+1 - H_{k+1}.
\end{aligned}
$$

Wir erhalten

$$l_k = x_k - x_{k-1} = 1 - \frac{1}{k+1}.$$

Da der Erwartungswert von l_k und von r_k für jeden Knoten kleiner als eins ist, erwarten wir im Mittel weniger als zwei Rotationen.   □

Bemerkung. AVL-Bäume und probabilistische binäre Suchbäume weisen ähnliche Performance-Merkmale auf. Bei probabilistischen binären Suchbäumen handelt es sich um Erwartungswerte, AVL-Bäume halten die angegebenen Schranken immer ein.

Werden weitere Operationen gefordert, wie zum Beispiel die Vereinigung von zwei Bäumen T_1 und T_2, wobei die Schlüssel in T_1 kleiner als die Schlüssel in T_2 sind, so lässt sich dies bei probabilistischen binäre Suchbäumen einfach implementieren. Wähle eine neue Wurzel mit geeigneter Schlüssel und Prioritätskomponente, mache T_1 zum linken und T_2 zum rechten Nachfolger der Wurzel und lösche anschließend die Wurzel.

4.5 B-Bäume

B-Bäume wurden zur Speicherung von Daten auf externen Speichermedien von Bayer[4] und McCreight[5] entwickelt (siehe [BayMcC72]). Bei den externen Speichermedien handelt es sich typischerweise um Festplattenspeicher. Diese ermöglichen „quasi wahlfreien" Zugriff auf die Daten. Bei quasi wahlfreiem Zugriff adressieren wir Datenblöcke – nicht einzelne Bytes wie bei wahlfreiem Zugriff – und transferieren sie zwischen dem Hauptspeicher und dem externen Speicher. Im Wesentlichen beeinflusst die Anzahl der Zugriffe auf den externen Speicher die Rechenzeit von Anwendungen zur Speicherung von Daten auf externen Speichermedien. Die Zugriffszeit für zwei Bytes in einem Datenblock ist annähernd halb so groß wie die Zugriffszeit für Bytes in unterschiedlichen Datenblöcken. B-Bäume minimieren die Anzahl der Zugriffe auf das externe Speichermedium.

Große Datenmengen verwalten wir mit Datenbanken. Die Daten müssen persistent gespeichert werden und besitzen typischerweise einen großen Umfang. Deshalb ist der Einsatz von Sekundärspeicher notwendig. Datenbanksysteme organisieren die gespeicherten Daten mithilfe von B-Bäumen.

Definition 4.25. Ein Wurzelbaum heißt *B-Baum der Ordnung d*, wenn gilt:

1. Jeder Knoten besitzt höchstens d Nachfolger.
2. Jeder Knoten außer der Wurzel und den Blättern besitzt mindestens $\left\lceil \frac{d}{2} \right\rceil$ Nachfolger.
3. Die Wurzel enthält mindestens zwei Nachfolger, falls sie kein Blatt ist.
4. Alle Blätter liegen auf derselben Ebene.

Bemerkung. Ein B-Baum besitze die Ordnung d und die Höhe h. Die minimale Anzahl von Knoten ist

$$1 + 2 \left\lceil \frac{d}{2} \right\rceil + \ldots + 2 \left\lceil \frac{d}{2} \right\rceil^{h-1} = 1 + 2 \sum_{i=0}^{h-1} \left\lceil \frac{d}{2} \right\rceil^i = 1 + 2 \frac{\left\lceil \frac{d}{2} \right\rceil^h - 1}{\left\lceil \frac{d}{2} \right\rceil - 1}.$$

Die maximale Anzahl von Knoten ist

$$1 + d + d^2 + \ldots + d^h = \sum_{i=0}^{h} d^i = \frac{d^{h+1} - 1}{d - 1}.$$

---

[4] Rudolf Bayer (1939 –) ist ein deutscher Informatiker.
[5] Edward Meyers McCreight ist ein amerikanischer Informatiker.

Insgesamt folgt für die Anzahl n der Knoten

$$1 + 2\frac{\left\lceil\frac{d}{2}\right\rceil^h - 1}{\left\lceil\frac{d}{2}\right\rceil - 1} \leq n \leq \frac{d^{h+1} - 1}{d - 1}.$$

Wir bezeichnen die Knoten eines B-Baumes als *Seiten*. Der Transfer der Daten vom Hauptspeicher auf die Festplatte erfolgt in Blöcken fester Größe. Die Blockgröße hängt vom verwendeten externen Speichermedium ab. Wir wählen die Größe einer Seite so, dass der Transfer vom Hauptspeicher in den Sekundärspeicher mit einem Zugriff möglich ist.

B-Bäume von kleiner Ordnung sind wegen der geringen Seitengröße weniger für die Organisation von Daten auf externen Speichermedien geeignet. Sie sind eine weitere Methode, um Daten effizient im Hauptspeicher zu verwalten. B-Bäume der Ordnung vier, zum Beispiel, sind eine zu Rot-Schwarz-Bäumen äquivalente Struktur (Übungen, Aufgabe 17). Rot-Schwarz-Bäume sind eine weitere Variante balancierter binärer Suchbäume (Übungen, Aufgabe 10).

Zur Speicherung einer geordneten Menge X verwenden wir die B-Baumstruktur wie folgt:

1. Eine Seite enthält Elemente von X in geordneter Reihenfolge und Adressen von Nachfolgeknoten. Adressen in Blattknoten werden nicht benutzt.
2. Sei d die Ordnung des B-Baumes. Für jede Seite gilt:

Anzahl der Adressen = Anzahl der Elemente + 1.

Hieraus ergeben sich folgende Bedingungen für die Anzahl der Elemente in einer Seite.
   a. Die Wurzel enthält mindestens ein Element.
   b. Jeder Knoten außer der Wurzel enthält mindestens $\left\lfloor\frac{d-1}{2}\right\rfloor$ $(= \left\lceil\frac{d}{2}\right\rceil - 1)$ Elemente.
   c. Jeder Knoten enthält höchstens $d - 1$ Elemente.
3. Die logische Datenstruktur einer Seite ist gegeben durch:

$$\boxed{a_0}\boxed{x_1}\boxed{a_1}\boxed{x_2}\boxed{a_2}\boxed{\ldots}\boxed{a_{l-1}}\boxed{x_l}\boxed{a_l}\boxed{\ldots\ldots}$$

Dabei bezeichnet a_i, $i = 0, \ldots, l$, die Adresse einer Nachfolgeseite und x_i, $i = 1, \ldots, l$, ein Element, das in der Seite gespeichert ist. Es gilt $x_1 < x_2 < \ldots < x_l < \ldots$. Für ein Element x bezeichnen wir mit l_x die Adresse, die links von x steht, und mit r_x die Adresse, die rechts von x steht. Für eine Adresse a bezeichnet $S(a)$ die Seite, die a adressiert. Für Elemente $u \in S(l_x)$ und $z \in S(r_x)$ gilt $u < x < z$.

Bemerkung. Wegen der oben definierten Anordnung sind die Elemente in sortierter Reihenfolge im B-Baum gespeichert. Wenn wir den B-Baum „inorder" traversieren und ausgegeben, d. h.

(1) starte mit dem ersten Element x der Wurzelseite, gebe zunächst (rekursiv) die Elemente in $S(l_x)$, dann x und anschließend (rekursiv) die Elemente in der Seite $S(r_x)$ aus,

(2) setze das Verfahren mit dem zweiten Element der Wurzelseite fort, und so weiter.

so ist die Ausgabe aufsteigend sortiert.

Beispiel. Figur 4.24 zeigt einen B-Baum für die Menge {A,B,E,H,L,M,N,O,P, Q,R,T,V,W}

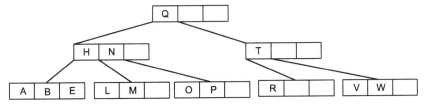

Fig. 4.24: Ein B-Baum.

4.5.1 Pfadlängen

Da alle Blätter eines B-Baumes auf derselben Ebene liegen, haben alle Pfade von der Wurzel zu einem Blatt dieselbe Länge. Die Länge eines Pfades ist durch die Höhe des B-Baumes beschränkt und bestimmt die Anzahl der notwendigen Seitenzugriffe beim Suchen, Einfügen und Löschen eines Elements.

Satz 4.26. *Eine Menge S, $|S| = n$, werde in einem B-Baum der Ordnung d gespeichert. Für die Höhe h des Baumes gilt dann:*

$$\log_d(n+1) - 1 \leq h \leq \log_{q+1}\left(\frac{n+1}{2}\right), \quad q = \left\lfloor \frac{d-1}{2} \right\rfloor.$$

Insbesondere ist die Höhe h des Baumes logarithmisch in der Anzahl der im Baum gespeicherten Elemente: $h = O(\log_2(n))$.

Beweis. Sei *min* die minimale und *max* die maximale Anzahl von Elementen in einem B-Baum der Höhe h. Dann gilt

$$min = 1 + 2q + 2(q+1)q + \ldots + 2(q+1)^{h-1}q$$

$$= 1 + 2q\sum_{i=0}^{h-1}(q+1)^i = 1 + 2q\frac{(q+1)^h - 1}{q} = 2(q+1)^h - 1 \leq n.$$

Es folgt $h \leq \log_{q+1}\left(\frac{n+1}{2}\right)$.

$$max = (d-1) + d(d-1) + \ldots + d^h(d-1)$$

$$= (d-1)\sum_{i=0}^{h}d^i = (d-1)\frac{d^{h+1} - 1}{d-1} \geq n.$$

Dies impliziert $\log_d(n+1) - 1 \leq h$.   □

Beispiel. Sei $d = 127, n = 2^{21} + 1 (\approx 2 Mio.)$. Dann ist $q = 63$ und $h \leq \log_{64}(2^{20} + 1) \approx 3.3$. Wir bringen die Elemente in einem B-Baum mit vier Ebenen unter.

Wir studieren in den nächsten beiden Abschnitten Algorithmen zum Suchen, Einfügen und Löschen von Elementen. Die Effizienz dieser Algorithmen ist durch die Anzahl der notwendigen Zugriffe auf den Sekundärspeicher bestimmt. Diese wiederum hängen von der Höhe h des B-Baumes ab. Mit Satz 4.26 folgt, dass die Anzahl der Zugriffe auf den Sekundärspeicher von der Ordnung $O(\log_{q+1}\left(\frac{n+1}{2}\right))$ ist, wobei $q = \lfloor \frac{d-1}{2} \rfloor$, d die Ordnung des B-Baumes und n die Anzahl der gespeicherten Elemente bezeichnet.

4.5.2 Suchen und Einfügen

Die Seiten eines B-Baumes liegen auf dem Sekundärspeicher. Die Wurzel eines B-Baumes befindet sich immer im Hauptspeicher. Weitere Seiten befinden sich nur soweit möglich und notwendig im Hauptspeicher. Wir sprechen die Seiten eines B-Baumes im Hauptspeicher mit dem Datentyp *page* an.

Die Sekundärspeicheradressen sind vom Typ *address*. Dabei bezeichnen $1, 2, 3, \ldots$ gültige Seitenadressen, die Seitenadresse 0 spielt die Rolle von null in verketteten Listen.

Die Algorithmen zum Suchen, Einfügen und Löschen verwenden Zugriffsfunktionen, die der abstrakte Datentyp B-Baum bereitstellt. Es handelt sich um folgende Funktionen:

1. ReadPage(*address a*)
   liest die Seite mit der Adresse a vom Sekundärspeicher und gibt eine Referenz auf die Seite im Hauptspeicher zurück.

2. WritePage(*address a, page p*)
   schreibt eine Seite p in den Sekundärspeicher an die Seitenadresse a. Ist $a = 0$, so belegt WritePage eine neue Seite auf dem Sekundärspeicher und liefert deren Adresse zurück. Andernfalls gibt WritePage a zurück.

3. PageSearch(*page p, item e*)
   sucht e in der Seite, die p referenziert und gibt ein Paar (i, adr) zurück. Falls $i > 0$ gilt, ist e das i-te Element in p. Falls $i = 0$ ist, so befindet sich e nicht in der Seite p. Ist in diesem Fall p ein Blatt, so gibt PageSearch die Adresse $adr = 0$ zurück. Ist p kein Blatt, so gibt PageSearch die Adresse jener Seite zurück, welche Wurzel des Teil-B-Baums ist, welcher e enthalten könnte.

Die beiden ersten Funktionen abstrahieren von den Details über den Transfer der Seiten vom und zum Sekundärspeicher.

Wir geben zunächst die Funktion zum Suchen von Elementen an. e ist das zu suchende Element und p ist die Wurzel des B-Baumes.

Algorithmus 4.27.

$(page, index)$ BTreeSearch(page p, item e)
1   while true do
2        $(i, adr) \leftarrow$ PageSearch(p, e)
3   if $i > 0$
4   then return (p, i)
5   else if $adr \neq 0$
6   then $p \leftarrow$ ReadPage(adr)
7   else $return(p, 0)$

BTreeSearch gibt die Seite, in der sich e befindet, in *page* zurück. Mit dem Index i greifen wir dann in der Seite auf e zu.
Befindet sich e nicht im B-Baum, so endet die Suche in einem Blatt. BTreeSearch gibt in *index* 0 zurück (gültige Indizes beginnen ab 1). *page* ist die Seite, in die e einzufügen wäre.

Beim Einfügen eines Elementes e suchen wir zunächst mit BTreeSearch den Knoten, welcher e nach der aufsteigend sortierten Anordnung zu speichern hat. Die Suche mit BTreeSearch endet in einem Blatt des B-Baumes erfolglos. Falls das Blatt noch nicht voll besetzt ist, fügen wir e in dieses Blatt ein. Falls das Blatt voll ist, belegen wir eine neue Seite. Etwa die Hälfte der Elemente der alten Seite kopieren wir in die neue Seite und fügen ein Element zusammen mit der Adresse der neuen Seite in die Vorgängerseite ein. Das Einfügen eines Elements ist nicht auf die Blätter beschränkt, es setzt sich unter Umständen auf niedrigere Ebenen fort.

Wir demonstrieren das Einfügen eines Elements zunächst mit einem

Beispiel. Wir fügen D in den B-Baum der folgenden Figur ein.

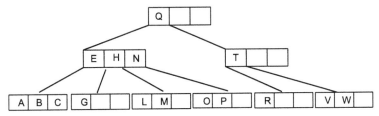

Da die Seite, die D aufnehmen soll, bereits voll ist, belegen wir eine neue Seite. Die Elemente A, B, D verteilen wir auf zwei Seiten, das mittlere Element C geht in die Vorgängerseite. Da die Vorgängerseite voll ist, belegen wir nochmals eine neue Seite. Die Elemente C, E, N verteilen wir auf zwei Seiten, das mittlere Element H geht in die Vorgängerseite. Wir erhalten den B-Baum, den Figur 4.25 darstellt.

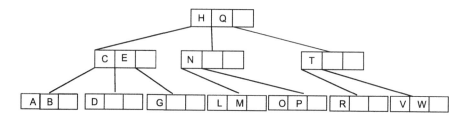

Fig. 4.25: Einfügen eines Elements.

Wir betrachten nun den allgemeinen Fall einer vollen Seite.

$$\boxed{a_0\,|\,x_1\,|\,a_1\,|\,x_2\,|\,a_2\,|\,\ldots\ldots\,|\,a_{l-1}\,|\,x_l\,|\,a_l}$$

mit $l = d - 1$, wobei d die Ordnung des B-Baums bezeichnet. Füge e, b ein ($b = 0$, falls in ein Blatt eingefügt werden soll):

$$\boxed{a_0\,|\,x_1\,|\,a_1\,|\ldots\,|\,a_{i-1}\,|\,e\,|\,b\,|\,x_i\,|\,a_i\,|\ldots\ldots\,|\,a_{l-1}\,|\,x_l\,|\,a_l} = \boxed{\tilde{a}_0\,|\,\tilde{x}_1\,|\ldots\ldots\,|\,\tilde{a}_l\,|\,\tilde{x}_{l+1}\,|\,\tilde{a}_{l+1}}$$

Suche das mittlere Element $\tilde{x}_k$ und zerlege in

$$\boxed{\tilde{a}_0\,|\,\tilde{x}_1\,|\ldots\ldots\,|\,\tilde{x}_{k-1}\,|\,\tilde{a}_{k-1}} \text{ und } \boxed{\tilde{a}_k\,|\,\tilde{x}_{k+1}\,|\ldots\ldots\,|\,\tilde{a}_l\,|\,\tilde{x}_{l+1}\,|\,\tilde{a}_{l+1}}$$

Für den rechten Teil $\boxed{\tilde{a}_k\,|\,\tilde{x}_{k+1}\,|\ldots\ldots\,|\,\tilde{a}_l\,|\,\tilde{x}_{l+1}\,|\,\tilde{a}_{l+1}}$ belegen wir eine neue Seite. Die Adresse dieser Seite sei $\tilde{b}$. Füge $\tilde{x}_k, \tilde{b}$ (sortiert) in der Vorgängerseite ein.

Der Algorithmus verändert die B-Baumeigenschaften nicht, denn die Adresse, die links von $\tilde{x}_k$ steht, referenziert die alte Seite, die nun $\boxed{\tilde{a}_0\,|\,\tilde{x}_1\,|\ldots\ldots\,|\,\tilde{x}_{k-1}\,|\,\tilde{a}_{k-1}}$ enthält. Die darin gespeicherten Elemente sind kleiner als $\tilde{x}_k$. Der B-Baum bleibt nach der Teilung eines Knotens sortiert. Nach der Teilung eines vollen Knotens hat jeder Knoten mindestens $\lfloor \frac{d-1}{2} \rfloor$ viele Elemente und mindestens $\lfloor \frac{d-1}{2} \rfloor + 1 \ (= \lceil \frac{d}{2} \rceil)$ viele Nachfolger. Die untere Schranke für die Anzahl der Elemente, die eine Seite enthalten muss, beachten wir bei der Teilung.

Wir erweitern den abstrakten Datentypen B-Baum um die Funktion

(*boolean insert, item f, adr b*) PageInsert(*page p, item e, address a*).

PageInsert fügt in die Seite p, die sich im Hauptspeicher befindet, das Element e mit Adresse a ein und schreibt die Seite auf den Sekundärspeicher. Falls die Seite p voll ist, belegt PageInsert eine neue Seite, führt die Aufteilung der Elemente durch und schreibt beide Seiten auf den Sekundärspeicher. Wenn der Rückgabewert *insert* wahr ist, ist der Fall einer vollen Seite eingetreten. In diesem Fall ist ein Element in die Vorgängerseite einzufügen. Dieses Element ist (*item f, adr b*).

Algorithmus 4.28.
  BTreeInsert(page t, item e)
  1   $(p, i) \leftarrow$ BTreeSearch(t, e)
  2   if $i \neq 0$ then $return$
  3   $b \leftarrow 0$
  4   repeat
  5      $(insert, e, b) \leftarrow$ PageInsert(p, e, b)
  6   if $insert$
  7   then if $p.predecessor \neq 0$
  8   then $p \leftarrow$ ReadPage$(p.predecessor)$
  9   else $p \leftarrow$ new page
  10   until $insert =$ false

Bemerkungen:

1. Zunächst ermittelt BTreeSearch das Blatt, in das e einzufügen ist. PageInsert fügt dann e in das Blatt ein. Falls $insert$ wahr ist, lesen wir anschließend die Vorgängerseite aus dem Sekundärspeicher. Das mittlere Element (e, b) fügen wir in die Vorgängerseiten ein, solange der Fall der Teilung einer Seite vorliegt, d. h. $insert =$ true ist.
   Der obige Algorithmus liest auf dem Pfad vom Blatt zur Wurzel nochmals Seiten aus dem Sekundärspeicher. Es ist aber möglich, dies durch eine sorgfältigere Implementierung zu vermeiden.
2. Falls in einen vollen Wurzelknoten ein Element einzufügen ist, belegt PageInsert eine neue Seite und verteilt die Elemente der alten Wurzel auf die alte Wurzel und die neue Seite. In Zeile 9 belegt BTreeSearch eine Seite für eine neue Wurzel. Das mittlere Element fügen wir dann in die neue Wurzel ein (Zeile 5). Die Höhe des Baumes nimmt um eins zu.
3. Die Ausgeglichenheit geht nicht verloren, da der Baum von unten nach oben wächst.

4.5.3 Löschen eines Elementes

Das Löschen eines Elements muss bezüglich der B-Baum Struktur invariant sein. Es sind folgende Punkte zu beachten:

1. Weil für innere Seiten die Bedingung „Anzahl der Adressen = Anzahl der Elemente + 1" gilt, ist es zunächst nur möglich, ein zu löschendes Element aus einer Blattseite zu entfernen. Befindet sich das zu löschende Element x nicht in einem Blatt, so vertausche x mit seinem Nachfolger (oder Vorgänger) in der Sortierreihenfolge. Dieser ist in einem Blatt gespeichert. Jetzt entfernen wir x aus dem Blatt. Nachdem x entfernt wurde, ist die Sortierreihenfolge wieder hergestellt.
2. Entsteht durch Entfernen eines Elements Underflow, so müssen wir den B-Baum reorganisieren. *Underflow* liegt vor, falls ein Knoten, der verschieden von der Wurzel ist, weniger als $\lfloor (d-1)/2 \rfloor$ Elemente enthält.

Wir versuchen zunächst zwischen direkt benachbarten Seiten auszugleichen. Wir bezeichnen zwei Knoten im B-Baum als *direkt benachbart*, falls
sie in der Ebene benachbart sind und denselben Vorgänger besitzen. Ist
es nicht möglich zwischen direkt benachbarten Seiten auszugleichen, so
fassen wir zwei direkt benachbarte Seiten zusammen und geben anschließend eine der beiden Seiten frei. Dabei holen wir ein Element aus der
Vorgängerseite, d. h. wir setzen das Löschen rekursiv fort. Wegen

$$\left\lfloor \frac{d-1}{2} \right\rfloor - 1 + \left\lfloor \frac{d-1}{2} \right\rfloor + 1 \leq d - 1$$

passen die Elemente aus der Seite mit Underflow, der Nachbarseite und
das Element aus dem Vorgänger in eine Seite.
Tritt Underflow in der Wurzel ein, d. h. die Wurzel enthält keine Elemente,
so geben wir die Seite frei.

3. Der Ausgleich zwischen direkt benachbarten Seiten S_1 (linker Knoten)
   und S_2 (rechter Knoten) erfolgt über den Vorgängerknoten S der beiden
   Seiten. Für ein Element $x \in S$ bezeichnen wir mit l_x die Adresse, die links
   von x und mit r_x die Adresse, die rechts von x steht. l_x referenziert S_1 und
   r_x die Seite S_2. Die Elemente in S_1 sind kleiner als x und die Elemente
   in S_2 sind größer als x. Wir diskutieren den Fall, dass der Ausgleich von
   S_1 nach S_2 erfolgt. Der umgekehrte Fall ist analog zu behandeln. Das
   größte Element v in S_1 (es steht am weitesten rechts) geht nach S an
   die Stelle von x und x geht nach S_2 und besetzt dort den Platz, der
   am weitesten links liegt. Jetzt müssen wir den Baum anpassen. Die in
   S_2 fehlende Adresse l_x ersetzen wir durch r_v: $l_x = r_v$. Die Adresse r_v
   löschen wir in S_1. Die Elemente in S_1 sind kleiner als v, die Elemente in
   S_2 sind größer als v. Die Elemente in $S(l_x)$ sind größer als v, aber kleiner
   als x. Der B-Baum bleibt auch nach der Anpassung sortiert.

Beispiel. Wir betrachten jetzt anhand eines Beispiels die verschiedenen Fälle,
die beim Löschen eintreten können. Wir löschen im B-Baum der Ordnung 4,
den Figur 4.26 darstellt, das Element U.

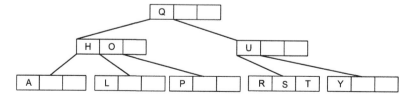

Fig. 4.26: Löschen von U.

Dazu tauschen wir U mit T. Jetzt befindet sich U in einem Blatt und wir
können U löschen. Wir erhalten den B-Baum der Figur 4.27.

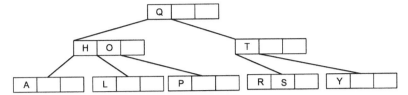

Fig. 4.27: Löschen eines Elements im Blatt.

Als Nächstes löschen wir Y. Jetzt tritt Underflow ein, es erfolgt ein Ausgleich mit dem direkten Nachbarn. Wir erhalten den B-Baum der Figur 4.28.

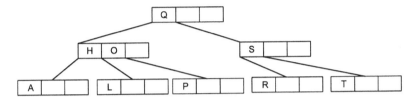

Fig. 4.28: Löschen eines Elements mit Ausgleich.

Schließlich löschen wir T. Es tritt erneut Underflow ein, wir fassen direkt benachbarte Seiten zusammen. Nach nochmaligem Underflow im Vorgängerknoten, erfolgt ein Ausgleich mit dem direkten Nachbarn. Das Ergebnis ist der B-Baum der Figur 4.29.

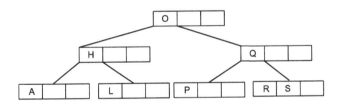

Fig. 4.29: Löschen eines Elements mit Ausgleich im Inneren.

Als letztes löschen wir A. Wegen Underflow fassen wir direkt benachbarte Seiten zusammen. Es tritt nochmals Underflow im Vorgängerknoten ein. Da kein Ausgleich mit dem direkten Nachbarn möglich ist, fassen wir nochmals direkt benachbarte Seiten zusammen. Wir erhalten den B-Baum der Figur 4.30.

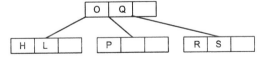

Fig. 4.30: Löschen eines Elements mit Reduktion der Höhe.

Nach dem Löschen der Wurzel nimmt die Höhe des B-Baumes um eins ab.

Algorithmus 4.29.
   BTreeDel(item e)
     1   with page S containing e
     2   if S is not a leaf
     3   then exchange e with the successor* of e in the page $\tilde{S}$
     4       $S \leftarrow \tilde{S}$ (now S is a leaf and contains e)
     5   delete e from the page S
     6   while underflow in S do
     7   if $S = $ root
     8   then free S , return
     9   attempt to balance between immediate neighbors
    10   if balance successful
    11   then return
    12   combine directly adjacent pages
    13    $S \leftarrow$ predecessor of S

---

* The successor in the sorted sequence is located in a leaf.

Bemerkungen:

1. B-Bäume sind per Definition vollständig ausgeglichen. Die Aufrechterhaltung der B-Baumstruktur beim Einfügen und Löschen ist durch einfache Algorithmen sichergestellt. Im ungünstigsten Fall sind beim Einfügen und Löschen eines Elements alle Knoten des Suchpfades vom Blatt bis zur Wurzel betroffen. Die Anzahl der Sekundärspeicher-Operationen ist in der Ordnung $O(\log_{q+1}((n+1)/2))$, $q = \lfloor (d-1)/2 \rfloor$, wobei d die Ordnung des B-Baumes ist und n die Anzahl der gespeicherten Elemente bezeichnet (Satz 4.26).
Der Preis für die Ausgeglichenheit des Baumes besteht darin, dass die einzelnen Seiten unter Umständen nur „halb" gefüllt sind.

2. Die in den Blattseiten auftretenden Adressen haben alle den Wert 0 und wir brauchen sie deshalb nicht zu speichern. Wir vermerken aber, dass es sich um ein Blatt handelt.

3. Beim Einfügen kann man wie beim Löschen einen Ausgleich zwischen direkt benachbarten Seiten durchführen. Anstatt bei einer vollen Seite sofort eine neue Seite anzulegen, überprüfen wir zuerst, ob in einer direkt benachbarten Seite noch Platz ist. Eine neue Seite benötigen wir erst, wenn zwei Seiten voll sind. Dadurch erhöht sich die Ausnutzung des Speichers, jede Seite, außer der Wurzel, ist mindestens zu $2/3$ gefüllt. Diese B-Baum-Variante wird mit B*-Baum bezeichnet. Neben der effizienteren Speichernutzung ergibt sich für B*-Bäume bei gegebener Anzahl von gespeicherten Elementen eine geringere Höhe im Vergleich zu B-Bäumen (Satz 4.26).

4. Datenbankanwendungen speichern Datensätze. Diese Datensätze identifizieren wir durch einen Schlüssel. Die Länge des Schlüssels ist oft klein

im Vergleich zur Länge des ganzen Datensatzes. Zur Beschleunigung der Zugriffe auf die Datensätze implementieren wir einen Index. Der Index besteht aus Suchschlüsseln und wir organisieren ihn als B-Baum.

Wegen des geringeren Speicherbedarfs für einen Suchschlüssel ist es möglich, in den Seiten viele Suchschlüssel zu speichern. Dies erhöht den Grad eines Knotens und bedingt eine niedere Höhe des Baumes. Die Blattseiten des B-Baumes enthalten die Verweise auf die Datenseiten. Diese Konstruktion, bestehend aus Index und Datenseiten, bezeichnen wir als B$^+$-Baum.

Die Menge der Suchschlüssel kann aus Schlüsseln der Datensätze bestehen. Tatsächlich muss ein Suchschlüssel s in einem Blatt die Schlüssel der nachfolgenden Datenseiten separieren, d. h. es muss gelten, dass die Schlüssel im linken Nachfolger $< s$ und die Schlüssel im rechten Nachfolger $> s$ sind. Deshalb erfordert das Löschen eines Datensatzes unter Umständen keine Änderung der Suchschlüssel.

Wenn wir die Datenseiten in einer doppelt verketteten Liste organisieren, dann ist es möglich, auf den Vorgänger oder Nachfolger einer Datenseite in konstanter Zeit zuzugreifen. Als Konsequenz können wir die Bereichssuche von Daten, d. h. die Ausgabe von Daten, deren Schlüssel in einem Intervall liegen, sehr effizient durchführen.

Diese Art des Zugriffs bezeichnen wir als *ISAM (Indexed Sequential Access Method)* Zugriffsmethode. Sie ermöglicht sowohl sequentiellen (in einer sortierten Reihenfolge) als auch index-basierten Zugriff auf die Datensätze einer Datenbank.

Beispiel. Figur 4.31 zeigt einen B$^+$-Baum.

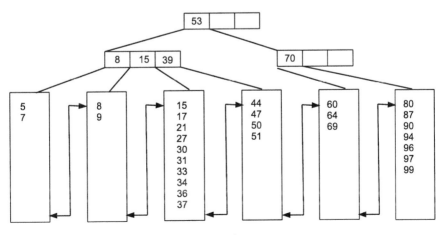

Fig. 4.31: B$^+$-Baum.

4.6 Codebäume

Codebäume werden in diesem Abschnitt verwendet, um Codes für die Daten-komprimierung graphisch darzustellen. Deshalb führen wir zunächst grundlegende Begriffe aus der Codierungstheorie ein. In den Abschnitten über die adaptive Huffman-Codierung, arithmetische Codes und Lempel-Ziv-Codes lehnen wir uns an die Darstellung in [HanHarJoh98] an, eine ausgezeichnete Einführung in die Informationstheorie und Datenkomprimierung.

Definition 4.30.

1. Unter einem *Alphabet* verstehen wir eine nicht leere endliche Menge X. Die Elemente $x \in X$ heißen *Symbole*.
2. Eine endliche Folge von Symbolen $x = x_1 \ldots x_n$, $x_i \in X$, $i = 1, \ldots, n$, heißt *Wort* oder *Nachricht über* X. $|x| := n$ heißt *Länge von x*. ε bezeichnet das Wort ohne Symbole, das *leere Wort*. Die Länge von ε ist 0, $|\varepsilon| = 0$.
3. $X^* := \{x \mid x \text{ Wort über } X\}$ heißt die *Menge der Nachrichten über* X.
4. Für $n \in \mathbb{N}_0$ heißt $X^n := \{x \in X^* \mid |x| = n\}$ die *Menge der Nachrichten der Länge n über* X.

Beispiel. Ein wichtiges Beispiel sind binäre Nachrichten. Die Menge der binären Nachrichten ist $\{0, 1\}^*$ und die Menge der binären Nachrichten der Länge n ist $\{0, 1\}^n$.

Definition 4.31. Seien $X = \{x_1, \ldots, x_m\}$ und $Y = \{y_1, \ldots, y_n\}$ Alphabete. Eine *Codierung von X über Y* ist eine injektive Abbildung

$$C : X \longrightarrow Y^* \backslash \{\varepsilon\}.$$

Mit C bezeichnen wir auch das Bild von C. Es besteht aus den *Codewörtern* $C(x_1), \ldots, C(x_m)$ und heißt ein *Code über Y der Ordnung m*.

Beispiel. Sei $X = \{a, b, c, d\}$. Codierungen von X über $\{0, 1\}$ sind gegeben durch: $a \longmapsto 0, b \longmapsto 111, c \longmapsto 110, d \longmapsto 101$ oder $a \longmapsto 00, b \longmapsto 01, c \longmapsto 10, d \longmapsto 11$.

4.6.1 Eindeutig decodierbare Codes

Der *Codierer* erzeugt bei Eingabe einer Nachricht aus X^* die codierte Nachricht, eine Zeichenkette aus Y^*. Dabei verwendet er zur Codierung der Symbole aus X einen Code. Zur Codierung einer Zeichenkette aus X^* setzt der Codierer die Codewörter für die Symbole, aus denen die Zeichenkette besteht, hintereinander. Die Aufgabe des *Decodierers* besteht darin, aus der codierten Nachricht die ursprüngliche Nachricht zu rekonstruieren. Eindeutig decodierbar bedeutet, dass eine Nachricht aus Y^* höchstens eine Zerlegung in Codewörter besitzt. Die Verwendung eines eindeutig decodierbaren Codes versetzt somit den Decodierer in die Lage, die Folge der codierten Nachrichten zu ermitteln. Deshalb bezeichnen wir eindeutig decodierbare Codes auch als *verlustlose Codes*. Etwas formaler definieren wir

Definition 4.32. Seien $X = \{x_1, \ldots, x_m\}$ und $Y = \{y_1, \ldots, y_n\}$ Alphabete und $C : X \longrightarrow Y^* \backslash \{\varepsilon\}$ eine Codierung von X über Y.

1. Die Fortsetzung von C auf X^* ist definiert durch

$$C^* : X^* \longrightarrow Y^*, \ \varepsilon \longmapsto \varepsilon, x_{i_1} \ldots x_{i_k} \longmapsto C(x_{i_1}) \ldots C(x_{i_k}).$$

2. Die Codierung C oder der Code $C = \{C(x_1), \ldots, C(x_n)\}$ heißt *eindeutig decodierbar*, wenn die Fortsetzung $C^* : X^* \longrightarrow Y^*$ injektiv ist.

Die eindeutige Decodierbarkeit weisen wir zum Beispiel durch Angabe eines Algorithmus zur eindeutigen Decodierung nach. Eine codierte Zeichenkette muss sich eindeutig in eine Folge von Codewörtern zerlegen lassen. Durch Angabe von zwei Zerlegungen einer Zeichenkette zeigen wir, dass ein Code nicht eindeutig decodierbar ist.

Beispiel.

1. Der Code $C = \{0, 01\}$ ist eindeutig decodierbar. Wir decodieren $c = c_{i_1} \ldots c_{i_k}$ durch

$$c_{i_1} = \begin{cases} 0, & \text{falls } c = 0 \text{ oder } c = 00 \ldots, \\ 01, & \text{falls } c = 01 \ldots, \end{cases}$$

und setzen das Verfahren rekursiv mit $c_{i_2} \ldots c_{i_k}$ fort.

2. $C = \{a, c, ad, abb, bad, deb, bbcde\}$ ist nicht eindeutig decodierbar, denn $abb|c|deb|ad = a|bbcde|bad$ sind zwei Zerlegungen in Codewörter.

Kriterium für die eindeutige Decodierbarkeit. Sei $C = \{c_1, \ldots, c_m\} \subset Y^* \setminus \{\varepsilon\}$. C ist nicht eindeutig decodierbar, falls es ein Gegenbeispiel zur eindeutigen Decodierbarkeit gibt, d. h. für ein $c \in Y^*$ gibt es zwei Zerlegungen in Codewörter. Genauer, falls es $(i_1, \ldots, i_k)$ und $(j_1, \ldots, j_l)$ mit

$$c_{i_1} \ldots c_{i_k} = c_{j_1} \ldots c_{j_l} \text{ und } (i_1, \ldots, i_k) \neq (j_1, \ldots, j_l)$$

gibt. Auf der Suche nach einem Gegenbeispiel starten wir mit allen Codewörtern, die ein Codewort als Präfix besitzen. Für jedes dieser Codewörter prüfen wir, ob das zugehörige Postfix entweder ein weiteres Codewort als Präfix abspaltet oder Präfix eines Codeworts ist. Wir definieren für einen Code C die Folge

$$
\begin{aligned}
C_0 &:= C, \\
C_1 &:= \{w \in Y^* \setminus \{\varepsilon\} \mid \text{ es gibt ein } w' \in C_0 \text{ mit: } w'w \in C_0\}, \\
C_2 &:= \{w \in Y^* \setminus \{\varepsilon\} \mid \text{ es gibt ein } w' \in C_0 \text{ mit: } w'w \in C_1\} \\
&\quad \cup \{w \in Y^* \setminus \{\varepsilon\} \mid \text{ es gibt ein } w' \in C_1 \text{ mit: } w'w \in C_0\},
\end{aligned}
$$

$\vdots$

$$C_n := \{w \in Y^* \setminus \{\varepsilon\} \mid \text{ es gibt ein } w' \in C_0 \text{ mit: } w'w \in C_{n-1}\}$$
$$\cup \{w \in Y^* \setminus \{\varepsilon\} \mid \text{ es gibt ein } w' \in C_{n-1} \text{ mit: } w'w \in C_0\}.$$

Wir bezeichnen die C_n definierenden Mengen mit C_n^1 und C_n^2. Die Elemente $w \in C_1$ sind Postfixe von Codewörtern (das dazugehörige Präfix ist auch ein Codewort). Diese müssen wir weiter betrachten. Es treten zwei Fälle ein:
(1) Entweder spaltet $w \in C_1$ ein weiteres Codewort als Präfix ab (der Rest von w liegt in C_2) oder
(2) $w \in C_1$ ist Präfix eines Codewortes $c \in C$ und der Rest von c liegt in C_2.
Wir verarbeiten die Elemente aus C_2 rekursiv weiter, d. h. wir bilden die Mengen $C_3, C_4, \ldots$.

Wir finden ein Gegenbeispiel zur eindeutigen Decodierbarkeit, falls

$$C_n \cap C_0 \neq \emptyset \text{ für ein } n \in \mathbb{N}.$$

Beispiel. Wir betrachten den Code $C = \{a, c, ad, abb, bad, deb, bbcde\}$ von oben.

C_0	C_1	C_2	C_3	C_4	C_5
a					
c					
ad	d	eb			
abb	bb	cde	de	b	$\mathbf{ad}, bcde$
bad					
deb					
$bbcde$					

Da $ad \in C_5 \cap C_0$, erhalten wir ein Gegenbeispiel zur eindeutigen Decodierung: $abbcdebad$ besitzt die Zerlegungen $a|bbcde|bad$ und $abb|c|deb|ad$.

Ist C eindeutig decodierbar, dann folgt $C_n \cap C = \emptyset$ für alle $n \in \mathbb{N}$. Der folgende Satz, publiziert in [SarPat53], behauptet die Äquivalenz beider Aussagen.

Satz 4.33. *Für einen Code $C = \{c_1, \ldots, c_m\}$ sind äquivalent:*

1. *C ist eindeutig decodierbar.*
2. *$C_n \cap C = \emptyset$ für alle $n \in \mathbb{N}$.*

Beweis. Sei $\mathcal{M} = \{w \in Y^* \mid \text{ es gibt } c_{i_1}, \ldots, c_{i_k}, c_{j_1}, \ldots, c_{j_l} \in C \text{ mit:}$ $c_{i_1} \ldots c_{i_k} w = c_{j_1} \ldots c_{j_l}$ und w ist echter Postfix von $c_{j_l}\}$. Wir zeigen, dass

$$\mathcal{M} = \bigcup_{n \geq 1} C_n$$

gilt. Die Beziehung $C_n \subseteq \mathcal{M}$ folgt durch Induktion nach n. Für $n = 1$ folgt die Behauptung direkt aus der Definition von C_1. Sei nun $n > 1$ und die Behauptung für $n - 1$ bereits gezeigt, d. h. $C_{n-1} \subseteq \mathcal{M}$. Sei $w \in C_n^1$. Dann

gibt es ein $w' \in C_0$ mit $w'w \in C_{n-1}$. Nach Induktionsvoraussetzung gibt
es eine Darstellung $c_{i_1} \ldots c_{i_k} w'w = c_{j_1} \ldots c_{j_l}$, sodass $w'w$ und damit auch
w ein echter Postfix von c_{j_l} ist. Also ist $w \in \mathcal{M}$. Falls $w \in C_n^2$, gibt es
ein $w' \in C_{n-1}$ mit $w'w \in C_0$. Nach Induktionsvoraussetzung gibt es eine
Darstellung $c_{i_1} \ldots c_{i_k} w' = c_{j_1} \ldots c_{j_l}$, sodass w' ein echter Postfix von c_{j_l} ist.
Wir ergänzen auf beiden Seiten w am Ende und erhalten die Darstellung
$c_{i_1} \ldots c_{i_k} w'w = c_{j_1} \ldots c_{j_l} w$, die $w \in \mathcal{M}$ beweist.

Zu zeigen bleibt noch: $\mathcal{M} \subseteq \bigcup_{n \geq 1} C_n$. Für $w \in \mathcal{M}$ gibt es eine Darstellung
$c_{i_1} \ldots c_{i_k} w = c_{j_1} \ldots c_{j_l}$, wobei w echter Postfix von c_{j_l} ist. Wir zeigen mit
Induktion nach $k+l$, dass $w \in C_n$ für ein $n \geq 1$. Für $k+l = 2$ muss $k = l = 1$
sein und $c_{i_1} w = c_{j_1}$ zeigt, dass $w \in C_1$. Sei nun $k + l > 2$. Ist $l = 1$, so folgt
aus $c_{i_1} \ldots c_{i_k} w = c_{j_1}$, dass $c_{i_2} \ldots c_{i_k} w \in C_1$ und $c_{i_3} \ldots c_{i_k} w \in C_2$, und so
weiter, also folgt schließlich, dass $w \in C_k$ gilt.

Es bleibt der Fall $l \geq 2$. Dies veranschaulichen wir mit der Skizze

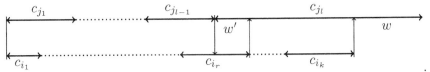

Es gibt ein $r \leq k$ mit

$$|c_{i_1} \ldots c_{i_{r-1}}| \leq |c_{j_1} \ldots c_{j_{l-1}}| < |c_{i_1} \ldots c_{i_r}|$$

($c_{j_{l-1}}$ endet mit $c_{i_{r-1}}$ oder das Ende von $c_{j_{l-1}}$ liegt in c_{i_r}).

Sei $w' \in Y^* \setminus \{\varepsilon\}$ mit

$$c_{j_1} \ldots c_{j_{l-1}} w' = c_{i_1} \ldots c_{i_r}$$

und

$$w' c_{i_{r+1}} \ldots c_{i_k} w = c_{j_l} \in C.$$

Ist $w' = c_{i_r}$, dann folgt wie oben, dass $w \in C_{k-r+1}$. In diesem Fall ist die
Behauptung gezeigt.

Ist w' ein echter Postfix von c_{i_r}, dann folgt nach der Induktionsvoraus-
setzung, angewendet auf $c_{j_1} \ldots c_{j_{l-1}} w' = c_{i_1} \ldots c_{i_k}$, dass $w' \in C_m$ für ein m.
Da $w' c_{i_{r+1}} \ldots c_{i_k} w \in C$ gilt (d. h. w' ist Präfix eines Codewortes), folgt, dass
$c_{i_{r+1}} \ldots c_{i_k} w$ Element von C_{m+1} ist, und wie oben folgt $w \in C_{m+(k-r)+1}$.

Unmittelbar aus der Definition von $\mathcal{M}$ folgt: C ist genau dann eindeutig
decodierbar, wenn $C \cap \mathcal{M} = \emptyset$ gilt. Aus $\mathcal{M} = \bigcup_{n \geq 1} C_n$ folgt, $C \cap \mathcal{M} = \emptyset$
genau dann, wenn $C \cap C_n = \emptyset$ für alle $n \in \mathbb{N}$ ist. $\qquad \square$

Corollar 4.34. *Die eindeutige Decodierbarkeit ist entscheidbar, d. h. es gibt
einen Algorithmus, der bei Eingabe von $C \subset Y^*$ entscheidet, ob C eindeutig
decodierbar ist.*

Beweis. Sei $C \subset Y^* \setminus \{\varepsilon\}$ ein Code. Wir entwerfen einen Algorithmus zur
Entscheidung der eindeutigen Decodierbarkeit mit dem Kriterium des voran-
gehenden Satzes. Sei $m = \max_{c \in C} |c|$. Es gilt $|w| \leq m$ für alle $w \in C_n$, $n \in \mathbb{N}$.

Deshalb ist $C_n \subset Y^m$ für alle $n \in \mathbb{N}$. Da Y^m nur endlich viele Teilmengen besitzt, wird die Folge $(C_n)_{n \in \mathbb{N}}$ periodisch. Wir müssen die Bedingung 2 von Satz 4.33 nur für endliche viele n überprüfen.   □

Definition 4.35 *(graphische Darstellung eines Codes)*.

1. Sei $Y = \{y_1, \ldots, y_n\}$ ein Alphabet. Der Menge der Nachrichten $Y^* = \cup_{k=0}^{\infty} Y^k$ über Y ordnen wir einen Baum B zu:
   a. Wurzel des Baumes ist das leere Wort $\{\varepsilon\}$.
   b. Sei $y = y_{i_1} \ldots y_{i_k}$ ein Knoten in B. Der Knoten y besitzt die n Nachfolger $y_{i_1} \ldots y_{i_k} y_1, \ldots, y_{i_1} \ldots y_{i_k} y_n$.

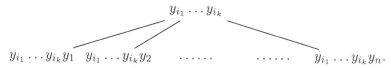

2. Sei $C \subset Y^*$ ein Code über Y.
   Wir markieren im Baum B von Y^* die Wurzel, alle Codewörter aus C und alle Pfade, die von der Wurzel zu Codewörtern führen.
   Die markierten Elemente von B definieren den *Codebaum* von C.

Beispiel. Figur 4.32 zeigt den Codebaum für den binären Code $\{00, 001, 110, 111, 0001\}$. Die Codewörter befinden sich in den Rechteck-Knoten.

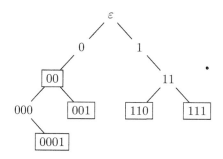

Fig. 4.32: Ein Codebaum.

Definition 4.36. Ein Code $C = \{c_1, \ldots, c_m\} \subset Y^* \backslash \{\varepsilon\}$ heißt *unmittelbar* oder *Präfixcode*[6], falls c_i kein Präfix von c_j für $i \neq j$ ist.

Bei Präfixcodes sind die Codewörter in den Blättern des Codebaumes lokalisiert. Deshalb sind Präfixcodes eindeutig decodierbar. Jeder Pfad im Codebaum von der Wurzel zu einem Blatt entspricht einem Codewort. Wir verwenden den Codebaum als Parser zum Zerlegen von $c = c_{i_1} \ldots c_{i_n}$ in Codewörter. Die Tabelle *tab* ordnet einem Codewort die entsprechende Nachricht zu.

---

[6] Eigentlich präfixfreier Code.

Algorithmus 4.37.

Decode(code $c[1..n]$)

```
1   l ← 1, m ← ε
2   while l ≤ n do
3       node ← root, j ← l
4       while node ≠ leaf do
5           if c[j] = 0 then node ← node.left
6           else node ← node.right
7           j ← j + 1
8       m ← m‖tab[c[l..j − 1]], l ← j
```

Präfixcodes für natürliche Zahlen – die Elias-Codes. Natürliche Zahlen werden oft durch ihre Binärentwicklung dargestellt. Diese stellt jedoch keinen eindeutig decodierbaren Code dar. Einen Präfixcode erhalten wir zum Beispiel, wenn wir die Zahlen im unären Alphabet $\{0\}$ codieren und die 1 für die Markierung des Endes eines Codewortes verwenden ($1 = 1, 2 = 01, 3 = 001$, usw. ...). Für die Darstellung von z brauchen wir dann aber z Bit. Die Elias[7]-Codes sind Präfixcodes für die natürlichen Zahlen, die mit wesentlich weniger Bit auskommen. Die Idee, der Binärentwicklung eine Codierung der Länge der Zahl voranzustellen, liegt den Elias-Codes zugrunde und führt zu Präfixcodes.

Beim *Elias-Gamma-Code* C_γ stellen wir der Binärentwicklung von z $\lfloor\log_2 z\rfloor$ 0-Bit voran. Die Länge der Binärentwicklung berechnet sich mit der Formel $\lfloor\log_2 z\rfloor + 1$. Aus den $\lfloor\log_2 z\rfloor$ vorangestellten 0-Bit berechnen wir die Länge des Codewortes für z. So besitzt zum Beispiel 31 die Binärentwicklung 11111. Es sind 4 0-Bit voranzustellen. Wir erhalten 000011111. Die Codewortlänge des Codes für z beträgt $2\lfloor\log_2 z\rfloor + 1$. Figur 4.33 zeigt einen Teil des Codebaumes für C_γ.

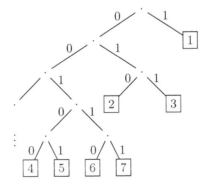

Fig. 4.33: Elias-Gamma-Code.

---

[7] Peter Elias (1923 – 2001) war ein amerikanischer Informationstheoretiker.

Der *Elias-Delta-Code* C_δ baut auf C_γ auf. Bei C_δ stellen wir der Binärentwicklung von z, die Länge der Binärentwicklung von z voran, codiert mit C_γ. Da jede Binärentwicklung einer Zahl mit 1 beginnt, lassen wir die führende 1 in der Codierung von z weg. So besitzt zum Beispiel 31 die Binärentwicklung 11111. $C_\gamma(\lfloor \log_2 z \rfloor + 1) = C_\gamma(5) = 00101$. Wir erhalten 001011111.

Algorithmus zum Decodieren:

1. Zähle die führenden Nullen. Sei n die Anzahl der führenden Nullen. Die ersten $2n + 1$ Bit codieren die Länge l der Binärentwicklung von z.
2. Den $l - 1$ folgenden Bit stellen wir eine 1 voran. Dies ist die Binärentwicklung von z. Damit ist z decodiert.

Da C_γ ein Präfixcode ist, ist auch C_δ ein Präfixcode.
Für die Codewortlänge gilt: $|C_\delta(z)| = 2\lfloor \log_2(\lfloor \log_2 z \rfloor + 1) \rfloor + 1 + \lfloor \log_2 z \rfloor$.
Für $z \geq 32$ gilt $|C_\delta(z)| < |C_\gamma(z)|$.

4.6.2 Huffman-Codes

Huffman[8]-Codes benutzen ein statistisches Modell der zu komprimierenden Daten. Das statistische Modell gewinnen wir aus den Auftrittshäufigkeiten der Codewörter in der zu komprimierenden Nachricht. Aus den komprimierten Daten rekonstruiert der Decodierer wieder die ursprünglichen Daten. Bei der Codierung geht keine Information verloren. Es handelt sich um eine *verlustlose Codierung*.

Definition 4.38. Eine *Quelle (ohne Gedächtnis)* (X, p) besteht aus einem Alphabet $X = \{x_1, \ldots, x_m\}$ und einer Wahrscheinlichkeitsverteilung $p = (p_1, \ldots, p_m)$, d. h. $p_i \in\,]0, 1]$, $i = 1, \ldots, m$, und $\sum_{i=1}^{m} p_i = 1$ (siehe Definition A.1). Die Quelle sendet das Symbol x_i mit der Wahrscheinlichkeit $\mathrm{p}(x_i) = p_i$.

1. In der Informationstheorie wird *der Informationsgehalt* von x_i als $\log_2(1/p_i) = -\log_2(p_i)$ definiert. Der *Informationsgehalt* oder die *Entropie* $H(X)$ einer Quelle (X, p) ist der mittlere Informationsgehalt ihrer Nachrichten, d. h.

$$\mathrm{H}(X) := -\sum_{i=1}^{m} p_i \log_2(p_i).$$

Die Maßeinheit des Informationsgehalts ist bit.

2. Sei $C : X \longrightarrow Y^* \backslash \{\varepsilon\}$ eine Codierung von X über Y, dann heißt

$$l(C) := \sum_{i=1}^{m} p_i |C(x_i)|$$

die *mittlere Codewortlänge* von C.

---

[8] David A. Huffman (1925 – 1999) war ein amerikanischer Informatiker.

3. Eine eindeutig decodierbare Codierung $C : X \longrightarrow Y^*\backslash\{\varepsilon\}$ heißt *kompakt oder minimal*, wenn die mittlere Codewortlänge $l(C)$ für alle eindeutig decodierbaren Codierungen $C : X \longrightarrow Y^*\backslash\{\varepsilon\}$ minimal ist.

Die Entropie ist unabhängig von der Codierung einer Quelle definiert. Den Zusammenhang zur Codierung der Quelle stellt der Quellencodierungssatz von Shannon[9] her.

Satz 4.39. *Sei (X, p) eine Quelle. Für jeden eindeutig decodierbaren Code $C : X \longrightarrow \{0, 1\}^*\backslash\{\varepsilon\}$ gilt:*

$$H(X) \leq l(C).$$

Weiter gilt, es gibt einen Präfixcode C mit $l(C) < H(X) + 1$. Insbesondere gilt dies für jeden kompakten Code C.

Ein Beweis des Satzes ist zum Beispiel in [HanHarJoh98] zu finden.

Der *Huffman-Algorithmus*, publiziert in [Huffman52], konstruiert für eine Quelle einen kompakten Präfixcode und den zugehörigen Codebaum. Zunächst ordnen wir jeder Nachricht einen Knoten, genauer ein Blatt zu und gewichten dieses mit der Auftrittswahrscheinlichkeit der Nachricht.

Die Konstruktion des Codebaumes erfolgt jetzt in zwei Phasen. In der ersten Phase konstruieren wir, ausgehend von den Blättern, einen binären Baum. Der Algorithmus erzeugt in jedem Schritt einen neuen Knoten n und wählt aus den bestehenden Knoten ohne Vorgänger zwei Knoten n_1 und n_2 mit geringstem Gewicht als Nachfolger von n. Das Gewicht von n ist die Summe der Gewichte von n_1 und n_2. Wir ersetzen in der Quelle die n_1 und n_2 entsprechenden Nachrichten durch eine Nachricht, die n entspricht. Die Wahrscheinlichkeit dieser Nachricht ist die Summe der Wahrscheinlichkeiten, die sie ersetzt. In jedem Schritt nimmt die Anzahl der Elemente der Quelle um eins ab. Die erste Phase startet mit den Blättern, die den Nachrichten zugeordnet sind und terminiert, wenn die Quelle nur noch ein Element enthält. Dieses Element hat die Wahrscheinlichkeit 1 und steht für die Wurzel des Codebaumes.

In der zweiten Phase berechnen wir, ausgehend von der Wurzel, die Codewörter. Der Wurzel weisen wir das leere Codewort ε zu. Die Codes der beiden Nachfolger eines Knotens n ergeben sich durch die Verlängerung des Codes von n mit 0 und 1. Dadurch erhalten Nachrichten mit geringer Auftrittswahrscheinlichkeit längere Codierungen und Nachrichten mit hohen Auftrittswahrscheinlichkeiten kurze Codierungen. Der Huffman-Algorithmus folgt damit der Greedy-Strategie. Wir betrachten zunächst ein

---

[9] Claude Elwood Shannon (1916 – 2001) war ein amerikanischer Mathematiker. Er ist der Begründer der Informationstheorie und ist berühmt für seine grundlegenden Arbeiten zur Codierungstheorie ([Shannon48]) und Kryptographie ([Shannon49]).

Beispiel. Figur 4.34 zeigt einen Huffman-Codebaum für $X = \{a, b, c, d, e, f\}$, $p = (0.4, 0.25, 0.1, 0.1, 0.1, 0.05)$. Die Blattknoten enthalten die Nachrichten und die Auftrittswahrscheinlichkeiten. Die Codes der Nachrichten ergeben sich aus den Beschriftungen der Kanten der Pfade, die die Nachrichten mit der Wurzel verbinden: $C(a) = 0$, $C(b) = 10$, $C(c) = 1100$, $C(d) = 1101$, $C(e) = 1110$, $C(f) = 1111$.

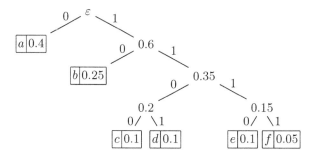

Fig. 4.34: Der Codebaum für einen Huffman-Code.

Wir beschreiben jetzt den allgemeinen Fall der Konstruktion der Huffman-Codierung

$$C : X \longrightarrow \{0,1\}^* \backslash \{\varepsilon\}$$

für eine Quelle (X, p), $X = \{x_1, \ldots, x_m\}$, $p = (p_1, \ldots, p_m)$. Wir setzen ohne Einschränkung voraus, dass $m \geq 2$ und $p_i > 0$ für $1 \leq i \leq m$.

1. $m = 2$:
   $X = \{x_1, x_2\}$. Setze $C(x_1) := 0$ und $C(x_2) := 1$.
2. Sei $m > 2$:
   Sortiere die Symbole x_i der Quelle so, dass gilt: $p_1 \geq p_2 \geq \ldots \geq p_m$. $(\tilde{X}, \tilde{p})$ sei definiert durch:

$$\tilde{X} = \{x_1, \ldots, x_{m-2}, \tilde{x}_{m-1}\},$$
$$\mathrm{p}(x_i) := p_i \text{ für } 1 \leq i \leq m - 2,$$
$$\mathrm{p}(\tilde{x}_{m-1}) := p_{m-1} + p_m.$$

$\tilde{X}$ enthält $m - 1$ Symbole. Wähle eine Huffman-Codierung

$$\tilde{C} : \tilde{X} \longrightarrow \{0,1\}^* \backslash \{\varepsilon\}$$

und gewinne aus dieser die Huffman-Codierung

$$C : X \longrightarrow \{0,1\}^* \backslash \{\varepsilon\}$$

durch die Zuordnung

$$C(x_i) := \tilde{C}(x_i) \text{ für } 1 \leq i \leq m - 2,$$
$$C(x_{m-1}) := \tilde{C}(\tilde{x}_{m-1})0,$$
$$C(x_m) := \tilde{C}(\tilde{x}_{m-1})1.$$

Bevor wir zeigen, dass die Konstruktion einen kompakten Code liefert, formulieren wir zwei Lemmata.

Lemma 4.40. *Sei* $C : X \longrightarrow \{0,1\}^* \backslash \{\varepsilon\}$ *eine kompakte Codierung von* (X, p). *Ist* $p_i > p_j$, *so ist* $|C(x_i)| \leq |C(x_j)|$.

Beweis. Angenommen, $p_i > p_j$ und $|C(x_i)| > |C(x_j)|$. Durch Vertauschen der Codierungen von x_i und x_j ergibt sich ein Code kürzerer mittlerer Wortlänge. Ein Widerspruch. $\qquad\square$

Lemma 4.41. *Sei* $C = \{c_1, \ldots, c_m\}$ *ein kompakter Präfixcode. Dann gibt es zu jedem Codewort maximaler Länge ein Codewort, welches mit diesem bis auf die letzte Stelle übereinstimmt.*

Beweis. Falls die Aussage des Lemmas nicht gilt, ist der Code verkürzbar und folglich nicht kompakt. $\qquad\square$

Satz 4.42. *Das Huffman-Verfahren ergibt einen kompakten Präfixcode.*

Beweis. Aus der Konstruktion ergibt sich unmittelbar, dass C ein Präfixcode ist. Wir beweisen durch Induktion nach der Anzahl m der Elemente der Quelle, dass C kompakt ist. Die Behauptung folgt für $m = 2$ unmittelbar.

Wir zeigen jetzt, dass aus $m - 1$ m folgt. Seien (X, p), C, $(\tilde{X}, \tilde{p})$ und $\tilde{C}$ wie oben gegeben. Nach Induktionsvoraussetzung ist $\tilde{C}$ kompakt. Wir zeigen, dass C kompakt ist. Sei $C' = \{c'_1, \ldots, c'_m\}$ ein kompakter Code für X. Nach Lemma 4.40 gilt: $|c'_1| \leq |c'_2| \leq \ldots \leq |c'_m|$. Nach Lemma 4.41 ordnen wir die Codewörter maximaler Länge so an, dass $c'_{m-1} = \tilde{c}0$ und $c'_m = \tilde{c}1$ für ein $\tilde{c} \in \{0,1\}^*$. $\tilde{C}'$ sei nun folgender Code für die Quelle $\tilde{X}$:

$$\tilde{C}'(x_i) := C'(x_i) \text{ für } 1 \leq i \leq m - 2,$$
$$\tilde{C}'(\tilde{x}_{m-1}) := \tilde{c}.$$

Da $\tilde{C}$ kompakt ist, gilt $l(\tilde{C}) \leq l(\tilde{C}')$. Hieraus folgt:

$$l(C) = l(\tilde{C}) + p_{m-1} + p_m \leq l(\tilde{C}') + p_{m-1} + p_m = l(C').$$

Also ist $l(C) = l(C')$ und C ist kompakt. $\qquad\square$

Bemerkung. Der Huffman-Baum ist nicht eindeutig bestimmt. Es sind nicht einmal die Längen der Codewörter eindeutig (Übungen, Aufgabe 20). Eindeutig ist die mittlere Codewortlänge.

Wir beschreiben jetzt das Huffman-Verfahren durch Pseudocode. Das Huffman-Verfahren setzt voraus, dass wir auf die Wahrscheinlichkeitsverteilung $pr[1..m]$ in einer absteigenden Reihenfolge zugreifen. Dies können wir durch die Verwendung der Datenstruktur Heap erreichen, ohne $pr[1..m]$ zu sortieren (Abschnitt 2.2). Der Heapaufbau erfolgt durch den Aufruf BuildHeap$(pr[1..m])$ (Algorithmus 2.13) und muss vor dem Aufruf von HuffmanCode erfolgen. Wir ordnen jeder Nachricht $x_i \in X$ einen Knoten zu, der ein Blatt im Huffman-Baum darstellt, und gewichten diesen mit p(x_i).

Algorithmus 4.43.
   HuffmanCode(int $pr[1..m]$)
  1 if $m \geq 2$
  2   then $p \leftarrow pr[1]$, $p[1] \leftarrow pr[m]$
  3   DownHeap($pr[1..m-1]$)
  4        $q \leftarrow pr[1]$, $pr[1] \leftarrow p + q$
  5   DownHeap($pr[1..m-1]$)
  6   CreatePredecessor(p, q)
  7   HuffmanCode($pr[1..m-1]$)

Die Funktion CreatePredecessor(p, q) dient zum Aufbau des Huffman-Baumes. Sie erzeugt einen neuen Knoten, weist die Wahrscheinlichkeit $p + q$ zu, fügt den Knoten mit Wahrscheinlichkeit p als linken und den Knoten mit Wahrscheinlichkeit q als rechten Nachfolger an und markiert die Kante zum linken Nachfolger mit 0 und die Kante zum rechten Nachfolger mit 1. Nach der Ausführung von DownHeap ist die Heapbedingung hergestellt, falls diese nur in der Wurzel verletzt war (siehe Algorithmus 2.12). Daher wählen wir in den Zeilen 2 und 4 die beiden niedrigsten Wahrscheinlichkeiten.

Satz 4.44. *Algorithmus 4.43 berechnet für die Quelle (X, pr) einen Huffman-Code mit einer Laufzeit in der Ordnung $O(m \log(m))$.*

Beweis. Die Laufzeit von BuildHeap ist in der Ordnung $O(m)$, die Laufzeit von DownHeap in der Ordnung von $O(\log(m))$ (Satz 2.17 und Lemma 2.16). CreatePredecessor lässt sich mit Laufzeit $O(1)$ implementieren. Die Anzahl der (rekursiven) Aufrufe von HuffmanCode ist $m - 1$. Die Laufzeit ist von der Ordnung $O(m + (m-1)\log(m)) = O(m \log(m))$.   □

Codierung und Decodierung. Zur Codierung verwenden wir die durch den Codebaum definierte Tabelle $(x_i \rightarrow c_i)$. In dieser Tabelle schlagen wir nach, wie die einzelnen Symbole zu codieren sind. Um $x = x_{i_1} \ldots x_{i_n} \in X^*$ zu codiert ersetzen wir x_{i_j} durch c_{i_j}.

Die Nachrichten der Quelle sind in den Blättern des Codebaumes lokalisiert (Figur 4.34). Der Huffman-Code ist ein Präfixcode. Wir decodieren mit Algorithmus 4.37. Insbesondere folgt, dass die Codierung und Decodierung linear in der Länge der Eingabe erfolgt.

Ein adaptives Huffman-Verfahren – der Algorithmus von Faller, Gallager und Knuth. Das Huffman-Verfahren setzt ein statistisches Modell der zu komprimierenden Daten voraus. Beim adaptiven Huffman-Verfahren erfolgt die statistische Analyse gleichzeitig mit der Codierung der Daten. Die zu komprimierenden Daten werden nur einmal gelesen. Es ist somit möglich, aus einem Eingabestrom simultan einen komprimierten Ausgabestrom zu erzeugen. Nach jeder verarbeiteten Nachricht passen wir die Quelle und mit ihr den Huffman-Code an. Die Aktualisierung der Quelle ist einfach. Mit dem Huffman-Verfahren nach jeder Aktualisierung der Quelle einen Huffman-Code neu zu bestimmen, wäre ineffizient. Das adaptive

Huffman-Verfahren modifiziert mit jeder neuen Nachricht, welche die Quelle sendet, den bestehenden Huffman-Code.

Das adaptive Huffman-Verfahren wurde von Faller[10] in [Faller73] publiziert. Später wurde es von Gallager[11] und Knuth[12] erweitert. Zunächst charakterisieren wir Huffman-Codes durch eine äquivalente Eigenschaft, die Gallager-Ordnung. Mit dieser führen wir dann den Beweis, dass das Verfahren einen kompakten Code liefert.

Definition 4.45.

1. Ein binärer Baum heißt *binärer Codebaum*, wenn jeder Knoten, der kein Blatt ist, zwei Nachfolger besitzt.
2. Ein binärer Codebaum mit einer Gewichtsfunktion w auf der Menge der Knoten heißt *gewichteter Codebaum*, wenn für jeden Knoten n mit den Nachfolgern n_1 und n_2 gilt: $w(n) = w(n_1) + w(n_2)$.

Lemma 4.46. *Ein binärer Codebaum mit m Blättern besitzt $2m - 1$ viele Knoten.*

Beweis. Wir zeigen die Aussage durch Induktion nach m. Für $m = 1$ ist die Aussage offensichtlich. Sei T ein Codebaum mit m Blättern, $m \geq 2$. Entfernen wir zwei Blätter mit demselben Vorgänger, so erhalten wir einen Codebaum mit $m - 1$ vielen Blättern. Nach Induktionsvoraussetzung besitzt er $2(m - 1) - 1$ viele Knoten. T hat darum $2(m - 1) + 1 = 2m - 1$ viele Knoten.   □

Definition 4.47. Sei T ein gewichteter Codebaum mit m Blättern und den Knoten $\{n_1, \ldots, n_{2m-1}\}$.

1. T ist ein *Huffman-Baum*, wenn es eine Instanz des Huffman-Algorithmus gibt, welche T erzeugt.
2. $n_1, \ldots, n_{2m-1}$ ist eine Gallager-Ordnung der Knoten von T, wenn gilt:
   a. $w(n_1) \leq w(n_2) \leq \ldots \leq w(n_{2m-1})$.
   b. n_{2l-1} und n_{2l}, $1 \leq l \leq m - 1$, sind Geschwisterknoten.

Die Knoten der gewichteten Codebäume der Figuren 4.35 und 4.36 sind durchnummeriert: $(1), (2), \ldots$.

Beispiel. Figur 4.35 zeigt einen gewichteten Codebaum, der mehrere Anordnungen der Knoten nach aufsteigenden Gewichten besitzt, die die Geschwisterbedingung erfüllen. Zum Beispiel erfüllen die Anordnungen 5, 6, 8, 9, 13, 14, 16, 17, 4, 7, 12, 15, 3, 10, 11, 2, 1 und 13, 14, 16, 17, 5, 6, 8, 9, 12, 15, 4, 7, 3, 10, 11, 2, 1 die Geschwisterbedingung. Der Codebaum T besitzt mehrere Gallager-Ordnungen.

---

[10] Newton Faller (1947 – 1996) war ein amerikanischer Informatiker.
[11] Robert G. Gallager (1931 –) ist ein amerikanischer Informationstheoretiker.
[12] Donald E. Knuth (1938 –) ist ein amerikanischer Informatiker.

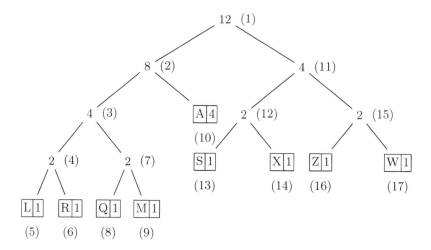

Fig. 4.35: Codebaum mit mehreren Gallager-Ordnungen.

Beispiel. Der gewichtete Codebaum der Figur 4.36 besitzt keine Gallager-Ordnung. Es gibt nur zwei mögliche Anordnung der Knoten nach aufsteigenden Gewichten: 4, 5, 7, 8, 3, 10, 11, 6, 2, 9, 1 und 4, 5, 7, 8, 3, 10, 11, 6, 9, 2, 1. Für beide Anordnungen ist die Geschwisterbedingung verletzt.

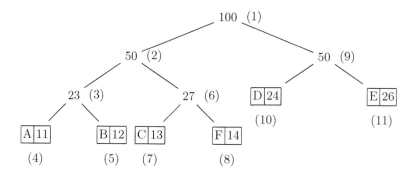

Fig. 4.36: Ein Codebaum ohne Gallager-Ordnung.

Satz 4.48. *Für einen gewichteten Codebaum T mit $w(n) > 0$ für alle Knoten n sind äquivalent:*

1. *T ist ein Huffman-Baum.*
2. *T besitzt eine Gallager-Ordnung.*

Beweis. Wir zeigen die Aussage durch Induktion nach der Anzahl m der Blätter von T. Für $m = 1$ sind die Aussagen offensichtlich äquivalent. Sei $m \geq 2$ und T ein Huffman-Baum mit m Blättern und n_1 und n_2 die Knoten, die beim ersten Schritt der Konstruktion des Huffman-Baumes zusammengefasst wurden. n_1 und n_2 sind Geschwisterknoten mit $w(n_1) \leq w(n_2) \leq w(n)$, wobei n ein beliebiger Knoten ist, verschieden von n_1 und n_2. Entfernen wir die beiden Blattknoten n_1 und n_2, so wird der Vorgänger von n_1 und n_2 ein Blattknoten und wir erhalten einen Huffman-Baum $\tilde{T}$ mit $m-1$ vielen Blättern. Nach Induktionsvoraussetzung besitzt $\tilde{T}$ eine Gallager-Ordnung $\tilde{n}_1, \ldots, \tilde{n}_{2(m-1)-1}$. Die Anordnung $n_1, n_2, \tilde{n}_1, \ldots, \tilde{n}_{2(m-1)-1}$ ist eine Gallager-Ordnung von T.

Sei nun $m \geq 2$ und $n_1, n_2 \ldots, n_{2m-1}$ eine Gallager-Ordnung von T. Dann sind n_1 und n_2 Geschwisterknoten und Blätter. Sei $\tilde{T}$ der Baum, den wir erhalten, nachdem wir aus T die Knoten n_1 und n_2 entfernen. $n_3, \ldots, n_{2m-1}$ ist eine Gallager-Ordnung von $\tilde{T}$. Nach Induktionsvoraussetzung ist $\tilde{T}$ ein Huffman-Baum. Dann ist aber auch T ein Huffman-Baum. $\square$

Bemerkung. Die Aussage des Satzes und der Beweis sind auch richtig unter der schwächeren Voraussetzung, dass ein Knoten das Gewicht 0 besitzt.

Zur Repräsentation eines Codebaumes benutzen wir folgende Datenstruktur:

```
type node = struct
        string    symbol
        int       weight
        node      parent, left, right, prev, next
```

Ein Knoten kann in der Variablen *symbol* eine Nachricht speichern. Diese benutzen wir nur in Blattknoten. Die Variable *weight* speichert das Gewicht des Knotens. Die Variable *parent* referenziert den Vorgänger, *left* den linken und *right* den rechten Nachfolger im Baum, *prev* den Vorgänger und *next* den Nachfolger in der Gallager-Ordnung. Einen Baum repräsentieren wir dann durch eine verkettete Struktur von Knoten.

Seien n_1 und n_2 Knoten in einem gewichteten Codebaum T. Mit $\tilde{m}_1$ und $\tilde{m}_2$ bezeichnen wir die Vorgänger von n_1 und n_2 in T und mit m_1 und m_2 die Vorgänger von n_1 und n_2 bezüglich der Gallager-Ordnung. Durch Vertauschen der Variablen $n_1.parent$ und $n_2.parent$, $n_1.prev$ und $n_2.prev$, $n_1.next$ und $n_2.next$, $m_1.next$ und $m_2.next$ sowie $\tilde{m}_1.left$ oder $\tilde{m}_1.right$ mit $\tilde{m}_2.left$ oder $\tilde{m}_2.right$ entsteht wieder ein Codebaum $\tilde{T}$. Der Baum $\tilde{T}$ entsteht aus T durch Vertauschen der Teilbäume mit den Wurzeln n_1 und n_2. Wir sagen $\tilde{T}$ entsteht aus T durch *Vertauschen der Knoten n_1 und n_2*. Besitzen n_1 und n_2 dasselbe Gewicht, d. h. $n_1.weight = n_2.weight$, dann ist $\tilde{T}$ ein gewichteter Codebaum.

Lemma 4.49. *Sei $n_1, \ldots, n_\ell, \ldots, n_k, \ldots, n_{2m-1}$ eine Gallager-Ordnung der Knoten von T. n_ℓ und n_k seien Knoten mit $w(n_\ell) = w(n_k)$. $\tilde{T}$ entstehe aus T durch Vertauschen der Knoten n_ℓ und n_k. Dann gilt:*

$$n_1, \ldots, n_{\ell-1}, n_k, n_{\ell+1}, \ldots, n_{k-1}, n_\ell, n_{k+1}, \ldots, n_{2m-1}$$

ist eine Gallager-Ordnung der Knoten von $\tilde{T}$.

Beweis. Wegen $w(n_\ell) = w(n_k)$ sind die Gewichte der Anordnung $n_1, \ldots, n_{\ell-1}, n_k, n_{\ell+1}, \ldots, n_{k-1}, n_\ell, n_{k+1}, \ldots, n_{2m-1}$ aufsteigend sortiert. Die Bedingung bezüglich der Geschwisterknoten ist auch erfüllt. □

Figur 4.37 zeigt das Vertauschen des Knotens $\boxed{A\,2}$ mit dem Teilbaum mit Wurzel 2 und den Nachfolgern $\boxed{F\,1}$ und $\boxed{E\,1}$.

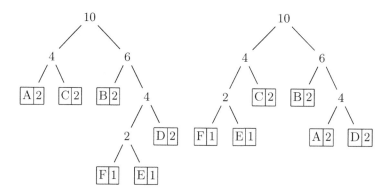

Fig. 4.37: Vertauschung von zwei Knoten.

Wir beschreiben jetzt den Algorithmus von Faller, Gallager und Knuth. Der Algorithmus startet mit dem NULL-Knoten. Den NULL-Knoten stellen wir mit

dar. Er repräsentiert die Nachrichten der Quelle, die bisher noch nicht gesendet wurden. Zu Beginn des Algorithmus werden alle Nachrichten der Quelle durch den NULL-Knoten repräsentiert. Der NULL-Knoten ist ein Blatt, hat das Gewicht 0, ist in jedem Codebaum vorhanden und ist der erste Knoten in der Gallager-Ordnung.

Sendet die Quelle ein Symbol m zum ersten Mal, dann rufen wir die Funktion *InsertNode*(m) auf. *InsertNode* generiert zwei neue Knoten n_1 und n_2 und fügt diese an den NULL-Knoten an. Zum linker Nachfolger von 0 machen wir n_1 – er repräsentiert einen neuen NULL-Knoten – und zum rechten Nachfolger den Knoten n_2. Er repräsentiert m. Der alte NULL-Knoten ist jetzt ein innerer Knoten. Wir bezeichnen ihn mit n. *InsertNode* initialisiert die Knoten n, n_1 und n_2. In der Gallager-Ordnung kommt erst n_1 dann n_2 und zum Schluss n. Figur 4.38 zeigt die Codebäume für die leere Nachricht und für eine Nachricht A.

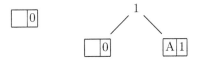

Fig. 4.38: Startzustand und Codebaum für ein Element .

Nach dem Empfang eines Symbols m erfolgt die Aktualisierung des Huffman-Baumes durch den Algorithmus TreeUpdate.

Algorithmus 4.50.
  void TreeUpdate(message m)
   1 $n \leftarrow$ leaf node corresponding to m
   2 if n is the NULL node
   3   then *InsertNode*(m)
   4        $n \leftarrow n.parent$
   5 while $n \neq$ root node do
   6    $\tilde{n} \leftarrow$ node of equal weight to n of the highest order
   7   if $n.parent \neq \tilde{n}$
   8   then exchange n with $\tilde{n}$
   9    $n.weight \leftarrow n.weight + 1$, $n \leftarrow n.parent$
  10 $n.weight \leftarrow n.weight + 1$

Beispiel. Figur 4.39 zeigt das Einfügen der Nachricht F: Zunächst fügen wir einen neuen NULL-Knoten und einen Knoten, der F repräsentiert, ein (Codebaum zwei).

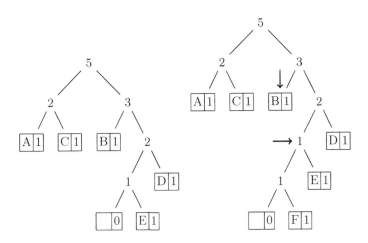

Fig. 4.39: Einfügen von F.

Wir vertauschen die beiden mit einem Pfeil markierten Knoten und erhalten den ersten Codebaum der Figur 4.40. Anschließend inkrementieren wir die Gewichte längs des Pfades vom Knoten, der F repräsentiert, zur Wurzel. Das Ergebnis ist der zweite Codebaum.

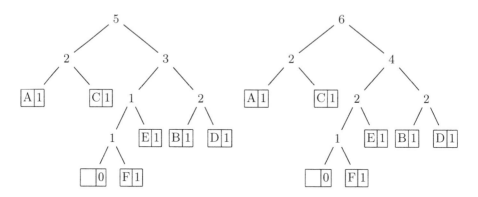

Fig. 4.40: Vertauschen von zwei Knoten und Update der Gewichte.

Satz 4.51. *Das adaptive Huffman-Verfahren erzeugt einen kompakten Code.*

Beweis. Es genügt zu zeigen, dass das Ergebnis des adaptiven Huffman-Verfahren ein Code mit Gallager-Ordnung ist (Satz 4.48). Wir starten das Verfahren mit einem Baum mit Gallager-Ordnung. Deshalb genügt es zu zeigen, dass bei Ausführung von Algorithmus 4.50 die Gallager-Ordnung erhalten bleibt. Nach Lemma 4.49 bleibt beim Vertauschen von zwei Knoten mit demselben Gewicht die Gallager-Ordnung erhalten. Wenn wir das Gewicht eines Knotens um eins erhöhen, ist es möglich, dass wir dadurch die Gallager-Ordnung verletzen. Wir vertauschen deshalb den Knoten mit dem Knoten gleichen Gewichts und höchster Gallager-Ordnung. An dieser Position können wir das Gewicht von n um eins erhöhen, ohne die Gallager-Ordnung zu verletzen.   □

Zur effizienten Implementierung von Zeile 6 von Algorithmus 4.50 führen wir eine zusätzliche Datenstruktur – die *Gewichtsliste* – ein. Diese bewirkt, dass wir Zeile 6 des Algorithmus in konstanter Zeit ausführen können. In der Gewichtsliste kommen alle Gewichte vor, die im Baum vorhanden sind. Wir organisieren die Liste als doppelt verkettete Liste, nach Gewichten sortiert.

```
type ListNode = struct
    int         weight
    node        highest
    int         nrNodes
    ListNode    next, prev
```

Die Komponente *highest* von ListNode verweist auf den größten Knoten bezüglich der Gallager-Ordnung mit dem in der Komponente *weight* angegebenen Gewicht und die Variable *nrNodes* speichert die Anzahl der Knoten mit diesem Gewicht. Das node Element des Baumes erweitern wir um eine Referenz auf eine Variable vom Typ ListNode. Diese referenziert den Knoten in der Gewichtsliste, der das Gewicht des Baumknotens speichert. Jetzt finden wir den größten Knoten in der Gallager-Ordnung unter den Knoten gleichen Gewichts in konstanter Zeit. Das Update der Gewichtsliste erfordert auch konstante Zeit.

Satz 4.52. *Die Laufzeit von Algorithmus 4.50 ist proportional zur Tiefe des Baumes. Die Tiefe ist stets $\leq$ Anzahl der Nachrichten - 1.*

Bemerkung. Codierer und Decodierer konstruieren den Codebaum mit Algorithmus 4.50 unabhängig voneinander. Der Codierer komprimiert Symbole, die im Huffman-Baum vorhanden sind. Beim ersten Auftreten übermitteln wir ein Symbol unkomprimiert an den Decodierer. Der Decodierer kann demzufolge genauso, wie der Codierer, den Codebaum erweitern.

4.6.3 Arithmetische Codes

Die arithmetische Codierung benutzt keine Codetabellen, um einzelne Symbole oder Blöcke von Symbolen fester Länge zu codieren. Sie ordnet einer kompletten Nachricht beliebiger Länge einen Code zu. Diesen Code berechnen wir individuell für jede Nachricht.

Das Verfahren der arithmetischen Codierung hat seinen Ursprung in den Arbeiten [Pasco76] und [Rissanen76] aus dem Jahr 1976.

Ein arithmetischer Code ist durch die b–adische Darstellungen einer Zahl gegeben (Satz B.2). Dazu legen wir eine Basis $b \in \mathbb{N}$, $b > 1$, des Zahlensystems fest.

Sei (X, p), $X = \{x_1, \ldots, x_m\}$ und $p = (p_1, \ldots, p_m)$, eine Nachrichtenquelle und sei $x := x_{i_1} \ldots x_{i_n} \in X^n$ eine Nachricht. Zunächst ordnen wir x ein Intervall zu:

$$x \longmapsto [\alpha, \beta[\subset [0, 1[.$$

x codieren wir dann durch einen b–adischen Bruch $c = .c_1 c_2 c_3 \ldots \in [\alpha, \beta[$ [13]. Die Zahl c wählen wir in $[\alpha, \beta[$ mit einer minimalen Anzahl von Stellen. Das Codewort ist dann $c_1 c_2 \ldots \in \{a_0, \ldots, a_{b-1}\}^*$. Für $b = 2$ erhalten wir Codes in $\{0, 1\}^*$ und für $b = 10$ erhalten wir Codes in $\{0, 1, 2, 3, 4, 5, 6, 7, 8, 9\}^*$.

Intervallzuordnung. Wir beschreiben jetzt, wie die Zuordnung einer Nachricht zu einem Intervall erfolgt. Jedem Symbol ordnen wir ein Teilintervall des Einheitsintervalls $[0, 1[$ zu. Die Länge des Teilintervalls ist die Wahrscheinlichkeit, mit der das Symbol auftritt. Die im ersten Schritt gewonnen Teilintervalle unterteilen wir nach dem gleichen Verfahren weiter, um die Intervalle für Nachrichten der Länge 2 zu gewinnen. Wir betrachten ein

---

[13] In diesem Abschnitt verwenden wir den Punkt „.“ als Dezimaltrennzeichen

Beispiel. Sei $X = \{a, b, c, d, e\}$, $p = (0.3, 0.3, 0.2, 0.1, 0.1)$. Figur 4.41 zeigt die den Nachrichten $a, b, c, d, e, ba, bb, bc, bd$ und be zugeordneten Intervalle.

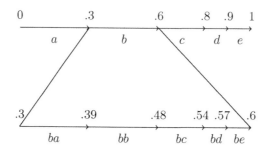

Fig. 4.41: Intervallzuordnung.

Wir beschreiben jetzt den allgemeinen Fall für eine Nachrichtenquelle (X, p), $X = \{x_1, \dots, x_m\}$ und $p = (p_1, \dots, p_m)$.
Für ein Intervall $I = [\alpha, \beta[$ führen wir folgende Notation ein:

$$t + I := [t + \alpha, t + \beta[,$$
$$lI := [l\alpha, l\beta[.$$

Sei $\mathcal{I} := \{[\alpha, \beta[\mid [\alpha, \beta[\subset [0, 1[\}$ die Menge aller links abgeschlossenen und rechts offenen Teilintervalle des Intervalls $[0, 1[$. Wir beschreiben jetzt die Abbildung I rekursiv, die einer Nachricht ein Element von $\mathcal{I}$ zuordnet.

$$I : X^* \setminus \{\varepsilon\} \longrightarrow \mathcal{I}$$

sei definiert durch:

$$I(x_i) := \left[\sum_{j=1}^{i-1} p_j, \sum_{j=1}^{i} p_j \right[,$$
$$I(x_{i_1} \dots x_{i_n}) := \alpha + (\beta - \alpha) I(x_{i_n}), \text{ wobei } [\alpha, \beta[= I(x_{i_1} \dots x_{i_{n-1}}).$$

Bemerkung. Die Länge von $I(x_i)$ ist gleich p_i und für die Länge l von $I(x_{i_1} \dots x_{i_n})$ gilt $l = \prod_{j=1}^{n} p_{i_j}$. Die Länge des Intervalls ist also gleich der Wahrscheinlichkeit, mit der die Nachricht $x_{i_1} \dots x_{i_n}$ auftritt. Weiter gilt:

$$[0, 1[= \dot{\bigcup}_{1 \leq i \leq m} I(x_i) \text{ und } [0, 1[= \dot{\bigcup}_{i_1 \dots i_n} I(x_{i_1} \dots x_{i_n}).$$

Ein b–adischer Bruch c liegt bei vorgegebenem n in genau einem Intervall $I(x_{i_1} \dots x_{i_n})$. Durch c und n ist deshalb $x_{i_1} \dots x_{i_n}$ eindeutig festgelegt, d. h. die arithmetische Codierung ist eindeutig decodierbar.

Beispiel. Sei $X = \{a, b, c, d, e\}$, $p = (0.3, 0.3, 0.2, 0.1, 0.1)$.
$I(a) = [.0, .3[$, $I(b) = [.3, .6[$, $I(c) = [.6, .8[$, $I(d) = [.8, .9[$ und $I(e) = [.9, 1[$.

1. Berechne $I(adeeba)$:

$$I(a) = [.0, .3[,$$
$$I(ad) = .0 + .3\, I(d) = [.24, .27[,$$
$$I(ade) = .24 + .03\, I(e) = [.267, .27[,$$
$$I(adee) = .267 + .003\, I(e) = [.2697, .27[,$$
$$I(adeeb) = .2697 + .0003\, I(b) = [.26979, .26988[,$$
$$I(adeeba) = .26979 + .00009\, I(a) = [.26979, .269817[.$$

Repräsentiere $I(adeeba)$ durch $.2698$.

2. Berechne $I(adeebb)$:

$$I(adeebb) = .26979 + .00009\, I(b) = [.269817, .269844[.$$

Repräsentiere $I(adeebb)$ durch $.26982$.

Bemerkung. Sei (X, p) eine Nachrichtenquelle. Wir betrachten die arithmetische Codierung auf X^n. Wie das obige Beispiel zeigt, erhalten wir im Allgemeinen keine präfixfreie Codierung der Produktquelle X^n.

Berechnung des Repräsentanten. Wir beschreiben jetzt den Algorithmus, der den Repräsentanten eines Intervalls bei gegebenen Intervallendpunkten berechnet. Sei $[\alpha, \beta[$ gegeben, $\alpha = .\alpha_1 \alpha_2 \alpha_3 \ldots$ und $\beta = .\beta_1 \beta_2 \beta_3 \ldots$.
Es gelte $\alpha_i = \beta_i$, für $i = 1, \ldots, t-1$ und $\alpha_t < \beta_t$.
Für alle $\gamma = .\gamma_1 \gamma_2 \ldots \in [\alpha, \beta[$ gilt: $\gamma_i = \alpha_i$, $i = 1, \ldots, t-1$, d. h. jeder Repräsentant besitzt $.\alpha_1 \ldots \alpha_{t-1}$ als Präfix.
Bei der Berechnung des Repräsentanten r mit der kürzesten b–adischen Entwicklung sind folgende Fälle zu beachten:

1. Falls $\alpha = .\alpha_1 \ldots \alpha_k$, $\alpha_k \neq 0$ und $k \leq t$, so ist $.\alpha_1 \ldots \alpha_k$ der kürzeste Repräsentant.
2. Sonst erhöhen wir α_t um 1, falls $.\alpha_1 \ldots \alpha_{t-1}(\alpha_t + 1)$ noch $< \beta$ ist.
3. Es bleibt der Fall $.\alpha_1 \ldots \alpha_{t-1}(\alpha_t + 1) = \beta$, d. h. $\alpha_t + 1 = \beta_t$ und $\beta_{t+1} = \beta_{t+2} = \ldots = 0$.
   τ sei die erste Stelle nach der Stelle t für die gilt $\alpha_\tau < b - 1$, d. h. $\alpha_{t+1} = \alpha_{t+2} = \ldots = \alpha_{\tau-1} = b - 1$ und $\alpha_\tau < b - 1$. Wir setzen

$$r = \begin{cases} .\alpha_1 \ldots \alpha_{\tau-1}, & \text{falls } 0 = \alpha_\tau = \alpha_{\tau+1} = \ldots, \\ .\alpha_1 \ldots (\alpha_\tau + 1) \text{ sonst.} \end{cases}$$

Satz 4.53. *Sei $r(x_{i_1} \ldots x_{i_n})$ die Codierung der Nachricht $x_{i_1} \ldots x_{i_n}$ über $\{0, \ldots, b-1\}$. Dann gilt für die Länge von $r(x_{i_1} \ldots x_{i_n})$*

$$|r(x_{i_1} \ldots x_{i_n})| \leq \log_b \left(\prod_{j=1}^{n} p_{i_j}^{-1} \right) + 1,$$

d. h. die Länge der Codierung einer Nachricht ist durch den Logarithmus zur Basis b aus der reziproken Auftrittswahrscheinlichkeit $\mathrm{p}(x_{i_1} \ldots x_{i_n})^{-1} = \prod_{j=1}^{n} p_{i_j}^{-1}$ *der Nachricht plus 1, also dem Informationsgehalt der Nachricht (Definition 4.38) plus 1, beschränkt.*

Beweis. Sei $r = r(x_{i_1} \ldots x_{i_n})$. $|r| \leq \log_b \left(\prod_{j=1}^{n} p_{i_j}^{-1} \right) + 1$ gilt genau dann, wenn $\log_b \left(\prod_{j=1}^{n} p_{i_j} \right) \leq -(|r|-1)$ gilt. Da $\beta - \alpha = \prod_{j=1}^{n} p_{i_j}$ gilt, genügt es zu zeigen

$$\beta - \alpha \leq b^{-(|r|-1)}. \qquad (*)$$

Sei $I(x_{i_1}, \ldots, x_{i_n}) = [\alpha, \beta[$, $\alpha = .\alpha_1\alpha_2\alpha_3 \ldots$ und $\beta = .\beta_1\beta_2\beta_3 \ldots$,
$\alpha_1 = \beta_1, \alpha_2 = \beta_2, \ldots, \alpha_{t-1} = \beta_{t-1}, \alpha_t < \beta_t$.
$\alpha_{t+1} = \ldots = \alpha_{\tau-1} = b - 1$, $\alpha_\tau < b - 1$, für ein $\tau \geq t + 1$.

$$\beta - \alpha = \beta - .\beta_1 \ldots \beta_{t-1} - (\alpha - .\alpha_1 \ldots \alpha_{t-1})$$
$$= .0 \ldots 0\beta_t \ldots \qquad -$$
$$.0 \ldots 0\alpha_t\alpha_{t+1} \ldots \alpha_{\tau-1}\alpha_\tau \ldots$$

Da $\beta - \alpha$ frühestens an der t-ten Stelle nach dem Punkt eine Ziffer $\neq 0$ hat, gilt: $\beta - \alpha \leq b^{-(t-1)}$.

Für $\alpha = 0$ ist $r = 0$, also $|r| = 1$, und $(*)$ ist erfüllt.

Sei jetzt $\alpha > 0$. Wir betrachten die verbleibenden Fälle zur Berechnung von r (siehe Seite 195). Im ersten und zweiten Fall gilt $|r| \leq t$ und deshalb $\beta - \alpha \leq b^{-(t-1)} \leq b^{-(|r|-1)}$.

Im dritten Fall gilt $\beta - \alpha \leq \beta - .\alpha_1 \ldots \alpha_{\tau-1} = b^{-(\tau-1)}$. $|r| = \tau - 1$ oder $|r| = \tau$. In allen Fällen gilt $\beta - \alpha \leq b^{-(|r|-1)}$. $\qquad \square$

Satz 4.54. *Sei X eine Quelle und sei C ein arithmetischer Code für Nachrichten aus* X^* *über* $\{0,1\}$*. Dann gilt für die mittlere Codewortlänge l, gemittelt über die Längen der Codierungen aller Nachrichten aus* X^n,[14]

$$l \leq n\mathrm{H}(X) + 1,$$

wobei $\mathrm{H}(X)$ *die Entropie der Quelle X bezeichnet (Definition 4.38).*

Beweis. Sei $X = \{x_1, \ldots, x_m\}$ und $p = (p_1, \ldots, p_m)$. Nach Satz 4.53 gilt die Abschätzung

$$|r(x_{i_1} \ldots x_{i_n})| \leq \log_2 \left(\prod_{j=1}^{n} p_{i_j}^{-1} \right) + 1.$$

---

[14] X^n ist mit der Produktwahrscheinlichkeit, definiert durch $\mathrm{p}(x_{i_1} \ldots x_{i_n}) = \mathrm{p}(x_{i_1}) \cdot \ldots \cdot \mathrm{p}(x_{i_n}) = p_{i_1} \cdot \ldots \cdot p_{i_n}$, eine Quelle und wir bezeichnen sie als *n-te Potenz von X*.

Hieraus folgt

$$l = \sum_{(i_1,\dots,i_n)} p(x_{i_1}\dots x_{i_n})|r(x_{i_1}\dots x_{i_n})|$$

$$\leq \sum_{(i_1,\dots,i_n)} p(x_{i_1}\dots x_{i_n})\left(\log_2\left(\prod_{j=1}^{n} p_{i_j}^{-1}\right)+1\right)$$

$$= \sum_{(i_1,\dots,i_n)} p(x_{i_1}\dots x_{i_n})\sum_{j=1}^{n}\log_2(p_{i_j}^{-1}) + \sum_{(i_1,\dots,i_n)} p(x_{i_1}\dots x_{i_n})$$

$$= \sum_{j=1}^{n}\sum_{i_j=1}^{m}\sum_{(i_1,\dots,\hat{i_j},\dots,i_n)} p(x_{i_1}\dots x_{i_n})\log_2(p_{i_j}^{-1}) + 1$$

$$= \sum_{j=1}^{n}\sum_{i_j=1}^{m} p_{i_j}\log_2(p_{i_j}^{-1}) + 1 \;=\; n\,H(X) + 1.$$

Für das vorletzte „$=$" wurde $\sum_{(i_1,\dots,\hat{i_j},\dots i_n)} \mathrm{p}(x_{i_1}\dots x_{i_j}\dots x_{i_n}) = \mathrm{p}(x_{i_j}) = p_{i_j}$ verwendet. □

Bemerkung. Wir erhalten für die mittlere Codewortlänge pro Symbol $^l/_n \leq H(X) + ^1/_n$. Der Vergleich mit dem Quellencodierungssatz (Satz 4.39), der $H(X) \leq {}^l/_n$ besagt, zeigt, dass sich die obere Schranke aus Satz 4.54 wenig von der unteren Schranke unterscheidet, die durch den Quellencodierungssatz gegeben ist. Dies zeigt, dass die arithmetische Codierung gute Kompressionseigenschaften besitzt.

Reskalierung. Besitzen die Darstellungen der Intervallendpunkte ein gemeinsames Präfix, so erniedrigen wir durch Reskalierung die Anzahl der Stellen in der Darstellung der Intervallendpunkte. Die weiteren Berechnungen erfolgen dann mit dem durch die verkürzten Darstellungen gegebenen Intervall. Sei $\alpha = .\alpha_1\alpha_2\alpha_3\dots$ und $\beta = .\beta_1\beta_2\beta_3\dots$,
$\alpha_1 = \beta_1, \alpha_2 = \beta_2, \dots, \alpha_{t-1} = \beta_{t-1}, \alpha_t < \beta_t$.
Bei der Reskalierung ersetze $[\alpha, \beta[$ durch

$$[\alpha', \beta'[:= [\{b^{t-1}\alpha\}, \{b^{t-1}\beta\}[.$$

Dabei ist $\{x\} := x - [x]$ der gebrochene Anteil von x.
$\alpha_1\dots\alpha_{t-1} = \beta_1\dots\beta_{t-1}$ ist ein Präfix des zu berechnenden Codewortes, denn jeder b–adische Bruch in $[\alpha, \beta[$ hat $\alpha_1\dots\alpha_{t-1}$ als Präfix.

Beispiel. Sei $X = \{a, b, c, d, e\}$, $p = (0.3, 0.3, 0.2, 0.1, 0.1)$.
$I(a) = [.0, .3[, I(b) = [.3, .6[, I(c) = [.6, .8[, I(d) = [.8, .9[$ und $I(e) = [.9, 1[$.
    Wir berechnen das *adeeba* zugeordnete Intervall I und den Repräsentanten von I, den Code für die komprimierte Nachricht.

$$I(a) = [.0, .3[,$$
$$I(ad) = .0 + .3\, I(d) = [.24, .27[\longrightarrow 2$$
$$= [.4, .7[,$$
$$I(ade) = .4 + .3\, I(e) = [.67, .7[,$$
$$I(adee) = .67 + .03\, I(e) = [.697, .7[,$$
$$I(adeeb) = .697 + .003\, I(b) = [.6979, .6988[\longrightarrow 69$$
$$= [.79, .88[,$$
$$I(adeeba) = .79 + .09\, I(a) = [.79, .817[.$$

Repräsentiere $[.79, .817[$ durch $.8$ und $I(adeeba)$ durch $.2698$.

Bemerkung. Bei Verwendung von Reskalierung stehen Teile des Codewortes schon während des Codierungsprozesses zur Verfügung. Reskalierung vermindert den Rechenaufwand.

Beispiel. Sei $X = \{a, b, c, d, e\}$, $p = (0.3, 0.3, 0.2, 0.1, 0.1)$.
$I(a) = [.0, .3[$, $I(b) = [.3, .6[$, $I(c) = [.6, .8[$, $I(d) = [.8, .9[$ und $I(e) = [.9, 1[$.
Wir berechnen das der Nachricht $baaaa$ zugeordnete Intervall $I(baaaa)$.

$$I(b) = [.3, .6[,$$
$$I(ba) = .3 + .3\, I(a) = [.3, .39[\longrightarrow 3$$
$$= [.0, .9[,$$
$$I(baa) = .0 + .9\, I(a) = [.0, .27[$$
$$I(baaa) = .0 + .27\, I(a) = [.0, .081[\longrightarrow 0$$
$$= [.0, .81[,$$
$$I(baaaa) = .0 + .81\, I(a) = [.0, .243[.$$

Repräsentiere $[.0, .243[$ durch $.0$ und folglich $I(baaaa)$ durch $.300$. Ohne Reskalierung ergibt sich $I(baaaa) = [0.3, 0.30243[$ und $r = 0.3$. Das Codewort verlängert sich bei Reskalierung.

Bemerkung. Mit und ohne Reskalierung berechnet sich in den meisten Fällen das gleiche Codewort. Es gibt nur eine Ausnahme: Endet das zu codierende Wort w mit dem ersten Element des Alphabets (nennen wir es wie in den Beispielen a), so können sich bei der Reskalierung überflüssige Nullen am Ende des Codeworts ergeben (wie im zweiten Beispiel). Ob es passiert, hängt von den konkreten Wahrscheinlichkeiten der Symbole ab, aber es wird umso wahrscheinlicher, je mehr a's sich am Ende befinden. Natürlich könnte man die überflüssigen Nullen am Ende einfach wegstreichen. Das geht aber nicht mehr, wenn wir einen Eingabestrom codieren und die Zeichen des Codeworts verschicken, sobald sie vorliegen (ohne auf die Codierung der ganzen Nachricht zu warten). Das Phänomen der überflüssigen Nullen tritt nicht auf, wenn wir zu codierende Nachrichten mit einem Sonderzeichen EOF für das Nachrichtenende abschließen (und EOF nicht das erste Zeichen des Alphabets ist). Die Verwendung eines EOF-Symbols ist hilfreich für die Decodierung, ein gesondertes Übertragen der Nachrichtenlänge ist dann nicht mehr nötig (siehe unten).

Underflow. Underflow kann eintreten, wenn die Intervallendpunkte einen geringen Abstand aufweisen und wenn Reskalieren nicht möglich ist. In dieser Situation nimmt die Darstellung der Intervallendpunkte mit jedem Schritt zu. Wir sprechen von Underflow und diskutieren das Underflow-Problem zunächst an einem

Beispiel. Sei $X = \{a, b, c, d, e\}$, $p = (0.3, 0.3, 0.2, 0.1, 0.1)$.
$I(a) = [.0, .3[$, $I(b) = [.3, .6[$, $I(c) = [.6, .8[$, $I(d) = [.8, .9[$ und $I(e) = [.9, 1[$.
Wir berechnen das Intervall $I(bbabacb)$.

$$I(b) = [.3, .6[,$$
$$I(bb) = .3 + .3\, I(b) = [.39, .48[,$$
$$I(bba) = .39 + .09\, I(a) = [.39, .417[,$$
$$I(bbab) = .39 + .027\, I(b) = [.3981, .4062[,$$
$$I(bbaba) = .3981 + .0081\, I(a) = [.3981, .40053[,$$
$$I(bbabac) = .3981 + .00243\, I(c) = [.399558, .400044[,$$
$$I(bbabacb) = ..399558 + .000464\, I(b) = [.3997038, .3998496[.$$

Repräsentiere $I(bbabacb)$ durch $.3998$.

Das Intervall $I(bbab) = [.3981, .4062[$. Es kann jetzt der Fall eintreten, dass bei der Abarbeitung der weiteren Symbole das Intervall nach jedem Symbol die Zahl 0.4 enthält, d. h. $\alpha = .39\ldots \beta = .40\ldots$. Dann ist Reskalieren nicht möglich. Das Intervall $[\alpha, \beta[$ wird mit jedem Schritt kürzer. Die Anzahl der für die Darstellung von α und β notwendigen Stellen nimmt mit jedem Schritt zu. Dies stellt ein Problem dar, falls wir mit einer endlichen Anzahl von Stellen rechnen. Abhilfe schafft die Underflow-Behandlung, die wir jetzt erläutern.

Sei $\alpha = .\alpha_1\alpha_2\alpha_3\ldots$ und $\beta = .\beta_1\beta_2\beta_3\ldots$,
Wir sagen, es tritt *Underflow* ein, falls

$$\beta_1 = \alpha_1 + 1, \alpha_2 = b - 1 \text{ und } \beta_2 = 0$$

ist.

Für $r = .r_1 r_2 \ldots \in [\alpha, \beta[$ gilt bei Vorliegen von Underflow

$$r_2 = \begin{cases} b - 1, & \text{falls } r_1 = \alpha_1, \\ 0, & \text{falls } r_1 = \beta_1, \end{cases}$$

d. h. r_2 hängt funktional von r_1 ab.

Wir beschreiben jetzt den Algorithmus zur Underflow-Behandlung.

Wir streichen α_2, β_2 und r_2 in der Darstellung von α, β und r und erhalten $\alpha = .\alpha_1\alpha_3\ldots, \beta = .\beta_1\beta_3\ldots$ und $r = .r_1r_3\ldots$.

Diese Operation ist die Translation um $.\alpha_1(b-1-\alpha_1)$ gefolgt von der Streckung mit dem Faktor b. Für $x \in [\alpha, \beta[$ gilt

$$.x_1x_2x_3 \to b(.x_1x_2x_3 - \alpha_1(b-1-\alpha_1)) = .x_1x_3.$$

Falls Underflow vorliegt, gilt $|\beta - \alpha| < \frac{1}{b^2}$.

Wir verfahren bei der Codierung folgendermaßen:

1. Solange $\alpha_1 \neq \beta_1$
    i. Solange Underflow vorliegt, führen wir die Underflow-Behandlung durch, d. h. wir entfernen die zweite Ziffer nach dem Punkt aus α und β und inkrementieren die Variable *count* (sie zählt, wie oft die zweite Ziffer entfernt wurde).
    ii. Bearbeite das nächste Symbol vom Input, d. h. wende den Algorithmus zur weiteren Teilung des Intervalls auf Grund des nächsten Symbols vom Input an.
2. Gebe $r_1 = \alpha_1$ (hier gilt $\alpha_1 = \beta_1$) und *count* mal r_2 in Abhängigkeit von r_1 aus.

Bei der Underflow-Behandlung ändern sich α_1 und β_1 nicht. Bei der Bearbeitung des nächsten Symbols vom Input tritt im Fall der Änderung von α_1 und β_1 der Fall $\alpha_1 = \beta_1$ ein. Daher sind die bei der Underflow-Behandlung aus r entfernten Ziffern alle gleich.

Beispiel. Sei $X = \{a, b, c, d, e\}$, $p = (0.3, 0.3, 0.2, 0.1, 0.1)$.
$I(a) = [.0, .3[$, $I(b) = [.3, .6[$, $I(c) = [.6, .8[$, $I(d) = [.8, .9[$ und $I(e) = [.9, 1[$.
Wir berechnen das Intervall $I(bbabacb)$.

$$I(b) = [.3, .6[,$$
$$I(bb) = .3 + .3\,I(b) = [.39, .48[,$$
$$I(bba) = .39 + .09\,I(a) = [.39, .417[,$$
$$I(bbab) = .39 + .027\,I(b) = [.3981, .4062[\longrightarrow [.381, .462[, count = 1,$$
$$I(bbaba) = .381 + .081\,I(a) = [.381, .4053[,$$
$$I(bbabac) = .381 + .0243\,I(c) = [.39558, .40044[\longrightarrow [.3558, .4044[, count = 2,$$
$$I(bbabacb) = .3558 + .0486\,I(b) = [.37038, .38496[$$
$$\longrightarrow 399, count = 0, [.7038 + .8496[\longrightarrow 8.$$

Repräsentiere $I(bbabac)$ durch .3998.

Reskalierung und Underflow-Behandlung verkürzen die Darstellungen der Intervallgrenzen. Dadurch ist es möglich, die Berechnungen mit einer festen Anzahl von Stellen durchzuführen. In der Anwendung reicht eine ganzzahlige Arithmetik mit 32 Bit. Floatingpoint-Arithmetik ist wegen der begrenzten Genauigkeit und des begrenzten Speichers, den Floatingpoint-Formate erlauben, nicht geeignet.

Decodierung. Gegeben seien eine komprimierte Nachricht m und deren Länge n. Gesucht ist die Nachricht $x_{i_1} \ldots x_{i_n}$.
Wir berechnen $x_{i_1} \ldots x_{i_n}$ rekursiv:

1. $i_1 = j$ gilt genau dann, wenn $m \in I(x_j)$ gilt.
2. Seien $x_{i_1} \ldots x_{i_{k-1}}$ und $I(x_{i_1} \ldots x_{i_{k-1}}) = [\alpha, \beta[$ und $l = \beta - \alpha$ berechnet. Es gilt $i_k = j$ genau dann, wenn $m \in \alpha + l\, I(x_j)$ ist. Dies wiederum ist äquivalent zu $(m - \alpha)/l \in I(x_j)$.

Berechne α und l aus $I(x) = [\alpha_x, \beta_x[$ und $l_x = \beta_x - \alpha_x$:

$$\alpha_{\text{neu}} = \alpha_{\text{alt}} + l_{\text{alt}}\alpha_x,$$

$$l_{\text{neu}} = l_{\text{alt}} l_x.$$

Beispiel. Sei $X = \{a, b, c, d, e\}$, $p = (0.3, 0.3, 0.2, 0.1, 0.1)$.
$I(a) = [.0, .3[$, $I(b) = [.3, .6[$, $I(c) = [.6, .8[$, $I(d) = [.8, .9[$ und $I(e) = [.9, 1[$.
Gegeben: .2697, 4.

α	l	$(m - \alpha)/l$	x
0	1	.2697	a
0	.3	.899	d
.24	.03	.99	e
.267	.003	.9	e

Decodierung mit Reskalierung. Bei der Decodierung einer Nachricht nehmen wir, um die Rechnung zu vereinfachen, Reskalierung vor. Wir beschreiben den Algorithmus anhand eines Beispiels.

Beispiel. Sei $X = \{a, b, c, d, e\}$, $p = (0.3, 0.3, 0.2, 0.1, 0.1)$.
$I(a) = [.0, .3[$, $I(b) = [.3, .6[$, $I(c) = [.6, .8[$, $I(d) = [.8, .9[$ und $I(e) = [.9, 1[$.
Gegeben: .2698, 6.

m	α	l	$(m - \alpha)/l$	x
.2698	.0	1	.2698	a
	.0	.3	.8993333	d
	.24	.03	.9933333	e
.698	.4	.3		
	.67	.03	.99333333	e
.98	.7	.3		
	.97	.03	.3333337	b
.8	.7	.3		
	.79	.09	.1111111	a

Wir führen Reskalierung durch, sobald in α und β gemeinsame führende Ziffern entstehen. Eine notwendige Bedingung dafür ist, dass in l führende Nullen entstehen. Wir multipliziere α, l und m mit b^k, wobei k gleich der Anzahl der gemeinsamen führenden Ziffern ist.

Codierung der Länge der Nachricht. Bei der Decodierung muss die Länge n der Nachricht bekannt sein. Die Länge n stellen wir dem Decodierer außerhalb der codierten Nachricht zur Verfügung oder wir vereinbaren ein spezielles Symbol „EOF" für das Ende der Nachricht. EOF sendet die Quelle mit einer sehr kleinen Wahrscheinlichkeit. Der Decodierer erkennt dann das Ende der Nachricht. Natürlich verlängert sich durch dieses zusätzliche Symbol die codierte Nachricht geringfügig.

Adaptive arithmetische Codierung. Bei der *adaptiven arithmetischen Codierung* wird, wie bei der adaptiven Huffman-Codierung, das statistische Modell mit der Codierung der Nachricht entwickelt. Im Gegensatz zur Huffman-Codierung sind die Auswirkungen der Änderung des statistischen Modells auf den Codierer und Decodierer gering. Die weitere Teilung eines bereits berechneten Teilintervalls erfolgt einfach nach den neu ermittelten Wahrscheinlichkeiten. Wir machen dies mit einem Beispiel deutlich.

Beispiel. Sei $X = \{a, b, c, d, e\}$, $p = (^1/_5, ^1/_5, ^1/_5, ^1/_5, ^1/_5)$.
$I(a) = [.0, .2[$, $I(b) = [.2, .4[$, $I(c) = [.4, .6[$, $I(d) = [.6, .8[$ und $I(e) = [.8, 1[$.

Quelle	Intervallberechnung	
$(^1/_5, ^1/_5, ^1/_5, ^1/_5, ^1/_5)$	$I(a) = [.0, .2[$	
$(^1/_3, ^1/_6, ^1/_6, ^1/_6, ^1/_6)$	$I(ad) = .0 + .2\, I(d) = [.132, .166[$	$\longrightarrow 1$
	$= [.32, .66[$	
$(^2/_7, ^1/_7, ^1/_7, ^2/_7, ^1/_7)$	$I(ade) = .32 + .34\, I(e) = [.61, .64[$	$\longrightarrow 1$
	$= [.2, .4[$	
$(^1/_4, ^1/_8, ^1/_8, ^1/_4, ^1/_4)$	$I(adee) = .2 + .2\, I(e) = [.35, .7[$	
$(^2/_9, ^1/_9, ^1/_9, ^2/_9, ^1/_3)$	$I(adeeb) = .35 + .35\, I(b) = [.427, .4655[$	$\longrightarrow 1$
	$= [.27, .655[$	
$(^1/_5, ^1/_5, ^1/_{10}, ^1/_5, ^3/_{10})$	$I(adeeba) = .27 + .385\, I(a) = [.27, .347[$	

Repräsentiere $I(adeeba)$ durch .1113.

Bemerkung. Wir haben zwei Verfahren zur Quellencodierung behandelt, die Huffman-Codierung und die arithmetische Codierung. Mit dem Huffman-Verfahren erstellen wir Codetabellen und verwenden diese zur Codierung und Decodierung. Die arithmetische Codierung benötigt keine Codetabellen. Sie erfordert aber im Vergleich zur Huffman-Codierung erheblichen Rechenaufwand. Bei einer Implementierung des Verfahrens verwenden wir ganzzahlige Arithmetik (bei Fließkomma-Arithmetik ist die codierte Nachricht durch die Anzahl der Bytes des Zahlenformates eingeschränkt und somit zu klein).

4.6.4 Lempel-Ziv-Codes

Lempel[15] und Ziv[16] führen in [ZivLem77] und [ZivLem78] neue Techniken der Datenkomprimierung ein. Diese Methoden benötigen im Gegensatz zur Huffman-Codierung kein statistisches Modell.

Die Methoden von Lempel und Ziv bezeichnet man als *Wörterbuchme-thoden*. Die Idee besteht darin, häufig auftretende Textsegmente in einem Wörterbuch zu speichern. Im zu komprimierenden Text ersetzen wir die Textsegmente durch Verweise auf die Textsegmente. Benötigt der Verweis weniger Bit als das ersetzte Textsegment, so tritt Kompression ein.

Es gibt viele Varianten der beiden ursprünglichen Algorithmen, die nach dem Jahr der Entstehung mit LZ77 oder LZ78 bezeichnet werden. Diese Varianten werden von populären Kompressionsapplikationen, wie GNU zip oder Unix compress, bei der Datenübertragung, wie V.42bis, und bei der Kompression von Graphikformaten, wie bei Graphics Interchange Format (GIF), Portable Network Graphics (PNG) oder Adobes PDF, eingesetzt.

Lempel-Ziv-Algorithmus mit gleitendem Fenster. Beim LZ77-Algorithmus lassen wir über die zu codierende Zeichenkette $x_1 \ldots x_n$ ein Fenster konstanter Größe gleiten. Das Fenster besteht aus zwei Teilen, dem Text-Puffer und dem Vorschau-Puffer, wie Figur 4.42 zeigt. Der Text-Puffer enthält Zeichen, die bereits codiert wurden, die Zeichen aus dem Vorschau-Puffer sind noch zu codieren. Sei w die Länge des Text-Puffers und v die Länge des Vorschau-Puffers.

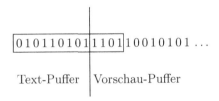

Fig. 4.42: LZ77-Komprimierung.

Wir erklären die Codierung rekursiv und nehmen dazu an, dass die Zeichen $x_1 \ldots x_{i-1}$ bereits codiert sind. Der Text-Puffer enthält die Zeichen $x_{i-w} \ldots x_{i-1}$ und der Vorschau-Puffer die Zeichen $x_i x_{i+1} \ldots x_{i+v-1}$. Die wesentliche Idee ist nun eine Zeichenkette zu finden, die im Text-Puffer beginnt und mit der Zeichenkette $x_i x_{i+1} \ldots x_{i+v-1}$ im Vorschau-Puffer die längste Übereinstimmung aufweist.

Für k mit $i - w \leq k \leq i - 1$ sei

$$\ell_k = \max\{j \mid j \leq v \text{ und } x_k \ldots x_{k+j-1} = x_i \ldots x_{i+j-1}\}$$

und

---

[15] Abraham Lempel (1936 –) ist ein israelischer Informatiker.
[16] Jacob Ziv (1931 –) ist ein israelischer Informationstheoretiker.

$$m = \max\{\ell_k \mid i - w \leq k \leq i - 1\}.$$

Die längste Übereinstimmung besteht aus m vielen Zeichen und beginnt im Text-Puffer mit x_{i-j}, wobei $\ell_{i-j} = m$ gilt. Sie kann sich in den Vorschau-Puffer hinein erstrecken.

Falls $m \geq 1$ gilt, codieren wir

$$x_i \ldots x_{i+m-1} \longmapsto (j, m).$$

Wir verschieben das Fenster um m Positionen nach rechts.

Falls wir keine Übereinstimmung finden, d. h. es gilt $m = 0$, so codieren wir

$$x_i \longmapsto x_i$$

und verschieben das Fenster um eine Position nach rechts.

Der Ausgabestrom enthält die beiden unterschiedlichen Datentypen Zeichen und Verweise, d. h. Paare (j, m) von Zahlen, j gibt den Index des ersten Zeichens der Übereinstimmung relativ zum Ende des Text-Puffers und m gibt die Länge der Übereinstimmung an. Wir codieren beide Datentypen mit einer festen Anzahl von Bit und unterscheiden sie durch ein führendes Bit, zum Beispiel 0, falls ein Zeichen folgt, und 1, falls ein Verweis folgt. Stellen wir j mit 8 Bit und m mit 4 Bit dar, so ergibt sich ein Text-Puffer mit 256 Byte und ein Vorschau-Puffer mit 16 Byte. Zur Codierung eines Zeichens benötigen wir 7 Bit und zur Codierung eines Verweises 13 Bit.

Insbesondere ist jetzt auch der Induktionsanfang erklärt. Zu Beginn der Codierung ist der Text-Puffer leer. Wir können keine übereinstimmenden Segmente finden, der Ausgabestrom enthält die einzelnen Zeichen.

Bei der Implementierung codieren wir kurze übereinstimmende Segmente durch die einzelnen Zeichen, wenn sich dadurch ein kürzerer Ausgabestrom ergibt. Ist m die Anzahl der übereinstimmenden Zeichen, s die Anzahl der Bit für die Codierung eines Zeichens, t die Anzahl der Bit für die Codierung eines Paares (j, m) und gilt $m \cdot s < t$, so codieren wir die einzelnen Zeichen.

Der aufwendige Teil bei der Codierung ist das Auffinden von längsten übereinstimmenden Segmenten. Beim „greedy parsing" wird mit jedem Zeichen im Text-Puffer als Startpunkt die Länge der Übereinstimmung ermittelt. Eine längste Übereinstimmung wird anschließend verwendet. Dies stellt jedoch nicht sicher, dass wir insgesamt die beste Kompressionsrate erzielen. Diese ist wegen der Komplexität des Problems nicht zu erreichen.

Varianten des LZ77-Algorithmus implementieren Methoden, die es ermöglichen auf übereinstimmende Segmente schneller zuzugreifen. Dazu setzen wir zur Adressierung übereinstimmender Segmente ein Hashverfahren oder einen binären Suchbaum ein. Im Text-Puffer prüfen wir nicht mehr an jeder Stelle auf Übereinstimmung, sondern nur noch an Stellen, an denen schon frühere übereinstimmende Segmente gefunden wurden.

Beispiel. Wir führen den Algorithmus mit der Eingabe $x = 01101101101$, $w = 6$ und $v = 3$ durch. Jede Zeile der folgenden Matrix entspricht einem Schritt in der Ausführung des Algorithmus. Die 3 Zeichen des Vorschau-Puffers sind in den ersten 5 Zeilen durch | begrenzt. In der zweiten Spalte sind die ermittelten Codes vermerkt.

$$
\begin{array}{l|l}
|011|01101101 & 0 \\
0|110|1101101 & 1 \\
01|101|101101 & (1,1) \\
011|011|01101 & (3,3) \\
011011|011|01 & (3,3) \\
011|011011|01 & (3,2)
\end{array}
$$

Während die Kompression mit hohem Rechenaufwand verbunden ist, ist die Dekompression einfach durchzuführen. Entweder liegen die Codes der einzelnen Zeichen vor oder Verweise, die einfach auszuwerten sind.

Falls sich die Übereinstimmung bei der Codierung in den Vorschau-Puffer hinein erstreckte, erweitern wir den Text-Puffer schrittweise. Diesen Punkt erläutern wir jetzt mit einem Beispiel genauer. Sei $w = 12$ und $v = 6$ und $\ldots 111110|101010$ zu codieren. Die Ausgabe ist dann $(2,6)$. Wir nehmen an, dass $\ldots 111110|$ bereits decodiert ist und im nächsten Schritt $(2,6)$ zu decodieren ist. Wir erhalten nacheinander

$$\ldots |111110|10, \ldots |111110|1010, \ldots |111110|101010.$$

Das Wörterbuch stellen wir durch den Text-Puffer dar. Die gleitende Fenstertechnik und die konstante Länge des Text-Puffers gewährleisten, dass sich nur Segmente, die in der jüngeren Vergangenheit aufgetreten sind, im Wörterbuch befinden. Die Anpassung des Wörterbuchs an Veränderungen, in den Mustern der zu komprimierenden Daten, erfolgt demnach automatisch.

Lempel-Ziv-Algorithmen mit digitalem Suchbaum. Wir studieren LZ78 und eine Variante von LZ78, das LZW-Verfahren, genauer. In beiden Algorithmen lesen wir die zu komprimierenden Daten nur einmal. Dabei komprimieren wir die Daten und erzeugen das Wörterbuch. Im Gegensatz zu LZ77 erfolgt die Konstruktion des Wörterbuchs explizit. Wir implementieren LZ78 mit einem digitalen Suchbaum. Der Codierer erzeugt diesen digitalen Suchbaum während er den Quelltext analysiert. Der Decodierer erzeugt einen identischen Suchbaum aus den komprimierten Daten. Wir müssen neben den komprimierten Daten keine weiteren Daten vom Codierer zum Decodierer übermitteln.

Der Algorithmus LZ78.

Definition 4.55. Sei $X = \{x_1, \ldots, x_n\}$ eine Nachrichtenquelle. Sei $y \in X^n$. Eine Lempel-Ziv Zerlegung von y,

$$y = y_0 \| y_1 \| \ldots \| y_k,$$

besteht aus paarweise verschiedenen y_j, $0 \leq j \leq k$, und ist definiert durch:

1. $y_0 := \varepsilon$.
2. Zu y_i, $1 \leq i \leq k$, gibt es genau ein y_j in der Folge $y_0, \ldots, y_{i-1}$ und ein $x \in X$ mit $y_i = y_j \| x$.

Wir bezeichnen die Teilstrings y_i als *Phrasen* von y.

Wir geben einen Algorithmus zur Konstruktion einer Lempel-Ziv Zerlegung an. Der Algorithmus benutzt einen *digitalen Suchbaum*. Wir erläutern zunächst die Datenstruktur eines digitalen Suchbaums, siehe Figur 4.43.

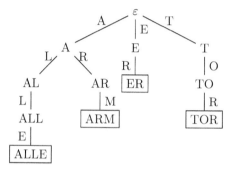

Fig. 4.43: Ein digitaler Suchbaum.

Einem digitalen Suchbaum liegt ein Alphabet X zugrunde. Ein Knoten des digitalen Suchbaums kann bis zu $|X|$ Nachfolger besitzen. Jede Kante ist mit einem Symbol aus X beschriftet. Dabei sind keine zwei Kanten, die von einem Knoten ausgehen, mit demselben Symbol beschriftet.

Jedem Knoten entspricht eine Zeichenkette aus X^*. Die Zeichenkette ergibt sich aus den Kantenbeschriftungen des Pfades von der Wurzel bis zum entsprechenden Knoten. Der Wurzel entspricht das leere Wort ε. Mit dem digitalen Suchbaum sind zwei Funktionen verbunden.

1. Die *Suche* nach $x \in X^*$ erfolgt ausgehend von der Wurzel durch Vergleich des ersten Zeichens von x mit den Kantenbeschriftungen der Kanten, die von der Wurzel ausgehen. Bei Übereinstimmung mit einer Kantenbeschriftung setzen wir die Suche rekursiv im entsprechenden Nachfolger fort.
2. Beim *Einfügen* von Zeichen in einen digitalen Suchbaum fügen wir neue Knoten an. Soll eine Zeichenkette x eingefügt werden, so führen wir ausgehend von der Wurzel eine Suche mit x durch. Befindet sich x nicht im Suchbaum, so endet die Suche in einem Knoten, ohne alle Zeichen von x bei der Suche zu verbrauchen. Diesen Knoten bezeichnen wir mit k. Für jedes Zeichen von x, das bei der Suche nicht verwendet wurde, fügen wir einen weiteren Knoten an, die dazu notwendige Kante beschriften wir mit dem entsprechenden Zeichen. Den ersten Knoten fügen wir an k an, den zweiten an den ersten angefügten Knoten, und den nächsten an

den vorher angefügten Knoten, solange bis alle Zeichen von x verbraucht sind.

In unserer Anwendung fügen wir jeweils nur ein neues Blatt an.

Beispiel. Figur 4.44 demonstriert den Algorithmus mit $x = 010110101\ldots$ Wir starten mit einem Baum, der nur aus einer Wurzel besteht. Die Wurzel erhält die Nummer 0. In jedem Schritt fügen wir ein Blatt an den Baum an. Wir nummerieren die Knoten in der Reihenfolge ihres Entstehens.

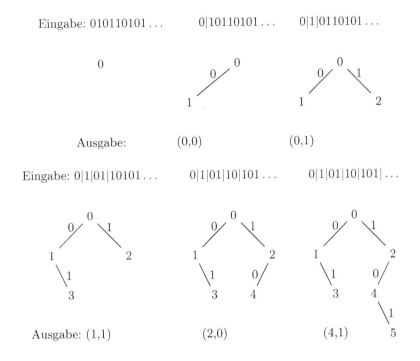

Fig. 4.44: Codierung mit LZ78

In jedem Schritt ermitteln wir eine Phrase der Lempel-Ziv-Zerlegung. Sie ergibt sich durch digitale Suche ausgehend von der Wurzel. Im letzten Knoten k im Suchpfad erweitern wir den Baum um ein zusätzliches Blatt. Die Kante zu diesem Blatt beschriften wir mit dem nächsten Zeichen der Eingabe. Die gefundene Phrase entspricht dem neuen Knoten.

Die Ausgabe besteht aus dem letzten Knoten k im Suchpfad zusammen mit der Beschriftung der neu eingefügten Kante. Die komprimierte Datei besteht aus den Ausgaben. Die Ausgaben bestehen aus den Daten, die für die Konstruktion des Baumes notwendig sind. Deshalb können wir aus der komprimierten Datei den Codebaum und aus dem Codebaum anschließend auch die ursprünglichen Daten gewinnen.

Bei der Verarbeitung des Endes der zu komprimierenden Zeichenkette kann die Suche in einem inneren Knoten enden. Auf die technischen Details, die dann notwendig sind, gehen wir nicht weiter ein.

Bemerkung. Sei p eine Wahrscheinlichkeitsverteilung auf X. Mit $a(x)$ bezeichnen wir die Anzahl der Phrasen die in einer Zerlegung von $x \in X^n$ auftreten. Die komprimierten Daten bestehen dann aus einer Folge der Länge $a(x)$ von Paaren (k, c), die aus der Nummer eines Knotens im Codebaum und einem Symbol bestehen. Die Anzahl der Knoten ist dann auch $a(x)$. Die Darstellung eines Knotens k benötigt $\log_2(a(x))$ Bit und die Darstellung eines Paars (k, c) erfordert $\log_2(a(x)) + e$ Bit (e ist eine Konstante). Insgesamt benötigen wir

$$a(x)(\log_2(a(x)) + e)$$

Bit zur Codierung der Lempel-Ziv-Zerlegung.

Der Mittelwert

$$\ell_n = \frac{1}{n} \sum_{x \in X^n} \mathrm{p}(x) a(x)(\log_2(a(x)) + e),$$

wobei $\mathrm{p}(x_1 \ldots x_n) := \prod_{i=1}^n \mathrm{p}(x_i)$, der Auftrittswahrscheinlichkeit von $x_1 \ldots x_n$ ist, ergibt die mittlere Codewortlänge pro Quellsymbol aus X.

Nach dem Quellencodierungssatz (4.39) ist die Entropie einer Quelle eine untere Schranke für die mittlere Codewortlänge eines eindeutig decodierbaren Codes für die Quelle.

Die Lempel-Ziv-Codierung ist asymptotisch optimal, d. h.

$$\lim_{n \to \infty} \ell_n = \mathrm{H}(X)$$

(siehe [ZivLem78]).

Die LZW-Variante. Die LZW-Variante wurde 1984 von Welch[17] publiziert. Bei der Implementierung des LZW-Algorithmus verwenden wir, wie beim LZ78-Algorithmus, einen digitalen Suchbaum. Hier starten wir jedoch mit einem Baum, der neben der Wurzel in der Ebene 1 für jedes $x \in X$ ein Blatt besitzt. Wir ermitteln wieder eine Phrase durch digitale Suche ausgehend von der Wurzel. Die Suche endet in einem Blattknoten. Jetzt erfolgen zwei Aktionen

1. Ausgabe der Nummer dieses Blattknotens.
2. Anfügen eines neuen Blattknotens an diesen Blattknoten. Die neue Kante beschriften wir mit dem nächsten Zeichen x aus der Eingabe.
   x ist erstes Zeichen der nächsten Phrase.

Jetzt entsprechen gefundene Phrasen nicht mehr eineindeutig den Knoten im Codebaum. Es kann Knoten geben, zu denen keine Phrasen existieren und die gefundenen Phrasen sind nicht mehr notwendig paarweise verschieden.

---

[17] Terry A. Welch (1939 – 1988) war ein amerikanischer Informatiker.

Der Vorteil gegenüber LZ78 besteht darin, dass die Ausgabe nur noch aus der Nummer des angefügten Knotens besteht. Sie reduziert sich durch Weglassen des zusätzlichen Symbols im Vergleich zur Ausgabe bei LZ78.

Beispiel. Figur 4.45 demonstriert die Arbeitsweise des Codierers mit der Eingabe $x = 010110101 \ldots$.

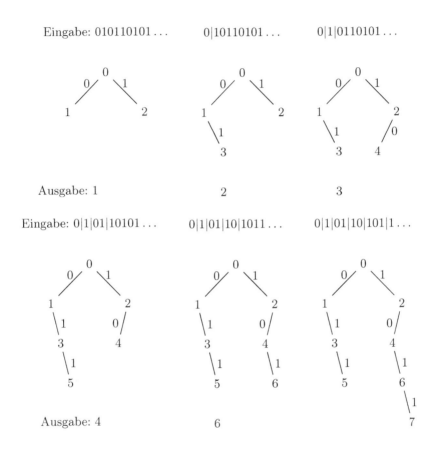

Fig. 4.45: Codierung mit LZW

Das Beispiel zeigt, dass LZ78 und LZW verschiedene Codebäume liefern.

Beim Decodieren rekonstruieren wir aus den Nummern der Knoten den Codebaum. Dies bedarf weiterer Überlegungen, wenn der Codierer das zuletzt eingefügten Blatt bei der Ermittlung der Phrase verwendet, wie es im Beispiel bei der Ermittlung der Phrase 101 mit der Ausgabe der Knotennummer 6 der Fall ist.

Figur 4.46 zeigt die Codebäume, die der Decodierer konstruiert. Eingabe ist die vom Codierer ausgegebene Nummer des Knotens. Der Decodierer gibt die dem Knoten entsprechende Phrase aus. Nachdem der Decodierer die Knotennummer 6 erhält, hat er erst den Baum rekonstruiert, der im vorangehenden Schritt bei der Codierung entstanden ist. In diesem ist der Knoten mit der Nummer 6 nicht enthalten.

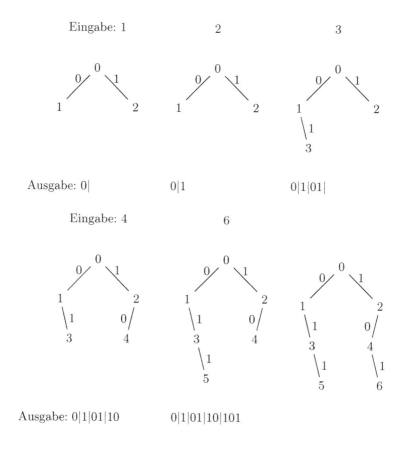

Fig. 4.46: Decodierung mit LZW

Unter dem *Ausnahmefall* verstehen wir den Fall, dass der Decodierer einen nicht im Codebaum enthaltenen Knoten decodieren muss. Er entsteht dadurch, dass der Decodierer, die Codebäume nur mit einer Verzögerung von einem Schritt konstruieren kann.

Wir geben jetzt ein Verfahren zur Behandlung des Ausnahmefalls an. Seien $y_1 \| \ldots \| y_i$ die Phrasen, die der Codierer gefunden hat. Der Codierer fügt für jede Phrase einen Knoten in den Codebaum ein. Er hat somit insgesamt i Knoten hinzugefügt. Wir nehmen an, dass der Decodierer die Phrasen $y_1 \| \ldots \| y_{i-1}$ decodiert hat. Der Decodierer kann nur $i - 1$ viele Knoten rekonstruieren. Der einzige Knoten, den der Decodierer nicht kennt, ist der Knoten, den der Codierer mit dem Auffinden der i–ten Phrase y_i angefügt hat, also den Knoten mit der Nummer i.

Nehmen wir weiter an, dass der Codierer im nächsten Schritt den Knoten mit der Nummer i verwendet. Der Knoten ist Nachfolger des Knotens, den der Codierer zuletzt verwendet hat, nämlich der Knoten, der zu y_{i-1} gehört.

Zum Knoten mit der Nummer i gehört die Phrase y_i, aber auch die Phrase $y_{i-1}\|x$, wobei x das erste Zeichen von y_i ist. Es folgt $y_i = y_{i-1}x$, d. h. y_{i-1} und y_i stimmen im ersten Zeichen überein. Der Decodierer kann den „unbekannten" Knoten ermitteln, indem er an den im vorangehenden Schritt übermittelten Knoten ein Blatt anfügt und die Kante mit dem ersten Zeichen von y_{i-1} beschriftet.

Für das Wörterbuch, das wir mit einem digitalen Suchbaum implementiert haben, steht nur begrenzter Speicher zur Verfügung. Es müssen deshalb Strategien implementiert werden, die eine Anpassung des Wörterbuchs bei veränderten Mustern im zu komprimierenden Text vornehmen und die verhindern, dass das Wörterbuch voll läuft und keine Einträge mehr aufnehmen kann. Mögliche Strategien sind, das Wörterbuch komplett zu löschen, nachdem eine Schranke des belegten Speichers überschritten wird oder wenn die Kompressionsrate unter eine vorgegebene Schranke fällt. Eine weitere Möglichkeit besteht darin, die Benutzung der Einträge zu beobachten und den Eintrag zu entfernen, dessen Benutzung am weitesten zurückliegt.

Übungen.

1. In den Knoten eines binären Baumes sind die Elemente a, b, c, d, e, f, h, j gespeichert. Bei der Preorder-Ausgabe entsteht die Liste c, a, h, f, b, j, d, e, bei der Postorder-Ausgabe die Liste h, f, a, d, e, j, b, c. Wie kann man aus diesen Angaben den binären Baum konstruieren? Geben Sie den binären Baum an. Beschreiben Sie Ihr Vorgehen und begründen Sie die einzelnen Schritte. Unter welchen Voraussetzungen ist der Baum eindeutig durch die Preorder- und Postorder-Ausgabe bestimmt?

2. Geben Sie alle binären Suchbäume für $\{1, 2, 3, 4\}$ an.

3. Jedem arithmetischen Ausdruck mit den Operatoren + und * kann ein binärer Baum zugeordnet werden.
   Entwickeln Sie eine Funktion, die beim Traversieren einen arithmetischen Ausdruck mit Klammern und Postfix-Notation erzeugt.

4. In einem binären Suchbaum und einem gegebenen Knoten v bezeichnen wir mit vv denjenigen Knoten, der in der Inorder-Reihenfolge unmittelbar vor v auftritt (sofern existent). Zeigen Sie: Wenn v einen linken Nachfolger hat, so hat vv keinen rechten Nachfolger. Wie lautet die äquivalente Aussage für den Nachfolger nv eines Knotens v?

5. Entwickeln und implementieren Sie einen Algorithmus, der entscheidet, ob eine gegebene Folge von Knoten eines binären Suchbaumes mit den Schlüsseln $s_1, s_2, \ldots, s_n = s$ als Suchpfad für s auftreten kann.

6. Sei T ein binärer Suchbaum, x ein Blatt von T und y der Vorgänger von x. In x sei das Element e und in y das Element f gespeichert. Zeigen Sie, f ist entweder das kleinste Element in T, das größer als e ist, oder das größte Element in T, das kleiner als e ist.

7. Sei $n \in \mathbb{N}$. Zeigen Sie, dass es einen binären Suchbaum mit n Knoten der Höhe $\lfloor \log_2(n) \rfloor + 1$ gibt.

8. Beweisen oder widerlegen Sie durch ein Gegenbeispiel die folgende Aussage: Zu jedem AVL-Baum gibt es eine Reihenfolge der Schlüssel, die beim Einfügen ohne Rotationen zu diesem Baum führt.

9. Die Menge $\{1, \ldots, n\}$ werde in der angegebenen Reihenfolge in einem leeren AVL-Baum gespeichert. Bestimmen Sie die Höhe des Baumes.

10. Sei T ein binärer Suchbaum. Wir erhalten $\overline{T}$, indem wir in T die null-Referenzen durch externe Knoten ersetzen. In $\overline{T}$ hat jeder Knoten, der kein Blatt ist, zwei Nachfolger und die Blätter sind die externen Knoten. Ein *Rot-Schwarz-Baum* ist ein binärer Suchbaum, in dem jede Kante rot oder schwarz gefärbt ist und in $\overline{T}$ folgende Eigenschaften erfüllt sind:

    a. Die Eingangskanten von Blättern sind schwarz.

    b. In einem Pfad folgt auf eine rote Kante stets eine schwarze Kante.

    c. Für jeden Pfad von der Wurzel zu einem Blatt ist die Anzahl der schwarzen Kanten gleich.

    Die Rot-Schwarz-Bedingungen garantieren gute Balance-Eigenschaften. Sei T ein Rot-Schwarz-Baum mit n Knoten. Zeigen Sie, dass die Höhe von T durch $2 \log_2(n + 1)$ beschränkt ist.

11. Sei $(f_i)_{i \geq 0}$ die Folge der Fibonacci-Zahlen. Bei der *Fibonacci-Suche* erfolgt die Teilung des sortierten Arrays $a[1..n]$, in dem das zu suchende Element gefunden werden soll, mithilfe der Fibonacci-Zahlen. Wir nehmen zunächst an, dass $n = f_k - 1$ gilt. Das Array wird dann in die Teilbereiche $a[1..f_{k-1} - 1], a[f_{k-1}]$ und $a[f_{k-1} + 1..f_k - 1]$ der Längen $f_{k-1} - 1$, 1 und $f_{k-2} - 1$ zerlegt. Falls sich das gesuchte Element nicht an der Position f_{k-1} befindet, wird die Suche rekursiv mit $a[1..f_{k-1} - 1]$ oder $a[f_{k-1} + 1..f_k - 1]$ fortgesetzt. Falls $n + 1$ keine Fibonacci-Zahl ist, setze die obere Grenze gleich der kleinsten Fibonacci-Zahl, die größer als $n + 1$ ist.
    Arbeiten Sie die Details der Fibonacci-Suche aus. Stellen Sie die Verbindung zu den Fibonacci-Bäumen (siehe Definition 4.12) her und analysieren Sie die Laufzeit des Algorithmus.

12. Gegeben sei folgende Menge
    $S = \{(1, 4), (2, 1), (3, 8), (4, 5), (5, 7), (6, 6), (8, 2), (9, 3)\}$
    mit Schlüssel-Priorität-Paaren.

   a. Konstruieren Sie hierzu einen Treap durch Einfügen der Schlüssel-Priorität-Paare in folgender Reihenfolge:
   $(8,2),(9,3),(2,1),(5,7),(3,8),(1,4),(4,5),(6,6)$.
   b. Fügen Sie das neue Element $(7,0)$ ein und geben Sie alle relevanten Zwischenschritte an.
   c. Löschen Sie das Element $(8,2)$ und geben Sie alle relevanten Zwischenschritte an.
   d. Welcher Treap entsteht, wenn in (a) $(7,0)$ an Stelle von $(8,2)$ eingefügt worden wäre?

13. Zeigen Sie, dass es $c_n := \frac{1}{n+1}\binom{2n}{n}$, $n \geq 0$, viele binäre Bäume mit n Knoten gibt. Die Zahlen c_n heißen *Catalanzahlen*[18].

14. Ein B-Baum B speichert in alphabetischer Reihenfolge in der Wurzel j, w und in der ersten Ebene a, c, f, i, o, r, u, v, y und z.
   a. Stellen Sie B graphisch dar.
   b. Geben Sie die Zahlen an, die als Ordnung von B möglich sind
   c. Fügen Sie nacheinander die Elemente x, p, k, q, e und l ein und skizzieren Sie nach jedem Schritt den Baum.

15. Ein B-Baum B speichert in alphabetischer Reihenfolge das Element m in der Ebene 0, die Elemente e, h, t und x in der Ebene 1 und die Elemente b, f, l, r, u, v, w und y in der Ebene 2.
   a. Skizzieren Sie B und geben Sie die Ordnung von B an.
   b. Löschen Sie nacheinander h aus B und l, b aus dem Baum den Sie erhalten, nachdem Sie die vorangehende Löschung durchgeführt haben. Beschreiben Sie die wesentlichen Schritte.

16. Beweisen oder widerlegen Sie die folgende Aussage: Für eine gegebene Menge S ist die Anzahl der Knoten eines B-Baumes, der S speichert, eindeutig.

17. Wir konstruieren zu einem B-Baum der Ordnung 4 einen binären Suchbaum. Die B-Baumseiten bilden wir wie folgt ab:

Um einen binären Suchbaum zu erhalten, ergänzen wir mit den Kanten des B-Baums. Wir färben die Eingangskanten von a, b, e schwarz und die Eingangskanten von c, d, f rot.
Ordnen Sie dem B-Baum der Figur 4.24 seinen Rot-Schwarz-Baum zu (siehe Aufgabe 10). Zeigen Sie mithilfe der definierten Abbildungsvorschrift, dass Rot-Schwarz-Bäume und B-Bäume der Ordnung 4 äquivalente Strukturen sind. Geben Sie die inverse Transformation der obigen Abbildungsvorschrift an, die jedem Rot-Schwarz-Baum einen B-Baum der Ordnung 4 zuordnet.

---

[18] Eugène Charles Catalan (1814 – 1894) war ein belgischer Mathematiker.

18. Welcher der beiden Codes
    (a) $C_1 = \{c, bb, bbd, dea, bbaa, abbd, aacde\}$,
    (b) $C_2 = \{c, bb, bbd, dea, abbe, baad, bbaa, aacde\}$
    ist eindeutig decodierbar? Begründen Sie Ihre Antwort und geben Sie gegebenenfalls ein Gegenbeispiel an.

19. Seien $n_1, \ldots, n_\ell \in \mathbb{N}$ und C ein Präfixcode über Y der Ordnung n. C besitze n_i Wörter der Länge i, $i = 1, \ldots, \ell$. Zeigen Sie, dass gilt: $n_i \leq n^i - n_1 n^{i-1} - \cdots - n_{i-1} n, i = 1, \ldots, \ell$.

20. Eine Quelle besitzt die Elemente $\{x_1, x_2, x_3, x_4, x_5, x_6, x_7\}$ und die Wahrscheinlichkeiten $p_1 = \frac{2}{7}, p_2 = p_3 = p_4 = p_5 = \frac{1}{7}, p_6 = p_7 = \frac{1}{14}$.
    a. Ist der Code $c_1 = 00, c_2 = 11, c_3 = 010, c_4 = 100, c_5 = 101, c_6 = 0110, c_7 = 0111$ (c_i codiert x_i für $i = 1, \ldots, 7$) kompakt?
    b. Gibt es kompakte Codes über $\{0,1\}$ für die obige Quelle mit anderen Wortlängen? Geben Sie gegebenenfalls einen solchen Code an.

21. Der Huffman-Algorithmus kann auf beliebige Alphabete Y erweitert werden. Wie ist dann bei der Konstruktion des Codes vorzugehen?

22. Gegeben sei eine Nachrichtenquelle (X, p). $X = \{x_1, \ldots, x_{256}\}$ und $p_i = \frac{1}{256}$. Ist $C = \{c_1 c_2 c_3 c_4 c_5 c_6 c_7 c_8 | c_i \in \{0,1\}\}$ ein kompakter Code für (X, p)?

23. Gegeben sei eine Nachrichtenquelle (X, p). $p = (p_1, \ldots, p_k)$ und $p_i = \frac{1}{2^{\nu_i}}$, $\nu_i \in \mathbb{N}, i = 1, \ldots, k$. Geben Sie einen kompakten Code C für (X, p) und die mittlere Codewortlänge $l(C)$ an.

24. Sei (X, p) eine Quelle. $\ell_1, \ldots, \ell_n$ seien die Längen der Codewörter eines kompakten Codes über $\{0,1\}$. Zeigen Sie:

$$\sum_{i=1}^{n} \ell_i \leq \frac{1}{2}(n^2 + n - 2).$$

25. Eine Quelle besitzt die Elemente $\{a,b,c,d,e,f,g\}$ und die Wahrscheinlichkeiten $(0.3, 0.14, 0.14, 0.14, 0.14, 0.07, 0.07)$. Zeichenketten aus $\{a,b,c,d,e,f,g\}^*$ werden arithmetisch über $\{0, 1, \ldots, 9\}$ codiert.
    a. Geben Sie den Code für die Nachricht acfg an.
    b. Decodieren Sie 1688 bei einer Nachrichtenlänge von 6.

26. Sei $k = 2^l, l \in \mathbb{N}$, $X = \{x_1, \ldots, x_k\}$ und $p_i = \frac{1}{k}$, $i = 1, \ldots, k$. Welche Wortlängen treten bei Codierung durch arithmetische Codes über $\{0, 1\}^*$ für Nachrichten der Länge n auf.

27. Gegeben sei eine Nachrichtenquelle $(X = \{a, b\}, p = (1 - \frac{1}{2^k}, \frac{1}{2^k}))$. Geben Sie einen arithmetischen Code für $b^n a, n \in \mathbb{N}$, über $\{0, 1\}^*$ an.

28. Ein LZ77-Verfahren werde mit einem Text-Puffer der Länge r implementiert. Geben Sie ein Alphabet X und eine Nachricht $x \in X^*$ an, sodass die Kompressionsrate $|C(x)|/|x|$ der LZ77-Codierung $C(x)$ von x maximal ist.

5. Graphen

Die Graphentheorie ist Teilgebiet der Diskreten Mathematik. Als mathematische Disziplin hat sie einen umfangreichen, abstrakten theoretischen Anteil. Sie weist aber auch interessante, anwendungsrelevante algorithmische Aspekte auf.

Viele alltägliche Probleme, wie zum Beispiel die Suche nach einem kürzesten Weg in einem Verkehrs- oder Kommunikationsnetzwerk, die Darstellung des World Wide Web (www), bestehend aus den Webseiten und ihre Vernetzung mithilfe von Links, Beschreibung des zeitlichen Verlaufs von Montageoperationen durch Vorranggraphen, der Entwurf von elektronischen Schaltungen, semantische Netze zur Repräsentation von Wissen oder die Modellierung der Abhängigkeiten von Arbeitspaketen in einem Projekt führen zu einer Darstellung mit Graphen. Mithilfe von Graphen lassen sich oft die strukturellen Gegebenheiten algorithmischer Probleme beschreiben. Dies ermöglicht die Lösung dieser Probleme durch Graphalgorithmen.

Wir studieren Graphalgorithmen in den folgenden beiden Kapiteln. Wir behandeln die grundlegenden Algorithmen Breiten- und Tiefensuche zum systematischen Durchlaufen eines Graphen. Diese beiden Algorithmen werden in vielen anderen Graphalgorithmen benutzt. Wir berechnen mithilfe von Breiten- und Tiefensuche aufspannende Bäume, die Abstände von Knoten, die Zusammenhangskomponenten eines Graphen sowie die starken Zusammenhangskomponenten eines gerichteten Graphen, testen auf Zyklen und sortieren azyklische gerichtete Graphen topologisch. Ein probabilistischer Algorithmus zur Berechnung eines minimalen Schnittes schließt das Kapitel ab.

5.1 Modellierung von Problemen durch Graphen

In diesem Abschnitt werden wir eine Reihe von populären Problemen mithilfe von Graphen formulieren.

Königsberger-Brückenproblem. Wir erläutern das Königsberger-Brückenproblem mit Figur 5.1, die den Fluss Pregel in der Stadt Königsberg zeigt. Zwischen den Ufern und den beiden Inseln sind sieben Brücken eingezeichnet. Eine Brücke verbindet die beiden Inseln. Eine der Inseln ist durch

© Springer Fachmedien Wiesbaden GmbH, ein Teil von Springer Nature 2021
H. Knebl, *Algorithmen und Datenstrukturen*,
https://doi.org/10.1007/978-3-658-32714-9_5

je eine Brücke mit der Vor- und Altstadt verbunden. Von der anderen Insel führen je zwei Brücken zur Vor- und Altstadt. Die Frage, ob es einen geschlossenen Weg gibt, welcher jede Brücke genau einmal überquert, soll zur Unterhaltung der Bürger von Königsberg gedient haben.

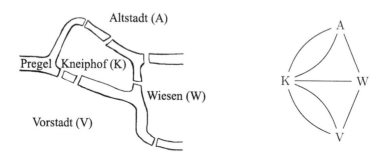

Fig. 5.1: Königsberger Brückenproblem.

Die Figur rechts zeigt den Sachverhalt der Skizze als Multigraphen.[1] Hier wurde von den topographischen Gegebenheiten, die für die Problemstellung keine Rolle spielen, abstrahiert. Wir betrachten nur noch zwei Objekttypen, Knoten (nodes) und Beziehungen zwischen Knoten, die wir als Kanten (edges) bezeichnen. Die Menge der Knoten ist $\{A,K,V,W\}$. Zwei Knoten stehen in Beziehung zueinander, wenn sie durch eine Brücke verbunden sind. Es gibt somit sieben Kanten, die wir durch die beiden Knoten darstellen, die zueinander in Beziehung stehen. Die Kanten sind gegeben durch $\{A,K\}$, $\{A,K\}$, $\{K,V\}$, $\{K,V\}$, $\{A,W\}$, $\{K,W\}$, $\{V,W\}$. Die mathematische Notation reduziert auf das Wesentliche und erleichtert dadurch die Lösung des Problems.

Die Lösung des Problems wurde im Jahre 1736 von Euler[2] publiziert. Diese Arbeit, in der Euler das Königsberger-Brückenproblem in mathematischer Notation darstellte, wird als die erste Arbeit über Graphentheorie angesehen. Zur Ehre von Euler bezeichnen wir heute einen geschlossenen Weg in einem Graphen, der jede Kante genau einmal enthält, als *Eulerkreis*. Eulers Arbeit gibt eine notwendige und hinreichende Bedingung für die Existenz eines Eulerkreises an. Ein Graph besitzt genau dann einen Eulerkreis, wenn alle Knoten geraden Grad[3] besitzen (Übungen, Aufgabe 1). Diese Bedingung ist für das Königsberger-Brückenproblem nicht erfüllt.

House-Utility-Problem. Beim House-Utility-Problem gibt es drei Häuser H_1, H_2, H_3 und drei Versorgungsunternehmen, je eins für Gas (G), Wasser (W) und Strom (S). Figur 5.2 stellt diese Situation dar, es handelt sich um einen *bipartiten Graphen*. Bei einem bipartiten Graphen ist die Menge der Knoten in zwei Partitionen (disjunkte Teilmengen) zerlegt. Die beiden Endpunkte einer Kante liegen nicht in einer der beiden Partitionen, sondern in

---

[1] Bei Multigraphen sind mehrere Kanten zwischen zwei Knoten zugelassen.
[2] Leonhard Euler (1707 – 1783) war ein schweizer Mathematiker und Physiker.
[3] Der Grad eines Knotens ist die Anzahl der in ihm zusammentreffenden Kanten.

verschiedenen Partitionen. Einen bipartiten Graphen, bei dem jede Partition 3 Elemente hat und bei dem jeder Knoten aus der ersten Partition mit jedem Knoten aus der zweiten Partition verbunden ist, bezeichnen wir mit $K_{3,3}$.

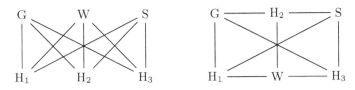

Fig. 5.2: House-Utility-Problem.

In beiden skizzierten Anordnungen kreuzen sich die Versorgungsleitungen. Mit Multiplizität gezählt, schneiden sie sich in der ersten Anordnung in neun Punkten, in der zweiten Anordnung sind es nur noch drei Punkte. Es stellt sich die Frage, ob es möglich ist, eine Anordnung ohne Schnittpunkte zu finden. Diese Fragestellung führt zur Begriffsbildung eines ebenen Graphen.

Ebene Graphen. Unter einem *ebenen Graphen* verstehen wir einen Graphen, den wir in der Ebene ohne Überschneidung von Kanten zeichnen können. Beim vollständigen Graphen K_4 mit vier Knoten gelingt dies, wie Figur 5.3 zeigt.[4] Bei K_5, dem vollständigen Graphen mit fünf Knoten, scheint dies nicht möglich zu sein.

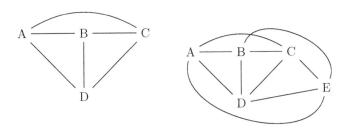

Fig. 5.3: K_4 und K_5.

Der Satz von Kuratowski[5] gibt ein notwendiges und hinreichendes Kriterium für ebene Graphen. Dieses Kriterium zeigt, dass K_5 und $K_{3,3}$ nicht eben sind.

---

[4] Ein Graph heißt vollständig, wenn jeder Knoten mit jedem anderen Knoten durch eine Kante verbunden ist. Er ist somit durch Angabe der Anzahl der Knoten bestimmt.

[5] Kazimierz Kuratowski (1896 – 1980) war ein polnischer Mathematiker und Logiker.

Der Algorithmus von Hopcroft[6]-Tarjan[7] dient zum Test der Planarität eines Graphen und zur Einbettung eines ebenen Graphen in die Ebene. Ebene Graphen werden zum Beispiel in [Jungnickel13] oder [Gould88] behandelt.

Vierfarbenproblem. Die Problemstellung des Vierfarbenproblems ist einfach zu formulieren. Sie lautet: Ist es möglich jede Landkarte mit vier Farben zu färben, sodass benachbarte Länder verschiedene Farben besitzen?

Das Problem lässt sich mit Graphen formulieren. Die Knoten repräsentieren die Hauptstädte der Länder. Die Hauptstädte benachbarter Länder verbinden wir mit einer Kante. Da benachbarte Länder eine gemeinsame Grenze besitzen, gibt es eine Kante, die ganz auf dem Gebiet der beiden Länder verläuft. Es handelt sich um einen ebenen Graphen.

Mit Graphen formuliert lautet das Vierfarbenproblem: Kann jeder ebene Graph mit vier Farben gefärbt werden, sodass benachbarte Knoten verschiedene Farben besitzen?

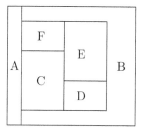 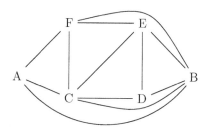

Fig. 5.4: Vierfarbenproblem.

Den Graphen der Figur 5.4 können wir mit 4 Farben färben. Mit Blau die Knoten A und E, mit Grün die Knoten F und D, mit Gelb den Knoten C und mit Rot den Knoten B. Benachbarte Knoten sind mit unterschiedlichen Farben gefärbt.

Das Vierfarbenproblem zählt zu den populären Problemen der Graphentheorie. Es weist eine lange Geschichte auf. Es soll von Francis Guthrie[8] im Jahre 1852 formuliert worden sein. Caley[9] hat das Problem im Jahre 1878 vor der Mathematical Society in London vorgetragen. Appel[10] und Haken[11] gelang im Jahre 1976 der Beweis, dass man jeden ebenen Graphen mit vier Farben färben kann, sodass benachbarte Knoten verschiedene Farben besitzen.

---

[6] John Edward Hopcroft (1939 –) ist amerikanischer Informatiker und Turing-Preisträger.

[7] Robert Endre Tarjan (1948 –) ist amerikanischer Informatiker und Turing-Preisträger.

[8] Francis Guthrie (1831 – 1899) war ein südafrikanischer Mathematiker.

[9] Arthur Cayley (1821 – 1895) war ein englischer Mathematiker.

[10] Kenneth Appel (1932 – 2013) war ein amerikanischer Mathematiker.

[11] Wolfgang Haken (1928 –) ist ein deutscher Mathematiker.

Der Beweis verwendet eine Reduktionsmethode, die von Birkhoff[12] und Heesch[13] entwickelt wurde. Diese Methode reduziert den allgemeinen Fall auf 1482 Fälle, die mit massivem Einsatz von Rechnern gelöst wurden. Ein neuerer Beweis, der dieselben Techniken benutzt, ist in [RobSanSeyTho97] publiziert.

Minimale aufspannende Bäume, Abstands-, Chinese-Postman- und Traveling-Salesman-Problem. Wir erläutern das Problem der Berechnung minimaler aufspannender Bäume, das Abstands-, das Chinese-Postman- und das Traveling-Salesman-Problem mit Figur 5.5.

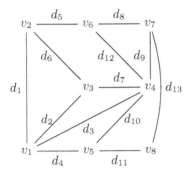

Fig. 5.5: Diverse Graphenprobleme.

Die Knoten v_i modellieren Ortspunkte (Städte oder Straßenkreuzungen), die Kanten modellieren Verbindungen zwischen den Ortspunkten und die Beschriftung d_i an einer Kante bezeichnet die Länge oder Kosten dieser Verbindung.

1. Zur Konstruktion eines minimalen aufspannenden Baums sind alle Knoten mit Kanten zu verbinden (Definition 6.23). Dabei ist die Summe der Kosten zu minimieren. Wir studieren mehrere Algorithmen für die Berechnung eines minimalen aufspannenden Baumes (Algorithmus 6.26, 6.29, 6.34 und 6.50).
2. Beim Abstandsproblem ist ein kürzester Weg zwischen zwei Knoten v_i und v_j oder allen Paaren von Knoten gesucht. Dieses Problem lösen wir im Abschnitt 6.2 und Abschnitt 6.7.
3. Beim Chinese-Postman-Problem wird ein kürzester Weg mit Startpunkt und Endpunkt v_1 gesucht, welcher jede Verbindung mindestens einmal durchläuft (siehe [Schrijver03, Chapter 29.1, 29.11g]).
4. Das Traveling-Salesman-Problem lautet: Gesucht ist ein kürzester Weg mit Startpunkt und Endpunkt v_1, welcher durch jeden Knoten mindestens einmal geht. Das Traveling-Salesman-Problem wird auch in [Schrijver03, Chapter 58] behandelt.

---

[12] George David Birkhoff (1884 – 1944) war ein amerikanischer Mathematiker.
[13] Heinrich Heesch (1906 – 1995) war ein deutscher Mathematiker.

Nicht symmetrische Beziehungen. Bei den vorangehenden Problemen wurden zur Modellierung Graphen benutzt. Es handelt sich um symmetrische Beziehungen. Bei nicht symmetrischen Beziehungen setzen wir gerichtete Graphen ein. Wir erläutern ein derartiges Problem mit Figur 5.6.

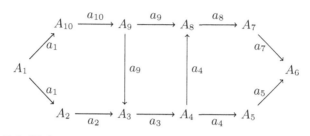

Fig. 5.6: Nicht symmetrische Beziehungen – Abhängigkeiten.

Die Knoten des Graphen modellieren Arbeitspakete in einem Projekt. Falls das Arbeitspaket A_i das Arbeitspaket A_j voraussetzt, zeichnen wir eine gerichtete Kante: $A_j \xrightarrow{a_j} A_i$. Hierbei ist a_j der Aufwand, der zur Bearbeitung von A_j notwendig ist. Wir erhalten dadurch den Abhängigkeitsgraphen der Arbeitspakete. Dieser darf natürlich keine Zyklen enthalten (Definition 5.3). Bei der Durchführung eines Projektes ist man an den längsten Pfaden in G interessiert. Die Arbeitspakete auf einem Pfad müssen wir nacheinander (sequentiell) bearbeiten. Eine Verzögerung bei der Bearbeitung der Arbeitspakete auf einem längsten Pfad verzögert die Fertigstellung des Projektes. Deshalb heißt ein längster Pfad auch *kritischer Pfad*. Die Berechnung eines kritischen Pfads stellen wir als Übungsaufgabe im Kapitel 6 (Aufgabe 3).

5.2 Grundlegende Definitionen und Eigenschaften

Die Grundbegriffe der Graphentheorie sind anschaulich und unmittelbar verständlich. Wir stellen jetzt die grundlegenden Definitionen und Eigenschaften zusammen, die wir im Folgenden benötigen. Ein Graph besteht aus Knoten (vertices oder nodes) und Kanten (edges), die Beziehungen zwischen Knoten darstellen. Wir präzisieren die Begriffe in der folgenden Definition.

Definition 5.1.

1. Ein *gerichteter Graph* ist ein Paar $G = (V, E)$, wobei V eine nicht leere endliche Menge und $E \subset V \times V \setminus \{(v, v) \mid v \in V\}$ ist. V heißt die Menge der *Knoten* und E heißt die Menge der *(gerichteten) Kanten*.
   Ein Knoten w heißt *benachbart* oder *adjazent* zu v, wenn $(v, w) \in E$.
   v heißt *Anfangspunkt* und w heißt *Endpunkt* der Kante (v, w).
2. Bei einem *Graphen* besitzen die Kanten keine Richtung. $E \subset \mathcal{P}_2(V)$, der Menge der zweielementigen Teilmengen von V. Die Knoten $v, w \in V$ sind *benachbart* oder *adjazent*, wenn $\{v, w\} \in E$, v und w heißen *Endpunkte* der Kante $e = \{v, w\}$. Die Kante $\{v, w\}$ heißt *inzident* zu v und zu w.

3. Sei $v \in V$. $U_v := \{w \in V \mid w \text{ adjazent zu } v\}$ heißt *Umgebung* von v. Die Anzahl $|U_v|$ der Elemente von U_v heißt *Grad* von v, kurz $\deg(v)$. Die Anzahl $|V|$ der Knoten heißt *Ordnung* von G.

Bemerkungen:

1. $|V|$ und $|E|$ messen die Größe eines Graphen. Wir geben Aufwands-abschätzungen in Abhängigkeit von $|V|$ und $|E|$ an.
2. Einem gerichteten Graphen kann man einen (ungerichteten) Graphen – den *unterliegenden Graphen* – zuordnen, indem einer Kante (v, w) die Kante $\{v, w\}$ zugeordnet wird. Den einem Graphen *zugeordneten gerichteten Graphen* erhalten wir, wenn wir jede Kante $\{v, w\}$ durch die Kanten (v, w) und (w, v) ersetzen.

Definition 5.2. Sei $G = (V_G, E_G)$ ein (gerichteter) Graph.

1. Ein Graph $H = (V_H, E_H)$ heißt *Teilgraph* von G, wenn $V_H \subset V_G$ und $E_H \subset E_G$ gilt.
2. Ein Teilgraph H von G heißt ein *G aufspannender Teilgraph*, wenn $V_H = V_G$ gilt.
3. Sei $S \subset V_G$. Sei E_S die Menge der Kanten in E, deren Endknoten (bzw. Anfangs- und Endknoten) in S liegen. Der Graph $\langle S \rangle := (S, E_S)$ heißt der von S *erzeugte Teilgraph*.

Beispiele: Figur 5.7 zeigt die Teilgraphen H und I von G, I ist der von {A, B, C, D} erzeugte Teilgraph von G und H ist ein G aufspannender Teilgraph (Teilbaum).

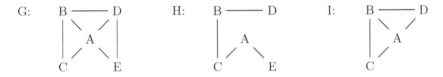

Fig. 5.7: Diverse Graphen.

Pfade. Pfade oder Wege sind spezielle Teilgraphen eines Graphen. Mit Pfaden definieren wir wichtige Begriffe für Graphen wie Zusammenhang und Abstand.

Definition 5.3.

1. Sei $G = (V, E)$ ein Graph. Ein *Pfad* oder *Weg* P ist eine Folge von Knoten $v_0, v_1, \ldots, v_n$, wobei $\{v_i, v_{i+1}\} \in E, i = 0, \ldots, n - 1$. v_0 heißt *Anfangspunkt* und v_n *Endpunkt* von P. n heißt *Länge* von P.
   w ist von v aus *erreichbar*, wenn es einen Pfad P mit Anfangspunkt v und Endpunkt w gibt. Gibt es für je zwei Knoten $v, w \in V$ einen Pfad von v nach w, so ist G *zusammenhängend*.

Ein Pfad P ist *einfach*, falls $v_i \neq v_j$ für $i \neq j$ und $0 \leq i,j \leq n$. Ein Pfad P ist *geschlossen*, falls $v_0 = v_n$. Ein geschlossener Pfad P ist *einfach*, falls $v_i \neq v_j$ für $i \neq j$ und $0 \leq i,j \leq n-1$.
Ein einfacher geschlossener Weg der *Länge* ≥ 3 heißt *Zyklus* oder *Kreis*. Besitzt ein Graph G keine Zyklen, so ist G *azyklisch*.

2. Für einen gerichteten Graphen G erklären wir die Begriffe analog. In einem Pfad P sind die Kanten gerichtet enthalten, d. h. $(v_i, v_{i+1}) \in E, i = 0, \ldots, n-1$. Für einen Zyklus ist eine Länge ≥ 2 gefordert.
Die Knoten v, w sind *gegenseitig erreichbar*, wenn v von w und w von v aus erreichbar ist. Sind je zwei Knoten $v, w \in V$ gegenseitig erreichbar, so heißt G *stark zusammenhängend*.

Bemerkungen: Sei $G = (V, E)$ ein Graph.

1. Sei $v \in V$. v ist ein (geschlossener) Weg von v nach v. Insbesondere ist v von v aus erreichbar.
2. Die Relation „erreichbar von" definiert eine Äquivalenzrelation[14] auf V. Für einen gerichteten Graphen $G = (V, E)$ ist die Relation „gegenseitig erreichbar" eine Äquivalenzrelation auf V („erreichbar von" ist für einen gerichteten Graphen nicht symmetrisch).
3. Sei $\{v, w\} \in E$. v, w, v ist ein einfacher geschlossener Weg, aber kein Zyklus.
4. Zwei geschlossene Wege $P = v_0, \ldots, v_n$ und $P' = w_0, \ldots, w_n$ mit:

$$w_i = v_{(i+j) \bmod (n+1)}, \text{ für festes } j \text{ und } i = 0, \ldots, n,$$

definieren denselben Zyklus. Die Bedingung besagt, P und P' unterscheiden sich nur durch die Wahl des Anfangspunktes.

Beispiel. Figur 5.8 zeigt geschlossene Wege im Graphen

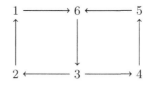

$z_1 = 3, 2, 1, 6, 3;\ z_2 = 3, 4, 5, 6, 3;\ z_3 = 3, 2, 1, 6, 3, 4, 5, 6, 3;\ \ldots.$

Fig. 5.8: Geschlossene Wege.

Mithilfe von Wegen erklären wir den Abstand von Knoten.

Definition 5.4. Sei $G = (V, E)$ ein (gerichteter) Graph und $v, w \in V$. Der *Abstand* $d(v, w)$ zwischen den Knoten v und w ist die Länge eines kürzesten Weges, d. h. eines Weges mit der minimalen Anzahl von Kanten, der v und w verbindet. Falls kein Weg von v nach w existiert, so setzen wir $d(v, w) = \infty$.

---

[14] Eine Relation $\sim$, die reflexiv ($v \sim v, v \in V$), symmetrisch ($v \sim w$ impliziert $w \sim v$) und transitiv ($u \sim v$ und $v \sim w$ impliziert $u \sim w$) ist, heißt *Äquivalenzrelation*.

Bemerkung. Für einen zusammenhängenden Graphen $G = (V, E)$ ergibt sich unmittelbar aus der Definition des Abstands von Knoten, dass d die Axiome einer Metrik erfüllt (Definition B.25). Bei einem stark zusammenhängenden gerichteten Graphen ist unter Umständen das „Axiom der Symmetrie" $d(u, v) = d(v, u)$, $u, v \in V$, verletzt.

Definition 5.5.

1. Sei G ein Graph und sei K eine Äquivalenzklasse[15] der Relation „erreichbar von". Der von K erzeugte Graph $\langle K \rangle$ heißt *Zusammenhangskomponente* von G.
2. Sei G ein gerichteter Graph und sei K eine Äquivalenzklasse der Relation „gegenseitig erreichbar". Der von K erzeugte Graph $\langle K \rangle$ heißt *starke Zusammenhangskomponente* von G.

Bemerkung. Seien $K_i = (V_i, E_i)$, $i = 1, \ldots, l$, die Zusammenhangskomponenten von $G = (V, E)$, dann gilt: $V = \cup_{i=1}^{l} V_i$, $V_i \cap V_j = \emptyset$ für $i \neq j$ und $E = \cup_{i=1}^{l} E_i$, $E_i \cap E_j = \emptyset$ für $i \neq j$.

Bäume. Wir haben im Kapitel 4 Wurzelbäume kennen gelernt. Bäume sind eine spezielle Klasse von Graphen. Sie treten in den meisten Algorithmen auf, die wir in den beiden Kapiteln über Graphen studieren.

Definition 5.6. Ein azyklischer zusammenhängender Graph G heißt *(freier) Baum*. Besitzt G mehrere Zusammenhangskomponenten, so sprechen wir von einem *Wald*

Bemerkung. Einem freien Baum kann ein Wurzelbaum zugeordnet werden, wie Figur 5.9 zeigt. Dazu zeichnen wir einen Knoten als Wurzel aus und versehen jede Kante mit einer Orientierung in der Richtung weg von der Wurzel. Die Knoten, die den Abstand i von der Wurzel haben, bilden die i–te Ebene des Baumes.

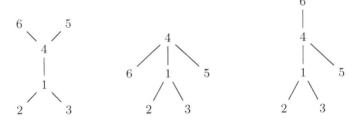

Fig. 5.9: Diverse Bäume.

Satz 5.7. *Für einen Graphen $T = (V, E)$ sind äquivalent:*

1. *T ist ein Baum.*
2. *T ist zusammenhängend und $|E| = |V| - 1$.*

---

[15] Eine *Äquivalenzklasse* einer Äquivalenzrelation $\sim$ besteht aus allen zu einem Element v äquivalenten Elementen ($\{w \mid w \sim v\}$).

Beweis. Sei $n := |V|$ und $m := |E|$. Wir zeigen zunächst, dass aus Punkt 1 Punkt 2 folgt. Ein Baum T ist per Definition zusammenhängend.

Wir zeigen $m = n - 1$ durch Induktion nach n: Wenn $n = 1$ ist, dann gilt $m = 0$. Der Induktionsanfang ist richtig. Wir führen den Schluss von $< n$ auf n durch. Sei T ein Baum der Ordnung n und $e = \{v, w\}$ eine Kante in T. Sei $T \setminus \{e\}$ der Graph der aus T entsteht, wenn wir in T die Kante e entfernen. Da T azyklisch ist, gibt es in $T \setminus \{e\}$ keinen Weg, der v mit w verbindet. Nach dem Entfernen einer Kante erhöht sich die Anzahl der Zusammenhangskomponenten um höchstens 1. Deshalb zerfällt $T \setminus \{e\}$ in zwei Komponenten (Bäume) $T_1 = (V_1, E_1)$ und $T_2 = (V_2, E_2)$. Es gilt $m = |E| = |E_1| + |E_2| + 1 = |V_1| - 1 + |V_2| - 1 + 1 = |V| - 1 = n - 1$.

Aus Punkt 2 folgt auch Punkt 1. Sei T zusammenhängend und $m = n - 1$. Angenommen, T besitzt einen Zyklus Z. Sei $e \in Z$. Dann ist $T \setminus \{e\}$ zusammenhängend und besitzt $n - 2$ viele Kanten, ein Widerspruch, denn um n Knoten zusammenhängend zu verbinden, braucht man mindestens $n - 1$ Kanten. □

Bipartite Graphen. $G = (V, E)$ heißt *bipartit*, wenn die Menge der Knoten V eine Zerlegung in die Partitionen V_1 und V_2 besitzt, d. h. $V = V_1 \cup V_2$, $V_1 \cap V_2 = \emptyset$, und jede Kante von G einen Endpunkt in V_1 und den anderen in V_2 hat.

Eine *perfekte Zuordnung* für G besteht aus einer Menge von Kanten, die eine bijektive Abbildung von V_1 nach V_2 definieren. Der folgende Satz gibt für einen bipartiten Graphen mit $|V_1| = |V_2|$ ein zur Existenz einer perfekten Zuordnung äquivalentes Kriterium an.

Satz 5.8. *Sei* $G = (V, E)$ *ein bipartiter Graph,* $V_1 = \{v_1, \ldots, v_n\}$, $V_2 = \{w_1, \ldots, w_n\}$ *und seien* X_{ij}, $1 \leq i, j \leq n$, *Unbestimmte. Die Matrix* $A = (a_{ij})_{1 \leq i,j \leq n}$ *sei definiert durch*

$$a_{ij} = \begin{cases} X_{ij}, & \text{falls } \{v_i, w_j\} \in E, \\ 0 & \text{sonst.} \end{cases}$$

G besitzt genau dann eine perfekte Zuordnung, wenn $\det(A) \neq 0$ *ist.*

Beweis. Die Determinante von A ist definiert durch die Formel

$$\det(A) = \sum_{\pi \in \mathfrak{S}_n} \operatorname{sign}(\pi) a_{1\pi(1)} \cdots a_{n\pi(n)}.$$

Es wird über alle π aus der symmetrischen Gruppe $\mathfrak{S}_n$ summiert, d. h. es sind alle bijektiven Abbildungen auf $\{1, \ldots, n\}$ zu bilden ([Fischer14, Kap. 3]).

G besitze eine perfekte Zuordnung, die π definiert. Dann ist der Summand

$$a_{1\pi(1)} \cdots a_{n\pi(n)} = X_{1\pi(1)} \cdots X_{n\pi(n)} \neq 0. \qquad (*)$$

Da die Summanden in $\det(A)$ paarweise verschieden sind, ist auch $\det(A) \neq 0$. Ist umgekehrt $\det(A) \neq 0$, so folgt, dass mindestens ein Summand $a_{1\pi(1)} \cdots a_{n\pi(n)} \neq 0$ ist. Es folgt die Ungleichung $(*)$, mit anderen Worten: π definiert eine perfekte Zuordnung. □

Bemerkungen:

1. $\det(A)$ ist ein Polynom mit den Koeffizienten ± 1 in den Unbestimmten X_{ij}, $1 \le i, j \le n$. Im Abschnitt 1.6.3 haben wir einen Monte-Carlo-Algorithmus zum Test der Identität von zwei Polynomen entwickelt (Corollar 1.55). Diesen Algorithmus können wir zum Test $\det(A) = 0$ verwenden. Die Effizienz des Verfahrens, das sich aus Satz 5.8 ergibt, dominiert der verwendete Algorithmus zur Berechnung der Determinante. Die Berechnung nach der definierenden Formel, die auf Leibniz[16] zurückgeht oder nach dem Entwicklungssatz von Laplace[17], ist in der Ordnung $O(n!)$ und deshalb nicht geeignet. Moderne Verfahren haben eine Laufzeit in der Ordnung $O(n^3)$ oder besser.

2. Sei $G = (V, E)$ ein Graph, und $Z \subset E$. Z heißt perfekte Zuordnung, wenn jeder Knoten aus V zu genau einer Kante aus Z inzident ist. Die Frage, ob ein beliebiger Graph $G = (V, E)$, $V = \{v_1, \ldots v_n\}$, n gerade, eine perfekte Zuordnung besitzt, können wir mithilfe seiner *Tutte*[18] *Matrix* entscheiden. Die Tutte Matrix $A = (a_{ij})_{1 \le i, j \le n}$ von G ist mit den Unbestimmten X_{ij} definiert durch

$$a_{ij} = \begin{cases} X_{ij}, & \text{falls } \{v_i, v_j\} \in E \text{ und } i < j, \\ -X_{ji}, & \text{falls } \{v_i, v_j\} \in E \text{ und } i > j, \\ 0, & \text{sonst.} \end{cases}$$

Ein Graph besitzt genau dann eine perfekte Zuordnung, wenn die Determinante seiner Tutte Matrix $\det(A) \ne 0$ ist. Der Beweis dieser Tatsache ist jedoch nicht mehr so einfach wie bei bipartiten Graphen. Nicht nur für den Test der Existenz einer perfekten Zuordnung, sondern auch für die Berechnung einer perfekten Zuordnung gibt es probabilistische Algorithmen (siehe [MotRag95, Kapitel 12.4]).

5.3 Darstellung von Graphen

Wir bezeichnen durchweg für einen Graphen $G = (V, E)$ mit $n = |V|$ die Anzahl der Knoten und mit $m = |E|$ die Anzahl der Kanten von G. Für einen Graphen gilt $0 \le m \le \binom{n}{2}$ und für einen gerichteten Graphen gilt $0 \le m \le n(n-1)$. Im Folgenden nehmen wir oft an, dass $V = \{1, \ldots, n\}$ ist. Damit ist für die Algorithmen keine Einschränkung der Allgemeinheit verbunden.

---

[16] Gottfried Wilhelm Leibniz (1646 – 1716) war ein deutscher Philosoph, Mathematiker und Naturwissenschaftler. Er ist Mitbegründer der Infinitesimalrechnung und gilt als der bedeutendste universale Gelehrte seiner Zeit.

[17] Pierre-Simon Laplace (1749 – 1827) war ein französischer Mathematiker, Physiker und Astronom.

[18] William Thomas Tutte (1917 – 2002) war ein britisch-kanadischer Kryptologe und Mathematiker.

Definition 5.9.

1. Ein (gerichteter) Graph $G = (V, E)$ heißt *vollständig*, wenn jeder Knoten mit jedem anderen Knoten durch eine Kante verbunden ist.
2. Besitzt G viele Kanten (m groß im Vergleich zu $\binom{n}{2}$ oder zu $n(n-1)$), dann heißt G *dicht besetzt*.
3. Besitzt G wenige Kanten (m klein im Vergleich zu $\binom{n}{2}$ oder zu $n(n-1)$), dann heißt G *dünn besetzt*.

Bemerkung. Für einen vollständigen Graphen gilt $|E| = n(n-1)$ im Fall eines gerichteten Graphen und $|E| = \binom{n}{2}$ für einen Graphen.

Definition 5.10. Sei $G = (V, E)$ ein gerichteter Graph, $V = \{1, \ldots, n\}$.

1. Die *Adjazenzmatrix adm* ist eine $n \times n$–Matrix,
$$adm[i,j] := \begin{cases} 1 & \text{für } (i,j) \in E, \\ 0 & \text{sonst.} \end{cases}$$
2. Die *Adjazenzliste* $adl[1..n]$ ist ein Array von Listen. Für jeden Knoten $j \in V$ ist die Liste $adl[j]$ definiert durch
$$i \in adl[j] \text{ genau dann, wenn } (j,i) \in E \text{ gilt.}$$
In $adl[j]$ sind die zu j adjazenten Knoten eingetragen.
3. Das *Vorgängerarray* $parent[1..n]$ wird verwendet, falls G ein Wurzelbaum oder Wald ist. $parent[i]$ speichert den Vorgänger von i oder den Wert 0, falls i Wurzeln einer Zusammenhangskomponente von G ist.
4. Einen Graphen stellen wir durch die Adjazenzmatrix oder Adjazenzliste des zugeordneten gerichteten Graphen dar.

Beispiel. Figur 5.10 zeigt die Adjazenzmatrix für

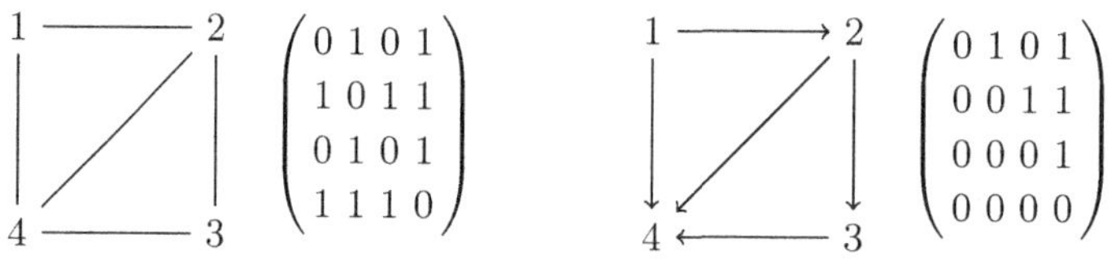

$$\begin{pmatrix} 0&1&0&1\\ 1&0&1&1\\ 0&1&0&1\\ 1&1&1&0 \end{pmatrix} \qquad \begin{pmatrix} 0&1&0&1\\ 0&0&1&1\\ 0&0&0&1\\ 0&0&0&0 \end{pmatrix}$$

Fig. 5.10: Graph - gerichteter Graph – jeweils mit Adjazenzmatrix.

Bemerkungen:

1. Für einen Graphen G ist die Adjazenzmatrix *adm* symmetrisch. Die Anzahl der Speicherstellen, die *adm* benötigt, ist n^2. Dies gilt auch, wenn G nur wenige Kanten hat, das heißt, wenn G dünn besetzt ist.
2. In der Adjazenzliste eines Graphen gibt es $2m$ viele Einträge. Bei einem gerichteten Graphen sind es m viele Einträge.

3. Ein Eintrag der Adjazenzmatrix benötigt weniger Speicher als ein Eintrag der Adjazenzliste. Zur Darstellung von dicht besetzten Graphen ist deshalb eher die Adjazenzmatrix und für dünn besetzte Graphen eher die Adjazenzliste geeignet.

Beispiel. Figur 5.11 zeigt die Adjazenzliste für

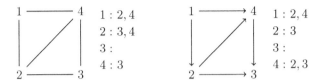

Fig. 5.11: Graph – gerichteter Graph – jeweils mit Adjazenzliste.

Wir implementieren die Adjazenzliste durch eine verkettete Liste von Listenelementen. Die Variable $adl[j]$, $j = 1, \ldots, n$, enthält eine Referenz auf das erste Element der verketteten Liste oder null. Die null-Referenz gibt an, dass $adl[j]$ kein Listenelement referenziert, d. h. dem Knoten j ordnen wir die leere Liste zu. Ein Listenelement ist definiert durch type vertex $= 1..n$,

> type node = struct
>
>> vertex v
>>
>> node   *next*

Die Definition legt fest, dass ein Knoten (vertex) des Graphen die Werte aus der Menge $\{1, \ldots, n\}$ annehmen kann. Ein Listenelement besitzt die Variablen v vom Typ vertex und *next* vom Typ node. v speichert einen Knoten des Graphen und *next* eine Referenz auf ein Listenelement vom Typ node oder null. Die null-Referenz zeigt an, dass das Ende der Liste erreicht ist. Der Zugriff auf v und *next* erfolgt mit dem Punktoperator „.“ (Abschnitt 1.7).

5.4 Elementare Graphalgorithmen

Tiefensuche und Breitensuche stellen zwei unterschiedliche Methoden zum Traversieren eines Graphen bereit. Traversieren bedeutet ein systematisches Durchlaufen der Kanten des Graphen, um alle Knoten des Graphen zu besuchen. Tiefensuche und Breitensuche wenden wir auf Graphen und gerichtete Graphen an. Sie sind grundlegend für viele weitere Graphalgorithmen.

5.4.1 Die Breitensuche

Wir beschreiben den Algorithmus *Breitensuche* (breadth-first search, kurz BFS) zunächst informell.

(1) Wähle einen Startknoten.
(2) Besuche ausgehend von diesem Knoten alle Nachbarn $n_1, n_2, \ldots$ und dann

(3) alle Nachbarn des ersten Nachbarn n_1 und dann
(4) alle Nachbarn des zweiten Nachbarn n_2,
(5) und so weiter ......
(6) Erreichen wir nicht alle Knoten des Graphen, so setzen wir die Breitensuche mit einem weiteren Startknoten, ein Knoten, der noch nicht erreicht wurde, fort. Dies wiederholen wir solange, bis alle Knoten besucht sind.

Beispiel. Die Besuchsreihenfolge ergibt sich bei Figur 5.12 mit der Wahl des Startknotens im Zentrum längs des gestrichelten Pfades, der im Zentrum beginnt, dieses zweimal umrundet und im Nordosten im äußeren Knoten endet.

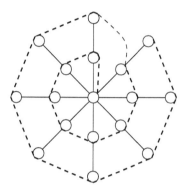

Fig. 5.12: Breitensuche.

Für jeden Startknoten ergeben sich durch die Besuchsreihenfolge Ebenen. Die Ebene 0 besteht aus dem Startknoten. Die Ebene i, $i \geq 1$, besteht aus den Knoten, die zu einem Knoten der Ebene $i-1$, aber nicht zu einem Knoten der Ebenen $0, \ldots, i-2$ benachbart sind.

Wir teilen die Knoten V des Graphen, $V = \{1, \ldots, n\}$, in drei disjunkte Gruppen ein:

V_T: Besuchte Knoten.

V_{ad}:   Knoten, die zu Knoten aus V_T benachbart, aber nicht in V_T sind.
           Diese sind für den Besuch vorgemerkt.

V_R: $V \setminus (V_T \cup V_{ad})$.

Die Zuordnung eines Knotens zu V_T, V_{ad} und zu V_R ändert sich während der Durchführung von BFS:
Start: $V_T = \emptyset, V_{ad} = \{Startknoten\}, V_R = V \setminus \{Startknoten\}$.
Beim Besuch von $j \in V_{ad}$ setzen wir

$$V_T = V_T \cup \{j\},$$
$$V_{ad} = (V_{ad} \setminus \{j\}) \cup (U_j \cap V_R),$$
$$V_R = V \setminus (V_T \cup V_{ad}),$$

wobei U_j, die *Umgebung* von j, aus den zu j adjazenten Knoten besteht.

Konstruktion des BFS-Waldes. Für jeden Startknoten erhalten wir durch die folgende Vorschrift einen gerichteten Baum.

Start: $T = (\{Startknoten\}, \emptyset)$

Sei $T = (V_T, E_T)$ konstruiert. Beim Besuch von j setzen wir

$$T = (V_T \cup (U_j \cap V_R), E_T \cup \{\{j, k\} \mid k \in U_j \cap V_R\}).$$

Der Knoten j wird Vaterknoten für alle Knoten $k \in U_j \cap V_R$. Diese wechseln von V_R nach V_{ad}. Da für jede Zusammenhangskomponente die Anzahl der Kanten gleich der Anzahl der Knoten minus 1 ist, ergibt die Konstruktion für jede Zusammenhangskomponente einen Baum.

Insgesamt erhalten wir einen aufspannenden Wald. Dieser ist nicht eindeutig. Er hängt von der Wahl der Startknoten und der Reihenfolge ab, in der wir adjazente Knoten behandeln.

Beispiel. Figur 5.13 zeigt einen Graphen mit seinem BFS-Baum. Die Hochzahlen bei den Knoten geben die Besuchsreihenfolge an.

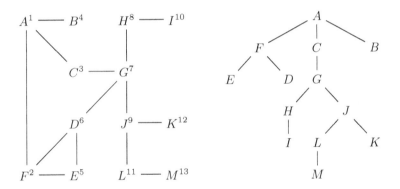

Fig. 5.13: Breitensuche mit BFS-Baum.

Verwaltung der Knoten aus V_{ad} in einer Queue. In einer Queue können wir Elemente zwischenspeichern. Auf die in der Queue gespeicherten Elemente können wir nicht beliebig zugreifen. Es gilt das Prinzip „first in – first out" (FIFO-Prinzip). Dies bedeutet, dass wir auf die Elemente in der Reihenfolge des Einspeicherns zugreifen können. Wir können immer nur das Element entfernen, das am längsten in der Queue war.

Wir definieren eine Queue durch die Zugriffsfunktionen:

1. ToQueue(vertex k) speichert k in die Queue ein.
2. FromQueue entfernt das Element aus der Queue, das sich schon am längsten in der Queue befindet.
3. QueueEmpty überprüft die Queue auf Elemente.

Wir implementieren V_T, V_{ad} und V_R durch das Array $where[1..n]$ und den BFS-Wald durch das Array $parent[1..n]$.

$$where[k] \begin{cases} > 0, & \text{falls } k \in V_T, \\ < 0, & \text{falls } k \in V_{ad}, \\ = 0, & \text{falls } k \in V_R. \end{cases}$$

$parent[k] = j$, falls j der Vorgänger von k ist.

Mit unserem Pseudocode folgen wir der Darstellung in [Sedgewick88].

Algorithmus 5.11.
vertex $parent[1..n]$; node $adl[1..n]$; int $where[1..n]$, nr

BFS()
1   vertex k
2   for $k \leftarrow 1$ to n do
3        $where[k] \leftarrow 0$, $parent[k] \leftarrow 0$
4    $nr \leftarrow 1$
5   for $k \leftarrow 1$ to n do
6   if $where[k] = 0$
7   then Visit(k), $nr \leftarrow nr + 1$

Visit(vertex k)
1   node no
2   ToQueue(k), $where[k] \leftarrow -1$
3   repeat
4        $k \leftarrow$ FromQueue, $where[k] \leftarrow nr$
5        $no \leftarrow adl[k]$
6   while $no \neq$ null do
7   if $where[no.v] = 0$
8   then ToQueue($no.v$), $where[no.v] \leftarrow -1$
9                    $parent[no.v] \leftarrow k$
10            $no \leftarrow no.next$
11   until QueueEmpty

Bemerkungen:

1. Der Aufruf von Visit(k) in BFS (Zeile 7) bewirkt, dass wir alle bisher nicht besuchten Knoten, die von k aus erreichbar sind, besuchen, denn ausgehend von k besuchen wir alle Nachbarn von k und dann alle Nachbarn der Nachbarn, und so weiter ..., also alle von k aus erreichbaren Knoten aus V_R.
2. Die while-Schleife in Visit untersucht die Umgebung von k.
3. Nach der Terminierung von BFS enthält $where[k]$ die Nummer der Komponente des aufspannenden Waldes, in der k liegt. Die Komponenten werden abgezählt.

4. Ein Knoten k ist genau dann Wurzel einer Komponente des aufspannenden Waldes, wenn nach Terminierung $parent[k] = 0$ gilt.

BFS bei Darstellung durch eine Adjazenzmatrix. Wir streichen die Variable no und ersetzen in Visit die Zeilen 5–10 durch:

> for $j \leftarrow 1$ to n do
>   if $where[j] = 0$ and $adm[k, j]$
>   then ToQueue(j), $where[j] \leftarrow -1$, $parent[j] \leftarrow k$

Laufzeitanalyse des BFS-Algorithmus. Sei $G = (V, E)$ ein Graph, $n = |V|$, $m = |E|$ und $T(n, m)$ die Laufzeit von BFS. Da wir jeden Knoten genau einmal aus der Queue holen, wird die repeat-until Schleife (Zeilen 3 – 11) n–mal wiederholt.

Bei Darstellung durch eine Adjazenzliste wird die while-Schleife für den Knoten k (Zeilen 6 – 10) $\deg(k)$ mal durchlaufen. Insbesondere ist die Anzahl aller Iterationen von while für alle Knoten gleich $\sum_k \deg(k) = 2m$. Insgesamt ergibt sich für die Laufzeit bei Darstellung durch eine Adjazenzliste $T(n, m) = O(n + m)$[19].

Bei Darstellung durch eine Adjazenzmatrix ist die Anzahl der Iterationen der ersten Anweisung der for-Schleife gleich n^2. Für die Laufzeit folgt $T(n, m) = O(n^2)$.

Weitere Leistungen von BFS.

1. Test auf Zyklen bei Graphen. Finden wir bei der Untersuchung der Umgebung eines Knotens k einen Knoten j mit $where[j] \neq 0$ und $parent[j] \neq k$ (Zeile 7 von Visit), so führt die Kante $\{k, j\}$ zu einem Zyklus, denn j befindet sich bereits im Baum. Wir können den zugehörigen Zyklus ermitteln, indem wir den letzten gemeinsamen Vorfahren von k und j im BFS-Teilbaum, den das Array parent darstellt, suchen. Eine Lösung hierzu studieren wir im Abschnitt 6.1.3.

2. Ermittlung von Abständen. Durch den Algorithmus BFS lassen sich die Abstände für alle Knoten zur Wurzel des jeweiligen Teilbaums berechnen. Dazu ist die folgende Modifikation notwendig:
   a. Wir definieren ein globales Array $int\ dist[1..n]$.
   b. In BFS wird $dist$ initialisiert. Wir fügen in Zeile 3 $dist[k] \leftarrow 0$ ein.
   c. In Visit, Zeile 9, fügen wir $dist[no.v] \leftarrow dist[k] + 1$ ein.
   Nach der Terminierung sind in $dist$ die Abstände zur jeweiligen Wurzel gespeichert.

5.4.2 Die Tiefensuche

Wir beschreiben den Algorithmus *Tiefensuche* (depth-first search, kurz DFS) zunächst informell.

---

[19] Das bedeutet nach Definition 1.12, dass es n_0, m_0, $c \in \mathbb{N}$ gibt, sodass $T(n, m) \leq c(n + m)$ gilt für $n \geq n_0$ oder $m \geq m_0$.

(1) Wähle einen Startknoten.
(2) Besuche ausgehend von diesem Knoten den ersten Nachbarn n_1 und dann
(3) den ersten Nachbarn n_2 von n_1 und dann
(4) den ersten Nachbarn n_3 von n_2,
(5) und so weiter ..., bis alle ersten Nachbarn besucht sind.
(6) Besuche den zweiten Nachbarn m vom zuletzt besuchten Knoten,
(7) und so weiter ....
(8) Erreichen wir nicht alle Knoten, so setzen wir die Tiefensuche mit einem weiteren Startknoten fort, ein Knoten, der bisher noch nicht erreicht wurde. Jetzt besuchen wir aus der Menge der nicht besuchten Knoten alle Knoten, die von diesem Knoten aus erreichbar sind. Dies wiederholen wir solange, bis alle Knoten besucht sind.

Beispiel. Die Besuchsreihenfolge ergibt sich bei Figur 5.14 längs des gestrichelten Pfades, der im Zentrum beginnt, dieses einmal umrundet und im Nordosten im äußeren Knoten endet.

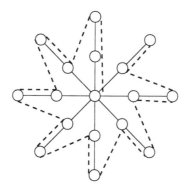

Fig. 5.14: Tiefensuche.

Wir präzisieren für einen Graphen mit Knotenmenge $V = \{1, \ldots, n\}$ unser Vorgehen mit

Algorithmus 5.12.
vertex $parent[1..n]$, node $adl[1..n]$, boolean $visited[1..n]$
int $btime[1..n]$, $etime[1..n]$, $time$
DFS()
1   vertex k
2   for $k \leftarrow 1$ to n do
3        $visited[k] \leftarrow$ false , $parent[k] \leftarrow 0$
4    $time \leftarrow 0$
5   for $k \leftarrow 1$ to n do
6   if not $visited[k]$
7   then Visit(k)

Visit(vertex k)
1   node no
2    $btime[k] \leftarrow time,\ time \leftarrow time + 1$
3    $visited[k] \leftarrow$ true
4    $no \leftarrow adl[k]$
5   while $no \neq$ null do
6   if $visited[no.v] =$ false
7   then $parent[no.v] \leftarrow k,$ Visit$(no.v)$
8        $no \leftarrow no.next$
9    $etime[k] \leftarrow time,\ time \leftarrow time + 1$

Bemerkungen:

1. Der Aufruf Visit(k) in DFS (Zeile 7) bewirkt, dass Visit für alle von k aus erreichbaren Knoten, die bisher noch nicht besucht waren, rekursiv aufgerufen wird. Insgesamt erfolgt für jeden Knoten von G genau ein Aufruf von Visit.

2. Die Arrays *btime* und *etime* benötigen wir nur zur Analyse des Algorithmus.

3. **Konstruktion des DFS-Waldes**. Für jeden Knoten k mit dem Visit von DFS aufgerufen wird, konstruiert Visit einen Wurzelbaum. Der Knoten k ist Vorgänger des Knotens v, wenn der Aufruf von Visit(v) bei der Inspektion der Umgebung von k erfolgt. Alle Aufrufe von Visit in DFS stellen einen aufspannenden Wald für G im Array *parent* dar. Für $parent[k] = 0$ ist k Wurzel für einen der Teilbäume des DFS-Waldes. Dieser Wald hängt von der Durchführung von DFS ab. Die Freiheitsgrade sind die Auswahl des Knotens für den Aufruf von Visit in DFS und die Reihenfolge der Knoten in der Adjazenzliste.

Beispiel. Figur 5.15 zeigt einen gerichteten Graphen mit seinem DFS-Baum. Die Hochzahlen, die an jedem Knoten notiert sind, geben die Besuchsreihenfolge an.

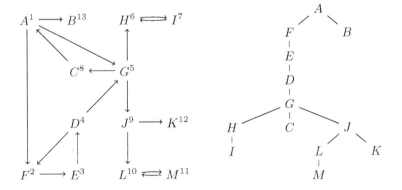

Fig. 5.15: Tiefensuche mit DFS-Baum.

Wir setzen für einen Knoten k von G bezüglich einer DFS-Traversierung $t_b(k) := btime[k]$ (begin time – Aufrufzeitpunkt) und $t_e(k) := etime[k]$ (end time – Terminierungszeitpunkt). Das *Aktivierungsintervall*

$$I(k) := [t_b(k), t_e(k)]$$

gibt den Zeitraum an, in dem der (rekursive) Aufruf von Visit(k) aktiv ist.

Satz 5.13. *Sei $G = (V.E)$ ein (gerichteter oder nicht gerichteter) Graph und seien $j, k \in V$. Dann gilt:*

1. *Falls $I(j) \cap I(k) \neq \emptyset$ ist, folgt $I(j) \subset I(k)$ oder $I(k) \subset I(j)$.*
2. *$I(j) \subset I(k)$ gilt genau dann, wenn k Vorfahre von j im jeweiligen DFS-Baum ist.*

Beweis.

1. Sei $I(j) \cap I(k) \neq \emptyset$. Wir nehmen ohne Einschränkung der Allgemeinheit $t_b(j) < t_b(k)$ und $t_b(k) < t_e(j)$ an. Dann besuchen wir k beim rekursiven Abstieg von j aus. Folglich muss Visit zuerst im Knoten k und dann im Knoten j terminieren. Also folgt $I(k) \subset I(j)$.
2. $I(j) \subset I(k)$ ist äquivalent zu $t_b(k) < t_b(j)$ und $t_e(j) < t_e(k)$. Dies wiederum ist äquivalent zur Bedingung k ist Vorfahre von j im jeweiligen DFS-Baum.

Die Behauptungen sind bewiesen.   □

Definition 5.14. Sei $G = (V, E)$ ein gerichteter Graph und T ein DFS-Wald von G. Eine Kante $e = (v, w) \in E$ heißt *Baumkante*, wenn e auch eine Kante in T ist. Sie heißt *Rückwärtskante*, wenn w Vorfahre von v in T ist, sie heißt *Vorwärtskante*, wenn w ein Nachfahre von v in T ist. Alle übrigen Kanten aus E heißen *Querkanten*.

Beispiel. Figur 5.16 zeigt einen gerichteten Graphen und einen DFS-Baum mit eingezeichneter Quer-, Rückwärts- und Vorwärtskante.

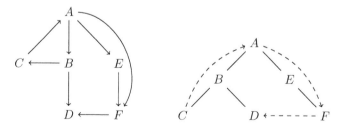

Fig. 5.16: Gerichteter Graph mit Quer-, Rückwärts- und Vorwärtskante.

Bemerkung. Eine Kante (v, w) mit $t_b(w) < t_b(v)$ ist genau dann Querkante, wenn $t_e(w) < t_b(v)$ gilt. Der Endknoten w liegt in einem anderen Teil des Graphen, der bereits traversiert wurde.

Laufzeitanalyse des Algorithmus DFS. Sei $G = (V, E)$ ein Graph, $n = |V|$, $m = |E|$ und $T(n, m)$ die Laufzeit von DFS. Dann gilt $T(n, m) = O(n + m)$.

Der Aufwand für die Zeilen 3 und 6 in DFS ist in der Ordnung $O(n)$. Da Visit genau einmal für jeden Knoten aufgerufen wird, ist die Anzahl der Aufrufe von Visit gleich n. Die Anzahl der Iterationen von while in Visit ist durch den Grad des jeweiligen Knotens gegeben. Die Summe über die Grade aller Knoten ergibt $2m$. Insgesamt folgt $T(n, m) = O(n + m)$.

Bemerkung. Bei der Tiefensuche ergibt sich die Besuchsreihenfolge durch die rekursiven Aufrufe. Implizit ist damit der Aufrufstack verbunden. Ersetzt man die Rekursion durch einen (expliziten) Stack, so ist die Besuchsreihenfolge durch das LIFO-Prinzip (last in first out) im Gegensatz zum FIFO-Prinzip (first in first out), das wir bei der Breitensuche anwenden, festgelegt. Hier sieht man, dass der Bereich der besuchten Knoten bei der Tiefensuche in die Tiefe des Graphen geht. Bei der Breitensuche dehnt sich der Bereich der besuchten Knoten gleichmäßig längs der Grenze zwischen bereits besuchten und noch nicht besuchten Knoten aus.

5.5 Gerichtete azyklische Graphen

Einen azyklischen gerichteten Graphen (directed acyclic graph, kurz DAG) verwenden wir zur Modellierung der Abhängigkeiten zwischen den Kapiteln eines Buches, den einzelnen Schritten von Produktionsabläufen oder von Dateien bei Include-Mechanismen. Ein weiteres Beispiel ist die Darstellung der Struktur von arithmetischen Ausdrücken.

Beispiel. Figur 5.17 zeigt die Struktur eines arithmetischen Ausdrucks mit wiederkehrenden Teilausdrücken:

$$(a + b) * c * ((a + b) * c + (a + b + e) * (e + f)).$$

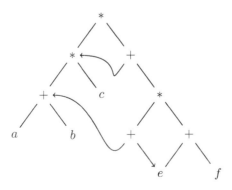

Fig. 5.17: Syntaxgraph eines arithmetischen Ausdrucks.

Der DFS-Algorithmus kann einen gerichteten Graphen auf Zyklen testen.

Satz 5.15. *Ein gerichteter Graph ist genau dann azyklisch, wenn bei DFS keine Rückwärtskanten entstehen.*

Beweis. Jede Rückwärtskante schließt einen Zyklus. Für die umgekehrte Richtung sei $v_1, \ldots, v_n$ ein Zyklus und v_i der erste Knoten, für den DFS aufgerufen wird. Dann ist $I(v_{i-1}) \subset I(v_i)$, d.h. v_{i-1} ist ein Nachfahre von v_i im entsprechenden DFS-Baum (Satz 5.13). Die Kante (v_{i-1}, v_i) ist somit eine Rückwärtskante im DFS-Wald. $\qquad\square$

Topologisches Sortieren. Bei azyklischen gerichteten Graphen sind die Knoten partiell geordnet. Eine partiell geordnete Menge können wir linear anordnen, in Übereinstimmung mit der partiellen Ordnung. Dies präzisieren wir jetzt.

Definition 5.16.

1. $(M, \leq)$ heißt eine *partiell geordnete Menge*, falls für $m_1, m_2, m_3 \in M$ gilt:
   a. $m_1 \leq m_1$ (Reflexivität).
   b. Wenn $m_1 \leq m_2$ und $m_2 \leq m_1$, dann folgt $m_1 = m_2$ (Antisymmetrie).
   c. Wenn $m_1 \leq m_2$ und $m_2 \leq m_3$, dann folgt $m_1 \leq m_3$ (Transitivität).
2. Unter einer *topologischen Sortierung* einer partiell geordneten Menge M, verstehen wir eine lineare Anordnung, die die partielle Ordnung respektiert, das heißt, wenn $w \leq v$ gilt, dann kommt w vor v in der Anordnung.

Bemerkungen:

1. Sei $G = (V, E)$ ein azyklischer gerichteter Graph und $v_1, v_2 \in V$. Wir definieren $v_1 \leq v_2$ genau dann, wenn v_2 von v_1 aus erreichbar ist. Hierdurch definieren wir eine partielle Ordnung auf V.
2. Zeichnet man bei einer linearen Anordnung der Knoten des Graphen alle Kanten des Graphen ein, so handelt es sich bei der Anordnung genau dann um eine topologische Sortierung, wenn alle Kanten von links nach rechts gerichtet sind.

Beispiel. Topologische Sortierungen der Knoten des Graphen der Figur 5.18 sind J,K,L,M,A,C,G,H,I,B,F,E,D und A,B,C,F,E,D,J,K,L,M,G,H,I.

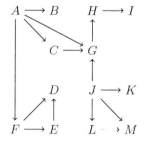

Fig. 5.18: Topologische Sortierungen.

Figur 5.19 zeigt, dass es sich bei J,K,L,M,A,C,G,H,I,B,F,E,D tatsächlich um eine topologische Sortierung handelt.

Fig. 5.19: Topologisches Sortieren – lineare Anordnung.

Der folgende Algorithmus, eine Modifikation von DFS, sortiert die Knoten $V = \{1, \ldots, n\}$ eines azyklischen gerichteten Graphen topologisch.

Algorithmus 5.17.
  vertex $sorted[1..n]$; node $adl[1..n]$; boolean $visited[1..n]$; index j

  TopSort()
  1   vertex k
  2   for $k \leftarrow 1$ to n do
  3       $visited[k] \leftarrow$ false
  4   $j \leftarrow n$
  5   for $k \leftarrow 1$ to n do
  6   if not $visited[k]$
  7   then Visit(k)

  Visit(vertex k)
  1   node no
  2   $visited[k] \leftarrow$ true
  3   $no \leftarrow adl[k]$
  4   while $no \neq$ null do
  5   if $not\ visited[no.v]$
  6   then Visit($no.v$)
  7       $no \leftarrow no.next$
  8   $sorted[j] := k,\ j := j - 1$

Satz 5.18. *Das Array sorted enthält nach Terminierung von* TopSort *die Knoten von G in einer topologischen Sortierung.*

Beweis. Sei $w < v$. Wegen $w < v$ gibt es einen Pfad von w nach v. Wir zeigen, dass w vor v im Array *sorted* kommt. Wir betrachten zunächst den Fall $t_b(w) < t_b(v)$. Da es einen Pfad von w nach v gibt, ist $I(v) \subset I(w)$ (Satz 5.13). Deshalb ist $t_e(v) < t_e(w)$. Da wir das Array *sorted* vom Ende her in der Reihenfolge der Terminierung füllen, kommt w vor v in *sorted*. Im anderen Fall ist $t_b(v) < t_b(w)$. Dann ist $I(v) \cap I(w) = \emptyset$. Denn aus $I(v) \cap I(w) \neq \emptyset$ folgt $I(w) \subset I(v)$ (loc. cit.). Deshalb ist w von v aus erreichbar. Ein Widerspruch zu G azyklisch. Also ist auch $t_e(v) < t_e(w)$ und w kommt auch in diesem Fall vor v im Array *sorted*. $\square$

5.6 Die starken Zusammenhangskomponenten

Eine starke Zusammenhangskomponente eines gerichteten Graphen G ist ein bezüglich der Relation „gegenseitig erreichbar" maximaler Teilgraph von G (Definition 5.5). Wir behandeln zwei Algorithmen zur Ermittlung der starken Zusammenhangskomponenten. Beide Algorithmen basieren auf dem Algorithmus DFS, angewendet auf einen gerichteten Graphen. Der erste Algorithmus ist nach Tarjan benannt. Der zweite Algorithmus wurde von Kosaraju[20] entwickelt, jedoch nicht publiziert. Unabhängig von Kosarajus Entdeckung wurde der Algorithmus von Sharir[21] in [Sharir81] publiziert.

Mit T bezeichnen wir in diesem Abschnitt den DFS-Baum von G (Abschnitt 5.4.2). Genauer handelt es sich bei T um einen azyklischen Graphen, der nicht zusammenhängend sein muss. Der Graph T hängt von der Reihenfolge der Knoten k ab, in der wir Visit(k) im Algorithmus 5.12 aufrufen. Sei v ein Knoten von G. Mit T_v bezeichnen wir den Teilbaum von T, der aus den Knoten besteht, die wir beim rekursiven Abstieg von v aus entdecken, d. h. es handelt sich um die Knoten w mit $t_b(w) \in I(v)$.

Der Algorithmus von Tarjan. Der Algorithmus von Tarjan entsteht durch eine Modifikation der Visit Funktion im Algorithmus 5.12. Er berechnet nacheinander die starken Zusammenhangskomponenten eines gerichteten Graphen. Die starken Zusammenhangskomponenten ergeben sich als Teilbäume von T. Sei C eine starke Zusammenhangskomponente von G und sei u der erste Knoten von C, in dem wir Visit aufrufen, dann liegen alle Knoten von C im Teilbaum T_u, dem Teilbaum mit Wurzel u. Wir nennen u *Wurzel der starken Zusammenhangskomponente* C. Tarjans Algorithmus ermittelt die Wurzeln der starken Zusammenhangskomponenten und damit auch diese. Sei $G = (V, E)$, $V = \{1, \ldots, n\}$.

Algorithmus 5.19.
vertex $component[1..n]$, $adl[1..n]$; boolean $visited[1..n]$
int $where[1..n]$, $dfs[1..n]$, $low[1..n]$, num

TarjanComponents()
1   vertex k
2   for $k \leftarrow 1$ to n do
3        $visited[k] \leftarrow$ false , $component[k] \leftarrow 0$, $where[k] = 0$
4    $num \leftarrow 1$
5   for $k \leftarrow 1$ to n do
6   if not $visited[k]$
7   then Visit(k)

---

[20] Sambasiva R. Kosaraju ist ein indischer und amerikanischer Informatiker.
[21] Micha Sharir (1950 –) ist an israelischer Mathematiker and Informatiker.

Visit(vertex k)
1   node no
2    $dfs[k] \leftarrow num$, $low[k] \leftarrow num$, $num \leftarrow num + 1$
3   Push(k), $where[k] \leftarrow -1$, $visited[k] \leftarrow$ true
4    $no \leftarrow adl[k]$
5   while $no \neq$ null do
6   if $visited[no.v] =$ false
7   then Visit$(no.v)$
8                $low[k] = \min(low[k], low[no.v])$
9   else if $where[no.v] = -1$
10   then $low[k] = \min(low[k], dfs[no.v])$
11            $no \leftarrow no.next$
12   if $low[k] = dfs[k]$
13   then repeat
14                $k' \leftarrow$ Pop, $where[k'] \leftarrow 1$, $component[k'] \leftarrow k$
15   until $k' \neq k$

Bemerkungen:

1. Visit legt in Zeile 3 den Knoten k mit Push(k) auf einen Stack. In der Variable $where[k]$ vermerken wir dies (Zeile 3: $where[k] \leftarrow -1$). Für die Variable $where[k]$ gilt

$$where[k] = \begin{cases} 0, & \text{falls } k \text{ noch nicht besucht wurde,} \\ -1, & \text{nachdem } k \text{ auf den Stack gelegt wurde,} \\ 1, & \text{nachdem } k \text{ aus dem Stack entfernt wurde.} \end{cases}$$

2. Die while-Schleife (Visit, Zeile 5) inspiziert die Umgebung von k. Für Knoten, die noch nicht besucht sind, erfolgt der rekursive Aufruf von Visit. Nachdem der Aufruf terminiert, erfolgt ein Update von $low[k]$ (Zeile 8). Befindet sich ein zu k adjazenter Knoten, der bereits besucht wurde, auf dem Stack, erfolgt ebenfalls ein Update von $low[k]$ (Zeile 10).

3. Nachdem die Inspektion der Umgebung von k abgeschlossen ist (die while-Schleife terminiert), prüfen wir, ob k Wurzel einer starken Zusammenhangskomponente ist. Falls dies der Fall ist (Zeile 12: $low[k] = dfs[k]$), befinden sich die Knoten dieser starken Zusammenhangskomponente in der umgekehrten Reihenfolge des rekursiven Abstiegs auf dem Stack. In der repeat-until Schleife tragen wir für jeden der Knoten dieser starken Zusammenhangskomponente die Wurzel der starken Zusammenhangskomponente in das Array *component* ein.

Für einen Knoten v sind der Teilbaum $T_v \subset T$ mit Wurzel v und die Menge der Rückwärtskanten

$$R_v = \{(u, w) \mid u \in T_v \text{ und } w \text{ ist ein Vorfahre von } v \text{ in } T\}$$

definiert.

Sei v ein Knoten von G und $t_e(v)$ der Terminierungszeitpunkt von Visit bezüglich v. Seien $C_1, \ldots, C_l$ die zu diesem Zeitpunkt entdeckten starken Zusammenhangskomponenten, d. h. jene Zusammenhangskomponenten, deren Wurzeln bereits ermittelt wurden. Wir definieren zu diesem Zeitpunkt für einen Knoten v von G und den Teilbaum $T_v \subset T$ mit Wurzel v die Teilmenge Q_v der *aktiven Querkanten*

$$Q_v = \{(u,w) \mid u \in T_v, w \notin T_v, w \notin C_1 \cup \ldots \cup C_l \text{ und } (u,w) \notin R_v\}.$$

Wir nummerieren die Knoten des Graphen beim DFS-Traversieren mit $t_b(v)$ und setzen

$$low(v) = \begin{cases} \min\{t_b(w) \mid (v,w) \in Q_v \cup R_v\}, \text{ wenn } Q_v \cup R_v \neq \emptyset, \\ t_b(v) \hspace{4.5cm} \text{sonst.} \end{cases}$$

Visit entdeckt in Zeile 9 Endknoten von aktiven Querkanten und Endknoten von Rückwärtskanten, die von v ausgehen. In Zeile 10 wird für diese Knoten v der Wert $low[v]$ aktualisiert.

Ergibt sich $low[v]$ aufgrund einer Rückwärtskante oder einer aktiven Querkante, die von einem Nachfahren von v ausgeht, so berechnen wir $low[v]$ rekursiv aus den low-Werten der Nachfolger (Zeile 8).

Beispiel. Figur 5.20 zeigt einen gerichteten Graphen und einen zugeordneten DFS-Baum mit eingezeichneten Rückwärts- und Querkanten. Querkanten sind (D,A) und (K,F). Die letzte Kante ist zum Zeitpunkt der Entdeckung eine aktive Querkante. Neben jedem Knoten k ist hochgestellt $t_b(k), low(k)$ notiert.

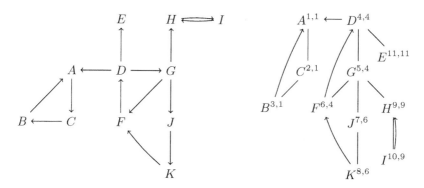

Fig. 5.20: Starke Zusammenhangskomponenten mit Tarjans Algorithmus.

Wir entfernen im DFS-Wald jede in eine Wurzel einer starken Zusammenhangskomponente eingehende Kante. Die dabei entstehenden Teilbäume bilden die starken Zusammenhangskomponenten $\{A,B,C\}$, $\{D,F,G,J,K\}$, $\{H,I\}$ und $\{E\}$.

Lemma 5.20. *Sei $v \in V$ und T_v der Teilbaum von T mit Wurzel v. Dann ist v genau dann Wurzel einer starken Zusammenhangskomponente von G, wenn $Q_v \cup R_v = \emptyset$ gilt. Die Menge Q_v betrachten wir, nachdem Visit(v) die Inspektion der Umgebung U_v abgeschlossen hat.*

Beweis. Falls $Q_v \cup R_v = \emptyset$ gilt, kann v nicht zu einer starken Zusammenhangskomponente gehören, deren Wurzel Vorfahre von v ist. Der Knoten v ist aus diesem Grund Wurzel einer starken Zusammenhangskomponente.

Falls $R_v \neq \emptyset$ gilt, gibt es eine Rückwärtskante von einem Nachfahren von v zu einem Vorfahren w von v. v und w gehören zur selben starken Zusammenhangskomponente. Für die Wurzel z dieser starken Zusammenhangskomponente gilt $t_b(z) \leq t_b(w) < t_b(v)$. Der Knoten v ist aufgrund dessen nicht Wurzel seiner starken Zusammenhangskomponente.

Falls $Q_v \neq \emptyset$ gilt, gibt es eine Querkante (u, w). Sei z die Wurzel der starken Zusammenhangskomponente von w. Dann gilt $t_b(z) \leq t_b(w)$. Der Aufruf von Visit(z) ist bei Inspektion der Querkante (u, w) noch nicht terminiert, denn sonst wäre die starke Zusammenhangskomponente mit Wurzel z als starke Zusammenhangskomponente entdeckt. Der Knoten z ist deshalb ein Vorfahre von v. Der Knoten v gehört somit zur starken Zusammenhangskomponente mit Wurzel z. $\square$

Lemma 5.21. *Ein Knoten k ist genau dann Wurzel einer starken Zusammenhangskomponente, wenn $low(k) = t_b(k)$ gilt.*

Beweis. Ein Knoten k ist genau dann Wurzel einer starken Zusammenhangskomponente, wenn $Q_k \cup R_k = \emptyset$ gilt (Lemma 5.20). Dies wiederum ist äquivalent zu $low(k) = t_b(k)$. $\square$

Satz 5.22. *Sei G ein gerichteter Graph und bezeichne n die Anzahl der Knoten und m die Anzahl der Kanten. Der Algorithmus TarjanComponents berechnet die starken Zusammenhangskomponenten von G. Für die Laufzeit $T(n, m)$ von TarjanComponents gilt: $T(n, m) = O(n + m)$.*

Beweis. Aus den Lemmata 5.20 und 5.21 folgt, dass TarjanComponents korrekt ist. Die Laufzeit von DFS ist von der Ordnung $O(n+m)$ und die zusätzliche Laufzeit für die repeat-until Schleife in Visit ist, akkumuliert über alle Aufrufe von Visit, von der Ordnung $O(n)$. Insgesamt folgt für die Laufzeit $T(n, m)$ von TarjanComponents, dass $T(n, m) = O(n + m)$ gilt. $\square$

Der Algorithmus von Kosaraju-Sharir. Sei G ein gerichteter Graph und G_r der G zugeordnete *reverse Graph* (der Graph mit denselben Knoten, aber umgedrehten Kanten). Der Algorithmus benutzt die Tatsache, dass die starken Zusammenhangskomponenten für G und G_r übereinstimmen. Sei $t_e(v)$ die Nummerierung der Knoten von G bezüglich der Terminierung von Visit. Dann ist der Knoten v mit der höchsten t_e–Nummer Wurzel der letzten Komponente des DFS-Waldes, die bei DFS betreten wurde. Im reversen Graphen ermitteln wir die starke Zusammenhangskomponente, die v enthält, durch DFS mit v als Startknoten. Wir erhalten folgenden Algorithmus

Algorithmus 5.23.
1. Führe DFS in G durch und nummeriere jeden Knoten v in der Reihenfolge der Terminierung von Visit.
2. Konstruiere den zu G reversen Graphen $G_r = (V, E_r)$ aus G.
3. Führe die Tiefensuche in G_r durch; starte Visit mit dem Knoten v mit der höchsten Nummer $t_e(v)$. Alle Knoten, die wir erreichen, bilden die erste starke Zusammenhangskomponente von G. Falls wir nicht alle Knoten erreichen, betrachten wir alle verbleibenden Knoten v und starten Visit mit dem Knoten mit der höchsten Nummer $t_e(v)$. Die jetzt erreichten Knoten bilden die zweite starke Zusammenhangskomponente von G. Wir wiederholen dies solange, bis alle Knoten in G_r besucht sind.

Die Laufzeit für Schritt 1 und 3 ist $O(n + m)$, die für Schritt 2 $O(m)$. Insgesamt folgt, dass die Laufzeit in der Ordnung $O(n + m)$ ist.

Beispiel. Figur 5.21 zeigt einen Graphen G und den zugeordneten reversen Graphen. Starte die Tiefensuche DFS im Knoten A des Graphen G. Die Hochzahlen geben die DFS-Nummerierung an. Die starken Zusammenhangskomponenten sind $\{A, C, G\}$, $\{B\}$, $\{H, I\}$, $\{J\}$, $\{K\}$, $\{L, M\}$ und $\{F, D, E\}$.

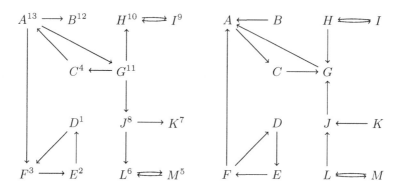

Fig. 5.21: Starke Zusammenhangskomponenten mit Kosaraju-Sharir.

Satz 5.24. *Die Knoten der mit Algorithmus 5.23 berechneten Komponenten von G_r entsprechen den Knoten der starken Zusammenhangskomponenten von G.*

Beweis. Liegen v und w in einer starken Zusammenhangskomponente in G, so gibt es einen Pfad von w nach v und von v nach w in G und dadurch auch in G_r. Aus diesem Grund liegen auch v und w in derselben Komponente von G_r.

Sei v die Wurzel des aufspannenden Baumes einer Komponente von G_r und w ein weiterer Knoten in dieser Komponente. Dann gibt es einen Pfad von v nach w in G_r, also auch einen Pfad von w nach v in G. Wir zeigen, dass v und w in G gegenseitig erreichbar sind. Ohne Einschränkung sei $v \neq w$. Angenommen, es wäre $t_b(w) < t_b(v)$. Da es in G einen Pfad von w nach v gibt, folgt $t_e(v) < t_e(w)$. Ein Widerspruch, da die Wurzel v die höchste Nummer $t_e(v)$ hat. Also gilt: $t_b(v) < t_b(w)$. Da $t_e(w) < t_e(v)$ gilt, folgt $I(w) \subset I(v)$. Somit ist v Vorfahre von w im entsprechenden DFS-Baum von G (Satz 5.13). Daher gibt es einen Pfad von v nach w in G. v und w sind gegenseitig erreichbar. Hieraus ergibt sich, dass zwei beliebige Knoten aus einer Komponente von G_r in G gegenseitig erreichbar sind. $\square$

5.7 Ein probabilistischer Min-Cut-Algorithmus

Der probabilistische Min-Cut-Algorithmus (Algorithmus 5.33) ist ein Monte-Carlo-Algorithmus (Definition 1.49). Er basiert auf einer einfachen Idee. Der unmittelbar aus dieser Idee folgende Algorithmus SimpleMinCut hat eine geringe Erfolgswahrscheinlichkeit. Durch eine bemerkenswerte Idee können wir die Erfolgswahrscheinlichkeit beträchtlich erhöhen. Durch unabhängige Wiederholungen, ein Standardverfahren bei probabilistischen Algorithmen, wird die Erfolgswahrscheinlichkeit nochmals erhöht. Der Algorithmus wurde erstmals in [Karger93] publiziert. Wir folgen mit unserer Darstellung [KarSte96]. Eine weitere Methode zur Berechnung eines minimalen Schnitts studieren wir im Abschnitt 6.8 (Satz 6.67).

Definition 5.25. Sei $G = (V, E)$ ein zusammenhängender Multigraph.[22] Eine Teilmenge $C \subset E$ heißt ein *Schnitt* für G, wenn der Graph $\tilde{G} = (V, E \setminus C)$ in mindestens zwei Komponenten zerfällt. Ein Schnitt C heißt *minimaler Schnitt* (min-cut), wenn $|C|$ minimal für alle Schnitte von G ist.

Bemerkung. Sei C ein minimaler Schnitt von G. Dann gilt

$$|C| \leq \min_{v \in V} \deg(v).$$

$|C|$ kann auch $< \min_{v \in V} \deg(v)$ sein.

Definition 5.26. Sei $G = (V, E)$ ein zusammenhängender Multigraph. Sei $e = \{v, w\} \in E$. Der Multigraph G/e entsteht aus G durch *Kontraktion* von e, wenn wir in G alle Kanten zwischen v und w entfernen und die Knoten v und w identifizieren.

Der folgende Algorithmus RandContract wählt in einem Graphen $G = (V, E)$ mit $n = |V|$ und $m = |E|$ eine Kante e zufällig und berechnet G/e. G sei durch eine ganzzahlige Adjazenzmatrix $adm[1..n, 1..n]$ gegeben. $adm[i, j] = k$

---

[22] Zwischen zwei Knoten sind mehrere Kanten erlaubt.

genau dann, wenn es k Kanten zwischen i und j gibt. Zusätzlich ist ein Array $a[1..n]$ mit $a[i] = \deg(i)$ gegeben. Es gilt $\sum_{i=1}^{n} a[i] = 2m$. Wir denken uns die Kanten ausgehend von jedem der Knoten 1 bis n in dieser Reihenfolge von 1 bis $2m$ nummeriert. Jede Kante hat zwei Endknoten und damit auch zwei Nummern. Der folgende Algorithmus wählt die Nummer $r \in \{1, \ldots, 2m\}$ der Kante, die kontrahiert werden soll, zufällig und führt die Kontraktion der Kante durch.

Algorithmus 5.27.

graph RandContract(graph G)

```
 1   int i ← 0, j ← 0, s ← 0, t ← 0
 2   choose r ∈ {1, . . . , 2m} at random
 3   while s < r do
 4       i ← i + 1, s ← s + a[i]
 5   s ← r − s + a[i]
 6   while t < s do
 7       j ← j + 1, t ← t + adm[i, j]
 8   s ← 0
 9   for k ← 1 to n do
10       adm[i, k] ← adm[i, k] + adm[j, k]
11       adm[k, i] ← adm[i, k], s ← s + adm[i, k]
12   a[i] ← s − adm[i, i], a[j] ← 0, adm[i, i] ← 0
```

Bemerkungen:

1. In Zeile 2 wählen wir eine Zahl $r \in \{1, \ldots, 2m\}$ zufällig. Dann ermitteln wir den Knoten, von dem die r–te Kante ausgeht (Zeilen 3 und 4).

2. Nach Ausführung von Zeile 5 enthält s die Zahl, als wievielte Kante die r–te Kante den Knoten i verlässt.

3. In den Zeilen 6 und 7 ermitteln wir den andere Endknoten der r–ten Kante.

4. Die i–te und j–te Zeile (und Spalte) sind zu „vereinigen" (Zeilen 9, 10 und 11) und $a[i]$ und $a[j]$ sind neu zu berechnen.

5. Die Laufzeit von RandContract ist von der Ordnung $O(n)$.

6. $a[k] = 0$ bedeutet, dass der Knoten k bei der Kontraktion mit einem anderen Knoten identifiziert wurde. Die k–te Zeile und die k–te Spalte der Adjazenzmatrix sind ungültig. Wir denken uns die k–te Zeile und k–te Spalte als gestrichen. RandContract kann wiederholt auf adm und a operieren. adm beschreibt einen Multigraphen. Die gültigen Zeilen und Spalten von adm sind in a vermerkt.

7. RandContract kann einfach für eine Darstellung des Multigraphen durch eine Adjazenzliste adaptiert werden. Eine Vereinigung der Adjazenzlisten der Knoten i und j ist in der Zeit der Ordnung $O(n)$ möglich, falls diese Listen sortiert vorliegen.

Die Idee des Algorithmus SimpleMinCut besteht darin, nacheinander Kanten zu kontrahieren, und zwar solange, bis nur noch zwei Knoten v und w

übrig bleiben. Sei C ein minimaler Schnitt von G. C überlebt die Kontraktionen von SimpleMinCut, falls wir keine Kante aus C kontrahieren. Dann bleiben die Kanten aus C als Kanten zwischen v und w übrig. Entsteht durch wiederholte Kontraktion ein Graph mit nur zwei Knoten und kontrahieren wir keine Kante eines minimalen Schnittes, dann berechnet SimpleMinCut einen minimalen Schnitt von G. Die Erfolgswahrscheinlichkeit von SimpleMinCut ist jedoch sehr klein (Satz 5.29).

Beispiel. Falls wir die Kante $\{C, G\}$ nicht kontrahieren, berechnet Simple-MinCut einen minimalen Schnitt, wie Figur 5.22 zeigt.

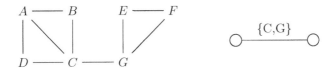

Fig. 5.22: SimpleMinCut.

Algorithmus 5.28.
   edgeset SimpleMinCut(graph G)
    1   graph $I \leftarrow G$
    2   while I has more than two nodes do
    3      $I \leftarrow$ RandContract(I)
    4   return E_I

Satz 5.29. *Sei G ein Graph mit n Knoten. Für die Erfolgswahrscheinlichkeit von SimpleMinCut gilt:*

$$\mathrm{p}(\text{SimpleMinCut } \textit{berechnet einen minimalen Schnitt }) \geq \frac{2}{n(n-1)}.$$

Beweis. Sei C ein minimaler Schnitt von G, $k = |C|$ und

$$G = I_0 = (V_0, E_0), I_1 = (V_1, E_1), \ldots, I_{n-2} = (V_{n-2}, E_{n-2})$$

die Folge der Multigraphen, die bei Ausführung von SimpleMinCut durch Kontraktion entsteht. Nach der i–ten Iteration entsteht I_i.

$$pr := \mathrm{p}(\text{SimpleMinCut berechnet einen minimalen Schnitt})$$
$$\geq \mathrm{p}(\text{SimpleMinCut gibt } C \text{ zurück}).$$

Die letzte Wahrscheinlichkeit ist gleich der Wahrscheinlichkeit, dass Rand-Contract in Zeile 3 keine Kante aus C wählt.

$$\mathrm{p}(\text{SimpleMinCut gibt } C \text{ zurück}) = \prod_{i=0}^{n-3} \frac{|E_i| - k}{|E_i|} = \prod_{i=0}^{n-3} 1 - \frac{k}{|E_i|}.$$

Falls wir in den ersten i Iterationen keine Kante aus C wählen, ist die Kardinalität eines minimalen Schnittes in I_i gleich k. Der Grad eines Knotens in I_i ist daher $\geq k$. Aus diesem Grund gilt $|E_i| \geq \frac{(n-i)k}{2}$ und $1 - \frac{k}{|E_i|} \geq 1 - \frac{2}{n-i}$. Es folgt deshalb

$$pr \geq \prod_{i=0}^{n-3}\left(1 - \frac{2}{n-i}\right) = \prod_{i=0}^{n-3}\frac{n-i-2}{n-i} = \frac{2}{n(n-1)}.$$

Dies zeigt die Behauptung des Satzes.   □

Bemerkung. Jeder minimale Schnitt in K_3, dem vollständige Graphen mit drei Knoten (und drei Kanten), besteht aus einem Paar von Kanten. Die untere Schranke für die Wahrscheinlichkeit, dass SimpleMinCut einen bestimmten minimalen Schnitt berechnet, wird für K_3 angenommen.

Die Wahrscheinlichkeit dafür, dass die gewählte Kante nicht in C liegt, ist für die erste Kante am höchsten und nimmt für jede weitere Kante ab. Um die Erfolgswahrscheinlichkeit zu erhöhen, wenden wir folgende Idee an. Führe nur so viele Kontraktionen durch, dass etwa $\frac{n}{\sqrt{2}}$ Knoten übrig beiben (statt $n - 2$ vielen Kontraktionen), wobei n gleich der Anzahl der Knoten von G ist, und setze das Verfahren rekursiv fort. Führe insgesamt zwei unabhängige Wiederholungen durch. Dadurch wird die Erfolgswahrscheinlichkeit – wie wir gleich sehen werden – beträchtlich erhöht.

Algorithmus 5.30.

```
edgeset L(graph G)
  1   graph I ← Ĩ ← G
  2   int t ← ⌈ n/√2 + (√2 − 1) ⌉
  3   if t ≤ 10
  4     then enumerate all cuts and return a minimal cut
  5   while |V_I| ≥ t + 1 do
  6        I ← RandContract(I)
  7   while |V_Ĩ| ≥ t + 1 do
  8        Ĩ ← RandContract(Ĩ)
  9   E_I ← L(I), E_Ĩ ← L(Ĩ)
 10   if |E_I| ≤ |E_Ĩ|
 11      then return E_I
 12      else  return E_Ĩ
```

Satz 5.31. *Sei G ein Graph mit n Knoten. Für die Laufzeit $T(n)$ von L gilt:*

$$T(n) = O\left(n^2 \log_2(n)\right).$$

Beweis. Die Laufzeit $T(n)$ von L ist definiert durch die rekursive Formel

$$T(n) = 2T\left(\left\lceil \frac{n}{\sqrt{2}} + \left(\sqrt{2} - 1\right)\right\rceil\right) + cn^2.$$

Es gilt $\left\lceil \frac{n}{\sqrt{2}} + \left(\sqrt{2} - 1\right)\right\rceil < \frac{n+2}{\sqrt{2}}$. Wir betrachten

$$\tilde{T}(n) = 2\tilde{T}\left(\frac{n+2}{\sqrt{2}}\right) + cn^2.$$

Setze $\alpha = \frac{2}{\sqrt{2}-1}$, $n = \sqrt{2^k} + \alpha$ und $x_k = \tilde{T}\left(\sqrt{2^k} + \alpha\right)$. Dann gilt

$$\begin{aligned}
x_k &= \tilde{T}\left(\sqrt{2^k} + \alpha\right)\\
&= 2\tilde{T}\left(\sqrt{2^{k-1}} + \alpha\right) + c\left(\sqrt{2^k} + \alpha\right)^2\\
&= 2x_{k-1} + c\left(\sqrt{2^k} + \alpha\right)^2, \quad x_1 = b.
\end{aligned}$$

Als Lösung erhalten wir mit Satz 1.15 und der Formel (F.5) im Anhang B

$$\begin{aligned}
x_k &= 2^{k-1}\left(b + c\sum_{i=2}^{k} \frac{2^i + 2\alpha\sqrt{2^i} + \alpha^2}{2^{i-1}}\right)\\
&= b2^{k-1} + c(k-1)2^k + c\alpha^2\left(2^{k-1} - 1\right) + \frac{2\alpha c}{\sqrt{2}-1}\sqrt{2^k}\left(\sqrt{2^{k-1}} - 1\right)\\
&= O(k2^k).
\end{aligned}$$

Mit $k = 2\log_2(n - \alpha)$ folgt nach Lemma B.24

$$\tilde{T}(n) = O\left(2\log_2(n-\alpha)2^{2\log_2(n-\alpha)}\right) = O\left(n^2 \log_2(n)\right).$$

Wegen $T(n) \leq \tilde{T}(n)$ ist auch $T(n)$ von der Ordnung $O\left(n^2 \log_2(n)\right)$.   □

Satz 5.32. *Sei G ein Graph mit n Knoten. Für die Erfolgswahrscheinlichkeit von L gilt:*

$$\mathrm{p}(L \text{ berechnet einen minimalen Schnitt}) \geq \frac{1}{\log_2(n)}.$$

Beweis. Sei C ein minimaler Schnitt von G, $k = |C|$, $t = \left\lceil \frac{n}{\sqrt{2}} + \left(\sqrt{2} - 1\right)\right\rceil$ und sei

$$(V_i, E_i) = I_i \text{ oder } \tilde{I}_i, \ i = 0, \ldots, n - t,$$

die Folge der Multigraphen, die bei Ausführung von L durch Kontraktion entsteht. Für die Wahrscheinlichkeit pr, dass C ein minimaler Schnitt von I oder von $\tilde{I}$ ist, gilt

$$pr = \prod_{i=0}^{n-t-1} \frac{|E_i| - k}{|E_i|} = \prod_{i=0}^{n-t-1} 1 - \frac{k}{|E_i|} \geq \prod_{i=0}^{n-t-1} \left(1 - \frac{2}{n-i}\right)$$

$$= \prod_{i=0}^{n-t-1} \frac{n-i-2}{n-i} = \frac{t(t-1)}{n(n-1)} \geq \frac{1}{2}$$

(siehe Beweis von Satz 5.29).

Die Erfolgswahrscheinlichkeit von L ist durch zwei unabhängige Phasen bestimmt. Die Wahrscheinlichkeit, dass ein Schnitt C mit $|C| = k$ die erste Phase, die Ausführungen von RandContract, überlebt, ist $\geq 1/2$. Die zweite Phase besteht aus den rekursiven Ausführungen von L.

Sei $pr_G := \mathrm{p}(\text{L berechnet einen minimalen Schnitt von G})$. Da die Wahrscheinlichkeit, dass L mit I oder $\tilde{I}$ einen minimalen Schnitt von G berechnet, größer gleich $\frac{1}{2}pr_I$ oder $\frac{1}{2}pr_{\tilde{I}}$ ist, und die beiden Ereignisse unabhängig sind, gilt

$$pr_G \geq 1 - \left(1 - \frac{1}{2}pr_I\right)\left(1 - \frac{1}{2}pr_{\tilde{I}}\right).$$

Tatsächlich hängt diese Formel nur von $n = |V_G|$ und von $t = |V_I| = |V_{\tilde{I}}|$ ab. Wir ersetzen pr_G durch pr_n und $pr_I = pr_{\tilde{I}}$ durch pr_t und erhalten

$$pr_n \geq pr_t - \frac{1}{4}pr_t^2.$$

Wir setzen wie oben $\alpha = \frac{2}{\sqrt{2}-1}$, $n = \sqrt{2^k} + \alpha$ und $x_k = pr_{(\sqrt{2^k}+\alpha)}$. Da der Algorithmus 5.30 für kleine n einen minimalen Schnitt berechnet, gilt $x_1 = 1$.

$$x_k = x_{k-1} - \frac{1}{4}x_{k-1}^2.$$

Wir setzen $y_k := \frac{4}{x_k} - 1$. Es gilt $x_k = \frac{4}{y_k+1}$ und

$$y_k = y_{k-1} + \frac{1}{y_{k-1}} + 1.$$

Dies ist eine einfache nicht lineare Differenzengleichung erster Ordnung. [23]
Wir zeigen durch Induktion nach k, dass

$$k < y_k < k + \mathrm{H}_{k-1} + 3$$

gilt. Für $y_1 = 3$ ist die Ungleichung erfüllt. Weiter gilt nach der Induktionshypothese für $k - 1$

$$y_k = y_{k-1} + \frac{1}{y_{k-1}} + 1 > k - 1 + \frac{1}{k + \mathrm{H}_{k-2} + 3} + 1 > k$$

---

[23] Es handelt sich um einen Spezialfall der *logistischen Differenzengleichung*, für die (außer in Spezialfällen) keine geschlossene Lösung angegeben werden kann (siehe [Elaydi03, Seite 13]).

und

$$y_k = y_{k-1} + \frac{1}{y_{k-1}} + 1 < k - 1 + H_{k-2} + 3 + \frac{1}{k-1} + 1 = k + H_{k-1} + 3.$$

Der Schluss von $k - 1$ auf k ist durchgeführt.

Es folgt $x_k = \frac{4}{y_k+1} > \frac{4}{k+H_{k-1}+4}$ und

$$pr_n = x_{2\log_2(n-\alpha)} > \frac{4}{2\log_2(n-\alpha) + H_{\lceil 2\log_2(n-\alpha)-1\rceil} + 4} > \frac{1}{\log_2(n)}.$$

$\square$

Wir wenden jetzt ein Standardverfahren für probabilistische Algorithmen an, um die Erfolgswahrscheinlichkeit zu erhöhen. Durch unabhängige Wiederholungen von L können wir die Fehlerwahrscheinlichkeit beliebig klein machen. Wir wiederholen L $l = k\lceil\log_2(n)\rceil$ mal. k ist eine Konstante und bestimmt die Erfolgswahrscheinlichkeit (Satz 5.34).

Algorithmus 5.33.

```
edgeset MinCut(graph G; int l)
1   edgeset Ẽ, E ← E_G
2   for i = 1 to l do
3       Ẽ ← L(G)
4       if |Ẽ| < |E|
5           then E ← Ẽ
6   return E
```

Satz 5.34. *Die Laufzeit $T(n)$ von* MinCut *ist in der Ordnung $O(n^2 \log_2(n)^2)$ und für die Erfolgswahrscheinlichkeit von* MinCut *gilt:*

p(MinCut *berechnet einen minimalen Schnitt*) $> 1 - e^{-k}$.

Beweis. Die Aussage über die Laufzeit folgt unmittelbar aus Satz 5.31. Für die Irrtumswahrscheinlichkeit p_{err} von L gilt: $p_{err} < 1 - \frac{1}{\log_2(n)}$. Für die Wahrscheinlichkeit pr, dass L in jeder Iteration irrt, gilt

$$pr < \left(1 - \frac{1}{\log_2(n)}\right)^{k\lceil\log_2(n)\rceil} \leq \left(1 - \frac{1}{\log_2(n)}\right)^{k\log_2(n)}.$$

Da die Folge $\left(1 - \frac{1}{n}\right)^n$ monoton wachsend gegen e^{-1} konvergiert (Satz B.19), konvergiert

$$\left(1 - \frac{1}{\log_2(n)}\right)^{k\log_2(n)}$$

monoton wachsend gegen e^{-k}. Deshalb folgt $pr < e^{-k}$. L berechnet immer einen Schnitt. Dieser muss jedoch nicht notwendig minimal sein. Falls einer der Aufrufe von L einen minimalen Schnitt berechnet, ist es der Aufruf, der das Ergebnis mit der geringsten Anzahl von Kanten liefert. Die Wahrscheinlichkeit, dass mindestens eine Rechnung korrekt ist, ist $> 1 - e^{-k}$. $\square$

Übungen.

1. Zeigen Sie, dass ein Graph genau dann einen Eulerkreis enthält, wenn er zusammenhängend ist und alle Knoten einen geraden Grad besitzen.

2. Sei G ein zusammenhängender ebener Graph, v die Anzahl der Knoten und e die Anzahl der Kanten von G. Mit f bezeichnen wir die Anzahl der Flächen, in die G die Ebene zerlegt. Zeigen Sie die Eulersche Polyederformel für ebene Graphen:

$$v - e + f = 2.$$

Dabei ist auch die unbeschränkte Fläche zu zählen.

3. Sei $G = (V, E)$ ein Graph. Mit $\Delta = \max_{v \in V} \deg(v)$ bezeichnen wir den Maximalgrad von G. Zeigen Sie: G kann mit $\Delta + 1$ vielen Farben so gefärbt werden, dass benachbarte Knoten verschiedene Farben besitzen.

4. Zeigen Sie, dass in einem Graphen die Anzahl der Knoten ungeraden Grads gerade ist.

5. Seien $[x], [y] \in \mathbb{Z}_{21}$. $[x] \sim [y]$ genau dann, wenn $x \equiv y \bmod 7$ gilt. Zeigen Sie, dass dadurch eine Äquivalenzrelation definiert wird. Stellen Sie diese mit einem Graphen dar und charakterisieren Sie die Äquivalenzklassen.

6. Sei $G = (V, E)$ ein Graph, $n = |V|$, $m = |E|$. Zeigen Sie:
   a. Ist G zusammenhängend, dann gilt $m \geq n - 1$.
   b. Für $m \geq \binom{n-1}{2} + 1$ folgt, dass G zusammenhängend ist.

7. Sei $G = (V, E)$ ein Graph mit $|V| \geq 2$. Zeigen Sie, dass folgende Aussagen äquivalent sind:
   a. G ist ein Baum.
   b. G ist azyklisch und besitzt genau $|V| - 1$ viele Kanten.
   c. G ist azyklisch und beim Hinzufügen einer Kante entsteht stets ein Zyklus.
   d. G ist zusammenhängend und $G \setminus \{e\} := (V, E \setminus \{e\})$ zerfällt in genau zwei Komponenten für alle $e \in E$.
   e. Zu je zwei Knoten gibt es genau einen Pfad, der diese Knoten verbindet.

8. Sei $G = (V, E)$ ein Graph und $|V| = 6$. Zeigen Sie: Es gibt 3 Knoten, sodass der von diesen Knoten erzeugte Teilgraph vollständig ist, oder es gibt 3 Knoten, sodass der davon erzeugte Teilgraph aus isolierten Knoten besteht.

9. Sei $G = (V, E)$ ein Graph und $n = |V| \geq 3$. Für je zwei Knoten k und l, die nicht adjazent sind, gelte $\deg(k) + \deg(l) \geq n$. Dann besitzt G einen *Hamiltonkreis*[24], d. h. einen Zyklus, der jeden Knoten (genau ein-

---

[24] William Rowan Hamilton (1805 – 1865) war ein irischer Mathematiker und Physiker, der vor allem für seine Beiträge zur Mechanik und für seine Untersuchung der Quaternionen bekannt ist.

mal) enthält. Dieses Ergebnis wird Ore zugeschrieben ([Gould88, Theorem 5.2.1]). Insbesondere besitzt ein Graph mit $\deg(v) \geq \frac{n}{2}$ für $v \in V$ einen Hamiltonkreis.

10. Sei $V = \{I_1, \ldots, I_n\}$ eine Menge von Intervallen. Wir ordnen V den *Intervallgraphen* $G = (V, E)$ zu: $\{I_i, I_j\} \in E, 1 \leq i, j \leq n, i \neq j$, genau dann, wenn $I_i \cap I_j \neq \emptyset$ gilt. Geben Sie einen effizienten Algorithmus an, der bei gegebenem V den Intervallgraphen G erzeugt. Analysieren Sie Ihren Algorithmus.

11. Alkuin war ein Gelehrter am Hof Karls des Großen und einer seiner wichtigsten Berater. Eine mathematische Aufgabensammlung, die Alkuin zugeschrieben wird, enthält die folgende Aufgabe [Herrmann16, Seite 259]: Ein Mann will mit einem Wolf, einer Ziege und einem Krautkopf einen Fluss überqueren. Dazu steht ihm ein Boot zur Verfügung, worin außer ihm selbst als Ruderer nur ein Tier oder der Krautkopf Platz findet. Sind Ziege und Wolf allein, so frisst der Wolf die Ziege. Sind Ziege und Krautkopf allein, so frisst die Ziege den Krautkopf. Wie kann der Mann Wolf, Ziege und Krautkopf sicher an das andere Ufer bringen?

12. Entwickeln Sie eine nicht rekursive Version von DFS.

13. Wir klassifizieren die Kanten eines Graphen analog zu Definition 5.14. Welche Typen von Kanten (Baum-, Vorwärts-, Rückwärts- oder Querkanten) entstehen in Abhängigkeit von der Art des Traversierens (BFS oder DFS) bei Graphen und bei gerichteten Graphen?

14. Welche der linearen Anordnungen (1) A,G,H,I,B,F,D,E,J,C,K,L,M (2) A,B,J,K,L,M,C,G,H,I,F,E,D (3) A,B,J,K,L,M,G,C,H,I,F,E,D sind topologische Sortierungen des Graphen aus dem Beispiel auf Seite 236. Geben Sie die Aufrufe von Visit für die topologischen Sortierungen an. Kann jede topologische Sortierung von V durch TopSort erzeugt werden?

15. Zeigen Sie, dass ein gerichteter azyklischer Graph G mindestens einen Knoten besitzt, in den keine Kante hineinführt, und zeigen Sie weiter, dass es genau einen Knoten gibt, in den keine Kante hineinführt, wenn G ein gerichteter Baum ist, d. h. es gibt einen Knoten von dem alle übrigen Knoten erreichbar sind.

16. Sei $G = (V, E)$ ein gerichteter Graph, $V_1, \ldots, V_r$ seine starken Zusammenhangskomponenten. $G_{red} = (V_{red}, E_{red})$, wobei $V_{red} = \{V_1, \ldots, V_r\}$, $E_{red} = \{(V_i, V_j) \mid i \neq j \text{ und es gibt } v \in V_i, w \in V_j : (v, w) \in E\}$, heißt der G zugeordnete *reduzierte Graph*. Zeigen Sie: G_{red} ist azyklisch.

17. Sei A die Adjazenzmatrix eines gerichteten Graphen G und A^r die r–te Potenz von A, $r \geq 1$.

    a. Zeigen Sie: G besitzt $A^r[i,j]$ viele verschiedene gerichtete Wege von i nach j der Länge r. Insbesondere ist G genau dann ein gerichteter azyklischer Graph, wenn es ein $r \in \mathbb{N}$ mit $A^r = 0$ gibt (d. h. A ist *nilpotent*).

b. Sei $A \in M(n \times n, \{0,1\}), A[i,i] = 0, i = 1, \ldots, n$. Geben Sie einen effizienten Algorithmus an, der entscheidet, ob A nilpotent ist.

18. Sei $(M, \leq)$ eine endliche geordnete Menge (d. h. für $a, b, c \in M$ gilt: $a \leq a$, aus $a \leq b$ und $b \leq a$ folgt $a = b$, aus $a \leq b$ und $b \leq c$ folgt $a \leq c$). Wegen der Transitivität der $\leq$ Relation können aus Relationen der Form $a < b$, $a \neq b$ und es gibt kein c mit: $a < c < b$, alle Relationen gewonnen werden. Wir ordnen $(M, \leq)$ einen gerichteten Graphen $G = (V, E)$ zu: $V = M, E = \{(a, b) | a < b, a \neq b$ und es gibt kein c mit: $a < c < b\}$.

   a. Sei $M = \{a, b, c, d, e, f\}$. Es gelte: $a < b$, $a < c$, $a < d$, $a < e$, $a < f$, $b < c$, $b < f$, $c < e$, $c < f$, $e < d$, $e < f$.
   Zeichnen Sie den $(M, \leq)$ zugeordneten gerichteten Graphen.

   Für die folgenden Teilaufgaben sei $(M, \leq)$ eine beliebige endliche geordnete Menge.

   b. Besitzt der $(M, \leq)$ zugeordnete gerichtete Graph Zyklen? Was sind seine starken Zusammenhangskomponenten?

   c. Wie bestimmen Sie mithilfe des $(M, \leq)$ zugeordneten gerichteten Graphen für $a \in M$ alle $b \in M$ mit $b > a$ und wie alle $b \in M$ mit $b < a$?

19. Sei $G = (V, E)$ ein zusammenhängender Graph, $|V| \geq 3$ und T ein DFS-Baum von G mit Wurzel r. R bezeichnet die Menge der Rückwärtskanten. Ein Knoten $v \in V$ heißt *Artikulationspunkt*, wenn $G \setminus \{v\} := (V \setminus \{v\}, E \setminus \{e \in E \mid v$ Endpunkt von $e\})$ nicht zusammenhängend ist. Ein Graph ohne Artikulationspunkte heißt *zweifach zusammenhängend* oder *nicht separierbar*. Ein *Block* eines Graphen ist ein maximaler nicht separierbarer Teilgraph von G.

   a. Machen Sie sich die Begriffe mithilfe einer Skizze klar.

   b. Zeigen Sie: v ist genau dann Artikulationspunkt von G, wenn es $u, w \in V \setminus \{v\}$ gibt, sodass jeder einfache Pfad von u nach w durch v geht.

   c. Zeigen Sie: r ist genau dann ein Artikulationspunkt, wenn r mindestens zwei Söhne besitzt.

   d. Sei $v \in V, v \neq r$. Zeigen Sie: v ist genau dann ein Artikulationspunkt, wenn es einen Sohn v' von v gibt und für alle $(u, w) \in R$ ist w kein Vorfahre von v, falls u ein Nachfahre von v' oder v' ist.

   e. $low(v) := min(\{t_b(v)\} \cup \{t_b(w) | (u, w) \in R$ und u ist Nachfahre von v oder $u = v\})$.
   Zeigen Sie, dass gilt: $v \in V, v \neq r$ ist genau dann Artikulationspunkt, wenn es einen Sohn v' von v gibt mit $low(v') \geq t_b[v]$.

   f. Geben Sie einen Algorithmus zur Berechnung von $low(v)$ für alle $v \in V$ und zum Auffinden der Artikulationspunkte an.

20. Sei $G = (V, E)$ ein zusammenhängender Graph, $|V| \geq 3$. Zeigen Sie, G ist genau dann zweifach zusammenhängend, wenn es für je zwei Knoten einen Zyklus gibt, der beide enthält.

6. Gewichtete Graphen

In diesem Kapitel behandeln wir gewichtete Graphen, also Graphen, deren Kanten positiv gewichtet sind. Im Einzelnen befassen wir uns mit der Berechnung minimaler aufspannender Bäume, dem Abstandsproblem und der Berechnung des maximalen Flusses in einem Netzwerk.

Im ersten Abschnitt studieren wir Algorithmen, die wir später anwenden. Es geht um Priority-Queues, den Union-Find-Datentyp, das LCA-Problem und ein effizienteres Verfahren für das RMQ-Problem aus dem ersten Kapitel. Priority-Queues implementieren wir mit binären Heaps. Bei der Analyse des Union-Find-Datentyps wenden wir die Ackermann-Funktion an. Beim LCA-Problem geht es um die Bestimmung des letzten gemeinsamen Vorfahren von zwei Knoten in einem Wurzelbaum. Die Lösung dieses Problems in linearer Laufzeit ist eine Voraussetzung für einen Algorithmus zur Verifikation eines minimalen aufspannenden Baums in linearer Laufzeit.

Die Algorithmen von Borůvka, Kruskal und Prim konstruieren minimale aufspannende Bäume und der Algorithmus von Dijkstra löst das Abstandsproblem. Die Algorithmen von Prim und Dijkstra verallgemeinern die Breitensuche aus dem Kapitel 5. Bei der Implementierung ersetzt die Priority-Queue die Queue, die wir bei der Breitensuche einsetzen. Der Union-Find-Datentyp kommt in Kruskals Algorithmus zur Anwendung.

Der probabilistische Algorithmus von Karger, Klein und Tarjan berechnet in linearer Laufzeit einen minimalen aufspannenden Baum. Wesentlich dafür ist ein Algorithmus, der in linearer Laufzeit die Verifikation eines minimalen aufspannenden Baums durchführt.

Der Algorithmus von Warshall ermittelt den transitiven Abschluss eines Graphen und der Algorithmus von Floyd die Abstandsmatrix. Die Algorithmen von Ford-Fulkerson und Edmonds-Karp lösen das Flussproblem in Netzwerken. Zunächst präzisieren wir den Begriff des gewichteten Graphen.

Definition 6.1. Ein Graph $G = (V, E)$ mit einer Abbildung $g : E \longrightarrow \mathbb{R}_{>0}$ heißt *gewichteter Graph*. Die Abbildung g heißt *Gewichtsfunktion*. Für $e \in E$ heißt $g(e)$ das *Gewicht von e*. Das *Gewicht von G* ist die Summe der Gewichte aller Kanten, $g(G) = \sum_{e \in E} g(e)$.

Zur Darstellung von gewichteten Graphen verwenden wir – wie zur Darstellung von Graphen – die Datenstrukturen Adjazenzliste und Adjazenzmatrix. Wir müssen die Definitionen nur geringfügig erweitern.

© Springer Fachmedien Wiesbaden GmbH, ein Teil von Springer Nature 2021
H. Knebl, *Algorithmen und Datenstrukturen*,
https://doi.org/10.1007/978-3-658-32714-9_6

1. Die Adjazenzmatrix *adm* ist eine $n \times n$–Matrix mit Koeffizienten aus $\mathbb{R}_{\geq 0}$,

$$adm[i,j] := \begin{cases} g(\{i,j\}), \text{ falls } \{i,j\} \in E, \\ 0 \qquad \text{ sonst.} \end{cases}$$

2. In den Listenelementen der Adjazenzliste speichern wir das Gewicht einer Kante. Wir erweitern deshalb das Listenelement für Graphen auf Seite 227 um die Komponente *weight*.

6.1 Grundlegende Algorithmen

Wir studieren in diesem Abschnitt grundlegende Algorithmen, die wir im restlichen Kapitel anwenden. Es handelt sich um Priority-Queues und um den Union-Find-Datentyp. Diese beiden Datentypen zählen zu den hervorgehobenen Datenstrukturen und sind in viele Situationen anwendbar.

Im Abschnitt 6.5 geht die Berechnung des letzten gemeinsamen Vorfahren (lowest common ancestor, kurz LCA) von zwei Knoten in einem Baum wesentlich ein. Wir behandeln das LCA-Problem, das linear äquivalent zum RMQ-Problem ist (Abschnitt 1.5.4), als eigenständiges Problem. Es geht um ein grundlegendes algorithmisches Problem, das intensiv studiert wurde.

6.1.1 Die Priority-Queue

Die Priority-Queue verallgemeinert den abstrakten Datentyp Queue. Bei einer Queue verlassen die Elemente in der gleichen Reihenfolge die Queue, in der sie gespeichert wurden (first in, first out – FIFO-Prinzip). Bei einer Priority-Queue weisen wir jedem Element beim Einspeichern eine Priorität zu. Unsere spätere Anwendung erfordert es, die Priorität eines gespeicherten Elementes zu erniedrigen. Das Element mit der geringsten Priorität verlässt als nächstes Element die Queue. Eine Priority-Queue ist durch folgende Funktionen definiert:

1. PQInit(int *size*) initialisiert eine Priority-Queue für *size* viele Elemente.
2. PQUpdate(element *k*, priority *n*) fügt *k* in die Priority-Queue mit der Priorität *n* ein. Befindet sich *k* bereits in der Priority-Queue und besitzt *k* höhere Priorität als *n*, dann erniedrigt PQUpdate die Priorität von *k* auf *n*. PQUpdate gibt true zurück, falls eine Einfügeoperation oder ein Update stattgefunden hat, ansonsten false.
3. PQRemove liefert das Element mit der geringsten Priorität und entfernt es aus der Priority-Queue.
4. PQEmpty überprüft die Priority-Queue auf Elemente.

Bei der Implementierung der Priority-Queue verwenden wir folgende Datentypen: type element = 1..*n*, type index = 0..*n* und type queueEntry = struct

    element   *elem*

    int   *prio*

Wir implementieren eine Priority-Queue mithilfe der beiden Arrays $prioQu[1..n]$ und $pos[1..n]$ und organisieren das Array $prioQu$ – geordnet nach den Prioritäten – als Min-Heap (Abschnitt 2.2.1), d. h. mit $a[i] :=$ $prioQu[i].prio$ gilt

$$a[i] \leq a[2i] \text{ für } 1 \leq i \leq \left\lfloor \frac{n}{2} \right\rfloor \text{ und } a[i] \leq a[2i+1] \text{ für } 1 \leq i \leq \left\lfloor \frac{n-1}{2} \right\rfloor.$$

Damit ein Element k in $prioQu$ mit einem Zugriff erreichbar ist (und nicht gesucht werden muss), benötigen wir das Array $pos[1..n]$. Die Variable $pos[k]$ enthält die Position des Elementes k in $prioQu$. Falls das Element k nicht gespeichert ist, enthält $pos[k]$ den Wert 0.

Eine Änderung der Priorität des Elementes k erfordert die Änderung der Priorität des $queueEntry$ in $prioQu$ an der Stelle $r = pos[k]$. Unter Umständen ist dadurch die Heapbedingung an der Stelle $\lfloor r/2 \rfloor$ und an weiteren Stellen verletzt. Die Funktion UpHeap operiert auf dem Array $prioQu[1..n]$ und stellt die Heapbedingung wieder her.

Algorithmus 6.2.

  UpHeap(index r)

  1   index : i, j; item : x

  2   $i \leftarrow r$, $j \leftarrow \lfloor \frac{i}{2} \rfloor$, $x \leftarrow prioQu[i]$

  3   while $j \geq 1$ do

  4   if $x.prio \geq prioQu[j].prio$

  5   then break

  6      $prioQu[i] \leftarrow prioQu[j]$, $i \leftarrow j$, $j \leftarrow \lfloor \frac{i}{2} \rfloor$

  7   $prioQu[i] \leftarrow x$

Die Organisation von $prioQu[1..n]$ als Min-Heap unterlegt $prioQu[1..n]$ die Struktur eines binären Baums minimaler Höhe mit n Knoten (Abschnitt 2.2.1). Die Anzahl der Iterationen der while-Schleife in UpHeap und in DownHeap ist durch $\lfloor \log_2(n) \rfloor$, beschränkt (Lemma 2.16).

UpHeap ist analog zu DownHeap implementiert (Algorithmus 2.12). UpHeap und DownHeap operieren auf den Arrays $prioQu$ und pos. Werden Elemente in $prioQu$ umgestellt, so müssen die neuen Positionen in pos eingetragen werden.

Neue Elemente fügen wir zunächst hinter dem letzten Element der Queue ein. UpHeap bringt das Element dann an die richtige Stelle im Heap. Entfernen wir das Element minimaler Priorität, dann setzen wir anschließend das letzte Element an die erste Stelle. Mit DownHeap stellen wir die Heapbedingung wieder her. Wir geben jetzt die Algorithmen PQUpdate und PQRemove genauer an.

Algorithmus 6.3.

int $nrElem$; queueEntry $prioQu[1..n]$; index $pos[1..n]$
boolean PQUpdate(element k; int $prio$)

```
 1   if pos[k] = 0
 2     then nrElem ← nrElem + 1
 3          prioQu[nrElem].elem ← k, prioQu[nrElem].prio ← prio
 4          UpHeap(nrElem)
 5          return true
 6     else if prioQu[pos[k]].prio > prio
 7            then prioQu[pos[k]].prio ← prio
 8                 UpHeap(pos[k])
 9                 return true
10   return false
```

element PQRemove()

```
1   element ret
2   ret ← prioQu[1].elem
3   pos[prioQu[1].elem] ← 0
4   prioQu[1] ← prioQu[nrElem]
5   pos[prioQu[nrElem].elem] ← 1
6   nrElem ← nrElem − 1
7   DownHeap(1)
8   return ret
```

Bemerkung. Die Laufzeit $T(n)$ von PQUpdate und von PQRemove ist von derselben Ordnung wie die Laufzeit von UpHeap und von DownHeap. Es ergibt sich $T(n) = O(\log_2(n))$.

6.1.2 Der Union-Find-Datentyp

Der Union-Find-Datentyp unterstützt das dynamische Partitionieren einer Menge $V = \{v_1, \ldots, v_n\}$, in Teilmengen $V_i \subset V$, $i = 1, \ldots, l$, d. h.

$$V = \bigcup_{i=1}^{l} V_i, V_i \cap V_j = \emptyset \text{ für } i \neq j.$$

Für jede Teilmenge V_i sei ein Repräsentant $r_i \in V_i$ gewählt, $i = 1, \ldots, l$.
    Weiter seien Funktionen definiert:

1. Find(element x) gibt für $x \in V_i$ den Repräsentanten r_i von V_i zurück.
2. Union(element x, y) gibt false zurück, falls x und y in derselben Teilmenge V_i liegen, sonst true. Befinden sich x und y in verschiedenen Teilmengen V_i und V_j, so ersetzt Union V_i und V_j durch $V_i \cup V_j$ und wählt einen Repräsentanten für $V_i \cup V_j$.
3. FindInit(element $v_1, \ldots, v_n$) initialisiert Teilmengen $V_i = \{v_i\}$, $i = 1, \ldots, n$. Der Repräsentant von V_i ist v_i.

Der Union-Find-Datentyp und die Analyse der Implementierungen sind intensiv studiert worden. Ein wesentlicher Anteil ist Tarjan zuzuschreiben. Wir folgen mit unserer Darstellung [Tarjan99] und [HopUll73].

Wir nehmen bei der Implementierung ohne Einschränkung an, dass $V = \{1, \ldots, n\}$ gilt. Wir implementieren $V_1, \ldots, V_l$ mithilfe von Wurzelbäumen. Jedem V_i entspricht ein Wurzelbaum T_i. Die Elemente von V_i sind in den Knoten von T_i gespeichert. Der Repräsentant von V_i ist das Element, das in der Wurzel gespeichert ist. Sei $T := \cup_{i=1}^{l} T_i$ der Wald, den die T_i bilden. Wir stellen T durch das Array $parent[1..n]$ dar. Dann gilt:

1. Die Elemente i und j gehören zur selben Menge V_i, falls i und j zum selben Baum gehören, d. h. dieselbe Wurzel besitzen. Dabei ist jede Wurzel w durch $parent[w] = 0$ codiert.
2. Zwei Komponenten mit Wurzeln i und j werden durch $parent[j] \leftarrow i$ (oder $parent[i] \leftarrow j$) zu einer Komponente zusammengefasst.
3. FindInit(n) belegt Speicher für das Array $parent$ und initialisiert jedes Feld von $parent$ auf 0.

Wir geben jetzt Pseudocode für Find und Union an.

Algorithmus 6.4.

   int Find(int i)
   1   while $parent[i] > 0$ do
   2      $i \leftarrow parent[i]$
   3   return i

   boolean Union(int i, j)
   1   $ret \leftarrow$ false
   2   $i \leftarrow$ Find(i)
   3   $j \leftarrow$ Find(j)
   4   if $i \neq j$
   5   then $parent[i] \leftarrow j, ret =$ true
   6   return ret

Bei dieser Implementierung von Union können die Bäume degenerieren. Im schlechtesten Fall entstehen lineare Listen. Wir diskutieren jetzt zwei Techniken – Balancierung nach der Höhe und Pfadkomprimierung – die dies verhindern.

Balancierung nach der Höhe. Bei Balancierung nach der Höhe machen wir den Knoten mit der größeren Höhe zur neuen Wurzel. Im folgenden Algorithmus erfolgt dies durch die Zeilen 5 – 10, die Zeile 5 von Algorithmus 6.4 ersetzen. Die Höhe nimmt nur dann um 1 zu, wenn beide Bäume dieselbe Höhe besitzen. Wir benutzen das Array $rank[1..n]$, um die Höhe eines Knotens zu speichern. In FindInit ist $rank[i] = 0$ zu setzen, $i = 1, \ldots, n$.

Algorithmus 6.5.

```
boolean Union(int i, j)
 1   ret ← false
 2   i ← Find(i)
 3   j ← Find(j)
 4   if i ≠ j
 5     then ret = true
 6           if rank[i] > rank[j]
 7               then parent[j] ← i
 8               else  parent[i] ← j
 9                   if rank[i] = rank[j]
10                       then rank[j] = rank[j] + 1
11   return ret
```

Bemerkung. Nachdem ein Knoten i Nachfolger eines Knotens j wurde, bleibt $rank[i]$ unverändert. Dies gilt auch, wenn wir Pfadkomprimierung anwenden. Dann speichert aber $rank[i]$ nicht mehr die Höhe von i.

Pfadkomprimierung. Die Idee bei *Pfadkomprimierung* ist, den Vaterknoten eines Knotens durch die Wurzel des Baums zu ersetzen. Wenn wir diese Idee konsequent anwenden, müssen wir bei der Vereinigung einen der beiden Bäume komplett reorganisieren. Dies ist zu aufwendig. Deshalb ändern wir nur in Find die Verzeigerung längs des Pfades von i bis zur Wurzel. Wir setzen Pfadkomprimierung zusammen mit Balancierung ein. Durch die Pfadkomprimierung kann sich die Höhe eines Baums ändern. In $rank[i]$ steht dann nicht mehr die Höhe des Knotens i. Die Zahl $rank[i]$ heißt der *Rang* des Knotens i. Der Rang des Knotens i approximiert den Logarithmus aus der Anzahl der Knoten im Teilbaum mit Wurzel i (Lemma 6.7, Punkt 2). Wir benutzen den Rang als Kriterium für die Balancierung und erweitern Find um Pfadkomprimierung. Wir zeigen dies zunächst an einem

Beispiel. Bei Pfadkomprimierung ersetzen wir den Vaterknoten eines Knotens durch die Wurzel des Baums, wie Figur 6.1 zeigt.

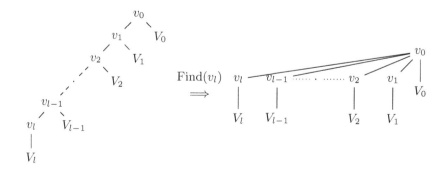

Fig. 6.1: Pfadkomprimierung.

Algorithmus 6.6.
  int Find(int i)
    1   int $k \leftarrow i$
    2   while $parent[k] > 0$ do
    3      $k \leftarrow parent[k]$
    4   while $parent[i] > 0$ do
    5      $m \leftarrow i$, $i \leftarrow parent[i]$, $parent[m] \leftarrow k$
    6   return i

Bemerkung. Der Algorithmus Union benötigt nur den Rang der Wurzelknoten. Wir können den Rang k der Wurzel i als $-k$ in $parent[i]$ speichern. Wurzeln erkennen wir jetzt an negativen Einträgen oder an der 0. Dadurch können wir das Array $rank$ einsparen. Im Folgenden schreiben wir $rank[u] = \mathrm{rank}(u)$ als Funktion.

Wir betrachten jetzt den Union-Find-Algorithmus nach $n-1$ vielen Union und m vielen Find Aufrufen. Ein Schritt besteht aus dem Aufruf einer der beiden obigen Funktionen. Insgesamt gibt es $n-1+m$ viele Schritte. Für einen Knoten u bezeichnen wir mit T_u den Teilbaum mit Wurzel u, mit $\mathrm{rank}(u)$ den Rang des Knotens u und mit $U_r := \{u \mid \mathrm{rank}(u) = r\}$, nachdem l Schritte des Algorithmus ausgeführt wurden, d. h. nachdem der l–te Aufruf beendet ist. $\mathrm{rank}(u)$ ist monoton wachsend in der Anzahl der Schritte.

Lemma 6.7. *Es gilt für $0 \leq l \leq n - 1 + m$:*

1. *Die Funktion $\mathrm{rank}(u)$ ist längs des Pfades von einem Knoten zur Wurzel des Teilbaums streng monoton wachsend.*
2. *Es gilt $\mathrm{rank}(u) \leq \lfloor \log_2(|T_u|) \rfloor \leq \lfloor \log_2(n) \rfloor$. Insbesondere ist die Höhe des Baums höchstens $\log_2(n)$.*
3. *$|U_r| \leq n/2^r$.*

Beweis.

1. Folgt v auf u im Aufstiegspfad, so wurde v als Wurzel des Teilbaums T_u festgelegt. Es gilt dann $\mathrm{rank}(v) > \mathrm{rank}(u)$. Im weiteren Verlauf bleibt der Rang von u konstant, während der Rang von v zunehmen kann. Da Pfadkomprimierung den Rang eines Knotens nicht ändert und da ein Knoten nach Pfadkomprimierung nur Kind eines Knotens mit größerem Rang werden kann, gilt die Aussage, auch nachdem Pfadkomprimierung durchgeführt wurde.
2. Wir zeigen die Behauptung durch Induktion nach l. Für $l = 0$ (nach FindInit) gilt $\mathrm{rank}(u) = 0$ und $\log_2(|T_u|) = 0$ die Behauptung ist demzufolge richtig. Nach einem Aufruf von Union mit Durchführung der Vereinigung bleibt entweder der Rang gleich, dann gilt auch die Ungleichung nach der Vereinigung der Bäume, oder der Rang nimmt um eins zu. Dann gilt

$$\mathrm{rank}(u)_{neu} = \mathrm{rank}(u) + 1 = \log_2(2^{\mathrm{rank}(u)+1})$$

$$= \log_2(2 \cdot 2^{\operatorname{rank}(u)}) = \log_2(2^{\operatorname{rank}(u)} + 2^{\operatorname{rank}(v)})$$
$$\leq \log_2(|T_u| + |T_v|) = \log_2(|\tilde{T}_u|),$$

wobei v die Wurzel des zweiten Baums und $\tilde{T}_u$ die Vereinigung von T_u und T_v bezeichnet. Aus $|T_u| \leq n$ folgt die zweite Abschätzung in Punkt 2. Mit Punkt 1 folgt die Aussage über die Höhe.

3. Für u, v mit $\operatorname{rank}(u) = \operatorname{rank}(v)$ gilt wegen Punkt 1 $T_u \cap T_v = \emptyset$, also folgt

$$n \geq \Big| \bigcup_{u \in U_r} T_u \Big| = \sum_{u \in U_r} |T_u| \geq \sum_{u \in U_r} 2^r = |U_r| 2^r.$$

Das Lemma ist daher bewiesen.   □

Laufzeitanalyse. Die Laufzeitanalyse des Union-Find-Algorithmus (Satz 6.10) verwendet die Ackermann-Funktion (Algorithmus 1.5). Wir leiten deshalb Eigenschaften der Ackermann-Funktion her. Wir zeigen zunächst, dass die Ackermann-Funktion

$$A(m, n) = \begin{cases} n + 1, & \text{falls } m = 0, \\ A(m - 1, 1), & \text{falls } n = 0, \\ A(m - 1, A(m, n - 1)) & \text{sonst}, \end{cases}$$

monoton wächst und geben dazu eine äquivalente Definition an. Wir definieren eine Familie von Funktionen $A_m(n)$ durch

$$A_0(n) = n + 1,$$
$$A_m(n) = A_{m-1}^{n+1}(1) = \underbrace{A_{m-1} \circ \ldots \circ A_{m-1}}_{n+1}(1).$$

Lemma 6.8. *Es gilt*

1. $A_m(n) = A(m, n)$ *für alle* $m, n \geq 0$.
2. $A_m(n) \geq n + 1$ *für alle* $m, n \geq 0$.
3. $A_m(n + 1) > A_m(n)$ *für alle* $m, n \geq 0$.
4. $A_m^n(1) \geq n + 1$ *für alle* $n \geq 0$.

Beweis.

1. Setze $A(m, n) = \tilde{A}_m(n)$. Dann gilt

$$\tilde{A}_m(n) = \tilde{A}_{m-1}(\tilde{A}_m(n - 1)) = \tilde{A}_{m-1}(\tilde{A}_{m-1}(\tilde{A}_m(n - 2))) = \ldots =$$
$$\tilde{A}_{m-1}^n(\tilde{A}_m(0)) = \tilde{A}_{m-1}^n(\tilde{A}_{m-1}(1)) = \tilde{A}_{m-1}^{n+1}(1).$$

Da A_m und $\tilde{A}_m$ die gleiche Rekursionsgleichung erfüllen und da $A_0(n) = \tilde{A}_0(n)$ gilt, stimmen $A_m(n)$ und $\tilde{A}_m(n) = A(m, n)$ für alle $m, n \geq 0$ überein.

2. Wir zeigen die Aussage durch Induktion nach m. Für $m = 0$ gilt $A_0(n) = n + 1$. Der Induktionsanfang ist richtig.
Die Induktionshypothese ist $A_{m-1}(n) \geq n + 1$ für $m \geq 1$ und alle $n \geq 0$. Es ist zu zeigen, dass $A_m(n) \geq n + 1$ für alle $n \geq 0$ gilt. Wir zeigen die

Aussage durch Induktion nach n.

Für $n = 0$ gilt $A_m(0) = A_{m-1}(1) \geq 2$ (nach der Induktionshypothese für m). Der Induktionsanfang ist demnach richtig.

$A_m(n) = A_{m-1}(A_m(n-1)) \geq A_m(n-1) + 1 \geq n + 1$. Die erste Abschätzung folgt nach der Induktionshypothese für m und die zweite nach der Induktionshypothese für n.

3. Für $m = 0$ gilt $A_0(n+1) = n + 2 > A_0(n) = n + 1$. Für $m \geq 1$ gilt $A_m(n+1) = A_{m-1}(A_m(n)) \geq A_m(n) + 1 > A_m(n)$ (mit Punkt 2).

4. $A_m^n(1) = A_m(A_m^{n-1}(1)) \geq A_m^{n-1}(1) + 1 \geq \ldots \geq A_m^0(1) + n = n + 1$.

Das Lemma ist gezeigt. $\qquad\square$

Lemma 6.9. *Die Funktion $A(m,n)$ wächst streng monoton in beiden Argumenten und stärker im ersten als im zweiten. Genauer gilt*

$$A_{m+1}(n) \geq A_m(n+1) \geq A_m(n) + 1$$

für alle $m, n \geq 0$.

Beweis. Sei $m \geq 0$.

$$A_{m+1}(n) = A_m(A_m^n(1)) \geq A_m(n+1) = A_{m-1}(A_m(n)) \geq A_m(n) + 1.$$

Dies zeigt die Aussagen des Lemmas. $\qquad\square$

Wir führen jetzt eine Reihe von Funktionen ein, die wir bei der Analyse des Union-Find-Datentyps anwenden. Sei u ein Knoten, der keine Wurzel ist. Wir definieren

(1) $\qquad\qquad \delta(u) = \max\{k \mid \mathrm{rank}(\mathrm{parent}(u)) \geq A_k(\mathrm{rank}(u))\}.$

Wegen $\mathrm{rank}(\mathrm{parent}(u)) \geq \mathrm{rank}(u) + 1 = A_0(\mathrm{rank}(u))$ (Lemma 6.7) ist $\delta(u)$ wohldefiniert und es folgt $\delta(u) \geq 0$.

(2) $\qquad\qquad r(u) = \max\{r \mid \mathrm{rank}(\mathrm{parent}(u)) \geq A_{\delta(u)}^r(\mathrm{rank}(u))\}.$

Wegen Lemma 6.7 gilt

(3) $\qquad\qquad \lfloor \log_2(n) \rfloor \geq \mathrm{rank}(\mathrm{parent}(u)) \geq A_{\delta(u)}(\mathrm{rank}(u)).$

Für $\delta(u) \geq 2$ folgt mit Lemma 6.9

(4) $\qquad \lfloor \log_2(n) \rfloor \geq A_{\delta(u)}(\mathrm{rank}(u)) \geq A_{\delta(u)-2}(\mathrm{rank}(u)+2) \geq A_{\delta(u)-2}(2).$

Sei $\alpha(n)$ definiert durch

$$\alpha(n) = \min\{k \mid A_k(2) \geq n\}.$$

Aus $A_{\delta(u)-2}(2) \leq \lfloor \log_2(n) \rfloor < n$ (siehe (4)) und der Definition von α folgt unmittelbar

(5)
$$\delta(u) \leq \alpha(\lfloor \log_2(n) \rfloor) + 2.$$

Die Funktion $\alpha(n)$ ist im Wesentlichen die Umkehrfunktion von $A_m(2)$. Sie ist eine extrem langsam wachsende Funktion. Es gilt

$$A_0(2) = 3, A_1(2) = 4, A_2(2) = 7, A_3(2) = 2^5 - 3 = 29, A_4(2) = 2^{65536} - 3.$$

Daher gilt

$$\alpha(0) = \ldots = \alpha(3) = 0, \alpha(4) = 1, \alpha(5) = \alpha(6) = \alpha(7) = 2,$$

$$\alpha(8) = \ldots = \alpha(29) = 3, \alpha(30) = \ldots = \alpha(2^{65536} - 3) = 4.$$

Die Zahl 2^{65536} ist eine 65.537 stellige Binärzahl. Dies sind ungefähr 20.000 Dezimalstellen. Die Funktion α nimmt für alle praktisch vorkommenden Inputs einen Wert ≤ 4 an.

Satz 6.10. *Der Union-Find-Algorithmus, mit Balancierung nach dem Rang und Pfadkomprimierung, besitzt für $n-1$ Union und m Find Aufrufe eine Laufzeit im schlechtesten Fall von der Ordnung $O((m+n) \cdot \alpha(n))$.*

Beweis. Die Laufzeit für einen Union Aufruf ist, wenn man von den beiden Find Aufrufen absieht, konstant. Es erfolgen $n-1$ viele Union Aufrufe. Die Laufzeit t_U für alle Ausführungen der Funktion Union (ohne Find Aufrufe) ist demnach in der Ordnung $O(n)$.

Wir schätzen jetzt die Laufzeit für alle Find Ausführungen ab. Wir betrachten zunächst den Aufruf Find(u) für ein u. Sei $P : u = u_1, \ldots, u_r = v$ der Pfad von u zur Wurzel v vor der l–ten Ausführung von Find. Die Rechenzeit von Find verteilt sich zu gleichen Anteilen auf die einzelnen Knoten des Pfades. Für jeden einzelnen Knoten ist der Aufwand konstant. Wir nehmen dafür eine Zeiteinheit an. Wir richten jetzt Zeitzähler ein: für jeden Knoten u den Zähler t_u und für die Funktion Find den Zähler t_F. Mit diesen Zählern erfassen wir den Aufwand für alle Ausführungen von Find. Wir betrachten den l–ten Schritt und die Knoten u_i auf P, $i = 1, \ldots, r$.

1. t_{u_i} erhöhen wir um eins, wenn $u_i \neq u$, $u_i \neq v$ (d. h. u_i ist weder Blatt (rank(u_i) ≥ 1) noch Wurzel) und wenn ein $j > i$ existiert mit $\delta(u_j) = \delta(u_i)$.
2. t_F erhöhen wir um eins, falls (a) u_i Blatt oder Wurzel ist, oder wenn (b) für alle $j > i$ gilt $\delta(u_j) \neq \delta(u_i)$.

Die Laufzeit für alle Find Ausführungen beträgt

$$t_F + \sum_u t_u.$$

Wir betrachten den ersten Fall. Sei $i < j$ mit $\delta(u_i) = \delta(u_j) = k$. Dann gilt für u_i, u_j

$$
\begin{aligned}
\text{rank}(v) \geq \text{rank}(\text{parent}(u_j)) &\geq A_k(\text{rank}(u_j)) \\
&\geq A_k(\text{rank}(\text{parent}(u_i))) \geq A_k(A_k^{r(u_i)}(\text{rank}(u_i))) \\
&= A_k^{r(u_i)+1}(\text{rank}(u_i)).
\end{aligned}
$$

Die erste Abschätzung benutzt die Monotonie von rank längs Pfaden, die zweite Abschätzung folgt aus der Definition von $\delta(u_i)$, die dritte Abschätzung folgt aus der Monotonie von rank längs Pfaden und der Monotonie von A_k und die vierte aus (2) und der Monotonie von A_k. Nach der Terminierung von Find gilt $\text{parent}(u_i) = v$ und

$$
\text{(6)} \qquad \text{rank}(\text{parent}(u_i)) \geq A_k^{r(u_i)+1}(\text{rank}(u_i)).
$$

Jedes Mal, wenn die erste Bedingung für u_i eintritt und t_{u_i} um eins erhöht wird, nimmt der Exponent von A_k in (6) um mindestens eins zu. Tritt der Fall $r(u_i) = \text{rank}(u_i)$ ein, so folgt

$$
\text{rank}(\text{parent}(u_i)) \geq A_k^{\text{rank}(u_i)+1}(\text{rank}(u_i)) \geq A_k^{\text{rank}(u_i)+1}(1) = A_{k+1}(\text{rank}(u_i)).
$$

Die erste Abschätzung folgt aus (6), die zweite benutzt die Monotonie von A_k. Es folgt

$$
\text{rank}(\text{parent}(u_i)) \geq A_{k+1}(\text{rank}(u_i)).
$$

Nach (1), der Definition von $\delta(u_i)$, gilt $\delta(u_i) \geq k + 1$. Weiter gilt $\delta(u_i) \leq \alpha(\lfloor \log_2(n) \rfloor) + 2$ (siehe (5)). Mithin folgt

$$
t_{u_i} \leq \text{rank}(u_i)(\alpha(\lfloor \log_2(n) \rfloor) + 2).
$$

Wir summieren über alle t_u und fassen Knoten mit gleichem Rang zusammen. Mit Lemma 6.7 und der Formel für die Ableitung der geometrischen Reihe (Anhang B (F.8)) folgt

$$
\begin{aligned}
\sum_u t_u &\leq \sum_{r=0}^{\infty} r \cdot (\alpha(\lfloor \log_2(n) \rfloor) + 2) \frac{n}{2^r} \\
&= n(\alpha(\lfloor \log_2(n) \rfloor) + 2) \sum_{r=0}^{\infty} \frac{r}{2^r} \\
&= 2n(\alpha(\lfloor \log_2(n) \rfloor) + 2).
\end{aligned}
$$

Wir betrachten jetzt den zweiten Fall. Für die Knoten u und v zusammen erhöhen wir t_F um 2. Für jeden Knoten u gilt $\delta(u) \leq \alpha(\lfloor \log_2(n) \rfloor) + 2$ (siehe (5)).

Wir betrachten ein $k \leq \alpha(\lfloor \log_2(n) \rfloor) + 2$. Dann ist die Bedingung 2 (b) nur für den letzten Knoten u im Pfad P mit $\delta(u) = k$ erfüllt (für alle vorangehenden Knoten tritt ja Fall 1 ein). Aus diesem Grund gibt es für jeden Wert $k \leq \alpha(\lfloor \log_2(n) \rfloor) + 2$ höchstens einen Knoten, welcher den Fall 2 (b) erfüllt. Demnach erhöht sich t_F bei einer Ausführung von Find um höchstens $\alpha(\lfloor \log_2(n) \rfloor) + 4$. Für m Ausführungen folgt

$$t_F \le m(\alpha(\lfloor \log_2(n) \rfloor) + 4).$$

Wir erhalten

$$t_U + t_F + \sum_u t_u \le c(m+n)\alpha(\lfloor \log_2(n) \rfloor) = O((m+n) \cdot \alpha(n)).$$

Dies zeigt den Satz.   □

6.1.3 Das LCA- und das RMQ-Problem

Wir betrachten zunächst das Problem, den letzten gemeinsamen Vorfahren (lowest common ancestor (LCA)) von zwei Knoten in einem Wurzelbaum zu berechnen. Seien u und v Knoten in einem Wurzelbaum. Der *letzte gemeinsame Vorfahre* von u und v ist der gemeinsame Vorfahre von u und v, der den größten Abstand von der Wurzel besitzt.

Figur 6.2 zeigt den letzten gemeinsamen Vorfahren (gefüllt) der beiden gefüllten Blattknoten.

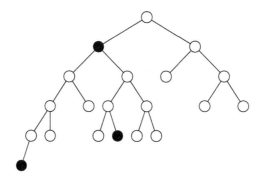

Fig. 6.2: Letzter gemeinsamer Vorfahre.

Tarjans Algorithmus zur Berechnung des letzten gemeinsamen Vorfahren. Der folgende Algorithmus LCA, publiziert in [Tarjan79], berechnet für jedes Knotenpaar $\{u, v\}$ aus einer Liste Q den letzten gemeinsamen Vorfahren in einen Wurzelbaum T. Wir stellen T mit der Knotenmenge $\{1, \ldots, n\}$ und der Adjazenzliste $adl[1..n]$ dar. Bei der Berechnung des letzten gemeinsamen Vorfahren wenden wir den Union-Find-Datentyp an.

Der erste Aufruf ist LCA($root$). Der Aufrufer stellt einen mit FindInit(n) initialisierten Union-Find-Datentyp bereit. LCA verwendet das boolsche Array $marked[1..n]$, das mit „false" vorbelegt ist.

Algorithmus 6.11.

node $adl[1..n]$; boolean $marked[1..n]$

vertex $ancestor[1..n]$, $lca[1..n, 1..n]$

LCA(vertex k)

  1   node no

  2   $ancestor[k] \leftarrow k$, $no \leftarrow adl[k]$

  3   while $no \neq$ null do

  4   LCA($no.v$)

  5   Union($k, no.v$), $ancestor[\text{Find}(k)] \leftarrow k$

  6      $no \leftarrow no.next$

  7   $marked[k] \leftarrow$ true

  8   for each $\{u, k\}$ from Q do

  9   if $marked[u]$

10   then $lca[u, k] \leftarrow ancestor[\text{Find}(u)]$

Bemerkungen:

1. LCA traversiert T mittels Tiefensuche (Algorithmus 5.12). Sei k ein Knoten von T und $v_0, v_1, \ldots, v_l = k$ der Pfad P in T von der Wurzel v_0 zum Knoten k. P besteht aus den Vorfahren von k. Figur 6.3 hält den Zeitpunkt t fest, zu dem im Aufruf LCA(k) der Prozessor alle Anweisungen einschließlich Zeile 7 ausgeführt hat.

Fig. 6.3: LCA-Berechnung.

Sei $L = \{v \in T \mid$ der Aufruf LCA(v) ist zum Zeitpunkt t terminiert$\}$. Dies sind die Knoten links vom Pfad $v_0, \ldots, v_{l-1}$ und unterhalb von $v_l = k$. Sei

$$V_i = \{v \in L \mid v \text{ ist Nachfahre von } v_i\}, \ i = 0, \ldots, l.$$

Für die Knoten $v \in V_i$ ist v_i der letzte gemeinsame Vorfahre von v und k.

2. Zum Zeitpunkt t bilden die Knoten aus $\{v_i\} \cup V_i$ eine Union-Find Partition. Find(v) gibt die Wurzel der Partition zurück, in der v liegt. Da v_i Vorfahre der Knoten dieser Partition ist, wurde früher $ancestor[\text{Find}(v)] = v_i$ gesetzt (Zeile 5).

3. Für alle Knotenpaare $\{u, k\}$ aus Q, für die der Knoten u bereits markiert ist, bestimmen wir den letzten gemeinsamen Vorfahren (Zeilen 9 und 10). Da $lca[u, v]$ nur gesetzt wird, wenn u und v markiert sind, wird Zeile 10 genau einmal für jedes Knotenpaar $\{u, v\} \in Q$ ausgeführt. Wir erhalten als Ergebnis

Satz 6.12. *Der Algorithmus* LCA *berechnet für jedes Knotenpaar aus* Q *den letzten gemeinsamen Vorfahren.*

Wir behandeln jetzt eine weitere Methode zur Lösung des LCA-Problems und folgen mit unserer Darstellung [BeFa00]. Wir reduzieren das LCA-Problem auf die Berechnung des Minimums in einem Array. Genauer, ein Algorithmus für das range minimum query (RMQ) Problem (Abschnitt 1.5.4) berechnet für ein Array $a[1..n]$ von Zahlen und Indizes i und j mit $1 \leq i \leq j \leq n$ einen Index k mit $i \leq k \leq j$ und

$$a[k] = \min\{a[l] \mid i \leq l \leq j\}.$$

Ein Reduktions-Algorithmus für das LCA-Problem. Der folgende Algorithmus reduziert das LCA-Problem für einen Wurzelbaum T mit der Knotenmenge $\{1, \ldots, n\}$ durch eine Tiefensuche in T auf das RMQ-Problem (Abschnitt 1.5.4).

Algorithmus 6.13.
    vertex $parent[1..n]$, $no[1..2n-1]$; node $adl[1..n]$; index $ino[1..n]$
    int $depth[1..n]$, $de[1..2n-1]$
    Init()
    1   index $i \leftarrow 1$, $parent[1] \leftarrow 0$, $depth[0] \leftarrow -1$
    2   Visit(1)

    Visit(vertex k)
    1   node no
    2   $depth[k] \leftarrow depth[parent[k]] + 1$
    3   $de[i] \leftarrow depth[k]$, $no[i] \leftarrow k$, $ino[k] \leftarrow i$, $i := i + 1$
    4   $node \leftarrow adl[k]$
    5   while $node \neq$ null do
    6       $parent[node.v] \leftarrow k$
    7   Visit($node.v$)
    8       $de[i] \leftarrow depth[k]$, $no[i] \leftarrow k$, $i := i + 1$
    9       $node \leftarrow node.next$

Bemerkungen:

1. Der Baum T mit der Knotenmenge $\{1, \ldots, n\}$ ist durch die Adjazenzliste *adl* gegeben. Die Liste speichert für jeden Knoten von T die Nachfolger. Der Algorithmus Visit führt eine Tiefensuche in T durch.

2. Für jeden Knoten erfolgt nach dem Aufruf von Visit ein Eintrag in die Arrays de, no und ino. Die Variable $de[i]$ speichert die Tiefe des Knotens $no[i]$ und $ino[k]$ speichert den Index des ersten Auftretens von k in no. Daher gilt $no[ino[k]] = k$. Für jeden Knoten erfolgt für jeden Nachfolger ein weiterer Eintrag in den Arrays de und no (Zeile 8).

3. Die Arrays de, no und ino benötigen für jeden Knoten einen Eintrag und die Arrays de und no für jeden Nachfolger einen weiteren Eintrag. Da es n Knoten und insgesamt $n - 1$ Nachfolger gibt, benötigen de und no $2n - 1$ viele Plätze.

Beispiel. Figur 6.4 zeigt die Reduktion des LCA-Problems auf das RMQ-Problem mittels Tiefensuche. Der Pfad in 6.4, der im Knoten A startet und endet, visualisiert den Ablauf von Visit. Er traversiert jede Kante zweimal. Für jeden Durchlauf einer Kante erfolgt ein Eintrag in de und no und ein zusätzlicher Eintrag für den Startknoten.

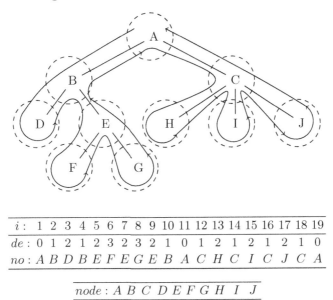

i :	1	2	3	4	5	6	7	8	9	10	11	12	13	14	15	16	17	18	19
de :	0	1	2	1	2	3	2	3	2	1	0	1	2	1	2	1	2	1	0
no :	A	B	D	B	E	F	E	G	E	B	A	C	H	C	I	C	J	C	A

$node$:	A	B	C	D	E	F	G	H	I	J
ino :	1	2	12	3	5	6	8	13	15	17

Fig. 6.4: Reduktion des LCA- auf das RMQ-Problem.

Satz 6.14. *Seien k und l Knoten von T mit $ino[k] < ino[l]$. Dann gilt*

$$lca(k, l) = no[rmq_{de}(ino[k], ino[l])].$$

Beweis. Seien k und l Knoten von T mit $ino[k] < ino[l]$. Sei v der letzte gemeinsame Vorfahre von k und l. Die Knoten k und l liegen in T_v, dem

Teilbaum von T mit Wurzel v. Die Tiefe von v ist minimal für alle Knoten in T_v. Da dies alle Knoten sind, die zwischen dem ersten und letzten Auftreten des Knotens v im Array no liegen, ist die Tiefe d_v von v minimal in $[de[ino[k]..ino[l]]$, d. h. $no[rmq_{de}(ino[k], ino[l]) = v$. $\qquad\square$

Satz 6.15. *Sei T ein Wurzelbaum mit n Knoten. Nach einer Vorverarbeitung mit Laufzeit in der Ordnung $O(n)$, können m LCA-Anfragen, die sich auf T beziehen, in der Zeit $O(m)$ beantwortet werden. Es gibt somit zur Lösung des LCA-Problems einen Algorithmus von der Ordnung $O(n + m)$.*

Beweis. Die Laufzeit von Algorithmus 6.13, der das RMQ-Problem auf das LCA-Problem reduziert, ist von der Ordnung $O(n)$. Er berechnet ein Array der Länge $2n - 1$. Zur Lösung des RMQ-Problems wenden wir den Algorithmus aus dem folgenden Abschnitt an. Er besitzt eine Vorverarbeitungszeit von der Ordnung $O(n)$ (Satz 6.16). Anschließend kann eine RMQ-Anfrage und damit auch eine LCA-Anfrage in der Zeit $O(1)$ beantwortet werden. Insgesamt erhalten wir einen Algorithmus, der m Anfragen nach einer Vorverarbeitungszeit von der Ordnung $O(n)$ in der Zeit $O(m)$ beantwortet. $\qquad\square$

Das Array $de[1..2n - 1]$ hat die Eigenschaft, dass sich zwei aufeinander folgende Einträge nur um $+1$ oder -1 unterscheiden. Solche Arrays heißen *inkrementelle Arrays*. Wir geben einen Algorithmus zur Lösung des RMQ-Problems für derartige Arrays an.

Ein linearer Algorithmus für das inkrementelle RMQ-Problem. Sei $a[0..n - 1]$ ein inkrementelles Array von Zahlen und $k := \lceil \log_2(n)/2 \rceil$. Wir zerlegen a in Teilarrays der Länge k. Wir erhalten $m = \lceil n/k \rceil$ viele Teilarrays, wobei das letzte Teilarray eine Länge $\leq k$ haben kann. Um die nachfolgenden Ausführungen zu vereinfachen, nehmen wir an, dass die Zerlegung ohne Rest aufgeht, d. h. alle Teilarrays haben die Länge k. Die dabei entstehenden Teilarrays bezeichnen wir von links beginnend mit $a_0, \ldots, a_{m-1}$.

Seien $i < j$ Indizes für a, $\gamma = \lfloor i/k \rfloor$, der Index des Teilarrays in dem i liegt und $\delta = \lfloor j/k \rfloor$, der Index des Teilarrays in dem j liegt. Dann ist $i \bmod k$ die Position von i in a_γ und $j \bmod k$ die Position von j in a_δ, wie Figur 6.5 zeigt.

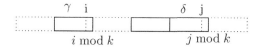

Fig. 6.5: Zerlegung in Teilarrays.

Das Minimum $m_{i,j}$ in $a[i..j]$ ergibt sich dann als

$$m_{i,j} = \min\{m_\alpha, m_\mu, m_\omega\},$$

wobei

$$m_\alpha = \min a_\gamma[i \bmod k..k-1],$$
$$m_\omega = \min a_\delta[0..j \bmod k] \text{ und}$$
$$m_\mu = \min_{l=\gamma+1}^{\delta-1} a_l[0..k-1].$$

Bei den Teilarrays $a_0, \ldots, a_{m-1}$ handelt es sich um inkrementelle Arrays. Deshalb geben wir einen Algorithmus für das RMQ-Problem für ein inkrementelles Array $b[0..k-1]$ an. Ohne Einschränkung nehmen wir an, dass $b[0] = 0$ gilt (sonst ersetze $b[i]$ durch $b[i] - b[0]$, $i = 0, \ldots, k-1$). Da $b[0]$ und die Folge der Differenzen $-1, +1$ zweier aufeinander folgender Einträge das Array $b[0..k-1]$ festlegen, gibt es 2^{k-1} viele Belegungen für ein inkrementelles Array b der Länge k mit $b[0] = 0$. Wir nummerieren die Belegungen durch. Für die l-te Belegung speichern wir in einer Tabelle T_l für alle Indexpaare $i < j$ die Position des Minimums von $b[i..j]$. Es gibt $(k-1)k/2$ viele Indexpaare $i < j$. Aus diesem Grund ist T_l ein Array der Länge $(k-1)k/2$. Wir erhalten die Folge $T_a = (T_1, \ldots, T_{2^{k-1}})$. Mithilfe von T_a können wir jetzt Anfragen nachschlagen. Die Belegung von b bestimmt l und somit T_l und die Indizes i, j bestimmen den Eintrag in T_l. Die Tabelle T_a hängt nur von k ab und wir können sie deshalb für alle Teilarrays $a_0, \ldots, a_{m-1}$ von a verwenden. Insbesondere können wir jetzt die Position von m_α und m_ω nachschlagen.

Zur Berechnung von m_μ dient ein Array $c[0..m-1]$ und ein Array $p[0..m-1]$. Wir schlagen die Position des Minimums von a_l in T_a nach und speichern das Minimum in $c[l]$ und seine Position in $p[l]$ ab. Es gilt

$$m_\mu = \min c[\gamma+1..\delta-1].$$

Mithilfe der Tabelle T_c können wir $\mathrm{rmq}_c(\gamma+1, \delta-1)$ durch zweimaliges Nachschlagen in T_c ermitteln (Satz 1.37).

Figur 6.6 visualisiert die Tabellen zur Berechnung von

$$\mathrm{rmq}_a(i,j) = \min\{\mathrm{rmq}_a(i \bmod k, k-1), \mathrm{rmq}_a(0, j \bmod k), \mathrm{rmq}_c(\gamma+1, \delta-1)\}.$$

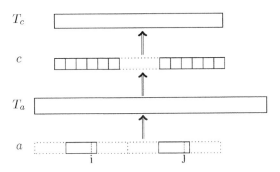

Fig. 6.6: Das inkrementelle RMQ-Problem.

Wir diskutieren jetzt die für die Berechnung von T_a und T_c benötigte Laufzeit. Die Berechnung jeder der Komponenten T_l von $T_a = (T_1, \ldots, T_{2k-1})$ kann durch einen Algorithmus, in $k \log_2(k)$ vielen Schritten erfolgen (Satz 1.37). Für die Berechnung von T_a ergibt sich die Laufzeit

$$c \cdot 2^{k-1} \cdot k \cdot \log_2(k) = c \cdot 2^{\lceil \log_2(n)/2 \rceil - 1} \cdot \left\lceil \frac{\log_2(n)}{2} \right\rceil \cdot \log_2\left(\left\lceil \frac{\log_2(n)}{2} \right\rceil\right)$$
$$< c \cdot \sqrt{n} \log_2(n)^2 = O(n).$$

Der Aufwand zur Berechnung von T_c ist $m \log_2(m)$, wobei m die Länge des Arrays c ist (Satz 1.37).

$$m = \left\lceil \frac{n}{k} \right\rceil = \left\lceil \frac{n}{\left\lceil \frac{\log_2(n)}{2} \right\rceil} \right\rceil$$

und deshalb folgt

$$m \log_2(m) = O\left(\frac{n}{\log_2(n)} \log_2\left(\frac{n}{\log_2(n)}\right)\right) = O(n).$$

Mithin können wir auch T_c durch einen Algorithmus der Laufzeit $O(n)$ berechnen. Wir fassen das Ergebnis im folgenden Satz zusammen.

Satz 6.16. *Sei $a[0..n-1]$ ein inkrementelles Array der Länge n. Jede RMQ-Anfrage für a kann nach einer Vorverarbeitung mit Laufzeit $O(n)$ in der Zeit $O(1)$ beantwortet werden.*

Reduktion des RMQ-Problems auf das LCA-Problem. Wir reduzieren das RMQ-Problem für ein beliebiges ganzzahliges Array $a[1..n]$ auf das LCA-Problem. Dazu ordnen wir dem Array a einen kartesischen Baum B zu. RMQ-Anfragen für a führen wir dann auf LCA-Anfragen für B zurück. Die Konstruktion von B aus a erfolgt in der Ordnung $O(n)$. Wir definieren den Begriff kartesischer Baum und beschreiben die einzelnen Schritte der Reduktion.

Definition 6.17. Sei $a[1..n]$ ein Array von ganzen Zahlen. Ein binärer Baum B, der die Elemente $a[1], \ldots, a[n]$ speichert, heißt der a zugeordnete *kartesische Baum*, wenn gilt:

1. B erfüllt die Heapbedingung (Definition 2.11).
2. Die Inorder-Ausgabe von B ergibt $a[1], \ldots, a[n]$ (Definition 4.4).

Bemerkung. Der a zugeordnete kartesische Baum B ist eindeutig bestimmt, denn die Heapbedingung bestimmt die Wurzel und die Inorder-Ausgabe legt den linken und rechten Teilbaum der Wurzel eindeutig fest. Per Rekursion folgt die Eindeutigkeit von B.

Wir verwenden verkettete Listen von Knotenelementen vom Typ node, um B zu implementieren. (Definition Seite 137). Der folgende Algorithmus erzeugt den einem Array zugeordneten kartesischen Baum.

Algorithmus 6.18.

```
    tree BuildCartesianTree(int a[1..n])
 1    node rnode, nd, b
 2    b ← new(node)
 3    b.element ← a[1], b.left ← null
 4    b.right ← null, rnode ← b
 5    for i ← 2 to n do
 6        nd ← new(node)
 7        nd.element ← a[i]
 8        nd.right ← null
 9        rnode ← UpHeap(rnode, a[i])
10        if rnode ≠ null
11          then nd.left ← rnode.right
12               rnode.right ← nd
13          else  nd.left ← b, b ← nd
14        rnode ← nd
15    return b
```

Bemerkungen:

1. Der Code der Zeilen 2-4 erzeugt den Wurzelknoten und speichert $a[1]$ im Wurzelknoten ab.

2. Die for-Schleife iteriert über die Elemente von a. Zu Beginn der i–ten Iteration ist der kartesische Baum für $a[1..i-1]$ konstruiert. In der i–ten Iteration speichern wir im allokierten Baumknoten nd das Element $a[i]$ ab (Zeile 7).

3. Zur Implementierung von Upheap (Zeile 9) ist Algorithmus 6.2 an die veränderte Darstellung des Baums anzupassen. Der Parameter des Aufrufs von Upheap ist der zuletzt eingefügte Knoten $rnode$ (Zeile 4, Zeile 14). Upheap ermittelt den tiefst liegenden Knoten auf dem Pfad von $rnode$ bis zur Wurzel, für den $rnode.element \leq a[i]$ gilt. Sind alle auf dem Pfad gespeicherten Elemente $> a[i]$, so gibt UpHeap null zurück. In diesem Fall wird der neue Knoten nd Wurzel des Baums (Zeile 13). Der bisherige Baum wird linker Teilbaum der neuen Wurzel (Zeile 13).

4. Sonst fügen wir den neuen Baumknoten als rechten Nachfolger von $rnode$ an (Zeile 12). Der Knoten $rnode.right$ wird linker Nachfolger von nd (Zeile 11).

5. Nach jedem Einfügen eines Knotens in den Baum bleibt die Heapbedingung erhalten. Die Bedingung für die Inorder-Ausgabe ist erfüllt, weil wir den Knoten nd so in den Baum einfügen, dass er nach dem Einfügen der am weitesten rechts liegende Knoten ist.

Satz 6.19. *Die Laufzeit von Algorithmus 6.18 ist in der Ordnung $O(n)$.*

Beweis. Die Laufzeit von BuildCartesianTree ist proportional zur Anzahl der Vergleiche, die wir in Upheap über alle Iterationen der for-Schleife durchführen. Wir verankern den nächsten Knoten in Zeile 12 oder 14 als letzten Knoten im Pfad P, der am weitesten rechts liegenden Knoten. UpHeap traversiert den Pfad P solange, bis die Einfügestelle gefunden ist. Für jeden Vergleich, der in UpHeap erfolgt, fügen wir einen Knoten in P ein oder entfernen wir einen Knoten aus P. Jeder Knoten wird einmal in P eingefügt und einmal aus P entfernt. Deshalb ist die Anzahl der Vergleiche in UpHeap über alle Iterationen der for-Schleife in der Ordnung $O(n)$.   □

Für die Reduktion des RMQ-Problems auf das LCA-Problem ordnen wir dem Array a einen kartesischen Baum B zu. Ein Knoten von B speichert jetzt das Paar $(i, a[i])$. Die Sortierreihenfolge dieser Elemente ist durch die Anordnung auf der zweiten Komponente definiert.

Um für einen Index i auf den Knoten k, der $(i, a[i])$ speichert, in konstanter Zeit zugreifen zu können, führen wir das Array *pos* ein: *pos[i]* speichert eine Referenz auf k. Die Implementierung von BuildCartesianTree und Upheap muss *pos* aktualisieren.

Beispiel. Figur 6.7 zeigt den $a = \{7, 4, 5, 11, 3, 6\}$ zugeordneten kartesischen Baum.

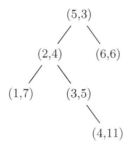

Fig. 6.7: Der zugeordnete kartesische Baum.

Satz 6.20. *Sei $a[1..n]$ ein Array von ganzen Zahlen und seien $i, j \leq n$ Indizes. B sei der a zugeordnete kartesische Baum.*

1. *Dann gilt*

$$rmq_a(i, j) = lca(pos[i], pos[j]),$$

   wobei lca(pos[i],pos[j]) die erste Komponente des im letzten gemeinsamen Vorfahren der von pos[i] und pos[j] referenzierten Knoten bezeichnet.
2. *Unsere Untersuchungen zeigen, dass wir einen Algorithmus implementieren können, der m RMQ-Anfragen für ein ganzzahliges Array der Länge n nach einer Vorverarbeitung mit Laufzeit $O(n)$ in der Zeit $O(m)$ beantwortet.*

Beweis. Der Knoten, der $(k, a[k])$ speichert, ist ein Vorfahre der Knoten, die $(i, a[i])$ und $(j, a[j])$ speichern, genau dann, wenn $a[k] < a[i]$ und $a[k] < a[j]$ gilt und $i \leq k \leq j$ ist und er ist letzter gemeinsamer Vorfahre, genau dann, wenn $a[k] = \min(a[i..j])$ und $i \leq k \leq j$ gilt. Dies zeigt Punkt 1.

Wir führen RMQ-Anfragen zunächst auf LCA-Anfragen zurück (Abschnitt 6.1.3) und anschließend LCA-Anfragen auf inkrementelle RMQ-Anfragen (Satz 6.14). Die Reduktion erfolgt jeweils in der Laufzeit $O(n)$. Die Aussage zur Laufzeit folgt jetzt aus Satz 6.19 und aus Satz 6.15. $\qquad\square$

6.2 Die Algorithmen von Dijkstra und Prim

Der Algorithmus von Dijkstra, publiziert in [Dijkstra59], löst das Abstandsproblem für einen Knoten in einem gewichteten Graphen, d. h. der Algorithmus berechnet die Abstände von einem festen Knoten zu allen anderen Knoten. Der Algorithmus von Prim[1] konstruiert einen minimalen aufspannenden Baum (siehe [Prim57]). Bevor wir die Algorithmen erklären, präzisieren wir die erste Problemstellung.

Definition 6.21. Sei $G = (V, E)$ ein zusammenhängender gewichteter Graph und seien $v, w \in V$. Sei $v = v_1, \ldots, v_{n+1} = w$ ein Pfad P von v nach w. Die *Länge* von P ist

$$l(P) := \sum_{i=1}^{n} g(\{v_i, v_{i+1}\}).$$

Der *Abstand* $d(v, w)$ von v und w ist definiert durch

$$d(v, w) := \min\{l(P) \mid P \text{ Pfad von } v \text{ nach } w\}.$$

Bemerkung. Ein kürzester Pfad von v nach w ist ein einfacher Pfad. Da es nur endlich viele einfache Pfade von v nach w gibt, ist der Abstand $d(v, w)$ definiert. Man rechnet leicht nach, dass für einen zusammenhängenden Graphen die Abbildung d die Axiome einer Metrik erfüllt (Definition B.25). Wir sind an einem Algorithmus interessiert, der zu gegebenem Knoten v nicht nur die Abstände $d(v, w)$ zu allen übrigen Knoten w berechnet, sondern mit $d(v, w)$ auch einen kürzesten Pfad von v nach w speichert.

Der Algorithmus von Dijkstra. Sei $G = (V, E)$ ein zusammenhängender gewichteter Graph und $v \in V$. Dijkstras Algorithmus findet einen Pfad minimaler Länge von v nach w für alle $w \in V$. Er konstruiert einen G aufspannenden Baum $T = (V_T, E_T)$ mit Wurzel v. Der Pfad von v nach w in T ist für alle $w \in V$ ein Pfad minimaler Länge von v nach w in G, d.h. $d_T(v, w) = d(v, w)$, wobei d_T den Abstand in T bezeichnet. Ein solcher Baum heißt *kürzester Wege-Baum* (shortest-path tree, kurz SPT).

---

[1] Der Algorithmus wird in der Literatur als Algorithmus von Prim bezeichnet, obwohl er bereits 1930 in einer Arbeit von Vojtěch Jarník (1897 – 1970), einem tschechischen Mathematiker, der auf dem Gebiet der Zahlentheorie und Analysis arbeitete, publiziert wurde.

Algorithmus. Sei $G = (V, E)$ ein zusammenhängender gewichteter Graph, $v \in V$. Der Algorithmus von Dijkstra berechnet die Abstände $d(v, w)$ für alle $w \in V$:

1. Start: Setze $T := (\{v\}, \emptyset)$.
2. Konstruktionsschritt: Es sei $T = (V_T, E_T)$ konstruiert.
   Wähle $w \in V \setminus V_T$ mit $d(v, w)$ minimal für alle $w \in V \setminus V_T$ und einen Pfad P minimaler Länge $v = v_1, \ldots, v_{k-1}, v_k = w$ von v nach w in G. Setze $T := (V_T \cup \{w\}, E_T \cup \{v_{k-1}, w\})$.
3. Wiederhole Schritt 2 solange, bis $V_T = V$ gilt.

Wir führen jetzt den Algorithmus am Beispielgraphen der Figur 6.8 durch.

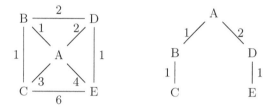

Fig. 6.8: SPT-Berechnung mit Dijkstras Algorithmus.

Bemerkung. Der Algorithmus von Dijkstra sucht in jedem Schritt eine Lösung, die im Augenblick optimal erscheint. Wir wählen einen Knoten, der minimalen Abstand zum Startknoten v besitzt. Eine lokal optimale Lösung, soll eine optimale Lösung ergeben. Dijkstras Algorithmus nimmt Bezug auf die Kenntnis, die zum Zeitpunkt der Wahl vorhanden ist. Dies sind die Abstände zu den Knoten des bereits konstruierten Baums und zu Knoten, die zu Baumknoten benachbart sind.

Diese Strategie führt nicht immer zum Ziel. Bei Dijkstras Algorithmus funktioniert dies, falls alle Kanten positives Gewicht besitzen. Falls auch negativ gewichtete Kanten zugelassen sind, scheitert sie (Übung 2).

Algorithmen die nach dieser Strategie arbeiten heißen Greedy-Algorithmen (siehe Abschnitt 1.5.3). Weitere Greedy-Algorithmen sind die Algorithmen von Kruskal und Borůvka (6.3 und 6.4) und der Algorithmus von Prim (6.2), den wir gleich anschließend behandeln.

Satz 6.22. *Sei G ein zusammenhängender gewichteter Graph und v ein Knoten von G. Der Algorithmus von Dijkstra berechnet einen kürzesten Wege-Baum für G und v.*

Beweis. Wir zeigen die Behauptung durch Induktion nach der Anzahl j der Iterationen. Sei T_j der in den ersten j Iterationen konstruierte Baum. Für $j = 0$ gilt die Behauptung. Für den im j–ten Konstruktionsschritt gewählten Pfad P minimaler Länge $v = v_1, \ldots, v_{k-1}, v_k = w$ gilt $v_2, \ldots, v_{k-1} \in V_{T_{j-1}}$, denn angenommen, es existiert ein $i \in \{2, \ldots, k-1\}$ mit $v_i \notin V_{T_{j-1}}$, dann folgt

$d(v, v_i) < d(v, w)$, ein Widerspruch zur Wahl von w. Da $v_2, \ldots, v_{k-1} \in V_{T_{j-1}}$ gilt, folgt nach Induktionsvorausetzung, dass $d_{T_{j-1}}(v, v_{k-1}) = d(v, v_{k-1})$ gilt. Nach der Wahl von P, gilt $d_{T_j}(v, w) = d(v, w)$, d.h. T_j ist ein kürzester Wege-Baum für den Teilgraphen von G, der von den Knoten von T_j erzeugt wird. Dies zeigt die Behauptung.   □

Bemerkung. Der Algorithmus von Dijkstra berechnet auch für einen gerichteten Graphen die Abstände von einem festen Knoten v zu allen anderen Knoten, die von v aus erreichbar sind. Die Implementierung, die wir anschließend besprechen funktioniert ebenso für gerichtete Graphen.

Der Algorithmus von Prim. Wir erklären den Begriff eines minimalen aufspannenden Baums für einen zusammenhängenden gewichteten Graphen $G = (V, E)$. Dazu betrachten wir die Menge aller aufspannenden Teilgraphen

$$SP := \{S = (V, E_S) \mid E_S \subset E, S \text{ zusammenhängend}\}.$$

Gesucht ist ein $S \in SP$ mit $g(S)$ minimal für $S \in SP$. Ein solches S ist ein Baum.

Definition 6.23. Ein Baum, der G aufspannt und minimales Gewicht hat, heißt *minimaler aufspannender Baum* (minimal spanning tree, kurz MST) für G.

Bemerkung. Figur 6.9 zeigt zwei minimale aufspannende Bäume eines Graphen. Falls gleiche Gewichte auftreten, ist ein minimaler aufspannender Baum nicht notwendig eindeutig bestimmt.

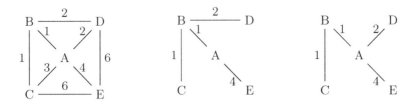

Fig. 6.9: Der MST ist nicht eindeutig.

Algorithmus. Sei $G = (V, E)$ ein zusammenhängender gewichteter Graph. Der Algorithmus von Prim berechnet einen minimalen aufspannenden Baum $T = (V_T, E_T)$ von G in den folgenden Schritten:

1. Start: Wähle $v \in V$ beliebig und setze $T := (\{v\}, \emptyset)$.
2. Konstruktionsschritt: Es sei $T = (V_T, E_T)$ konstruiert. Wähle eine Kante $e = \{v, w\}$ mit $g(e)$ minimal für $v \in V_T$ und $w \notin V_T$. Setze $T := (V_T \cup \{w\}, E_T \cup \{e\})$.
3. Wiederhole Schritt 2 solange, bis $V_T = V$ gilt.

Wir führen jetzt den Algorithmus am Beispielgraphen der Figur 6.10 durch.

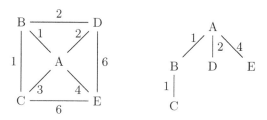

Fig. 6.10: MST mit Prims Algorithmus.

Lemma 6.24 *(Schnitteigenschaft). Sei $G = (V, E)$ ein zusammenhängender gewichteter Graph und $U \subset V$, $U \neq V$.*

$$E_U = \{\{v, w\} \in E \mid v \in U, w \notin U\}.$$

Zu jeder Kante $e \in E_U$ minimalen Gewichts gibt es einen minimalen aufspannenden Baum $T = (V, E_T)$ von G mit $e \in E_T$.

Beweis. Sei $e \in E_U$ eine Kante minimalen Gewichts, T ein minimaler aufspannender Baum von G und $e = \{u, v\} \notin E_T$. Der Graph $T \cup \{e\}$ besitzt einen Zyklus Z. Neben e gibt es eine weitere Kante $e' = \{r, s\} \in Z$ mit $r \in U$ und $s \notin U$. $T' = (T \cup \{e\}) \setminus \{e'\}$ ist ein Baum und spannt G auf. Nach der Wahl von e ist $g(T') = g(T) + g(e) - g(e') \leq g(T)$. Da T ein minimaler aufspannender Baum für G ist, folgt $g(T') = g(T)$. Somit ist T' ein minimaler aufspannender Baum von G mit Kante e.   □

Bemerkung. Der Graph G zerfällt in zwei Komponenten, wenn wir alle Kanten aus E_U entfernt. Deshalb sagen wir, E_U definiert einen *Schnitt* in G. Die Aussage des Lemmas 6.24 lautet mit dieser Notation: Für jede Kante e minimalen Gewichts in einem Schnitt gibt es einen minimalen aufspannenden Baum, der e enthält.

Satz 6.25. *Sei $G = (V, E)$ ein zusammenhängender gewichteter Graph. Prims Algorithmus berechnet einen minimalen aufspannenden Baum von G.*

Beweis. Sei T der mit Prims Algorithmus konstruierte aufspannende Baum. $T = (\{v_1, \dots, v_n\}, \{e_1 \dots, e_{n-1}\})$, $U_i = \{v_1, \dots, v_i\}$, $i = 1, \dots, n$. Die U_i bilden eine aufsteigende Kette $U_1 \subset U_2 \subset \dots \subset U_n = V$. Es ist $U_i \neq U_j$ für $i \neq j$, denn e_i hat einen Endpunkt in U_i und einen in $U_{i+1} \setminus U_i$.
Sei $T_{\min}$ ein minimaler aufspannender Baum für G. Wie im Beweis des Lemmas 6.24 konstruiere für $i = 1, \dots, n - 1$ zu jedem U_i und e_i ein $f_i \in E$. Die Kante e_i ist für den Schnitt E_{U_i} eine Kante minimalen Gewichts. Setze $T_0 = T_{\min}$ und $T_i = (T_{i-1} \cup \{e_i\}) \setminus \{f_i\}$, $i = 1, \dots, n - 1$. Da ein Endpunkt von f_i in $U_{i+1} \setminus U_i$ liegt, aber beide Endpunkte von e_j für $j = 1, \dots, i - 1$ in U_i liegen, ist $f_i \notin \{e_1, \dots, e_{i-1}\}$. Es gilt $g(T_i) = g(T_{\min})$, $i = 1, \dots, n - 1$. Da $T = T_{n-1}$ gilt, ist auch T ein minimaler aufspannender Baum für G.   □

Die Implementierung der Algorithmen von Dijkstra und Prim. Die folgende Implementierung der beiden Algorithmen setzt nicht voraus, dass der Graph G zusammenhängend ist. Für jede Zusammenhangskomponente von G löst sie das Abstandsproblem oder berechnet einen minimalen aufspannenden Baum. Beide Algorithmen starten mit $T = (\{v\}, \emptyset)$. In jedem Schritt erweitern wir T. Wir wählen einen Knoten und verbinden ihn mit einer Kante mit einem Knoten aus T, falls dies möglich ist.

Wir teilen die Knoten $V = \{1, \ldots, n\}$ von G in drei disjunkte Gruppen ein:

V_T : Knoten von T.

$V_{ad} := \{w \notin V_T \mid$ es gibt ein $u \in V_T : \{u, w\} \in E\}$.

$V_R : V \setminus (V_T \cup V_{ad})$.

Der gewählte Knoten ist bei beiden Algorithmen ein Knoten aus V_{ad}, der eine Minimalitätsbedingung erfüllt oder der Startknoten für die nächste Zusammenhangskomponente. Wir bezeichnen dieses Element als Element minimaler Priorität.

In Dijkstras Algorithmus wählen wir einen Pfad P mit einem Wurzelknoten v als Anfangsknoten, der für alle Knoten $w \notin V_T$ als Endknoten, minimale Länge besitzt. Dann ist $w \in V_{ad}$ und $d(v, w)$ die Priorität von w (siehe Beweis von Satz 6.22). In Prims Algorithmus ist das Gewicht $g(\{u, w\})$ einer Kante $\{u, w\}$ mit $u \in V_T$ und $w \notin V_T$ die Priorität von w. Beide Algorithmen wählen einen Knoten minimaler Priorität $w \in V_{ad}$.

Wir erhalten eine Implementierung des Algorithmus, wenn wir im Algorithmus 5.11 die Queue durch eine Priority-Queue ersetzen. Wir ersetzen das Prinzip „first in, first out", durch das Prinzip „priority first". Die Priority-Queue identifiziert zu jedem Zeitpunkt das Element minimaler Priorität. Während der Durchführung des Algorithmus kann sich die Priorität für Knoten aus V_{ad} erniedrigen. In diesem Fall findet ein Priority-Update statt.

Während wir bei der Darstellung durch eine Adjazenzliste die Priority-Queue aus dem Abschnitt 6.1.1 tatsächlich einsetzen, ist sie bei der Darstellung durch eine Adjazenzmatrix nur konzeptionell vorhanden. Wir bestimmen das Element minimaler Priorität explizit im Algorithmus. Dies erfolgt hier, ohne die Effizienz des Algorithmus zu reduzieren.

Wir realisieren beide Algorithmen im Wesentlichen durch eine Implementierung. Mit unserem Pseudocode folgen wir der Darstellung in [Sedgewick88].

1. Zunächst befinden sich alle Knoten in V_R. Während der Ausführung des Algorithmus wechseln sie zuerst nach V_{ad} und dann nach V_T.

2. Konstruktionsschritt: Wähle entweder einen Knoten k minimaler Priorität $prio$ aus V_{ad}, falls $V_{ad} \neq \emptyset$ ist, oder den Startknoten für die nächste Komponente, wobei

$$prio := prio(k) := \begin{cases} \min\{g(\{v, k\}) \mid v \in V_T\} \text{ für Prim,} \\ d(v, k) \ (v \text{ Startknoten}) \text{ für Dijkstra,} \end{cases}$$

3. Zu welcher der Mengen V_T, V_{ad} oder V_R ein Knoten k gehört vermerken wir im Array *priority*:

$$priority[k] \geq 0 \text{ für } k \in V_T.$$
$$-\text{infinite} < priority[k] = -prio(k) < 0, \text{ falls } k \in V_{ad}.$$
$$priority[k] = -\text{infinite}, \text{ falls } k \in V_R.$$

Die Konstante infinite ist größer als jeder auftretende Wert für $prio(k)$.

4. Die Implementierung des Waldes T erfolgt durch das Array $parent[1..n]$.

Wir geben zunächst eine Implementierung an, falls der Graph durch eine Adjazenzmatrix gegeben ist.

Matrix priority-first search. MatrixPriorityFirst implementiert beide Algorithmen.

Algorithmus 6.26.
    int $adm[1..n, 1..n]$, $priority[1..n]$; vertex $parent[1..n]$
    const infinite = maxint -1

    Init()
    1   vertex k
    2   for $k \leftarrow 1$ to n do
    3      $priority[k] \leftarrow -\text{infinite}$, $parent[k] \leftarrow 0$
    4   $priority[0] \leftarrow -(\text{infinite} + 1)$

    MatrixPriorityFirst()
    1   vertex k, t, min
    2   $Init()$, $min \leftarrow 1$
    3   repeat
    4      $k \leftarrow min$, $priority[k] \leftarrow -priority[k]$, $min \leftarrow 0$
    5   if $priority[k] = \text{infinite}$
    6   then $priority[k] = 0$
    7   for $t \leftarrow 1$ to n do
    8   if $priority[t] < 0$
    9   then if $(adm[k,t] > 0)$ and $(priority[t] < -prio)$
    10   then $priority[t] \leftarrow -prio$
    11            $parent[t] \leftarrow k$
    12   if $priority[t] > priority[min]$
    13   then $min \leftarrow t$
    14 until $min = 0$

$prio := adm[k,t]$ (Prim) oder $prio := priority[k] + adm[k,t]$ (Dijkstra).

Bemerkungen:

1. Init initialisiert die Arrays *priority* und *parent*. Der Wert infinite kann nicht als echte Priorität auftreten. $priority[0]$ dient als Marke. Wir greifen auf $priority[0]$ in Zeile 12 mit $min = 0$ zu. Jeder Wert im Array $priority[1..n]$ ist $> -(\text{infinite} + 1)$.

2. Der Startknoten ist der Knoten 1 (Zeile 2: $min \leftarrow 1$). Für die Zusammen-hangskomponente, die den Knoten 1 enthält, lösen wir die Problemstel-lung als Erstes. Die nächste Zusammenhangskomponente ist durch den ersten Knoten t festgelegt, für den $priority[t] = -$infinite gilt (Zeile 12).

3. repeat-until-Schleife:
In Zeile 4 setzen wir $min = 0$. Die Variable min indiziert das Element minimaler Priorität, falls $min \neq 0$ gilt. In jeder Iteration der repeat-until-Schleife nehmen wir einen Knoten k in V_T auf (Zeile 4: $priority[k]$ wird positiv). Zu diesem Zeitpunkt gilt im Fall von Dijkstra $d(v, k) = d_T(v, k)$, wobei v die entsprechende Wurzel von T ist, d.h. T ist ein kürzester Wege-Baum für den Teilgraphen von G, der durch die Knoten von T erzeugt wird.
Die Zeilen 5 und 6 benötigen wir nur für den Algorithmus von Dijkstra. In $priority[k]$ akkumulieren wir Abstände. Deshalb setzen wir in Zeile 6 $priority[k] = 0$.
In Zeile 13 setzen wir $min = t$, solange es ein $t \in \{1, \ldots, n\}$ mit $priority[t] < 0$ gibt. Falls dieser Fall nicht eintritt, terminiert die repeat-until-Schleife. Somit durchlaufen wir sie n mal.

4. for-Schleife:
In der for-Schleife (in den Zeilen 12 und 13) ermitteln wir das Element minimaler Priorität der Elemente aus V_{ad} ($-$infinite $< prio < 0$) oder V_R ($prio = -$infinite). Das Element minimaler Priorität nehmen wir als nächsten Knoten in V_T auf. Die Marke $priority[0] = -($infinite $+ 1)$, die kleiner als jedes andere Element im Array $priority$ ist, ergibt einfacheren Code.

5. In der for-Schleife (Zeilen 9, 10 und 11) aktualisieren wir für einen Knoten t, der zu k benachbart, aber nicht aus V_T ist, priority und parent (Priority-Update), falls dies notwendig ist (Zeilen 10 und 11).

6. Für das Array $priority$ gilt nach Terminierung von MatrixPriorityFirst:

$$priority[k] = \begin{cases} g(\{k, parent[k]\}) & \text{für Prim,} \\ d(w, k) & \text{für Dijkstra,} \\ 0 & \text{für } parent[k] = 0. \end{cases}$$

wobei w die Wurzel der Komponente von k bezeichnet.

7. Die Laufzeit von MatrixPriorityFirst ist von der Ordnung $O(n^2)$.

Liste priority-first search. ListPriorityFirst implementiert beide Algorith-men, falls wir G durch eine Adjazenzliste darstellen.
Wir verwalten die Knoten aus V_{ad} in einer Priority-Queue.

Algorithmus 6.27.
int $priority[1..n]$; vertex $parent[1..n]$; node $adl[1..n]$
const infinite $=$ maxint $- 1$

ListPriorityFirst()
1   vertex k
2   for $k \leftarrow 1$ to n do
3        $priority[k] \leftarrow -$infinite
4   for $k \leftarrow 1$ to n do
5   if $priority[k] = -$infinite
6   then Visit(k)

Visit(vertex k)
1   node no
2   if PQUpdate$(k, $infinite$)$
3   then $parent[k] \leftarrow 0$
4   repeat
5        $k \leftarrow$ PQRemove, $priority[k] \leftarrow -priority[k]$
6   if $priority[k] = $infinite
7   then $priority[k] \leftarrow 0$
8        $no \leftarrow adl[k]$
9   while $no \neq$ null do
10   if $priority[no.v] < 0$
11   then if PQUpdate$(no.v, prio)$
12   then $priority[no.v] \leftarrow -prio$
13                        $parent[no.v] \leftarrow k$
14            $no \leftarrow no.next$
15   until PQEmpty

$prio = no.weight$ (Prim) oder $prio = priority[k] + no.weight$ (Dijkstra).

Bemerkungen:

1. Der Rückgabewert von PQUpdate$(k, $infinite$)$ in Zeile 2 ist genau dann true, wenn k Wurzel eines Baums ist.
2. Der Aufruf von Visit(k) erzeugt einen aufspannenden Baum T für die Zusammenhangskomponente von k. Der erste Startknoten ist der Knoten 1. Für zusammenhängendes G gibt es nur diesen Startknoten.
3. repeat-until-Schleife: In jeder Iteration der repeat-until-Schleife nehmen wir einen Knoten k in V_T auf (Zeile 5: $priority[k]$ wird positiv). Zu diesem Zeitpunkt gilt im Fall von Dijkstra $d(v, k) = d_T(v, k)$, wobei v die entsprechende Wurzel von T ist, d.h. T ist ein kürzester Wege-Baum für den Teilgraphen von G, der durch die Knoten von T erzeugt wird.
4. while-Schleife: In der while-Schleife (Zeilen 10-13) nehmen wir einen Knoten t, der zu k benachbart, aber nicht aus V_T ist, in die Priority-Queue auf. Wir aktualisieren die Arrays $priority$ und $parent$ für alle adjazenten Knoten $\notin V_T$ (Priority-Update), falls dies notwendig ist (Zeilen 12, 13).
5. Für das Array $priority$ gilt nach Terminierung von ListPriorityFirst:

$$priority[k] = \begin{cases} g(\{k, parent[k]\}) & \text{für den Algorithmus von Prim,} \\ d(w, k) & \text{für den Algorithmus von Dijkstra,} \\ 0 & \text{für } parent[k] = 0, \end{cases}$$

wobei w die Wurzel der Komponente von k bezeichnet.

6. PQUpdate und PQRemove haben die Laufzeit $O(\log_2(n))$ (Abschnitt 6.1.1). Deshalb ist die Laufzeit von ListPriorityFirst von der Ordnung $O((n+m)\log_2(n))$.

7. Werden zur Implementierung einer Priority-Queue an Stelle von binären Heaps Fibonacci-Heaps verwendet, so kann man die Operationen PQ-Init und PQUpdate mit der Laufzeit $O(1)$ implementieren, PQRemove mit der Laufzeit $O(\log_2(n))$ (siehe [CorLeiRivSte07, Kapitel 20]). Die Laufzeit von Algorithmus 6.27 verbessert sich durch die Verwendung von Fibonacci-Heaps auf $O(m + n\log_2(n))$.

6.3 Der Algorithmus von Kruskal

Der Algorithmus von Kruskal[2], publiziert in [Kruskal56], berechnet für einen zusammenhängenden gewichteten Graphen $G = (V, E)$ einen minimalen aufspannenden Baum $T = (V, E_T)$. Wir beschreiben den Algorithmus zunächst informell.

1. Start: Setze $T := (V, \emptyset)$.
2. Konstruktionsschritt: Es sei $T = (V, E_T)$ konstruiert.
   Wähle eine Kante $e \in E \setminus E_T$ so, dass $T \cup \{e\}$ azyklisch und $g(e)$ minimal ist. Setze $T := (V, E_T \cup \{e\})$.
3. Wiederhole Schritt 2 solange, bis $|E_T| = |V| - 1$ gilt.

Wir führen den Algorithmus am Beispielgraphen der Figur 6.11 durch.

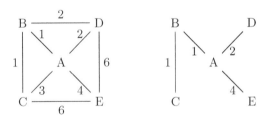

Fig. 6.11: MST mit Kruskals Algorithmus.

Satz 6.28. *Sei $G = (V, E)$ ein zusammenhängender gewichteter Graph. Der Algorithmus von Kruskal berechnet einen minimalen aufspannenden Baum für G.*

Beweis. Unmittelbar aus der Konstruktion ergibt sich, dass der Algorithmus einen G aufspannenden Baum erzeugt. Sei $T = (V, E_T)$ der mit Kruskals Algorithmus erzeugte Baum. $E_T = \{e_1, \ldots, e_{n-1}\}$, $g(e_i) \leq g(e_{i+1})$ für $i = 1, \ldots, n-2$. Sei $T_{\min} = (V, E_{\min})$ ein minimaler aufspannender Baum für

---

[2] Joseph B. Kruskal (1928 – 2010) war ein amerikanischer Mathematiker.

G mit $|E_{\min} \cap E_T|$ ist maximal. Wir nehmen $T_{\min} \neq T$ an. Es gibt ein i mit $1 \leq i \leq n-1$, $e_1, \ldots, e_{i-1} \in E_{\min}$ und $e_i \notin E_{\min}$. Der Graph $H :=$ $T_{\min} \cup \{e_i\}$ ist nicht azyklisch. Sei Z ein Zyklus von H und $e \in Z \setminus E_T$. $H \setminus \{e\}$ ist ein Baum. Da $T_{\min}$ ein minimaler aufspannender Baum ist, gilt $g(H \setminus \{e\}) = g(T_{\min}) + g(e_i) - g(e) \geq g(T_{\min})$. Hieraus folgt $g(e_i) - g(e) \geq 0$. Nach Wahl von e_i in Kruskals Algorithmus ist $g(e_i)$ minimal mit der Eigenschaft $(V, \{e_1, \ldots, e_i\})$ ist azyklisch. Da $(V, \{e_1, \ldots, e_{i-1}, e\})$ azyklisch ist, gilt $g(e) \geq g(e_i)$. Insgesamt folgt $g(e) = g(e_i)$ und $g(H \setminus \{e\}) = g(T_{\min})$. $H \setminus \{e\}$ ist damit auch ein minimaler aufspannender Baum. Die Anzahl der gemeinsamen Kanten von $H \setminus \{e\}$ und E_T ist größer als $|E_{min} \cap E_T|$. Dies ist ein Widerspruch zur Annahme $T_{\min} \neq T$. Also ist T ein minimaler aufspannender Baum für G. □

Implementierung von Kruskals Algorithmus. Mit Hilfe des Union-Find-Datentyps implementieren wir in Schritt 2 von Kruskals Algorithmus, den Test auf Zyklen, effizient. Wir wenden diesen Test auf die Kanten in einer aufsteigenden Sortierung nach Gewichten an. Die Datenstruktur einer Kante ist definiert durch

```
type edge = struct
        vertex    v₁, v₂
        weight    w
```

Algorithmus 6.29.
```
    edge ed[1..m]
    Kruskal()
 1  int i
 2  Sort(ed), FindInit(n)
 3  for i ← 1 to m do
 4      if Union(ed[i].v₁, ed[i].v₂) = true
 5          then Insert(ed[i])
```

Bemerkungen:

1. Wir sortieren die Kanten aufsteigend nach dem Gewicht (Zeile 2). Die for-Schleife iteriert durch die sortierte Liste (Zeilen 4, 5).
2. Wir benutzen den Union-Find-Datentyp, um in der i-ten Iteration zu entscheiden, ob $T \cup \{e\}$, $e = ed[i] = \{v, w\}$, azyklisch ist. Dies gilt genau dann, wenn die Endknoten v und w von e in unterschiedlichen Komponenten liegen. Falls dies nicht der Fall ist, verbinde die Komponenten der Knoten v und w, mit anderen Worten bilde die Vereinigung der beiden Komponenten. Dies leistet der Union-Find-Datentyp (Abschnitt 6.1.2).
3. Die Prozedur Insert fügt die Kante $ed[i]$ in den Baum ein.
4. Der Aufwand für Sort ist von der Ordnung $O(m \log_2(m))$ (Kapitel 2), der für FindInit ist von der Ordnung $O(n)$, der für alle Union Aufrufe von der Ordnung $O(m)$ (Satz 6.10) und der Aufwand für Insert ist von

der Ordnung $O(1)$ (bei einer geeigneten Datenstruktur für Bäume). Insgesamt folgt, dass die Laufzeit $T(n, m)$ von Kruskal von der Ordnung $O(n + m \log_2(m))$ ist.

6.4 Der Algorithmus von Borůvka

Der Algorithmus von Borůvka[3] ist ein weiterer deterministischer Algorithmus zur Berechnung eines minimalen aufspannenden Baums für einen gewichteten Graphen. Borůvka formulierte das MST-Problem im Jahre 1926 im Zusammenhang mit dem Entwurf eines Netzwerks zur Elektrifizierung von Mähren, einem Teil der heutigen Tschechischen Republik ([Borůvka26]). Sein Algorithmus gilt als erster Algorithmus für die Lösung des MST-Problems.

Sei $G = (V, E)$ ein gewichteter Graph. Falls die Gewichte $g(e)$, $e \in E$, paarweise verschieden sind, gibt es nur eine Anordnung der Kanten aufsteigend nach Gewichten. In diesem Fall ist der minimale aufspannende Baum eindeutig bestimmt. Bei gleichen Gewichten führen wir auf der Menge der Kanten die Min-Max-Ordnung ein, die analog zur längen-lexikographischen Anordnung erklärt ist. Wir definieren

$\{u, v\} < \{\tilde{u}, \tilde{v}\}$ genau dann, wenn

$$g(\{u, v\}) < g(\{\tilde{u}, \tilde{v}\}) \text{ oder}$$
$$g(\{u, v\}) = g(\{\tilde{u}, \tilde{v}\}) \text{ und } \min\{u, v\} < \min\{\tilde{u}, \tilde{v}\} \text{ oder}$$
$$g(\{u, v\}) = g(\{\tilde{u}, \tilde{v}\}) \text{ und } \min\{u, v\} = \min\{\tilde{u}, \tilde{v}\} \text{ und}$$
$$\max\{u, v\} < \max\{\tilde{u}, \tilde{v}\}$$

gilt. Da es bei den Algorithmen in den Abschnitten 6.4 – 6.6 nicht auf die tatsächlichen Gewichte der Kanten ankommt, können wir stets die Min-Max-Ordnung auf E betrachten. Im Folgenden setzen wir deshalb voraus, dass je zwei Kanten verschiedenes Gewicht besitzen. Ein minimaler aufspannender Baum bezüglich der Min-Max-Ordnung ist eindeutig bestimmt und ein aufspannender Baum mit minimalem Gewicht.

Sei $v \in V$ und $e = \{v, w\}$. Die Kante e heißt die zu v *minimal inzidente Kante*, wenn e die kleinste inzidente Kante ist. Die minimal inzidente Kante von v ist eindeutig bestimmt und führt zum nächsten Nachbarn von v. Die Kante $e \in E$ heißt *minimal inzidente Kante von G*, wenn e minimal inzidente Kante für ein $v \in V$ ist. Mit E_{MI} bezeichnen wir die *Menge aller minimal inzidenten Kanten von G*. E_{MI} ist eindeutig bestimmt. Da eine Kante höchstens für zwei Knoten minimal inzidente Kante sein kann, gilt $n > |E_{\mathrm{MI}}| \geq {}^{n}/_{2}$.

Kontraktion der minimal inzidenten Kanten. Die grundlegende Idee des Algorithmus von Borůvka besteht in der Kontraktion aller minimal inzidenten Kanten. Sei $G = (V, E)$ ein zusammenhängender Graph mit mehr als

---

[3] Otakar Borůvka (1899 – 1995) war ein tschechischer Mathematiker.

zwei Knoten und $e = \{v, w\} \in E$. Die Kante e zu *kontrahieren* bedeutet die Endpunkte v und w zu identifizieren, d. h. zu einem Knoten zusammenzufassen. Bei dieser Identifikation können Schleifen und mehrfache Kanten entstehen. Wir entfernen alle Schleifen und bei mehrfachen Kanten entfernen wir alle bis auf die kleinste Kante. Sei $\tilde{G} = (\tilde{V}, \tilde{E})$ der Graph, der aus $G = (V, E)$ entsteht, wenn wir in G alle Kanten aus E_{MI} kontrahieren. Wir schreiben für das Ergebnis $\tilde{G} = G/E_{\mathrm{MI}}$. Bei der Kontraktion aller minimal inzidenten Kanten identifizieren wir die Knoten, die in einer Zusammenhangskomponente C von (V, E_{MI}) liegen. Wir wählen für jede Zusammenhangskomponente C einen Repräsentanten $R(C) \in V$ und definieren $\tilde{V}$ als Menge dieser gewählten Repräsentanten. Somit ist $\tilde{V} \subset V$. Den Übergang von G zu $\tilde{G}$ bezeichnen wir als *Kontraktion* von G.

Lemma 6.30. *Die Kontraktion der minimal inzdenten eines zusammenhängeneden Graphen $G = (V, E)$ mit mindestens zwei Knoten reduziert die Anzahl der Knoten um mindestens die Hälfte.*

Beweis. Die Kontraktion identifiziert die Knoten in jeder Zusammenhangskomponente von (V, E_{MI}). Da jede Komponente mindestens zwei Knoten enthält, verbleiben nach der Kontraktion höchstens $n/2$ viele Knoten. Die Anzahl der Knoten wird deshalb mindestens halbiert.   □

Beispiel. Figur 6.12 zeigt einen gewichteten Graphen mit seinen minimal inzidenten Kanten (durchgezogen gezeichnet) und der resultierenden Kontraktion.

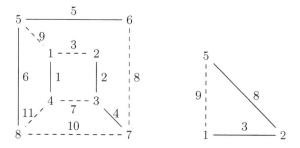

Fig. 6.12: Kontraktion der minimal inzidenten Kanten.

Wir geben jetzt einen Algorithmus für die Kontraktion an.

Algorithmus 6.31.
(graph,edges) Contract(graph G)
1    $E_{\mathrm{MI}} \leftarrow$ set of minimal incident edges of G
2    $\tilde{V} \leftarrow \{R(C_1), \ldots, R(C_k)\} \leftarrow \{$connected components of $(V, E_{\mathrm{MI}})\}$
3    $\tilde{E} \leftarrow$ edges of $\tilde{V}$
4   return $((\tilde{V}, \tilde{E}), E_{\mathrm{MI}})$

Bemerkungen: Wir betrachten die Implementierung von Contract genauer, falls der Graph G durch eine Adjazenzliste definiert ist.

1. Die Bestimmung der minimal inzidenten Kanten E_{MI} erfordert eine Inspektion der Adjazenzliste. Der Aufwand ist von der Ordnung $O(m)$.
2. Wir ermitteln die Zusammenhangskomponenten von (V, E_{MI}) durch Breitensuche in (V, E_{MI}). Der Aufwand ist von der Ordnung $O(n)$. Die Wurzeln der dabei entstehenden aufspannenden Bäume dienen als Repräsentanten der jeweiligen Zusammenhangskomponenten. Wir vermerken für jeden Knoten eine Referenz auf die Wurzel des Baums seiner Zusammenhangskomponente.
3. Die Berechnung der Kanten von $\tilde{V}$ erfordert eine nochmalige Inspektion der Adjazenzliste von V. Liegen die Endpunkte einer Kante in verschiedenen Zusammenhangskomponenten, so nehmen wir eine Kante zwischen den Wurzeln der beiden aufspannenden Bäume in die Adjazenzliste von $\tilde{V}$ auf. Falls bereits eine Kante existiert, erfolgt ein Update des Gewichtes, falls die neue Kante geringeres Gewicht aufweist.

Die Addition der Laufzeiten unter Punkt 1 - Punkt 3 zeigt, dass die Laufzeit von Contract in der Ordnung $O(n + m)$ ist.

Lemma 6.32. *Sei $G = (V, E)$ ein gewichteter Graph und E_{MI} die Menge der minimal inzidenten Kanten. Dann gilt:*

1. *Es gibt keinen Zyklus in G, der nur aus minimal inzidenten Kanten besteht.*
2. *Jede Kante aus E_{MI} ist Kante eines jeden minimalen aufspannenden Waldes von G.*

Beweis.

1. Angenommen, in E_{MI} gäbe es einen Zyklus $Z = v_0, v_1, \ldots, v_l = v_0$. Sei (v_i, v_{i+1}) die größte Kante. Dann gilt $(v_{i-1}, v_i) < (v_i, v_{i+1})$ und $(v_{i+1}, v_{i+2}) < (v_i, v_{i+1})$ (die Indizes sind dabei modulo l zu rechnen). Die Kante (v_i, v_{i+1}) ist somit keine minimal inzidente Kante. Ein Widerspruch.
2. Sei $e = \{u, v\} \in E_{\text{MI}}$. Die Knoten u und v liegen in derselben Zusammenhangskomponente K von G. Angenommen, es gibt einen minimalen aufspannender Baum T von K, der die Kante e nicht enthält. Die Kante e ist minimal inzident für u oder v, ohne Einschränkung für u. Sei P ein Weg von u nach v in T. Sei e' die erste Kante in diesem Pfad. T' entstehe aus T, indem wir e hinzunehmen und e' entfernen. T' ist dann auch ein aufspannender Baum von K und da alle Kanten verschiedene Gewichte besitzen, gilt $y(T') < y(T)$. Deshalb ist T kein minimaler aufspannender Baum. Ein Widerspruch.

Damit sind die Behauptungen gezeigt.   □

Bemerkung. Borůvkas Algorithmus folgt der Greedy-Strategie, die wir aus Punkt 2 von Lemma 6.32 ableiten: Starte mit n Knoten und wähle als Kantenmenge die minimal inzidenten Kanten. Wende dies auf den Graphen, der durch Kontraktion aller minimal inzidenten Kanten entsteht, rekursiv an. Genauer gilt

Satz 6.33. *Sei $G = (V, E)$ ein gewichteter Graph, E_{MI} die Menge der minimal inzidenten Kanten und $\tilde{T}$ ein minimaler aufspannender Wald von $\tilde{G} = G/E_{\mathrm{MI}}$. Dann ist*

$$T = (V, E_{\tilde{T}} \cup E_{\mathrm{MI}})$$

ein minimaler aufspannender Wald von G. Falls G zusammenhängend ist, folgt, dass T ein minimaler aufspannender Baum ist.

Beweis. Mit Lemma 6.32 folgt, dass T azyklisch ist. Falls G zusammenhängend ist, folgt unmittelbar aus der Konstruktion von T, dass T zusammenhängend ist.   □

Borůvkas Algorithmus startet mit $T = (V, \emptyset)$ und $G = (V, E)$. In einem Konstruktionsschritt betrachten wir für ein konstruiertes $T = (V, E_T)$ und ein konstruiertes $G = (V, E)$ die Komponenten $V_1, \ldots, V_l$ von (V, E_{MI}). Falls V nur noch eine Komponente hat, sind wir fertig. Sonst wählen wir für jede Komponente V_i die kleinste Kante t_i, die einen Endpunkt in V_i und einen Endpunkt im Komplement von V_i hat. Wir setzen mit $T = (V, E_T \cup \{t_1, \ldots, t_l\})$ und $G = G/E_{\mathrm{MI}}$ das Verfahren rekursiv fort.

Diese Idee implementieren wir jetzt für einen zusammenhängenden gewichteten Graphen mithilfe der diskutierten Kontraktions-Technik.

Algorithmus 6.34.
```
edges Boruvka(graph G)
  1  if |V| ≥ 2
  2     then (G, E_MI) = Contract(G)
  3          return E_MI ∪ Boruvka(G)
  4  return E
```

Satz 6.35. *Borůvkas Algorithmus berechnet einen minimalen aufspannenden Baum. Die Anzahl der (rekursiven) Aufrufe von Boruvka ist $\leq \lfloor \log_2(n) \rfloor + 1$ und die Laufzeit ist in der Ordnung $O((n + m) \log_2(n))$.*

Beweis. Durch vollständige Induktion folgt aus Satz 6.33, dass Boruvka einen minimalen aufspannenden Baum berechnet. Contract reduziert die Anzahl der Knoten um mehr als die Hälfte (Lemma 6.30). Sei $T(n)$ die Anzahl der Aufrufe der Funktion Boruvka in Abhängigkeit von n. Dann gilt

$$T(1) = 1, \ T(n) \leq T\left(\left\lfloor \frac{n}{2} \right\rfloor\right) + 1, n \geq 2.$$

Aus Satz 1.28 folgt, dass $T(n) \leq \lfloor \log_2(n) \rfloor + 1 = O(\log_2(n))$ gilt. Da die Laufzeit für Contract von der Ordnung $O(n + m)$ ist, ergibt sich für die Laufzeit die Ordnung $O((n + m) \log_2(n))$.   □

Beispiel. Der erste Aufruf von Boruvka kontrahiert im Graphen der Figur 6.13 die (minimal inzidenten) Kanten $\{1,4\}, \{2,3\}, \{3,7\}, \{5,6\}$ und $\{5,8\}$, der rekursive Aufruf die Kanten $\{1,2\}$ und $\{6,7\}$.

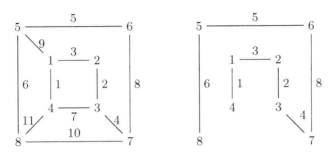

Fig. 6.13: MST mit dem Algorithmus von Borůvka.

Konstruktion des Borůvka-Baums. Sei Boruvka$_i$ die i–te Ausführung von Boruvka (Algorithmus 6.34), $i = 1, \ldots l$. Wir setzen $G_0 = G$ und bezeichnen mit $G_i = (V_i, E_i)$ den Wert der Variablen G und mit $E_{\mathrm{MI}}^i \subset E_{i-1}$ den Wert der Variablen E_{MI} nach Ausführung der Zeile 2 in Boruvka$_i$. Die Knoten V_i von G_i sind die Komponenten von $(V_{i-1}, E_{\mathrm{MI}}^i)$. Eine Komponente C von G_{i-1} können wir auch als Teilmenge von V auffassen:

1. Die Komponenten von G_0 sind die Knoten V von G, also einelementige Teilmengen.
2. Wir nehmen an, dass die Komponenten von G_{i-1} mit Knoten aus V identifiziert sind. Eine Komponente $C_i = \{c_1, \ldots, c_k\}$ von G_i besteht aus Knoten c_i von V_i, $i = 1, \ldots, k$. Die Knoten c_i wiederum sind Komponenten von G_{i-1} und wir können sie daher per Rekursion mit Knoten aus V identifizieren. Wir identifizieren C_i mit $\cup_{j=1}^k c_j \subset V$.

Bei dieser Sichtweise fasst Borůvkas Algorithmus in einem Schritt zwei oder mehreren Komponenten zu einer neuen Komponente zusammen.

Sei $v \in V$ und sei $C_i(v)$, die Komponente von V_i, die v enthält, $i = 1 \ldots l$. Dann gilt $C_0(v) = \{v\} \subset C_1(v) \subset \ldots \subset C_l(v) = V$. Im Folgenden fassen wir eine Komponente $C_i(v)$ von G_i als Teilmenge von V_i oder auch als Teilmenge von V auf, ohne in der Bezeichnung zu unterscheiden.

Mithilfe von Algorithmus 6.34 ordnen wir G den folgenden gewichteten Baum B zu:

1. Die Knoten der i–ten Ebene von B sind die Knoten V_{l-i} von G_{l-i}, $i = 0 \ldots l$. Insbesondere sind die Blätter von B die Knoten V von G.
2. Ein Knoten u in der Ebene $i - 1$ ist Vorgänger eines Knotens v in der Ebene i, wenn $u = R(C(v))$ ein Repräsentant der Komponente $C(v)$ ist, $i = 1 \ldots l$. Jeder Knoten in der Ebene $i - 1$ besitzt mindestens zwei Nachfolger in der Ebene i. Sei e_v die minimal inzidente Kante mit Endpunkt v

in der i–ten Ausführung von Boruvka. Das Gewicht der Kante $(u, v) \in B$ ist $g_B(u, v) := g(e_v)$.

3. Die Kanten zwischen den Ebenen $i - 1$ und i im Borůvka-Baum entsprechen einschließlich ihrer Gewichte den in der i–ten Ausführung von Boruvka kontrahierten minimal inzidenten Kanten. Wir erhalten eine Abbildung

$$\varepsilon : E_B \longrightarrow E_G,$$

die einer Kante in E_B die ihr entsprechende Kante in E_G zuordnet. Ist eine kontrahierte Kante e minimal inzidente Kante für beide Endpunkte, so gibt es in B zwei Kanten die e zugeordnet werden. Diese Abbildung ist im Allgemeinen weder injektiv noch surjektiv.

4. Wenden wir den Borůvka-Algorithmus auf einen Baum an, so kontrahieren alle Kanten. Die Abbildung ε ist surjektiv. Für die spätere Anwendung (im Abschnitt 6.6) stellen wir ε durch eine Tabelle während der Konstruktion des Borůvka-Baums dar.

Definition 6.36. Den Baum B bezeichnen wir als den G *zugeordneten Borůvka-Baum* oder kurz als *Borůvka-Baum* von G.

Beispiel. Figur 6.14 zeigt einen gewichteten Graphen mit zugeordnetem Borůvka-Baum.

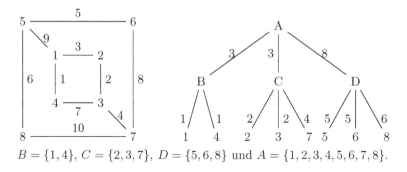

$B = \{1, 4\}$, $C = \{2, 3, 7\}$, $D = \{5, 6, 8\}$ und $A = \{1, 2, 3, 4, 5, 6, 7, 8\}$.

Fig. 6.14: Graph mit zugeordnetem Borůvka-Baum.

Definition 6.37. Ein Wurzelbaum T heißt *voll verzweigt*, wenn alle Blätter von T in einer Ebene liegen und jeder Knoten, der kein Blatt ist, mindestens zwei Nachfolger besitzt.

Bemerkung. Der einem Graphen zugeordneter Borůvka-Baum ist voll verzweigt.

Lemma 6.38. *Sei T ein voll verzweigter Baum mit den Ebenen $0, \dots, l$ und sei n die Anzahl der Blätter von T. Dann gilt:*

1. *Für die Anzahl n_i der Knoten in der i–ten Ebene gilt $n_i \le {}^n/_{2^{l-i}}$.*
2. *Die Anzahl der Knoten von T ist $\le 2n$.*
3. *Für die Tiefe l von T gilt $l \le \lfloor \log_2(n) \rfloor$.*

Beweis. Da $n_l = n$ und $n_i \leq n_{i+1}/2$ gilt, folgt $n_i \leq n/2^{l-i}$, $i = 0, \ldots, l$. Aus $n_0 \leq \frac{n}{2^l}$ folgt $l \leq \lfloor \log_2(n) \rfloor$. Die Anzahl der Knoten ist

$$\sum_{i=0}^{l} n_i \leq \sum_{i=0}^{l} \frac{n}{2^{l-i}} = n \sum_{i=0}^{l-1} \frac{1}{2^i} = n \left(2 - \frac{1}{2^l} \right) \leq 2n$$

(Anhang B (F.5)). □

6.5 Die Verifikation minimaler aufspannender Bäume

Sei $G = (V, E)$ ein zusammenhängender gewichteter Graph und $T = (V, E_T)$ ein aufspannender Baum von G. Zur Beantwortung der Frage, ob T ein minimaler aufspannenden Baum von G ist, verwenden wir folgendes Kriterium: T ist genau dann ein minimaler aufspannender Baum, wenn jede Kante $e \notin T$ auf dem Zyklus, der in $T \cup \{e\}$ entsteht, die Kante maximalen Gewichts ist. Dies können wir durch einen Vergleich beantworten, wenn für jeden Pfad in T, aus dem durch Hinzunahme einer Kante aus $E \setminus E_T$ ein Zyklus entsteht, die Kante maximalen Gewichts berechnet ist. Folglich genügt es einen Algorithmus für dieses Problem, das sogenannte Pfad-Maximum-Problem, zu entwickeln.

Sei T ein gewichteter Baum, seien u und v Knoten von T und sei $P(u,v)$ der (eindeutige) Pfad, der u und v in T verbindet. Das *Pfad-Maximum-Problem* betrachtet die Berechnung einer Kante maximalen Gewichts auf dem Pfad $P(u,v)$. Ein Algorithmus, der dieses Problem mit linearer Laufzeit löst, kann benutzt werden, um einen Algorithmus mit linearer Laufzeit zur Verifikation, ob ein gegebener aufspannender Baum ein minimaler aufspannender Baum ist, zu implementieren. Wir reduzieren zunächst die Lösung des Pfad-Maximum-Problems auf die Klasse der voll verzweigten Bäume.

Reduktion des Pfad-Maximum-Problems auf voll verzweigte Bäume. Der folgende Satz, publiziert in [King97], reduziert das Pfad-Maximum-Problem für einen Baum T auf das Problem, Kanten maximalen Gewichts auf einem Pfad im T zugeordneten Borůvka-Baum zu berechnen. Zunächst betrachten wir die notwendige Laufzeit für die Berechnung des zugeordneten Borůvka-Baums im folgenden Lemma.

Lemma 6.39. *Sei T ein gewichteter Baum mit n Knoten. Die Laufzeit des Borůvka Algorithmus angewendet auf T ist von der Ordnung $O(n)$. Insbesondere ist die Laufzeit zur Berechnung des T zugeordneten Borůvka-Baums von der Ordnung $O(n)$.*

Beweis. Für einen Baum T gilt $n + m = 2n - 1 = O(n)$. Wenden wir Contract auf einen Baum an, so ist das Ergebnis wieder ein Baum. Sei $T_0 = T$ und seien $T_1, \ldots, T_l$, die Bäume, die während der Ausführung von Boruvka entstehen. Sei n_i die Anzahl der Knoten und $m_i = n_i - 1$ die Anzahl der Kanten von T_i,

$i = 0, \ldots, l$. Die Laufzeit für die Tiefensuche zur Ermittlung der Komponenten von T_i und damit auch die Laufzeit von Contract und auch die Laufzeit einer Iteration von Boruvka ist cn_i, wobei c konstant ist. Wir summieren über alle Iterationen und erhalten wegen $n_i \le {n}/{2^i}$

$$\sum_{i=0}^{l} cn_i \le c \sum_{i=0}^{l} \frac{n}{2^i} \le 2cn = O(n)$$

(Anhang B (F.8)). □

Beispiel. Figur 6.15 zeigt einen Baum mit zugeordnetem Borůvka-Baum.

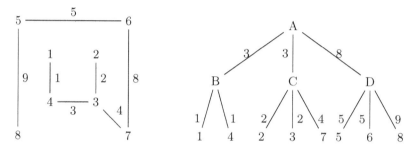

Fig. 6.15: Ein Baum mit zugeordnetem Borůvka-Baum.

Satz 6.40. *Sei $T = (V, E)$ ein gewichteter Baum (mit paarweise verschiedenen Gewichten) und $u, v \in V$. Mit $P_T(u, v)$ bezeichnen wir den einfachen Pfad von u nach v in T und mit $P_B(u, v)$ den (ungerichteten) einfachen Pfad, der die Blätter u und v im T zugeordneten Borůvka-Baum B verbindet. Dann gilt*

$$\max_{e \in P_T(u,v)} g(e) = \max_{\tilde{e} \in P_B(u,v)} g_B(\tilde{e}).$$

Beweis. Sei $P_T(u, v) : u = u_0, \ldots, u_r = v$ der Pfad, der u und v in T verbindet und $f = \{u_i, u_{i+1}\}$ die Kante mit maximalem Gewicht auf $P_T(u, v)$. Wir nehmen an, dass die Kontraktion von f in der j–ten Ausführung von Boruvka erfolgt. Sei $C \subset T_{j-1}$ die Komponente, die u_i enthält und $C' \subset T_j$, die Komponente, die nach der Kontraktion von f die Knoten u_i und u_{i+1} enthält (siehe Seite 288). Ohne Einschränkung nehmen wir an, dass f eine minimal inzidente Kante der Komponente C ist (sonst betrachte die Komponente, die $u_{i+1}, \ldots, u_r = v$ enthält). Da die Kanten des Teilpfads $P_T(u, u_i)$, der u mit u_i verbindet, geringeres Gewicht als f besitzen, muss $P_T(u, u_i) \subset C$ gelten. Also gibt es einen Pfad von u nach C in B. Die Kante (C', C) in B entspricht f und liegt auf dem Pfad $P_B(u, v)$. Deshalb folgt $\max_{e \in P_T(u,v)} g(e) \le \max_{\tilde{e} \in P_B(u,v)} g_B(\tilde{e})$.

Sei $\tilde{f} = (\tilde{x}, \tilde{y})$ eine Kante von $P_B(u, v)$, sei $\tilde{x}$ der Endpunkt von $\tilde{f}$ mit der größeren Tiefe und sei f das Bild von $\tilde{f}$ unter der Abbildung $\varepsilon : E_B \longrightarrow E_T$ (siehe Seite 288). Wir zeigen, dass f eine Kante von $P_T(u, v)$ ist. Da der letzte gemeinsame Vorfahre von u und v in B unglcich $\tilde{x}$ ist, folgt, dass $u \in \tilde{x}$

und $v \notin \tilde{x}$ gilt ($\tilde{x}$ bezeichnet jetzt die $\tilde{x}$ entsprechende Komponente in T). $T \setminus \{f\}$ zerfällt in zwei Komponenten $T_1 = T \cap \tilde{x}$ und $T_2 = T \cap \overline{\tilde{x}}$. Da $u \in T_1$ und $v \in T_2$ liegt, zerfällt auch $P_T(u, v)$ in zwei Komponenten. Somit gilt $f \in P_T(u, v)$. Hieraus folgt $\max_{e \in P_T(u,v)} g(e) \geq \max_{\tilde{e} \in P_B(u,v)} g_B(\tilde{e})$. $\qquad \square$

Um das Pfad-Maximum-Problem für einen Baum T zu lösen, genügt es damit die Kante maximalen Gewichts in einem ungerichteten Pfad zu berechnen, der zwei Blätter v und w in einem voll verzweigten Baum B verbinden.

Wir berechnen den letzten gemeinsamen Vorfahren u der beiden Knoten v und w in B mit den Algorithmen, die Satz 6.15 zugrunde liegen. Dies erfolgt mit einer Vorverarbeitungszeit in der Ordnung $O(n)$ in der Zeit $O(1)$ (Abschnitt 6.1.3). Jetzt führen wir die Berechnung der Kante maximalen Gewichts des ungerichteten Pfades von v nach w auf die Berechnung der Kanten maximalen Gewichts der beiden gerichteten Pfade von u nach v und von u nach w zurück. Die Reduktion des Pfad-Maximum-Problems in T auf gerichtete Pfade im zugeordneten Borůvka-Baum erfolgt somit in der Vorverarbeitungszeit $O(n)$ und konstanter Anfragezeit für jeden Pfad.

Das Pfad-Maximum-Problem für einen voll verzweigten Baum. Sei $T = (V, E)$ ein voll verzweigter Baum mit Wurzel r und seien $(u_1, v_1), \ldots,$ (u_m, v_m) Paare von Knoten, wobei v_i ein Blatt und u_i ein Vorfahre von v_i ist, $i = 1, \ldots, m$. Sei p_i der Pfad der u_i mit v_i verbindet und $Q = \{p_1, \ldots, p_m\}$ die Menge dieser Pfade.

Wir entwickeln einen Algorithmus, der eine Kante maximalen Gewichts auf jedem Pfad aus Q ermittelt. Die hier skizzierte Lösung nimmt Bezug auf Arbeiten von King ([King97]) und Komlós ([Komlós85]).

In einem ersten Schritt speichern wir für jeden Knoten v in einer Liste $M[v]$ die Anfangsknoten der Pfade aus Q, die durch v gehen, d. h. jene Pfade, die in einem Vorfahren von v beginnen und v enthalten. Jeder Knoten $u \in M[v]$ definiert einen Pfad, nämlich den Pfad von u nach v. Wir identifizieren die Anfangsknoten mit diesen Pfaden und sprechen deshalb auch von den Pfaden in $M[v]$. Wir berechnen $M[v]$ ausgehend von den Blättern, von unten nach oben.

Die Liste $M[v_i]$, $i = 1, \ldots, m$, enthält die Anfangsknoten aller Pfade aus Q, die in v_i enden. Für alle anderen Knoten v setzen wir $M[v]$ gleich der leeren Liste.

Ausgehend von $M[v_1], \ldots, M[v_m]$, berechnen wir $M[v]$ für alle v, die auf einem der Pfade aus Q liegen. Seien $w_1, \ldots, w_k$ die Nachfolger von v und sei $M'[w_i]$ die Liste, die wir erhalten, wenn wir in $M[w_i]$ alle Elemente v entfernen. Wir definieren $M[v]$ als Konkatenation der Listen $M'[w_i]$,

$$M[v] := M'[w_1] \| \ldots \| M'[w_k].$$

Die Liste $M[v]$ berechnen wir durch modifizierte Tiefensuche in T (Algorithmus 5.4.2).

In einem zweiten Schritt berechnen wir ausgehend von der Wurzel r weitere Listen. Dazu betrachten wir für einen Knoten v und einen Pfad $p \in Q$

die Einschränkung $p|_v$ von p auf die Ebenen $0, \ldots, t(v)$ von T, wobei $t(v)$ die Tiefe von v ist. Wir bezeichnen die Menge diese Pfade mit

$$P[v] = \{p|_v \mid p \in Q \text{ und } p \text{ geht durch } v\}.$$

Die Anfangsknoten dieser Pfade liegen in $M[v]$. Wir beschreiben zunächst Eigenschaften der Liste $L[v]_{v \in V}$ und geben anschließend an, wie wir diese Liste berechnen.

Die Liste $L[v]$ enthält für jeden Knoten, der Vorfahre von v und Anfangspunkt eines Pfades $p|_v$ aus $P[v]$ ist, einen Eintrag. Dieser besteht aus dem Endknoten einer Kante maximalen Gewichts von $p|_v$. Die Liste $L[v]$ ist bezüglich folgender Anordnung auf der Menge V – definiert durch $v < w$ genau dann, wenn das Gewicht von $(\text{parent}(v), v)$ kleiner dem Gewicht von $(\text{parent}(w), w)$ ist – absteigend sortiert. Mit $\text{parent}(v)$ bezeichnen wir den Vorgänger eines Knotens v in T.

Die Liste $L[v]_{v \in V}$ berechnen wir ausgehend von der Wurzel (zum Beispiel mittels Breitensuche, Algorithmus 5.11), von oben nach unten. Für die Wurzel r ist $L[r]$ die leere Liste.

Sei u der Vorgänger von v. Wir berechnen die Liste $L[v]$ aus $L[u]$. Die Kante (u, v) ist Element von $P[v]$, falls u Anfangspunkt eines Pfades aus $P[v]$ ist, der nur aus einer Kante besteht. Alle anderen Pfade in $P[v]$ sind die Pfade aus $P[u]$, die im Knoten u nach v verzweigen, mit anderen Worten, diese Pfade aus $P[v]$ entstehen aus einem Pfad $\tilde{p} \in P[u]$ durch Verlängerung mit der Kante (u, v). Sei $\tilde{P}[u] \subset P[u]$ die Teilmenge dieser Pfade und $\tilde{L}[v] \subset L[u]$ die Liste der Endpunkte von Kanten maximalen Gewichts der Pfade aus $\tilde{P}[u]$. $\tilde{L}[v]$ können wir anhand von $M[u]$ und $M[v]$ aus $L[u]$ berechnen. Mithilfe von $M[u]$ und $M[v]$ identifizieren wir die Pfade aus $M[u]$, die durch v gehen. Diese benötigen wir bei der Ermittlung von $\tilde{L}[v]$. Die Liste $\tilde{L}[v]$ halten wir absteigend sortiert. Wir beschreiben nun im Detail, wie die Berechnung erfolgt.

Mittels binärer Suche ermitteln wir die Elemente in $\tilde{L}[v]$, die kleiner v sind. Diese repräsentieren die Endknoten von Kanten maximalen Gewichts, deren Gewichte kleiner dem Gewicht der Kante (u, v) sind. Deshalb sind diese durch v zu ersetzen.

Es bleiben jetzt noch die Pfade zu berücksichtigen, die nur aus einer Kante (u, v) bestehen. Für jedes $u \in M[v]$ erweitern wir $\tilde{L}[v]$ um ein v. Das Ergebnis ist die Liste $L[v]$. Mit $\tilde{L}[v]$ ist auch $L[v]$ absteigend sortiert.

Die Liste $L[v_i]$, $i = 1, \ldots, m$, enthält für jeden der Pfade aus $P[v_i]$, der Menge der Pfade aus Q, die in v_i enden, den tiefer gelegenen Endpunkt einer Kante maximalen Gewichts. Eine Pfad-Maximum-Anfrage können wir mit den Listen $M[v]$ und $L[v]$ in der Zeit $O(1)$ beantworten.

Beispiel. Wir berechnen die Listen $M[v]_{v \in V}$ und $L[v]_{v \in V}$ für das Beispiel in Figur 6.16. Die Anfragepfade seine gegeben durch ihre Anfangs- und Endknoten:

$(A, 8), (A, 14), (A, 17), (B, 5), (C, 13), (C, 17)$ und $(H, 17)$.

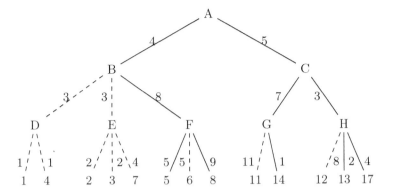

Fig. 6.16: Pfad-Maximum-Problem für einen voll verzweigten Baum.

Wir geben die Listenelemente von $M[v]_{v \in V}$, $\tilde{L}[v]_{v \in V}$ und $L[v]_{v \in V}$ für Knoten an, die auf Anfragepfaden liegen. Die Einträge der Liste $\tilde{L}[v]$ rühren von Einträgen der Liste $L[\text{parent}(v)]$ her.

$$
\begin{array}{lll}
M[5] & : B & \quad M[8] \ : A & \quad M[13] : C \\
M[14] : A & \quad M[17] : A, C, H \\
M[F] \ : B, A & \quad M[G] \ : A & \quad M[H] : C, A, C \\
M[B] \ : A & \quad M[C] \ : A, A \\
M[A] \ :
\end{array}
$$

$$
\begin{array}{lll}
L[A] \ : \\
L[B] \ : \binom{A}{B} & L[C] \ : \binom{A}{C}, \binom{A}{C} \\
\tilde{L}[F] \ : \binom{A}{B} & \tilde{L}[G] \ : \binom{A}{C} & \tilde{L}[H] : \binom{A}{C} \\
L[F] \ : \binom{A}{F}, \binom{B}{F} & L[G] \ : \binom{A}{G} & L[H] : \binom{A}{C}, \binom{C}{H}, \binom{C}{H} \\
\tilde{L}[5] \ : \binom{A}{F} & \tilde{L}[8] \ : \binom{A}{F} & \tilde{L}[13] : \binom{C}{H} \\
\tilde{L}[14] : \binom{A}{G} & \tilde{L}[17] : \binom{A}{C}, \binom{C}{H} \\
L[5] \ : \binom{B}{F} & L[8] \ : \binom{A}{8} & L[13] : \binom{C}{H} \\
L[14] : \binom{A}{G} & L[17] : \binom{A}{C}, \binom{C}{17}, \binom{H}{17}
\end{array}
$$

Für die übrigen Knoten sind die Listenelemente leer. Die Liste L speichert hier in der zweiten Komponente den Endknoten der Kante maximalen Gewichts und in der ersten den Anfangsknoten des Anfragepfades.

Lemma 6.41. *Für einen voll verzweigter Baum mit n Blättern und für m Anfragen zur Ermittlung einer Kante maximalen Gewichts kann die Liste $L[v]_{v \in V}$ mit $O(n + m)$ vielen Vergleichen erzeugt werden.*

Beweis. Mit V_i bezeichnen wir die Menge der Knoten v von B in der i-ten Ebene mit $\tilde{L}[v] \neq \emptyset$ und wir setzen $n_i = |V_i|$, $i = 0, \dots, l$. Für die Anzahl N_i

der Vergleiche bei Anwendung von Algorithmus 2.36 zur binären Suche für alle Knoten der Ebene i gilt

$$N_i \leq \sum_{v \in V_i} (\log_2(|\tilde{L}[v]|) + 1) \; \leq \; n_i + n_i \sum_{v \in V_i} \frac{\log_2(|\tilde{L}[v]|)}{n_i}$$

$$\leq n_i + n_i \log_2 \left(\frac{\sum_{v \in V_i} |\tilde{L}[v]|}{n_i} \right) \; \leq \; n_i + n_i \log_2 \left(\frac{m}{n_i} \right).$$

Es gilt $\sum_{v \in V_i} \frac{1}{n_i} = |V_i| \frac{1}{n_i} = 1$, daher folgt die Abschätzung in der zweiten Zeile aus der Jensenschen Ungleichung, angewendet auf die konkave Funktion $\log_2$ (Lemma B.23). Da jeder Anfragepfad durch genau einen Knoten der i–ten Ebene führt und die Anzahl der Elemente von $\tilde{L}[v]$ kleiner gleich der Anzahl der Anfragepfade ist, die durch v gehen, gilt $\sum_{v \in V_i} |\tilde{L}[v]| \leq m$. Deshalb folgt die vierte Abschätzung.

Wir summieren anschließend über alle Ebenen $i = 0, \ldots, l$ und verwenden dabei

$$\sum_{i=0}^{l} n_i \leq \sum_{i=0}^{l} \frac{n}{2^{l-i}} \leq n \sum_{i=0}^{l} \frac{1}{2^l} \leq 2n$$

(Lemma 6.38, Anhang B (F.8)).

$$\sum_{i=0}^{l} n_i + n_i \log_2 \left(\frac{m}{n_i} \right) \leq 2n + \sum_{i=0}^{l} n_i \log_2 \left(\frac{m}{n} \cdot \frac{n}{n_i} \right)$$

$$= 2n + \sum_{i=0}^{l} n_i \log_2 \left(\frac{m}{n} \right) + n_i \log_2 \left(\frac{n}{n_i} \right)$$

$$\leq 2n + 2n \log_2 \left(\frac{m}{n} \right) + \sum_{i=0}^{l} n_i \log_2 \left(\frac{n}{n_i} \right)$$

$$\leq 2n + 2m + 3n = O(n + m).$$

Die Funktion

$$x \mapsto x \log_2 \left(\frac{n}{x} \right)$$

ist für $x \leq \frac{n}{4}$ monoton wachsend. Somit gilt

$$\sum_{i=0}^{l} n_i \log_2 \left(\frac{n}{n_i} \right) = n_l \log_2 \left(\frac{n}{n_l} \right) + n_{l-1} \log_2 \left(\frac{n}{n_{l-1}} \right) + \sum_{i=0}^{l-2} n_i \log_2 \left(\frac{n}{n_i} \right)$$

$$\leq n + \sum_{i=0}^{l-2} \frac{n}{2^{l-i}} \log_2 \left(2^{l-i} \right)$$

$$\leq n + n \sum_{i \geq 0} \frac{i}{2^i} \; \leq \; 3n \text{ (Anhang B (F.8)).}$$

Hieraus folgt die letzte Abschätzung.   □

Bemerkung. Durch die geschickte Codierung der Vektoren $M[v]_{v \in V}$ und $L[v]_{v \in V}$ als Bitvektoren ist die komplette Berechnung von $L[v]_{v \in V}$ in der Zeit $O(n + m)$ mithilfe von Bit-Operationen möglich. Für die Details verweisen wir hier auf eine Arbeit von King ([King97]). Als Resultat erhalten wir für einen voll verzweigten Baum mit n Blättern einen Algorithmus, der für m Pfade eine Kante maximalen Gewichts mit einer Laufzeit der Ordnung $O(n + m)$ berechnet.

Sei $G = (V, E)$ ein zusammenhängender gewichteter Graph mit n Knoten und m Kanten. Die Verifikation eines minimalen aufspannenden Baums $T = (V, E_T)$ von G erfolgt durch

Algorithmus 6.42.
> boolean MSTVerify(graph (V, E), tree (V, E_T))
> 1 $B \leftarrow$ BoruvkaTree(V, E_T)
> 2 $Q_1 \leftarrow E \setminus E_T$
> 3 $Q_2 \leftarrow$ LCA(B, Q_1)
> 4   MaxEdgeInit(B, Q_2)
> 5   for each edge $e = \{u, v\} \in Q_1$ do
> 6   if $e.weight <$ MaxEdge$(u, v).weight$
> 7   then return false
> 8   return true

Bemerkungen:

1. LCA(B, Q_1) reduziert die Berechnung der letzten gemeinsamen Vorgänger der Endknoten der Kanten aus Q_1 im Baum B auf die Lösung des RMQ-Problems und führt dazu aus
   a. Algorithmus 6.13 zur Reduktion des LCA-Problems auf das RMQ-Problem.
   b. Die Algorithmen zur Initialisierung der Tabellen für die Lösung des RMQ-Problems (Seite 268).
   c. LCA-Abfragen für alle $\{u, v\} \in Q_1$. Die Liste Q_2 enthält für $\{u, v\} \in Q_1$ den letzten gemeinsamen Vorfahren LCA(u, v) von u und v in B.
2. MaxEdgeInit berechnet die Nachschlagetabelle L aus diesem Abschnitt (Seite 292).
3. MaxEdge ermittelt für eine Kante $\{u, v\} \in Q_1$ die Kante maximalen Gewichts des Pfades in T, der u und v verbindet. Dazu wird für die Knoten u und v in B das maximale Gewicht, der sich ergebenden Teilpfade von u nach LCA(u, v) und von LCA(u, v) nach v, in der Tabelle L nachgeschlagen und die Kante maximalen Gewichts des Gesamtpfads ermittelt. Mit der Abbildung $\varepsilon : E_B \longrightarrow E_T$, die auf Seite 288 definiert ist, wird die der Kante maximalen Gewichts in B entsprechende Kante in T ermittelt.
4. Wir können den Algorithmus 6.42 modifizieren und für alle Kanten e aus Q_1 aufzeichnen, ob für e der Vergleich in Zeile 6 erfüllt ist oder nicht.

Satz 6.43. *Sei* $G = (V, E)$ *ein zusammenhängender gewichteter Graph mit* *n Knoten und m Kanten. Die Verifikation eines minimalen aufspannenden Baums T von G erfolgt durch den Algorithmus 6.42 mit der Laufzeit* $O(n+m)$.

Beweis. Die Erzeugung des Borůvka-Baums B (Lemma 6.39), die Reduktion des LCA-Problems auf das RMQ-Problem durch Algorithmus 6.13 und die Erstellung der Tabellen für die Lösung des RMQ-Problems (Satz 6.16) erfolgt mit der Laufzeit in der Ordnung $O(n)$. Die Durchführung aller LCA-Abfragen erfolgt in der Zeit $O(m)$ (Satz 6.15). Der Algorithmus MaxEdgeInit initialisiert die Tabelle L in der Zeit $O(n + m)$ (Lemma 6.41 und anschließende Bemerkung). Eine Abfrage MaxEdge führen wir in der Zeit $O(1)$ durch (loc. cit.). Die Anzahl der Kanten $|E \setminus E_T|$ ist $< m$. Die Laufzeit von Algorithmus 6.42 ist daher von der Ordnung $O(n + m)$. □

6.6 Ein probabilistischer MST-Algorithmus

Die Laufzeit von Prims und Borůvkas Algorithmus ist von der Ordnung $O((n + m) \log_2(n))$, die Laufzeit von Kruskals Algorithmus ist von der Ordnung $O(n + m \log_2(m))$. Durch Anwendung von probabilistischen Methoden lässt sich ein Algorithmus mit einer besseren Laufzeit zur Lösung des Problems angeben.

Der Algorithmus von Karger, Klein und Tarjan – wir bezeichnen ihn mit KKT-MST – berechnet für einen zusammenhängenden Graphen einen minimalen aufspannenden Baum ([KarKleTar95]). Der Erwartungswert der Laufzeit des Algorithmus ist von der Ordnung $O(n + m)$. Um dies zu erreichen, wird die Funktion Contract aus Borůvkas Algorithmus und eine probabilistische Methode angewendet, die mithilfe von Zufallsbits einen Teilgraphen sampelt. Dieser Schritt dient dazu, Kanten zu identifizieren, die nicht in einem minimalen aufspannenden Baum vorkommen können.

Zunächst beweisen wir eine Eigenschaft minimaler aufspannender Bäume und führen Begriffe ein, die wir anschließend benötigen.

Lemma 6.44 *(Kreiseigenschaft).* *Sei* G *ein zusammenhängender Graph,* Z *ein Zyklus in* G *und* $e \in Z$ *eine Kante mit* $g(e) > g(e')$ *für alle* $e' \in Z$, $e' \neq e$. *Dann kann* e *nicht Kante eines minimalen aufspannenden Baums sein.*

Beweis. Sei T ein minimaler aufspannender Baum von G und $e = \{u, v\}$ eine Kante maximalen Gewichts in Z. Angenommen, es gilt $e \in T$. Wenn wir e entfernen, zerfällt T in zwei Komponenten T_u und T_v. Weil Z ein Zyklus ist, gibt es eine Kante $e' = \{u', v'\} \in Z$ mit $u' \in T_u$ und $v' \in T_v$. Dann ist $T' = (T \setminus \{e\}) \cup \{e'\}$ ein aufspannender Baum und $g(T') = g(T) - g(e) + g(e') < g(T)$, ein Widerspruch. □

Definition 6.45. Sei $G = (V, E)$ ein gewichteter Graph, $F \subset G$ ein azyklischer aufspannender Teilgraph. Für Knoten u, v aus derselben Komponente von F ist der F–*Pfad* zwischen u und v der (eindeutig bestimmte) Pfad zwischen u und v, der ganz in F verläuft.

$$g_F(u,v) := \begin{cases} \infty, \text{falls } u \text{ und } v \text{ in} \\ \qquad \text{verschiedenen Komponenten von } F \text{ liegen,} \\ \max_{1 \leq i \leq l} g(\{v_{i-1}, v_i\}), \text{ wobei } P : u = v_0, \ldots, v_l = v, \\ \qquad \text{der } F\text{–Pfad zwischen } u \text{ und } v \text{ ist.} \end{cases}$$

Eine Kante $e = \{u,v\} \in E$ heißt F–*schwer*, wenn $g(e) > g_F(u,v)$ gilt und F–*leicht*, wenn $g(e) \leq g_F(u,v)$ gilt.

Bemerkung. Eine Kante $e = \{u,v\}$ ist F–schwer, wenn alle Kanten des F–Pfades, der u und v verbindet, ein Gewicht $< g(e)$ besitzen. Kanten, die verschiedene Komponenten von F verbinden und Kanten aus F sind alle F–leicht.

Lemma 6.46. *Sei $G = (V, E)$ ein gewichteter zusammenhängender Graph, $F \subset G$ ein azyklischer Teilgraph und $e \in E$ sei eine F–schwere Kante. Dann kommt e nicht als Kante in einem minimalen aufspannenden Baum von G vor.*

Beweis. Sei die Kante $e = \{u,v\}$ F–schwer und $P : u = v_0, \ldots, v_l = v$ der Pfad von u nach v in F. Das Gewicht $g(e)$ ist größer als das Gewicht jeder Kante des Pfades P. Nach Lemma 6.44 kann e nicht Kante eines minimalen aufspannenden Baums sein.   □

Da F–schwere Kanten in keinem minimalen aufspannenden Baum eines Graphen G vorkommen, besitzen G und $G \setminus \{e\}$ für eine F–schwere Kante $\{e\}$ denselben minimalen aufspannenden Baum. Wir können daher bei der Berechnung eines MST zuerst die F–schweren Kanten des Graphen entfernen.

Wir beschreiben jetzt, wie wir die F–schweren Kanten eines Graphen G mit n Knoten und m Kanten identifizieren.

Sei $F \subset G$ ein aufspannender azyklischer Teilgraph und $T_1, \ldots, T_l$ seien die Zusammenhangskomponenten von F. Mit n_i bezeichnen wir die Anzahl der Knoten von T_i und mit m_i die Anzahl der Kanten $e = (u,v)$ von $G \setminus F$, deren Endpunkte im selben Baum T_i liegen. Für alle diese Kanten können wir eine Kante maximalen Gewichts auf dem Pfad, der u mit v in T_i verbindet, mit der Laufzeit der Ordnung $O(n_i + m_i)$ berechnen (siehe Bemerkungen zu Algorithmus 6.42). Wir führen den modifizierten Algorithmus MSTVerify für jede Komponente T_i aus und erhalten so die F–schweren Kanten von G in der Zeit $O(\sum_{i=1}^l n_i + \sum_{i=1}^l m_i) = O(n + m)$.

Der probabilistische Anteil des Algorithmus von Karger, Klein und Tarjan ist der Algorithmus SampleSubgraph, der einen Teilgraphen H von $G = (V, E)$ zufällig erzeugt.

Algorithmus 6.47.

```
graph SampleSubgraph(graph G)
 1   H ← (V, ∅)
 2   for each e ∈ E do
 3       if coinToss = heads
 4           then H ← H ∪ {e}
 5   return H
```

Der Teilgraph H von G ist nicht notwendig zusammenhängend. Die Erwartung ist, dass der (eindeutig bestimmte) minimale aufspannende Wald F von H eine gute Approximation eines minimalen aufspannenden Baums von G ist, d. h. nur wenige Kanten von G, die nicht in F liegen, sind F–leicht.

Satz 6.48. *Sei $G = (V, E)$ ein Graph mit n Knoten und m Kanten, H das Ergebnis von SampleSubgraph(G) und X die Anzahl der Kanten von H. Sei F der minimale aufspannende Wald von H und Y die Anzahl der F–leichten Kanten in G. Dann gilt $\mathrm{E}(X) = {}^{m}/_{2}$ und $\mathrm{E}(Y) \leq 2n$.*

Beweis. Die Zufallsvariable X ist binomialverteilt mit Parameter $(m, {}^{1}/_{2})$. Deshalb gilt $\mathrm{E}(X) = {}^{m}/_{2}$ (Satz A.16). Um den Erwartungswert der Zufallsvariablen Y abzuschätzen, modifizieren wir SampleSubgraph und berechnen mit H simultan den minimalen aufspannenden Wald von H nach Kruskals Methode (Algorithmus 6.29). Der modifizierte Algorithmus entscheidet wie SampleSubgraph für jede Kante e aufgrund eines Münzwurfs, ob e als Kante für H genommen wird.

Algorithmus 6.49.

```
SampleSubgraphMSF(graph G)
 1   H ← (V, ∅), F ← (V, ∅), Y ← 0
 2   {e₁, ..., eₘ} ← sort(E)
 3   for i ← 1 to m do
 4       if eᵢ is F–light
 5           then Y ← Y + 1
 6               if coinToss = heads
 7                   then H ← H ∪ {eᵢ}
 8                       F ← F ∪ {eᵢ}
 9           else if coinToss = heads
10               then H ← H ∪ {eᵢ}
```

Kruskals Algorithmus erfordert, dass die Kanten von G aufsteigend sortiert sind. Für jede F–leichte Kante von G entscheiden wir aufgrund eines Münzwurfs (mit einer 10 Cent Münze) in Zeile 6, ob wir sie für H und F wählen. Die Variable Y zählt die Anzahl der F–leichten Kanten und enthält nach Terminierung deren Anzahl, die mit der Anzahl der Münzwürfe mit der 10 Cent Münze übereinstimmt. Falls die Endpunkte der Kante e_i, die wir im i–ten Schritt betrachten, in der gleichen Komponente von F liegen, so ist e_i F–schwer (da die Kanten aufsteigend sortiert sind, haben alle Kanten aus E_F

das Gewicht $< g(e_i)$). Hat e_i ihre Endpunkte in verschiedenen Komponenten von F, so ist e_i F–leicht (beachte $g_F(e_i) = \infty$). Wir berechnen – analog zur Methode von Kruskals Algorithmus (Algorithmus 6.3) – den minimalen aufspannenden Wald F von H. In Zeile 9 entscheiden wir für eine F–schwere Kante e_i aufgrund eines Münzwurfs (mit einer 20 Cent Münze), ob wir e_i für H wählen. Eine Kante e_i, die wir in Zeile 7 wählen, ist auch nach Terminierung von SampleSubgraph F–leicht, da das Gewicht einer Kante, die später zu F hinzukommen $> g(e_i)$ ist.

Unser Zufallsexperiment besteht aus zwei Phasen. In Phase 1 führen wir den Algorithmus SampleSubgraphMSF aus. Da F azyklisch ist und n viele Knoten besitzt, gilt nach Terminierung von SampleSubgraphMSF $|E_F| \leq n - 1$. In Phase 2 fahren wir mit dem Werfen der 10 Cent Münzen fort. Die Zufallsvariable Y zählt weiter die Anzahl der Münzwürfe. Wir beenden Phase 2, sobald das Ereignis „heads" n–mal (in Phase 1 und Phase 2) eintritt.

Die Zufallsvariable Y zählt die Anzahl der Wiederholungen bis das Ereignis „heads" n–mal eintritt. Sie ist negativ binomialverteilt mit Parameter $(n, 1/2)$. Für den Erwartungswert von Y gilt $E(Y) = 2n$ (Satz A.22). Da die Anzahl der F–leichten Kanten durch Y beschränkt ist, ist der Erwartungswert der Anzahl der F–leichten Kanten in $G \leq E(Y)$, also auch $\leq 2n$. $\qquad\square$

Der Input für den Algorithmus KKT-MST ist ein gewichteter (nicht notwendig zusammenhängender) Graph $G = (V, E)$. Das Ergebnis ist ein minimaler aufspannender Wald für G. KKT-MST reduziert in zwei Schritten die Größe des Graphen G. Im ersten Schritt wenden wir Contract (Algorithmus 6.31) dreimal hintereinander an. Das Ergebnis sei $G_1 = (V_1, E_1)$. In einem zweiten Schritt löschen wir Kanten in G_1, die in keinem minimalen aufspannenden Baum vorkommen können. Das Ergebnis bezeichnen wir mit $G_3 = (V_3, E_3)$.

Algorithmus 6.50.
  edgeset KKT-MST(graph G)
  1   $F_1 \leftarrow \emptyset$
  2   for $i \leftarrow 1$ to 3 do
  3       $(G_1, E_{\text{MI}}) \leftarrow$ Contract(G)
  4       $F_1 \leftarrow F_1 \cup E_{\text{MI}}$, $G \leftarrow G_1$
  5   if $|V_1| = 1$ then return F_1
  6   $G_2 \leftarrow$ SampleSubgraph(G_1)
  7   $F_2 \leftarrow$ KKT-MST(G_2)
  8   $G_3 \leftarrow$ DeleteHeavyEdges(F_2, G_1)
  9   return $F_1 \cup$ KKT-MST(G_3)

Satz 6.51. *Bei Input eines gewichteten zusammenhängenden Graphen $\check{G}$ mit n Knoten und m Kanten gibt KKT-MST die Kanten eines minimalen aufspannenden Baums von G zurück. Der Erwartungswert der Laufzeit von KKT-MST ist von der Ordnung $O(n + m)$.*

Beweis. Sei $G_i = (V_i, E_i)$, $i = 1, 2, 3$. Wir zeigen zunächst, dass KKT-MST einen minimalen aufspannenden Baum berechnet. Aus Satz 6.33 folgt, dass die Kanten aus F_1 zum minimalen aufspannenden Baum von G gehören. Besitzt G_1 nur einen Knoten, dann bilden die Kanten aus F_1 den minimalen aufspannenden Baum. F_2 ist azyklisch und folglich auch ein azyklischer Teilgraph von G. Nach Lemma 6.46 gehören die F_2–schweren Kanten nicht zu einem minimalen aufspannenden Baum von G_1. Deshalb stimmen die minimalen aufspannenden Bäume von G_1 und G_3 überein. Da $|V_2|, |V_3| < n$ und $|E_2|, |E_3| < m$ sind, terminieren die rekursiven Aufrufe von KKT-MST. Nach der Induktionsannahme berechnet der Aufruf KKT-MST(G_3) einen minimalen aufspannenden Baum von G_3. Aus Satz 6.33 folgt, dass $F_1 \cup$ KKT-MST(G_3) ein minimaler aufspannender Baum von G ist.

Es bleibt noch zu zeigen, dass der Erwartungswert der Laufzeit von KKT-MST von der Ordnung $O(n + m)$ ist. Es gilt $|V_1| \leq {}^n/8$ (Lemma 6.30) und $|E_1| < m$, $|V_1| = |V_2| = |V_3|$, $\mathrm{E}(|E_2|) = {}^m/2$ (Satz 6.48) und $\mathrm{E}(|E_3|) \leq 2 \cdot {}^n/8 = {}^n/4$ (loc. cit.). Die Laufzeit für Contract, SampleSubgraph und DeleteHeavyEdges ist in der Ordnung $O(n+m)$. Es folgt für den Erwartungswert $T(n, m)$ der Laufzeit von KKT-MST

$$T(n, m) \leq T\left(\frac{n}{8}, \frac{m}{2}\right) + T\left(\frac{n}{8}, \frac{n}{4}\right) + c(n + m)$$

für eine Konstante c. Wir betrachten die Rekursionsgleichung, die wir erhalten, wenn wir „$\leq$" durch „$=$" ersetzen. Wie leicht nachzurechnen ist, besitzt diese die Lösung $2c(n + m)$. Folglich gilt $T(n, m) \leq 2c(n + m)$. □

Bemerkung. Der Algorithmus 6.50 ist eine geringfügige Modifikation des ursprünglichen Algorithmus, die auf [MotRag95] zurückgeht. Sie führt zur obigen Rekursionsgleichung, für die eine Lösung einfach anzugeben ist.

6.7 Transitiver Abschluss und Abstandsmatrix

Die Menge der Kanten E eines gerichteten Graphen $G = (V, E)$ definiert eine Relation $\sim$ auf der Menge der Knoten V: $u \sim v$ genau dann, wenn $(u, v) \in E$. Diese Relation ist im Allgemeinen nicht transitiv abgeschlossen.[4] Der Algorithmus von Warshall[5] berechnet den transitiven Abschluss dieser Relation. Der transitive Abschluss beschreibt für jeden Knoten $v \in V$, welche Knoten w von v aus erreichbar sind.

Der Algorithmus von Floyd[6] gibt die Abstände für alle Paare (v, w) von Knoten in einem gerichteten Graphen an.

Beide Algorithmen, die im Jahr 1962 in [Floyd62] und [Warshall62] publiziert wurden, weisen dieselbe Struktur auf. Sie werden mit Floyd-Warshall

---

[4] Transitiv abgeschlossen bedeutet, gilt $u \sim v$ und $v \sim w$, dann gilt auch $u \sim w$.
[5] Stephen Warshall (1935 – 2006) war ein amerikanischer Informatiker.
[6] Robert W. Floyd (1936 – 2001) war ein amerikanischer Informatiker und Turing-Preisträger.

Algorithmus bezeichnet und sind durch einen Algorithmus für reguläre Ausdrücke von Kleene[7] aus dem Jahr 1956 inspiriert. Der Floyd-Warshall Algorithmus ist nach der Entwurfsmethode dynamisches Programmieren konzipiert (siehe Abschnitt 1.5.4).

Definition 6.52. Sei $G = (V, E)$ ein gerichteter Graph. Der Graph

$$G_T = (V, E_T) \text{ mit } E_T := \{(v, w) \mid w \text{ erreichbar von } v \text{ und } w \neq v\}$$

heißt *transitiver Abschluss* oder *transitive Hülle* von G.

Bemerkungen:

1. G ist ein Teilgraph von G_T und G_T ist der kleinste transitiv abgeschlossene Graph, der G umfasst.
2. Bei Graphen ist der transitive Abschluss durch die Komponenten bestimmt: w ist erreichbar von v, d. h. $(v, w) \in E_T$, genau dann, wenn v und w in derselben Zusammenhangskomponente von G liegen. Wir berechnen mit Breitensuche (Algorithmus 5.11) alle Komponenten und damit den transitiven Abschluss mit der Laufzeit in der Ordnung $O(n + m)$ oder $O(n^2)$.
3. Bei gerichteten Graphen gilt: Der Knoten w ist erreichbar von v genau dann, wenn w in Z_v, der Zusammenhangskomponente von v, liegt. Die Ermittlung von E_T entspricht der Ermittlung von Z_v für alle $v \in V$. Der Aufwand ist von der Ordnung $O(n^3)$ oder $O(n(n+m))$, falls wir Tiefensuche (Algorithmus 5.12) oder Breitensuche (Algorithmus 5.11) verwenden.

Der Algorithmus von Warshall. Sei $G = (V, E)$ ein gerichteter Graph und a die Adjazenzmatrix von G. Der Algorithmus von Warshall berechnet eine Folge von Matrizen $a_0, a_1, \ldots, a_n$, $n = |V|$, mit Koeffizienten aus $\{0, 1\}$. Diese Folge ist definiert durch die rekursive Gleichung

$$a_0 := a,$$
$$a_k[i, j] := a_{k-1}[i, j] \text{ or } (a_{k-1}[i, k] \text{ and } a_{k-1}[k, j]) \text{ für } k = 1, \ldots, n.$$

Die Matrizen a_k besitzen mittels folgender Definition und folgendem Satz eine anschauliche Interpretation.

Definition 6.53. Ein einfacher Pfad von i nach j, welcher bis auf i und j nur Knoten $\leq k$ enthält, heißt *k–Pfad.*

Satz 6.54. *Für die Matrix $a_k, 1 \leq k \leq n$, sind äquivalent:*

1. $a_k[i, j] = 1$ *für $i \neq j$.*
2. *Es existiert ein k–Pfad von i nach j für $i \neq j$.*

Insbesondere beschreibt a_n den transitiven Abschluss von G.

---

[7] Stephen Cole Kleene (1909 – 1994) war ein amerikanischer Mathematiker und Logiker. Nach ihm ist der Kleene-Abschluss einer formalen Sprache und der Kleene Operator * benannt.

Beweis. Wir zeigen die Behauptung durch Induktion nach k: Für $k = 0$ ist $a_0[i, j] = 1$ genau dann, wenn es einen 0-Pfad (Kante) von i nach j gibt. Der Induktionsanfang ist deswegen richtig.

Aus $k - 1$ folgt k: $a_k[i, j] = 1$ genau dann, wenn $a_{k-1}[i, j] = 1$ oder wenn $a_{k-1}[i, k] = 1$ und $a_{k-1}[k, j] = 1$ gilt. Dies wiederum ist äquivalent zu: Es gibt einen $(k-1)$–Pfad von i nach j oder es gibt einen $(k-1)$–Pfad von i nach k und von k nach j. Die letzte Aussage gilt genau dann, wenn es einen k–Pfad von i nach j gibt.

Da die Menge der n–Pfade alle Pfade umfasst, folgt die letzte Behauptung des Satzes.   □

Beispiel. Figur 6.17 zeigt die Berechnung des transitiven Abschlusses durch dynamisches Programmieren mit dem Algorithmus von Warshall.

$$a_0 = \begin{pmatrix} 0 & 1 & 0 & 0 \\ 0 & 0 & 1 & 0 \\ 0 & 0 & 0 & 1 \\ 1 & 0 & 0 & 0 \end{pmatrix}, a_1 = \begin{pmatrix} 0 & 1 & 0 & 0 \\ 0 & 0 & 1 & 0 \\ 0 & 0 & 0 & 1 \\ 1 & 1 & 0 & 0 \end{pmatrix},$$

$$a_2 = \begin{pmatrix} 0 & 1 & 1 & 0 \\ 0 & 0 & 1 & 0 \\ 0 & 0 & 0 & 1 \\ 1 & 1 & 1 & 0 \end{pmatrix}, a_3 = \begin{pmatrix} 0 & 1 & 1 & 1 \\ 0 & 0 & 1 & 1 \\ 0 & 0 & 0 & 1 \\ 1 & 1 & 1 & 0 \end{pmatrix}, a_4 = \begin{pmatrix} 0 & 1 & 1 & 1 \\ 1 & 0 & 1 & 1 \\ 1 & 1 & 0 & 1 \\ 1 & 1 & 1 & 0 \end{pmatrix}.$$

Fig. 6.17: Der transitive Abschluss mit Warshalls Algorithmus.

Bemerkungen:

1. Einsen bleiben in den nachfolgenden Matrizen auch Einsen (oder Operation), deshalb betrachten wir für eine Iteration nur Nullen außerhalb der Diagonale.

2. Die Berechnung von $a_k[i, j]$ erfolgt mit $a_{k-1}[i, j], a_{k-1}[i, k]$ und $a_{k-1}[k, j]$. $a_k[i, k] = a_{k-1}[i, k]$ or $(a_{k-1}[i, k]$ and $a_{k-1}[k, k])$. Deswegen gilt $a_k[i, k] = a_{k-1}[i, k]$, da $a_{k-1}[k, k] = 0$ ist. Analog folgt: $a_k[k, j] = a_{k-1}[k, j]$. Deshalb können wir die Berechnung mit einer Matrix (Speicher) durchführen.

Algorithmus 6.55.

```
Warshall(boolean a[1..n, 1..n])
1    vertex i, j, k
2    for k ← 1 to n do
3        for i ← 1 to n do
4            for j ← 1 to n do
5                a[i, j] = a[i, j] or (a[i, k] and a[k, j])
```

Bemerkung. Die äußerste for-Schleife berechnet die Matrizen $a_1, a_2, \ldots, a_n$. Für festes k berechnen wir dann durch die beiden inneren for-Schleifen die Matrix a_k. Die Laufzeit von Warshall ist von der Ordnung $O(n^3)$.

Der Algorithmus von Floyd. Wir können die Abstände für alle Paare von Knoten in positiv gewichteten Graphen mit dem Algorithmus von Dijkstra berechnen (Abschnitt 6.2). Der folgende Algorithmus von Floyd leistet dies auch für Graphen mit negativen Gewichten, falls keine Zyklen mit negativen Gewichten auftreten.

Sei $G = (V, E)$ ein gewichteter gerichteter Graph. Wir stellen G mit der Adjazenzmatrix a dar:

$$a[i,j] := \begin{cases} g(i,j), & \text{falls } (i,j) \in E, \\ \infty, & \text{falls } (i,j) \notin E, i \neq j, \\ 0, & \text{falls } i = j. \end{cases}$$

Die Abstandsmatrix a_d von G ist definiert durch:

$$a_d[i,j] := d(i,j) := \begin{cases} \text{Länge eines kürzesten Pfades von } i \text{ nach } j, \\ \infty, \text{ falls kein Pfad existiert.} \end{cases}$$

Zur Berechnung der Abstandsmatrix a_d aus a definieren wir eine Folge von Matrizen $a_0, \ldots, a_n$ durch die rekursive Gleichung

$$a_0 = a,$$
$$a_k[i,j] = \min\{a_{k-1}[i,j], a_{k-1}[i,k] + a_{k-1}[k,j]\} \text{ für } k = 1, \ldots, n.$$

Satz 6.56. *Für die Matrix a_k gilt: $a_k[i,j]$ ist die Länge eines kürzesten k-Pfades von i nach j oder $a_k[i,j] = \infty$, falls kein k-Pfad von i nach j existiert. Insbesondere definiert a_n die Abstandsmatrix von G.*

Beweis. Wir zeigen die Aussage durch Induktion nach k:
Für $k = 0$ ist $a[i,j]$ ist die Länge eines 0-Pfades (Kante) von i nach j. Der Induktionsanfang ist richtig.

Aus $k - 1$ folgt k: Sei $M_k[i,j]$ die Menge der k-Pfade von i nach j und sei $P \in M_k[i,j]$ ein Pfad minimaler Länge. Wir betrachten zwei Fälle.

1. Falls $k \notin P$, dann ist $P \in M_{k-1}[i,j]$ und P ist von minimaler Länge, also folgt nach der Induktionsvoraussetzung $l(P) = a_{k-1}[i,j]$. Da P ein k-Pfad minimaler Länge ist, gilt $l(P) \leq a_{k-1}[i,k] + a_{k-1}[k,j]$ und folglich $a_k[i,j] = \min\{a_{k-1}[i,j], a_{k-1}[i,k] + a_{k-1}[k,j]\} = a_{k-1}[i,j] = l(P)$.
2. Falls $k \in P$ ist, zerlege P in $P_1 \in M_{k-1}[i,k]$ und $P_2 \in M_{k-1}[k,j]$. P_1 und P_2 sind $(k-1)$-Pfade minimaler Länge. Nach Induktionsvoraussetzung gilt $l(P_1) = a_{k-1}[i,k]$ und $l(P_2) = a_{k-1}[k,j]$. Da P ein k-Pfad minimaler Länge ist, gilt $l(P) = a_{k-1}[i,k] + a_{k-1}[k,j]$. Es gibt keinen $(k-1)$-Pfad kürzerer Länge, also gilt $a_{k-1}[i,k] + a_{k-1}[k,j] \leq a_{k-1}[i,j]$ und folglich $a_k[i,j] = \min\{a_{k-1}[i,j], a_{k-1}[i,k] + a_{k-1}[k,j]\} = a_{k-1}[i,k] + a_{k-1}[k,j] = l(P)$.

Damit ist alles gezeigt.   □

Bemerkungen:

1. Wegen $a_k[i,k] = a_{k-1}[i,k]$ und $a_k[k,j] = a_{k-1}[k,j]$ können wir die Berechnung mit einer Matrix (Speicher) durchführen.
2. Falls negative Gewichte zugelassen sind, aber keine Zyklen mit negativer Länge auftreten, dann arbeitet Floyd korrekt, denn dann ist ein einfacher Pfad, ein Pfad kürzester Länge.

Beispiel. Figur 6.18 zeigt die Berechnung der Abstandsmatrix mit dem Algorithmus von Floyd nach der Methode dynamisches Programmieren.

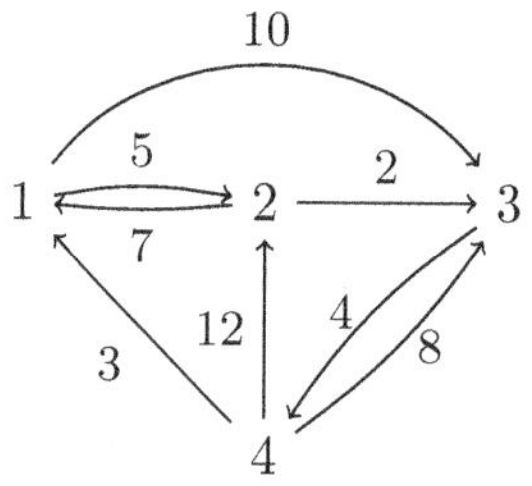

$$a_0 = \begin{pmatrix} 0 & 5 & 10 & \infty \\ 7 & 0 & 2 & \infty \\ \infty & \infty & 0 & 4 \\ 3 & 12 & 8 & 0 \end{pmatrix}, \ a_1 = \begin{pmatrix} 0 & 5 & 10 & \infty \\ 7 & 0 & 2 & \infty \\ \infty & \infty & 0 & 4 \\ 3 & 8 & 8 & 0 \end{pmatrix},$$

$$a_2 = \begin{pmatrix} 0 & 5 & 7 & \infty \\ 7 & 0 & 2 & \infty \\ \infty & \infty & 0 & 4 \\ 3 & 8 & 8 & 0 \end{pmatrix}, \ a_3 = \begin{pmatrix} 0 & 5 & 7 & 11 \\ 7 & 0 & 2 & 6 \\ \infty & \infty & 0 & 4 \\ 3 & 8 & 8 & 0 \end{pmatrix}, \ a_4 = \begin{pmatrix} 0 & 5 & 7 & 11 \\ 7 & 0 & 2 & 6 \\ 7 & 12 & 0 & 4 \\ 3 & 8 & 8 & 0 \end{pmatrix}.$$

Fig. 6.18: Die Abstandsmatrix mit Floyds Algorithmus.

Algorithmus 6.57.
Floyd(real $a[1..n, 1..n]$)

```
1    vertex i, j, k
2    for k ← 1 to n do
3        for i ← 1 to n do
4            for j ← 1 to n do
5                if a[i,k] + a[k,j] < a[i,j]
6                    then a[i,j] ← a[i,k] + a[k,j]
```

Bemerkung. Die äußerste for-Schleife berechnet nacheinander die Matrizen $a_1, a_2, \ldots, a_n$. Für festes k berechnen wir dann durch die beiden inneren for-Schleifen die Matrix a_k. Die Laufzeit $T(n)$ von Floyd ist von der Ordnung $O(n^3)$.

Berechnung der kürzesten Pfade. Wir modifizieren den Algorithmus von Floyd so, dass wir die Rekonstruktion aller kürzesten Pfade ermöglichen. Dazu verwenden wir eine $n \times n$–Matrix P. In $P[i,j]$ speichern wir den größten

Knoten auf einem kürzesten Pfad von i nach j. Wir gehen wieder iterativ vor. Zur Initialisierung setzen wir $P[i,j] = 0$. In $P_k[i,j], i,j = 1,\ldots n$, speichern wir den größten Knoten eines kürzesten k–Pfades von i nach j. In $P[i,j] = P_n[i,j]$ ist der größte Knoten auf einem kürzesten Pfad von i nach j gespeichert. Wir ersetzen die Zeile 6 in Floyd durch

$$a[i,j] \leftarrow a[i,k] + a[k,j]; P[i,j] \leftarrow k.$$

Wir können aus P alle kürzesten Pfade gewinnen.

Algorithmus 6.58.
   Path(vertex i,j)
     1   vertex k
     2   $k \leftarrow P[i,j]$
     3   if $k > 0$
     4   then Path(i,k), print(k), Path(k,j)

Für i,j mit $a_d[i,j] \neq \infty$ gibt die Prozedur Path alle Knoten k eines kürzesten Pfades von i nach j aus, die zwischen i und j liegen. Eine obere Schranke für die Anzahl der Knoten in allen einfachen Pfaden ist n^3. Die hier verwendete Methode zur Speicherung aller kürzesten Pfade benötigt nur eine $n \times n$–Matrix.

6.8 Flussnetzwerke

Wir studieren das Problem, einen maximalen Fluss in einem Flussnetzwerk zu berechnen. Dazu behandeln wir den Algorithmus von Ford[8]-Fulkerson[9] in der Variante von Edmonds[10]-Karp[11]. Der ursprüngliche Algorithmus wurde in [FordFulk56] und die Optimierung in [EdmoKarp72] publiziert. Wir orientieren uns mit unserer Darstellung an [CorLeiRivSte07]. Es gibt viele reale Situationen, die sich mithilfe eines Flussnetzwerks modellieren lassen. Beispiele sind Netze zur Verteilung von elektrischer Energie oder das Rohrsystem der Kanalisation einer Stadt. Beiden ist gemeinsam, dass die Kapazität der Leitungen beschränkt ist und dass die Knoten über keine Speicher verfügen. In einem Stromnetz besagt dies das erste Kirchhoffsche Gesetz[12]. Zunächst erläutern wir die Problemstellung mithilfe eines Beispiels genauer.

Beispiel. In der Figur 6.19 seien n_1, n_2, s_1, s_2 Pumpstationen, s ist eine Ölstation, t eine Raffinerie und die Kanten sind Ölleitungen, die das Öl von der Ölstation zur Raffinerie transportieren. Die Beschriftung der Kanten bezeichnet die Kapazität der jeweiligen Leitung.

---

[8] Lester Randolph Ford (1927 – 2017) war ein amerikanischer Mathematiker.
[9] Delbert Ray Fulkerson (1924 – 1976) war ein amerikanischer Mathematiker.
[10] Jack R. Edmonds (1934 –) ist ein kanadischer Mathematiker und Informatiker.
[11] Richard Manning Karp (1935 –) ist ein amerikanischer Informatiker.
[12] Gustav Robert Kirchhoff (1824–1887) war ein deutscher Physiker.

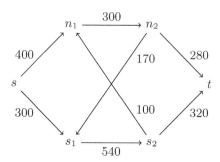

Fig. 6.19: Ein Flussnetzwerk.

Das zu lösende Problem lautet: Wie viel müssen wir über die einzelnen Leitungen pumpen, damit der Transport von s nach t maximal wird?

Dabei sind folgende Nebenbedingungen für den Transport zu beachten:

1. Über eine Leitung kann nicht mehr gepumpt werden, als die Kapazität zulässt.
2. Für einen Knoten n, $n \neq s, t$ gilt:
   Was in n hinein fließt, muss auch wieder abfließen.

Wir präzisieren die Situation des vorangehenden Beispiels in der folgenden

Definition 6.59.

1. Ein *Flussnetzwerk* oder kurz *Netzwerk* $N = (V, E, s, t)$ besteht aus einem gewichteten gerichteten Graphen (V, E). Die Gewichtsfunktion

$$c : E \longrightarrow \mathbb{R}_{>0}$$

   heißt *Kapazität*. $s \in V$ heißt *Quelle*, $t \in V$ heißt *Senke*.
2. Sei $S \subset V$.

$$\mathrm{In}(S) := \{(v, w) \in E \mid v \notin S, w \in S\}.$$
$$\mathrm{Out}(S) := \{(v, w) \in E \mid v \in S, w \notin S\}.$$

3. Ein Fluss für N ist eine Abbildung $f : E \longrightarrow \mathbb{R}_{\geq 0}$ mit
   a. $f(e) \leq c(e)$ für $e \in E$ (Kapazitätsschranke).
   b. $\sum_{e \in \mathrm{In}(v)} f(e) = \sum_{e \in \mathrm{Out}(v)} f(e)$ für $v \in V \setminus \{s, t\}$ (Flusserhaltung[13]).
4. $F = \sum_{e \in \mathrm{In}(t)} f(e) - \sum_{e \in \mathrm{Out}(t)} f(e)$ heißt *totaler Fluss* bezüglich f.
5. Sei $S \subset V$ ein *Schnitt*, d. h. $s \in S$, $t \notin S$.

$$C(S) := \sum_{e \in \mathrm{Out}(S)} c(e)$$

   heißt *Kapazität des durch S definierten Schnittes*.
6. S definiert einen *Schnitt minimaler Kapazität*, falls $C(S)$ für alle Schnitte S minimal ist.

---

[13] Flusserhaltung wird auch als das erste Kirchhoffsche Gesetz bezeichnet.

Beispiel. Im Netzwerk der Figur 6.20 definiert $S = \{s, n_1\}$ einen Schnitt minimaler Kapazität mit $C(S) = 600$.

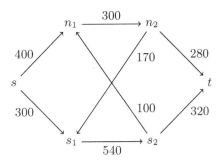

Fig. 6.20: Ein Schnitt minimaler Kapazität.

Bemerkungen:

1. Für die Quelle s und Senke t fordern wir nicht, dass $\text{In}(s) = \emptyset$ oder $\text{Out}(t) = \emptyset$ gilt. Wir verzichten auf die Flusserhaltung in s und t.

2. Da Knoten, die auf keinem Pfad von s nach t liegen, keinen Beitrag zum totalen Fluss beitragen, nehmen wir an, dass jeder Knoten in N auf einem Pfad von s nach t liegt. Insbesondere ist N zusammenhängend und t von s aus erreichbar.

3. Ein Schnitt S definiert eine disjunkte Zerlegung der Knoten $V = S \cup (V \setminus S)$ in zwei echte Teilmengen. Der folgende Satz zeigt, dass der totale Fluss über jeden Schnitt fließen muss.

Satz 6.60. *Sei $N = (V, E, s, t)$ ein Netzwerk mit Fluss f und S ein Schnitt von N. Dann gilt für den totalen Fluss F bezüglich f:*

$$F = \sum_{e \in \text{Out}(S)} f(e) - \sum_{e \in \text{In}(S)} f(e).$$

Beweis.

$$F = \sum_{v \in V \setminus (S \cup \{t\})} \left(\sum_{e \in \text{In}(v)} f(e) - \sum_{e \in \text{Out}(v)} f(e) \right) + \sum_{e \in \text{In}(t)} f(e) - \sum_{e \in \text{Out}(t)} f(e)$$

$$= \sum_{v \in V \setminus S} \sum_{e \in \text{In}(v)} f(e) - \sum_{v \in V \setminus S} \sum_{e \in \text{Out}(v)} f(e)$$

$$= \sum_{e \in \text{In}(V \setminus S)} f(e) - \sum_{e \in \text{Out}(V \setminus S)} f(e) = \sum_{e \in \text{Out}(S)} f(e) - \sum_{e \in \text{In}(S)} f(e).$$

Wir erläutern die einzelnen Schritte der obigen Rechnung. In Zeile 2 tritt keine Kante $e = (x, y)$ mit $x, y \in S$ auf. Für Kanten $e = (x, y) \in E$ mit $x, y \notin S$

gilt $e \in \mathrm{Out}(x)$ und $e \in \mathrm{In}(y)$. Die Flüsse längs dieser Kanten heben sich infolgedessen auf und liefern keinen Beitrag bei der Summenbildung. Übrig bleiben Kanten aus $\mathrm{In}(V \setminus S)$ und aus $\mathrm{Out}(V \setminus S)$. Sei $e = (x, y) \in E$ mit $x \in S$, $y \notin S$. Dann gilt $e \in \mathrm{In}(V \setminus S) \cap \mathrm{In}(y)$. Sei $e = (x, y) \in E$ mit $x \notin S$, $y \in S$. Dann gilt $e \in \mathrm{Out}(V \setminus S) \cap \mathrm{In}(y)$. Die Behauptung ist damit gezeigt.

□

Corollar 6.61. *Sei $N = (V, E, s, t)$ ein Netzwerk mit Fluss f und totalem Fluss F. Dann gilt*

$$F = \sum_{e \in \mathrm{Out}(s)} f(e) - \sum_{e \in \mathrm{In}(s)} f(e).$$

Beweis. Mit $S = \{s\}$ folgt das Corollar aus Satz 6.60.   □

Bemerkung. Falls $F < 0$ gilt, vertauschen wir s und t. Wir nehmen also stets $F \geq 0$ an.

Corollar 6.62. *Sei $N = (V, E, s, t)$ ein Netzwerk. f ein Fluss für N. F der totale Fluss bezüglich f. S ein Schnitt, dann gilt:*

$$F \leq C(S).$$

Beweis. Es gilt

$$F = \sum_{e \in \mathrm{Out}(S)} f(e) - \sum_{e \in \mathrm{In}(S)} f(e) \leq \sum_{e \in \mathrm{Out}(S)} f(e) \leq \sum_{e \in \mathrm{Out}(S)} c(e) = C(S).$$

Dies zeigt das Corollar.   □

Algorithmus von Ford-Fulkerson. Der Algorithmus von Ford-Fulkerson konstruiert einen Fluss f für N, sodass der totale Fluss F bezüglich f maximal ist. Der Algorithmus startet mit dem 0 Fluss und vergrößert den Fluss schrittweise.

Die Methode zur Vergrößerung des totalen Flusses besteht darin, einen Pfad von s nach t zu finden, die eine Erhöhung des Flusses für jede seiner Kanten erlaubt. Dabei können auch Kanten mit Fluss > 0 entgegen der Kantenrichtung im Pfad enthalten sein. Eine Erhöhung des Flusses längs einer Kante ist möglich, falls der aktuelle Fluss kleiner der Kapazitätsschranke ist, oder falls die Kante entgegen der Richtung enthalten ist (und der Fluss erniedrigt wird). Wir zeigen das Vorgehen zunächst an einem Beispiel.

Beispiel. Die erste Zahl der Kantenbeschriftungen ist die Kapazität, die zweite der Fluss. Pfade mit Zunahme sind $P = s, s_1, s_2, t$ (Zunahme $= 50$) und $P = s, n_1, s_2, t$, (Zunahme $= 100$), wie Figur 6.21 zeigt.

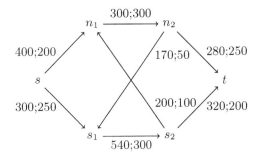

Fig. 6.21: Pfade mit Zunahme.

Zur Modellierung der Pfade mit Zunahme dient der Restgraph.

Definition 6.63. Sei $N = (V, E, s, t)$ ein Netzwerk und $f : E \longrightarrow \mathbb{R}_{\geq 0}$ ein Fluss für N. Der gerichtete Graph $G_f := (V, E_f)$, wobei

$$E_f := \{(v, w) \in V^2 \mid ((v, w) \in E \text{ und } f(v, w) < c(v, w))$$
$$\text{oder } ((w, v) \in E \text{ und } f(w, v) > 0)\},$$

heißt *Restgraph* von N bezüglich f.
$c_f : E_f \longrightarrow \mathbb{R}^+$,

$$c_f(v, w) := \begin{cases} c(v, w) - f(v, w) & \text{für } (v, w) \in E, (w, v) \notin E, \\ f(w, v) & \text{für } (v, w) \notin E, (w, v) \in E, \\ c(v, w) - f(v, w) + f(w, v) & \text{für } (v, w) \in E, (w, v) \in E. \end{cases}$$

heißt *Restkapazität* von N bezüglich f.

Bemerkung. Eine Kante $(v, w) \in E$, kann zu den Kanten (v, w) und (w, v) im Restgraphen führen. Sind weder (v, w) noch (w, v) Kanten in G, so gibt es auch im Restgraphen keine Kante zwischen v und w. Deshalb gilt $|E_f| \leq 2|E|$.

Beispiel. Figur 6.22 zeigt die Konstruktion des Restgraphen, wobei „Kapazität, Fluss" als Kantenbeschriftung dienen:

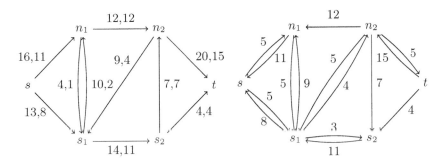

Fig. 6.22: Netzwerk mit Fluss und Restgraph.

Definition 6.64. Sei $N = (V, E, s, t)$ ein Netzwerk, f ein Fluss für N und G_f der Restgraph bezüglich f. Sei $v_0, v_1, \ldots, v_k$ ein (gerichteter) Pfad P in G_f.

$$\Delta := \min\{c_f(v_i, v_{i+1}) \mid i = 0, \ldots, k-1\}.$$

P heißt ein *Pfad mit Zunahme* Δ, falls $\Delta > 0$ gilt.

Satz 6.65. *Sei P ein Pfad mit Zunahme Δ von s nach t und $e = (v, w) \in E$. $\overline{e} = (w, v)$. $\Delta_e = \min\{c(e) - f(e), \Delta\}$*

$$g : E \longrightarrow \mathbb{R}_{\geq 0}, \begin{cases} g(e) := f(e) & \text{für } e \notin P, \\ g(e) := f(e) + \Delta & \text{für } e \in P, e \in E, \overline{e} \notin E, \\ g(\overline{e}) := f(\overline{e}) - \Delta & \text{für } e \in P, e \notin E, \overline{e} \in E, \\ g(e) := f(e) + \Delta_e, \\ g(\overline{e}) := f(\overline{e}) - (\Delta - \Delta_e) & \text{für } e \in P, e \in E, \overline{e} \in E. \end{cases}$$

g ist ein Fluss für N und $F_g = F_f + \Delta$.

Beweis. Die Behauptung folgt unmittelbar aus der Konstruktion. □

Bemerkung. Sei $v_0, \ldots, v_k$ ein Pfad P mit Zunahme Δ, den wir zur Berechnung von g verwenden. Die Kanten (v_i, v_{i+1}) von P mit $c_f(v_i, v_{i+1}) = \Delta$ treten nicht mehr als Kanten im Restgraphen G_g auf.

Satz 6.66. *Sei $N = (V, E, s, t)$ ein Netzwerk, f ein Fluss für N mit dem totalen Fluss F. Dann sind äquivalent:*

1. *F ist maximal.*
2. *Für jeden Pfad P von s nach t gilt für die Zunahme $\Delta = 0$.*

Beweis. Falls für einen Pfad P $\Delta > 0$ gilt, kann F erhöht werden und ist infolgedessen nicht maximal. Dies zeigt, dass aus Aussage 1 Aussage 2 folgt.

Wir zeigen jetzt, dass aus Aussage 2 auch Aussage 1 folgt. Sei

$$S = \{w \in V \mid \text{ es gibt einen Pfad } P \text{ von } s \text{ nach } w \text{ mit } \Delta > 0\} \cup \{s\}.$$

Es gilt: $s \in S$, $t \notin S$. Für $e \in \text{Out}(S)$ gilt $f(e) = c(e)$ und für $e \in \text{In}(S)$ gilt $f(e) = 0$, denn sonst ließe sich ein Pfad um e über S hinaus verlängern. Also folgt

$$F = \sum_{e \in \text{Out}(S)} f(e) - \sum_{e \in \text{In}(S)} f(e) = \sum_{e \in \text{Out}(S)} c(e) = C(S).$$

Sei F^* ein maximaler Fluss und $S^* \subset V$ ein Schnitt minimaler Kapazität. Dann gilt:

$$F \leq F^* \leq C(S^*) \leq C(S).$$

Wegen $F = C(S)$ folgt: $F = F^*$ und $C(S^*) = C(S)$. □

Der Beweis ergibt zusätzlich:

Satz 6.67 *(Theorem vom maximalen Fluss – Schnitt minimaler Kapazität).*
Der Wert des maximalen totalen Flusses ist gleich dem Wert eines Schnit-
tes minimaler Kapazität. Die Zusammenhangskomponente der Quelle s im
Restgraphen des Netzwerkes mit maximalem Fluss ist ein Schnitt minimaler
Kapazität.

Der Algorithmus von Ford-Fulkerson vergrößert den totalen Fluss mithilfe von Pfaden mit Zunahme. Der Algorithmus besteht aus den folgenden
Schritten:

1. Suche einen Pfad P mit Zunahme von s nach t.
2. Vergrößere den Fluss längs P mit den Formeln von Satz 6.65.
3. Wiederhole Schritt 1 und Schritt 2, solange ein Pfad mit Zunahme existiert.

Falls kein Pfad mit Zunahme existiert, ist der totale Fluss maximal.

Beispiel. Die erste Zahl bei der Kantenbeschriftung gibt die Kapazität an,
die nachfolgende Zahl den Fluss beim Start des Algorithmus. Die weiteren
Zahlen geben die Flüsse nach Flussvergrößerung mittels der Pfade

$$P = s, s_1, s_2, t \text{ mit } \Delta = 5,$$
$$P = s, n_1, s_2, t \text{ mit } \Delta = 7,$$
$$P = s, n_1, s_2, n_2, t \text{ mit } \Delta = 3,$$

an. $F = 60$ ist maximaler totaler Fluss. $S = \{s, n_1\}$ ist ein Schnitt minimaler
Kapazität, wie Figur 6.23 zeigt.

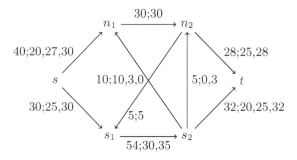

Fig. 6.23: Maximaler Fluss – Schnitt minimaler Kapazität.

Algorithmus 6.68.
    real $adm[1..n, 1..n]$, $flow[1..n, 1..n]$; vertex $path[1..n]$

```
FordFulkerson()
1    vertex j, k; real delta, delta1
2    for k = 1 to n do
3        for j = 1 to n do
4            flow[k, j] ← 0
5    while delta = FindPath() ≠ 0 do
6        k ← n, j ← path[k]
7        while j ≠ 0 do
8            delta1 ← min(delta, adm[j, k] − flow[j, k])
9            flow[j, k] ← flow[j, k] + delta1
10           flow[k, j] ← flow[k, j] − (delta − delta1)
11           k ← j, j ← path[k]
```

Bemerkungen:

1. FindPath ermittelt einen Pfad P mit Zunahme von s ($= 1$) nach t ($= n$), falls einer existiert (return value $delta > 0$) und speichert den Pfad im Array $path$; $path[k]$ speichert den Vorgänger von k im Pfad P. Die while-Schleife in Zeile 7 durchläuft P von t aus und aktualisiert den Fluss für die Kanten von P.

2. Wird die Kapazität c mit Werten in $\mathbb{N}$ vorausgesetzt, dann nimmt auch die Restkapazität c_f nur Werte in $\mathbb{N}$ an. Wenn wir für einen Fluss mit Werten in $\mathbb{N}$ eine Flussvergrößerung mittels eines Pfades mit Zunahme durchführen, hat der resultierende Fluss Werte in $\mathbb{N}$. Für einen Pfad mit Zunahme Δ gilt $\Delta \geq 1$. Da in jeder Iteration der while-Schleife in Zeile 5 der Fluss um mindestens eins erhöht wird, terminiert die while-Schleife und damit der Algorithmus.

3. Ford und Fulkerson geben in [FordFulk62] ein (theoretisches) Beispiel mit irrationalen Kapazitäten an, sodass für endlich viele Iterationen der Konstruktionen eines Pfades mit Zunahme keine Terminierung erfolgt. Die Konstruktion verwendet Potenzen von $\frac{1}{g}$, wobei g das Verhältnis des goldenen Schnitts bezeichnet (Definition 1.22). Wird der Pfad mit Zunahme nach der Methode von Edmonds-Karp gewählt, so terminiert der Algorithmus stets (siehe unten).

4. Die Effizienz von FordFulkerson hängt wesentlich von der Wahl des Pfades mit Zunahme ab.

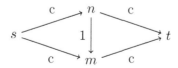

Wenn wir für den zunehmenden Weg abwechselnd s, n, m, t und s, m, n, t wählen, so terminiert Ford-Fulkerson nach $2c$ vielen Iterationen (unabhängig von $|V|$ und $|E|$).

Algorithmus von Edmonds-Karp. Im Algorithmus 6.68 ist nicht festgelegt, nach welcher Methode ein Pfad mit Zunahme zu ermitteln ist. Dieser Schritt beeinflusst die Laufzeit wesentlich. Der Vorschlag von Edmonds und Karp für die Wahl des Pfades mit Zunahme ist: Wähle in jedem Schritt in Ford-Fulkerson einen Pfad mit Zunahme von s nach t mit einer minimalen Anzahl von Kanten.

Die Pfade mit Zunahme von s nach t in N sind die gerichteten Wege von s nach t im Restgraphen G_f. Einen kürzesten gerichteten Weg (minimale Kantenanzahl) ermitteln wir durch Breitensuche in G_f (Algorithmus 5.11). Die Laufzeit ist in der Ordnung $O(n + m)$, falls der Graph durch eine Adjazenzliste gegeben ist und von der Ordnung $O(n^2)$, falls der Graph durch eine Adjazenzmatrix definiert ist ($n = |V|$, $m = |E|$).

Wir bestimmen jetzt die Anzahl der Iterationen der while-Schleife in Zeile 5 von Algorithmus 6.68 bei Wahl eines Pfades mit Zunahme nach dem Vorschlag von Edmonds und Karp. Sei $N = (V, E, s, t)$ ein Netzwerk mit Fluss f und seien $v, w \in V$.

$$\delta_f(v, w) := \text{ Abstand von } v \text{ und } w \text{ in } G_f,$$

wobei alle Kanten in G_f mit dem Gewicht eins zu versehen sind.

Lemma 6.69. *Seien* $f_1, f_2, \ldots$ *die Flüsse in einem Netzwerk, die wir mithilfe von Pfaden mit Zunahmen nach Edmonds-Karp konstruieren, dann gilt für* $v \in V \setminus \{s\}$: $\delta_{f_i}(s, v)$ *ist monoton wachsend in* i.

Beweis. Angenommen, es gibt $w \in V \setminus \{s\}$ und $i \in \mathbb{N}$ mit

$$\delta_{f_{i+1}}(s, w) < \delta_{f_i}(s, w).$$

Setze $f := f_i, f' := f_{i+1}$ und

$$U = \{u \in V \setminus \{s\} \mid \delta_{f'}(s, u) < \delta_f(s, u)\}.$$

Da $w \in U$ ist, folgt $U \neq \emptyset$.

Sei $y \in U$ mit $\delta_{f'}(s, y) \leq \delta_{f'}(s, u)$ für alle $u \in U$ und sei P' ein kürzester Pfad von s nach y in $G_{f'}$.

$$P' : s = v_0, \ldots v_{l-1}, v_l = y.$$

Setze $x = v_{l-1}$. Da $\delta_{f'}(s, x) = \delta_{f'}(s, y) - 1$, folgt nach der Wahl von y, dass $x \notin U$ ist. Wir zeigen zunächst, dass $(x, y) \notin E_f$ gilt. Angenommen, es wäre $(x, y) \in E_f$, dann folgt

$$\delta_f(s, y) \leq \delta_f(s, x) + 1 \leq \delta_{f'}(s, x) + 1 = \delta_{f'}(s, y),$$

ein Widerspruch zu $y \in U$.

Es gilt somit $(x, y) \notin E_f$. Wir zeigen jetzt, dass $(y, x) \in E_f$ gilt. Dazu betrachten wir zwei Fälle:

1. $(x, y) \in E$. Dann gilt $f(x, y) = c(x, y)$. Es folgt $(y, x) \in E_f$.
2. $(x, y) \notin E$. Dann gilt $(y, x) \in E$ und $f(y, x) = 0$, also folgt $f(y, x) < c(y, x)$ und $(y, x) \in E_f$.

Da $(x, y) \notin E_f$ und $(x, y) \in E_{f'}$, enthält der Pfad P mit Zunahme, der zur Konstruktion von f' aus f verwendet wurde (y, x) (in der Richtung von y nach x).

Da P ein kürzester Weg ist und $x \notin U$, folgt

$$\delta_f(s, y) = \delta_f(s, x) - 1 \leq \delta_{f'}(s, x) - 1 = \delta_{f'}(s, y) - 2 < \delta_{f'}(s, y),$$

ein Widerspruch zur Wahl von $y \in U$. Deshalb folgt $U = \emptyset$ und die Behauptung des Lemmas. □

Satz 6.70. *Sei $N = (V, E, s, t)$ ein Netzwerk, $n = |V|$ und $m = |E|$. Für die Anzahl $T(n, m)$ der Iterationen der while-Schleife (Zeile 5) in Ford-Fulkerson bei Verwendung von Edmonds-Karp gilt: $T(n, m) = O(nm)$.*

Beweis. Sei P ein Pfad mit Zunahme in G_f mit Zunahme Δ. Eine Kante e von P heißt minimal bezüglich P, wenn $c_f(e) = \Delta$ gilt. Sei f' der Fluss, der durch Addition von Δ aus f entsteht. Die minimalen Kanten von P treten in $E_{f'}$ nicht mehr auf.

Wir schätzen ab, wie oft eine Kante $e \in E$ minimal werden kann. Sei $e = (u, v)$ minimal für eine Iteration von Ford-Fulkerson (Konstruktion von f' aus f). Da e Kante eines kürzesten Weges in G_f ist, gilt $\delta_f(s, v) = \delta_f(s, u) + 1$.

Bevor (u, v) wieder Kante eines Pfades mit Zunahme werden kann, muss (v, u) Kante eines kürzesten Pfades mit Zunahme sein, d. h. $(v, u) \in E_{\tilde{f}}$ mit einem später berechneten Fluss $\tilde{f}$. Dann folgt mit Lemma 6.69

$$\delta_{\tilde{f}}(s, u) = \delta_{\tilde{f}}(s, v) + 1 \geq \delta_f(s, v) + 1 = \delta_f(s, u) + 2$$

Falls die Kante e bis zur Berechnung von f r mal minimale Kante war, gilt

$$2r \leq \delta_f(s, u)$$

Es gilt $\delta_f(s, u) \leq n - 2$, denn auf einem kürzesten Weg von s nach u können höchstens $n - 1$ viele Knoten liegen ($u \neq t$).

Es folgt

$$r \leq \frac{n - 2}{2},$$

d. h. eine Kante kann höchstens $\frac{n-2}{2}$ mal minimale Kante sein. Aus $|E_f| \leq 2|E| = 2m$ folgt, dass die Anzahl der minimalen Kanten $\leq (n - 2)m$ ist. Da in jeder Iteration von Ford-Fulkerson mindestens eine minimale Kante verschwindet, ist die Behauptung gezeigt. □

Übungen.

1. Rechnen Sie folgende Formeln für die Ackermann-Funktion nach:
   a. $A(1, n) = n + 2$.
   b. $A(2, n) = 2n + 3$.
   c. $A(3, n) = 2^{n+3} - 3$.
   d. $A(4, n) = \underbrace{2^{2^{2^{\cdot^{\cdot^{2}}}}}}_{n+3 \text{ mal}} - 3$.

2. Gegeben sei ein mit ganzen Zahlen gewichteter Graph G:

$$1 : (2, 1), (3, 1), (4, 4), (5, 2) \quad 4 : (1, 4), (3, 2), (5, 5)$$
$$2 : (1, 1), (3, 2), (5, -2) \qquad 5 : (1, 2), (2, -2), (4, 5)$$
$$3 : (1, 1), (2, 2), (4, 2)$$

   Die Länge eines Pfades in G ist die Summe der Gewichte der Kanten, die zum Pfad gehören. Der Abstand von zwei Knoten i, j ist das Minimum der Menge der Längen von Pfaden von i nach j.
   a. Wird durch die obige Definition eine Metrik auf der Menge der Knoten von G erklärt? Wenn dies nicht der Fall ist, dann geben Sie alle Axiome einer Metrik an, die verletzt sind.
   b. Liefert der Algorithmus von Dijkstra einen kürzesten Pfad von Knoten 4 nach Knoten 2? Stellen Sie die Einzelschritte bei der Ermittlung des Pfades dar.
   c. Liefert der Algorithmus von Kruskal einen minimalen aufspannenden Baum von G. Wenn dies der Fall ist, gilt dies für alle Graphen mit Kanten negativen Gewichts. Begründen Sie Ihre Aussage.

3. Sei G ein gerichteter gewichteter azyklischer Graph. Entwickeln Sie einen Algorithmus, welcher einen längsten Pfad zwischen zwei Knoten von G ermittelt (kritischer Pfad).

4. Entwerfen Sie einen Algorithmus, der für einen azyklischen gerichteten Graphen G die Abstände von einem Knoten zu allen anderen Knoten mit der Laufzeit $O(n + m)$ berechnet.

5. Beim Algorithmus von Kruskal hängt der konstruierte MST von der Auswahl einer Kante unter allen Kanten gleichen Gewichtes ab. Ist es möglich, durch geeignete Auswahl einer Kante in jedem Schritt, jeden MST eines Graphen zu erzeugen? Begründen Sie Ihre Antwort.

6. a. Wie sind die Prioritäten zu vergeben, damit eine Priority-Queue, wie ein Stack oder eine Queue arbeitet.
   b. Der Datentyp Priority Queue soll neben den angegebenen Zugriffsfunktionen die Vereinigung unterstützen. Geben Sie einen Algorithmus an und diskutieren Sie die Laufzeit.

7. Entwickeln Sie ein Verfahren für den „Update" eines MST für einen Graphen G, falls gilt:

a. Zu G wird eine Kante hinzugefügt.

b. Zu G werden ein Knoten und mehrere inzidente Kanten hinzugefügt.

8. Sei G ein gewichteter Graph und T ein minimaler aufspannender Baum für G. Wir verändern das Gewicht einer einzigen Kante von G. Diskutieren Sie die Auswirkungen auf T.

9. Wir modellieren ein Kommunikationsnetz mit bidirektionalen Verbindungen mit einem gewichteten Graphen $G = (V, E)$. Die Knoten sind Knoten im Kommunikationsnetzwerk und die Kanten sind Kommunikationsverbindungen. Das Gewicht einer Kante (u, v) ist die Ausfall-Wahrscheinlichkeit $p(u, v) \in [0, 1]$ für die Verbindung (u, v). Wir nehmen an, dass diese Wahrscheinlichkeiten voneinander unabhängig sind. Die Wahrscheinlichkeit, dass eine Verbindung $v = v_0, \ldots, v_n = w$ von v nach w ausfällt, ist $1 - \prod_{i=1}^{n}(1 - p(v_{i-1}, v_i))$. Geben Sie einen Algorithmus an, um Wege mit geringster Ausfall-Wahrscheinlichkeit zu berechnen.

10. Vier Personen P_1, P_2, P_3 und P_4 möchten in der Dunkelheit einen Steg überqueren. Der Steg kann nur überquert werden, wenn eine Fackel mitgeführt wird. Die vier Personen besitzen nur eine Fackel und der Steg trägt maximal zwei Personen. Die Personen sind unterschiedlich schnelle Läufer. P_1 benötigt für eine Überquerung fünf Minuten, P_2 zehn Minuten, P_3 zwanzig Minuten und P_4 fünfundzwanzig Minuten. Überqueren zwei Personen zusammen den Steg, dann richtet sich die benötigte Zeit nach dem langsameren Läufer. In welcher Reihenfolge müssen die vier Personen den Steg überqueren, damit alle an das andere Ufer gelangen und die dazu verbrauchte Zeit minimal ist.

a. Modellieren Sie das Problem mit einem Graphen.

b. Mit welchem Algorithmus kann das Problem gelöst werden?

c. Geben sie eine Lösung des Problems an.

11. Sei $G = (V, E)$ ein zusammenhängender Graph.
$d(G) := \max\{d(i, j) \mid i, j \in V\}$ heißt *Durchmesser* von G.
$e(i) := \max\{d(i, j) \mid j \in V\}$ heißt *Exzentrizität* von i.
$r(G) := \min\{e(i) \mid i \in V\}$ heißt *Radius* von G.
$i \in V$ heißt *Mittelpunkt* von G, wenn $e(i) = r(G)$ gilt.

a. Zeigen Sie: $r(G) \leq d(G) \leq 2r(G)$

b. Entwickeln Sie Algorithmen zur Berechnung von $d(G), r(G)$ und zur Ermittlung aller Mittelpunkte.

c. Wie gehen Sie vor, falls Sie nur an den Mittelpunkten interessiert sind?

12. Alle Städte eines Landes sollen durch Magnetschwebebahnen verbunden werden. Beim Aufbau des Schienennetzes soll darauf geachtet werden, die Länge der zu erstellenden Schienen zu minimieren.

a. Wie bestimmen Sie jene Städte, die durch einen Schienenstrang zu verbinden sind?

b. Was ergibt sich für eine Struktur?

c. Nachdem ein Schienennetz erstellt wurde, beschließt das Parlament die Hauptstadt zu verlegen. Die Summe der Fahrtzeiten von der neuen Hauptstadt zu allen übrigen Städten mit der Magnetschwebebahn soll minimal sein. Entwickeln Sie einen Algorithmus zur Ermittlung aller Städte des Landes, die die obige Bedingung erfüllen. Nehmen Sie dabei an, dass jede Strecke in beiden Richtungen befahrbar ist und die Fahrzeiten in beiden Richtungen gleich sind.

d. Erläutern Sie Ihr Vorgehen mithilfe eines Beispiels mit fünf Städten.

13. Verifikation eines *kürzesten Wege-Baumes* in linearer Zeit. Sei $G = (V, E)$ ein zusammenhängender gewichteter Graph, $r \in V$ und T ein Teilbaum mit Wurzel r, der G aufspannt. Entwickeln Sie einen Algorithmus mit linearer Laufzeit, der prüft, ob die Pfade in T kürzeste Pfade in G sind.

14. Sei $X = \{x_1, \ldots, x_n\}$ eine Menge von boolschen Variablen. Wir betrachten boolsche Ausdrücke der Form $b = b_1 \wedge \ldots \wedge b_n$ mit $b_j = b_{j_1} \vee b_{j_2}$, $j = 1, \ldots, n$, und $b_{j_1}, b_{j_2} \in L = \{x_1, \ldots, x_n, \overline{x}_1, \ldots, \overline{x}_n\}$.
Der Term $v \vee w$ ist äquivalent zu $\overline{v} \implies w$ und zu $\overline{w} \implies v$. Wir schreiben statt $v \vee w$ die Implikationen $\overline{v} \implies w$ und $\overline{w} \implies v$.
Wir ordnen einem Ausdruck b einen gerichteten Graphen $G = (V, E)$ zu. Wir setzen $V = L$. Jeder Term $v \vee w$ in b definiert die Kanten $(\overline{v}, w)$ und $(\overline{w}, v)$.
Geben Sie mithilfe von G einen Algorithmus an, der entscheidet, ob ein Ausdruck b *erfüllbar* ist, d. h. ob es eine Belegung der Variablen $x_1, \ldots, x_n$ mit 0 und 1 gibt, sodass $b(x_1, \ldots, x_n) = 1$ gilt. Dies wird als *2-SAT-Problem* bezeichnet.[14]

15. Ein Netzwerk sei definiert durch die Adjazenzliste

A: (B,25,15),(F,5,5)	B: (F,15,15), (T,5,0)
D: (H,10,0),(F,30,30)	F: (T,35,35), (J,20,15)
H: (J,20,15)	J: (T,30,30)
S: (A,20,20),(D,50,30),(H,20,15)	T:

Ein Eintrag ist gegeben durch (Knoten, Kapazität, Fluss). Ermitteln Sie einen maximalen Fluss und einen Schnitt minimaler Kapazität.

16. Wir betrachten ein System bestehend aus zwei Prozessoren P, Q und n Prozessen. Zwischen je zwei Prozessen findet Kommunikation statt. Ein Teil der Prozesse ist fest P und ein Teil fest Q zugeordnet. Der Rest der Prozesse soll so auf die Prozessoren verteilt werden, dass der Aufwand für die Informationsübertragung von P nach Q minimiert wird.

a. Wie ist das Problem zu modellieren?

b. Mit welchem Algorithmus kann eine Verteilung der Prozesse ermittelt werden?

---

[14] Das 3-SAT-Problem ist NP-vollständig ([HopMotUll07]). Es besteht darin zu entscheiden, ob ein boolscher Ausdruck $b = b_1 \wedge \ldots \wedge b_n$ mit $b_j = b_{j_1} \vee b_{j_2} \vee b_{j_3}$, $j = 1, \ldots, n$, und $b_{j_1}, b_{j_2}, b_{j_3} \in L$ erfüllbar ist.

17. Wir betrachten ein Netzwerk mit n Quellen $S_1, \ldots, S_n$ und m Senken $T_1, \ldots, T_m$. Lösen Sie das mmaximale Flussproblem für ein solches Netzwerk. Führen Sie Ihre Lösung am Beispiel von Figur 6.24 durch.

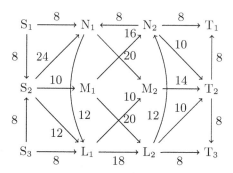

Fig. 6.24: Variante.

18. Sei $G = (V \cup W, E)$ ein bipartiter Graph. Sei $Z \subset E$. Z heißt eine *Zuordnung* in G, wenn jeder Knoten höchstens Endpunkt einer Kante ist. Eine *maximale Zuordnung* ist eine Zuordnung mit einer maximalen Anzahl von Kanten. In naheliegender Weise kann G ein Flussnetzwerk N zugeordnet werden. Arbeiten Sie die Details aus. Zeigen Sie, dass das Problem der Berechnung einer maximalen Zuordnung auf die Berechnung eines maximalen Flusses in N reduziert werden kann.

Ermitteln eine maximale Zuordnung im folgenden bipartiten Graphen.

$1 : 6, 7, 8$	$4 : 8, 9, 10$	$7 : 1, 3$	$10 : 2, 4$
$2 : 6, 9, 10$	$5 : 6$	$8 : 1, 4$	
$3 : 6, 7$	$6 : 1, 2, 5, 3$	$9 : 2, 4$	

19. Sei $G = (V_1 \cup V_2, E)$ ein bipartiter Graph, $N = (V, E, s, t)$ das zugeordnete Netzwerk, Z eine Zuordnung in G, f der zugeordnete lokale Fluss in N und $P = s, v_1, \ldots, v_n, t$ ein Pfad mit Zunahme. Zeigen Sie:
    a. P besitzt eine ungerade Anzahl von Kanten.
    b. Sei $e_i = (v_i, v_{i+1}), i = 1, \ldots, n - 1$. Dann gilt:
       $e_{2i-1} \in Z, i = 1, \ldots, \frac{n}{2}$, und $e_{2i} \notin Z, i = 1, \ldots, \frac{n-2}{2}$.
    c. Beim Algorithmus zur Konstruktion einer maximalen Zuordnung nimmt die Anzahl der Kanten der Zuordnung in jedem Schritt um eins zu.
    d. Bestimmen Sie die Ordnung der Anzahl der Iterationen von Ford-Fulkerson zur Berechnung einer maximalen Zuordnung.

A. Wahrscheinlichkeitsrechnung

Wir stellen einige grundlegende Notationen und Ergebnisse aus der Wahrscheinlichkeitsrechnung zusammen. Diese wenden wir bei der Analyse der Algorithmen an. Einführende Lehrbücher in die Wahrscheinlichkeitsrechnung sind [Bosch06] und [Feller68].

A.1 Endliche Wahrscheinlichkeitsräume und Zufallsvariable

Für die Analyse von Algorithmen können wir uns meistens auf endliche Wahrscheinlichkeitsräume einschränken.

Definition A.1.

1. Ein n-Tupel von Zahlen

$$p = (p_1, \ldots, p_n),\ p_i \in \mathbb{R},\ 0 \le p_i \le 1,\ \text{mit}\ \sum_{i=1}^{n} p_i = 1$$

   heißt *Wahrscheinlichkeitsverteilung* (kurz: *Verteilung*).
   Gilt $p_i = \frac{1}{n}$, $i = 1, \ldots, n$, dann heißt $(p_1, \ldots, p_n)$ die *Gleichverteilung*.
2. Ein *Wahrscheinlichkeitsraum* $(\mathcal{X}, \mathrm{p}_{\mathcal{X}})$ besteht aus einer endlichen Menge $\mathcal{X} = \{x_1, \ldots, x_n\}$ mit einer Wahrscheinlichkeitsverteilung $p = (p_1, \ldots, p_n)$. p_i ist die Wahrscheinlichkeit von x_i, $i = 1, \ldots, n$. Wir schreiben $\mathrm{p}_{\mathcal{X}}(x_i) := p_i$ und betrachten $\mathrm{p}_{\mathcal{X}}$ als Abbildung $X \to [0,1]$, die $x \in \mathcal{X}$ seine Wahrscheinlichkeit zuordnet. $\mathrm{p}_{\mathcal{X}}$ bezeichnen wir auch als *Wahrscheinlichkeitsmaß* auf $\mathcal{X}$.
3. Ein *Ereignis* $\mathcal{E}$ ist eine Teilmenge $\mathcal{E}$ von $\mathcal{X}$. Wir erweitern das Wahrscheinlichkeitsmaß auf Ereignisse, $\mathrm{p}_{\mathcal{X}}(\mathcal{E})$ oder kurz $\mathrm{p}(\mathcal{E})$ ist definiert durch

$$\mathrm{p}_{\mathcal{X}}(\mathcal{E}) = \sum_{y \in \mathcal{E}} \mathrm{p}_{\mathcal{X}}(y).$$

Bemerkung. Sei $(\mathcal{X}, \mathrm{p})$ ein Wahrscheinlichkeitsraum und seien $\mathcal{A}$ und $\mathcal{B}$ Ereignisse. Unmittelbar aus der Definition A.1 folgt:

1. $\mathrm{p}(\mathcal{X}) = 1$ und $\mathrm{p}(\emptyset) = 0$.
2. $\mathrm{p}(\mathcal{A} \cup \mathcal{B}) = \mathrm{p}(\mathcal{A}) + \mathrm{p}(\mathcal{B})$, falls $\mathcal{A} \cap \mathcal{B} = \emptyset$.
3. $\mathrm{p}(\mathcal{X} \setminus \mathcal{A}) = 1 - \mathrm{p}(\mathcal{A})$.

© Springer Fachmedien Wiesbaden GmbH, ein Teil von Springer Nature 2021
H. Knebl, *Algorithmen und Datenstrukturen*,
https://doi.org/10.1007/978-3-658-32714-9

Beispiel. Ein Standardbeispiel ist das Werfen mit einem Würfel. Ergebnis des Experiments ist die Augenzahl, die auf der Seite des Würfels zu sehen ist, die nach dem Werfen oben liegt. Die Ergebnismenge $\mathcal{X} = \{1, \ldots, 6\}$ besteht aus der Menge der Augenzahlen. Für einen fairen Würfel ist $p = \left(\frac{1}{6}, \ldots, \frac{1}{6}\right)$. Ein Ereignis ist eine Teilmenge von $\{1, \ldots, 6\}$. So ist zum Beispiel die Wahrscheinlichkeit für das Ereignis „gerade Augenzahl" gleich $\frac{1}{2}$.

Bemerkung. Für unsere Anwendungen ist das in Definition A.1 festgelegte Modell für Zufallsexperimente ausreichend. Kolmogorow[1] hat ein allgemeines Modell definiert, das heute in der Wahrscheinlichkeitstheorie üblich ist.

Die Menge $\mathcal{X}$ der Elementarereignisse ist nicht notwendig endlich und die Menge der Ereignisse ist eine Teilmenge $\mathcal{A}$ der Potenzmenge von $\mathcal{X}$, eine sogenannte *σ–Algebra*. Ein Wahrscheinlichkeitsmaß p ordnet jedem $A \in \mathcal{A}$ eine Wahrscheinlichkeit p(A) im reellen Intervall $[0, 1]$ zu. p ist *additiv*, d. h. p($A \cup B$) = p(A)+p(B), falls $A \cap B = \emptyset$, und es gilt p($\mathcal{X}$) = 1. Die Eigenschaft additiv wird sogar für abzählbare disjunkte Vereinigungen gefordert. Unser Modell ist ein Spezialfall des allgemeinen Modells.

Definition A.2. Sei $\mathcal{X}$ ein Wahrscheinlichkeitsraum und $\mathcal{A}, \mathcal{B} \subseteq \mathcal{X}$ Ereignisse mit p($\mathcal{B}$) > 0. Die *bedingte Wahrscheinlichkeit* von $\mathcal{A}$ unter der Annahme $\mathcal{B}$ ist
$$\mathrm{p}(\mathcal{A}\,|\,\mathcal{B}) := \frac{\mathrm{p}(\mathcal{A} \cap \mathcal{B})}{\mathrm{p}(\mathcal{B})}.$$
Insbesondere gilt
$$\mathrm{p}(x\,|\,\mathcal{B}) = \begin{cases} \mathrm{p}(x)/\mathrm{p}(\mathcal{B}) & \text{if } x \in \mathcal{B}, \\ 0 & \text{if } x \notin \mathcal{B}. \end{cases}$$

Bemerkung. Die bedingten Wahrscheinlichkeiten p($|\mathcal{B}$) definieren eine Wahrscheinlichkeitsverteilung auf $\mathcal{X}$. Sie beschreibt die Wahrscheinlichkeit von x unter der Voraussetzung, dass das Ereignis $\mathcal{B}$ vorliegt. Dadurch wird das Wahrscheinlichkeitsmaß p auf $\mathcal{B}$ konzentriert. Wir erhalten p($\mathcal{B}|\mathcal{B}$) = 1 und p($\mathcal{X} \setminus \mathcal{B}|\mathcal{B}$) = 0.

Beispiel. Wir betrachten nochmals das Beispiel Werfen mit einem Würfel von oben mit der Wahrscheinlichkeitsverteilung $p = \left(\frac{1}{6}, \ldots, \frac{1}{6}\right)$. Sei $\mathcal{B}$ das Ereignis „gerade Augenzahl". Dann gilt p($\mathcal{B}$) = $\frac{1}{2}$. Wir erhalten auf $\mathcal{X}$ die (bedingte) Wahrscheinlichkeitsverteilung $\left(0, \frac{1}{3}, 0, \frac{1}{3}, 0, \frac{1}{3}\right)$ unter der Voraussetzung $\mathcal{B}$.

Definition A.3. Sei $\mathcal{X}$ ein Wahrscheinlichkeitsraum und seien $\mathcal{A}, \mathcal{B} \subseteq \mathcal{X}$ Ereignisse. $\mathcal{A}$ und $\mathcal{B}$ heißen *unabhängig*, wenn p($\mathcal{A} \cap \mathcal{B}$) = p($\mathcal{A}$) $\cdot$ p($\mathcal{B}$) gilt. Für p($\mathcal{B}$) > 0 ist diese Bedingung äquivalent zu p($\mathcal{A}|\mathcal{B}$) = p($\mathcal{A}$).

---

[1] Andrei Nikolajewitsch Kolmogorow (1903 – 1987) war ein russischer Mathematiker. Zu seinen großen Leistungen zählt die Axiomatisierung der Wahrscheinlichkeitstheorie.

Satz A.4. *Sie $\mathcal{X}$ ein endlicher Wahrscheinlichkeitsraum, und sei $\mathcal{X}$ die disjunkte Vereinigung der Ereignisse $\mathcal{E}_1, \ldots, \mathcal{E}_r \subseteq \mathcal{X}$, mit $\mathrm{p}(\mathcal{E}_i) > 0$ für $i = 1 \ldots r$. Dann gilt*

$$\mathrm{p}(\mathcal{A}) = \sum_{i=1}^{r} \mathrm{p}(\mathcal{E}_i) \cdot \mathrm{p}(\mathcal{A} \mid \mathcal{E}_i)$$

für jedes Ereignis $\mathcal{A} \subseteq \mathcal{X}$.

Beweis. Es gilt $\mathcal{A} = \cup_{i=1}^{r}(\mathcal{A} \cap \mathcal{E}_i), (\mathcal{A} \cap \mathcal{E}_i) \cap (\mathcal{A} \cap \mathcal{E}_j) = \emptyset$ für $i \neq j$. Deshalb folgt

$$\mathrm{p}(\mathcal{A}) = \sum_{i=1}^{r} \mathrm{p}(\mathcal{A} \cap \mathcal{E}_i) = \sum_{i=1}^{r} \mathrm{p}(\mathcal{E}_i) \cdot \mathrm{p}(\mathcal{A} \mid \mathcal{E}_i).$$

$\square$

Definition A.5. Sei $(\mathcal{X}, \mathrm{p}_{\mathcal{X}})$ ein Wahrscheinlichkeitsraum und Y eine endliche Menge. Eine Abbildung $X : \mathcal{X} \longrightarrow Y$ heißt Y–wertige *Zufallsvariable* auf $\mathcal{X}$. Wir sagen X ist eine *reelle Zufallsvariable*, wenn $Y \subset \mathbb{R}$, und eine *binäre Zufallsvariable*, wenn $Y = \{0, 1\}$.

Beispiel. Wir betrachten das Würfelexperiment von oben. Die Abbildung $X : \{1, \ldots, 6\} \longrightarrow \{0, 1\}$, die einem geraden Ergebnis 0 und einem ungeraden Ergebnis 1 zuordnet, ist eine binäre Zufallsvariable.

Definition A.6. Sei $X : \mathcal{X} \longrightarrow Y$ eine reelle Zufallsvariable.

1. Der gewichtete Mittelwert

$$\mathrm{E}(X) := \sum_{y \in Y} \mathrm{p}(X = y) \cdot y,$$

   wobei $\mathrm{p}(X = y) = \mathrm{p}(\{x \in \mathcal{X} \mid X(x) = y\})$, heißt *Erwartungswert* von X.
2. Der Erwartungswert der Zufallsvariablen $(X - \mathrm{E}(X))^2$ heißt *Varianz* von X.

$$\mathrm{Var}(X) := \mathrm{E}((X - \mathrm{E}(X))^2).$$

   Die Varianz ist ein Maß für die erwartete Abweichung einer Zufallsvariablen von ihrem Erwartungswert zum Quadrat.[2]
3. Die Standardabweichung von X ist

$$\sigma(X) = \sqrt{\mathrm{Var}(X)}.$$

   Die Standardabweichung ist das Maß für die Streuung einer Zufallsvariablen.

---

[2] Eigentlich ist man am Erwartungswert $\mathrm{E}(|X - \mathrm{E}(X)|)$ interessiert. Da Absolutbeträge schwer zu behandeln sind, wird $\mathrm{Var}(X)$ durch $\mathrm{E}((X - \mathrm{E}(X))^2)$ definiert.

Beispiel. Wir betrachten die Zufallsvariable X aus dem vorangehenden Beispiel, $X : \{0, \ldots, 6\} \longrightarrow \{0, 1\}$, die einem geraden Ergebnis des Würfelexperiments 0 und einem ungeraden Ergebnis 1 zuordnet. Es gilt $E(X) = \frac{1}{2}$. Die Zufallsvariable $(X - \frac{1}{2})^2$ nimmt für alle Augenzahlen den Wert $\frac{1}{4}$ an. Deshalb gilt $Var(X) = \frac{1}{4}$ und $\sigma(X) = \frac{1}{2}$.

Satz A.7. *Seien X und Y reelle Zufallsvariable, $a, b \in \mathbb{R}$. Dann gilt*

1. $E(aX + bY) = aE(X) + bE(Y)$.
2. $Var(X) = E(X^2) - E(X)^2$

Beweis. Seien $x_1, \ldots, x_n$ die Werte von X und $y_1, \ldots, y_m$ die Werte von Y. Dann gilt

$$E(aX + bY) = \sum_{i,j} p(X = x_i \cap Y = y_j) \cdot (ax_i + by_j)$$

$$= a \sum_{i,j} p(X = x_i \cap Y = y_j) \cdot x_i +$$

$$b \sum_{i,j} p(X = x_i \cap Y = y_j) \cdot y_j$$

$$= a \sum_{i} p(X = x_i) \cdot x_i + \sum_{j} p(Y = y_j) \cdot y_j$$

$$= aE(X) + bE(Y),$$

(beachte, $p(X = x_i) = \sum_j p(X = x_i \cap Y = y_j)$ (Satz A.4)) und

$$E((X - E(X))^2) = E(X^2 - 2XE(X) + E(X)^2) = E(X^2) - E(X)^2.$$

$\square$

Definition A.8. Sei X eine Zufallsvariable und $\mathcal{E}$ ein Ereignis im zugehörenden Wahrscheinlichkeitsraum. Die Verteilung der Zufallsvariablen $X|\mathcal{E}$ ist durch die bedingten Wahrscheinlichkeiten $p(X = x|\mathcal{E})$ definiert.

Lemma A.9. *Seien X und Y endliche Zufallsvariablen. Die Wertemenge von Y sei $\{y_1, \ldots, y_m\}$. Dann gilt*

$$E(X) = \sum_{i=1}^{m} E(X \mid Y = y_i) p(Y = y_i).$$

Beweis. Mit Satz A.4 folgt

$$p(X = x) = \sum_{i=1}^{m} p(X = x \mid Y = y_i) p(Y = y_i).$$

Die Wertemenge von X sei $\{x_1, \ldots, x_n\}$. Dann gilt

$$E(X) = \sum_{j=1}^{n} p(X = x_j)x_j$$

$$= \sum_{j=1}^{n} \left(\sum_{i=1}^{m} p(X = x_j \mid Y = y_i)p(Y = y_i) \right) x_j$$

$$= \sum_{i=1}^{m} \left(\sum_{j=1}^{n} p(X = x_j \mid Y = y_i)x_j \right) p(Y = y_i)$$

$$= \sum_{i=1}^{m} E(X \mid Y = y_i)p(Y = y_i).$$

Dies zeigt die Behauptung. □

Satz A.10 *(Markovsche Ungleichung). Sei X eine Zufallsvariable, die nur nicht negative ganze Zahlen als Werte annimmt. Dann gilt für jede reelle Zahl $r > 0$*

$$p(X \geq rE(X)) \leq \frac{1}{r}.$$

Beweis. Aus

$$E(X) = \sum_{i \geq 1} i \cdot p(X = i) \geq \sum_{i \geq rE(X)} i \cdot p(X = i)$$

$$\geq r \cdot E(X) \sum_{i \geq rE(X)} p(X = i)$$

$$= r \cdot E(X) \cdot p(X \geq r \cdot E(X))$$

folgt die Behauptung. □

A.2 Spezielle diskrete Verteilungen

Wir studieren in diesem Abschnitt Beispiele von Zufallsvariablen, die wir bei der Analyse von Algorithmen anwenden. Zunächst erweitern wir unser Modell für Zufallsexperimente. Wir betrachten die etwas allgemeinere Situation einer *diskreten Zufallsvariablen*. Die Wertemenge von X besteht aus den nicht negativen ganzen Zahlen $0, 1, 2 \ldots$. Für eine Zufallsvariable X mit Wertemenge $W \subsetneq \{0, 1, 2 \ldots\}$ setzen wir $p(X = m) = 0$ für $m \notin W$, also sind auch endliche Zufallsvariable eingeschlossen. Wir fordern, dass

$$\sum_{i=0}^{\infty} p(X = i) = 1$$

gilt. Der zu X assoziierte Wahrscheinlichkeitsraum mit der Verteilung $p = (p(X = i))_{i \geq 0}$ ist abzählbar und nicht mehr endlich. Die Definitionen und

Sätze aus dem Abschnitt A.1 sind auf die allgemeinere Situation übertragbar. Wenn die Reihe

$$E(X) = \sum_{i=0}^{\infty} i \cdot p(X = i)$$

konvergiert, heißt $E(X)$ der *Erwartungswert der diskreten Zufallsvariablen* X.

Beispiel. Die Reihe $\sum_{i=1}^{\infty} \frac{1}{2^i}$ konvergiert gegen 1 (Anhang B (F.8)). Folglich ist durch $\left(\frac{1}{2^i}\right)_{i \geq 1}$ die Verteilung einer diskreten Zufallsvariablen X definiert. Die Reihe $\sum_{i=1}^{\infty} i \cdot \frac{1}{2^i}$ konvergiert gegen 2, also besitzt X den Erwartungswert 2 (loc. cit.).

Erwartungswert und Varianz einer Zufallsvariablen sind einfach zu berechnen, wenn eine explizite Formel für die erzeugende Funktion der Zufallsvariablen bekannt ist.

Definition A.11. Sei X eine Zufallsvariable, die nur nicht negative ganze Zahlen als Werte annimmt. Die Potenzreihe

$$G_X(z) = \sum_{i=0}^{\infty} p(X = i) z^i$$

heißt *erzeugende Funktion* der Zufallsvariablen X.[3]

Für $|z| \leq 1$ konvergiert die Potenzreihe $G_X(z)$ und stellt im Inneren des Konvergenzbereichs eine unendlich oft differenzierbare Funktion dar. Die Ableitung ergibt sich durch gliedweises Differenzieren ([AmannEscher02, Kap. V.3]).

$$G_X(z) = \sum_{i=0}^{\infty} p(X = i) z^i \text{ impliziert } p(X = 0) = G_X(0).$$

$$G'_X(z) = \sum_{i=1}^{\infty} i p(X = i) z^{i-1} \text{ impliziert } p(X = 1) = G'_X(0).$$

$$G''_X(z) = \sum_{i=2}^{\infty} i(i - 1) p(X = i) z^{i-2}$$

$$\text{impliziert } p(X = 2) = \frac{1}{2} G''_X(0).$$

$$\vdots$$

---

[3] Die Zufallsvariable z^X nimmt den Wert z^i mit der Wahrscheinlichkeit $p(X = i)$ an. Somit gilt $G_X(z) = E(z^X)$.

$$G_X^{(k)}(z) = \sum_{i=k}^{\infty} i(i-1)\ldots(i-k+1)\mathrm{p}(X=i)z^{i-k}$$

$$\text{impliziert } \mathrm{p}(X=k) = \frac{1}{k!}G_X^{(k)}(0).$$

Oft kennt man neben der Potenzreihendarstellung eine weitere Darstellung der erzeugenden Funktion, zum Beispiel als rationale Funktion (Beweis von Satz A.16, A.20 und A.22). Aus dieser Darstellung können wir dann Formeln für die Ableitungen und die Koeffizienten der Potenzreihe durch Differenzieren dieser Darstellung von $G_X(z)$ gewinnen. Die Erzeugendenfunktion $G_X(z)$ enthält die komplette Verteilung von X implizit. Aus einer expliziten Darstellung von $G_X(z)$, zum Beispiel als rationale Funktion, kann eine Formel für den Erwartungswert und die Varianz von X abgeleitet werden.

Satz A.12. *Sei X eine Zufallsvariable mit der erzeugenden Funktion $G_X(z)$. Für $G_X(z)$ sollen die erste und zweite linksseitige Ableitung an der Stelle $z = 1$ existieren. Dann gilt*

$$\mathrm{E}(X) = G'_X(1), \ \mathrm{E}(X^2) = G''_X(1) + G'_X(1) \ und$$
$$\mathrm{Var}(X) = G''_X(1) + G'_X(1) - G'_X(1)^2.$$

Beweis. Die Formeln folgen unmittelbar aus der Betrachtung von oben mit der Aussage 2 von Satz A.7, der auch für diskrete Zufallsvariable gilt. □

Wir wenden jetzt Satz A.12 auf die Bernoulli-Verteilung, die Binomialverteilung, die negative Binomialverteilung, die Poisson-Verteilung, die geometrische Verteilung, die hypergeometrische Verteilung und die negativ hypergeometrisch verteilte Zufallsvariable an.

Definition A.13. Eine Zufallsvariable X heißt *Bernoulli*[4]*-verteilt* mit Parameter p, $0 < p < 1$, wenn X die Werte 0 und 1 annimmt und

$$\mathrm{p}(X = i) = p^i(1-p)^{1-i}$$

gilt.

Satz A.14. *Sei X eine Bernoulli-verteilte Zufallsvariable mit Parameter p. Dann gilt:*
$$\mathrm{E}(X) = p, \ \mathrm{E}(X^2) = p \ und \ \mathrm{Var}(X) = p(1-p).$$

Beweis.
$$G_X(z) = pz + (1-p), \ G'_X(z) = p \ und \ G''_X(z) = 0.$$

Die Aussagen 1 und 2 folgen unmittelbar.

$$\mathrm{Var}(X) = \mathrm{E}(X^2) - \mathrm{E}(X)^2 = p - p^2 = p(1-p).$$

□

---

[4] Jakob Bernoulli (1655 – 1705) war ein schweizer Mathematiker und Physiker.

Definition A.15. Eine Zufallsvariable X heißt *binomialverteilt* mit Parameter (n, p), $n > 0$, $0 < p < 1$, wenn X die Werte $0, 1, 2, \ldots, n$ annimmt und

$$\mathrm{p}(X = i) = \binom{n}{i} p^i (1 - p)^{n-i}$$

gilt.[5]

Beispiel. Figur A.1 zeigt die Verteilung der Anzahl E der Einsen in einer Zufalls 0-1-Folge, die wir durch eine faire Münze erzeugen (Abschnitt 1.6.4). E ist binomialverteilt mit Parameter $n = 50$ und $p = 1/2$. Der Erwartungswert ist 25 und die Standardabweichung ist 3.54.

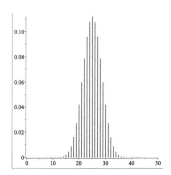

Fig. A.1: Verteilung der Einsen in einer Zufallsfolge.

Sei $\mathcal{E}$ ein Ereignis eines Zufalls Experiments, das mit der Wahrscheinlichkeit $\mathrm{p}(\mathcal{E}) = p > 0$ eintritt. Wir betrachten n unabhängige Wiederholungen des Experiments. Ein derartiges Experiment bezeichnen wir als *Bernoulli-Experiment* mit Ereignis $\mathcal{E}$ und *Erfolgswahrscheinlichkeit p*.

Sei X die Zufallsvariable, welche zählt, wie oft das Ereignis $\mathcal{E}$ eintritt. Das Ereignis tritt bei n unabhängigen Wiederholungen an i vorgegebenen Positionen der Folge (bei den n vorgegebenen Wiederholungen) mit der Wahrscheinlichkeit $p^i (1 - p)^{n-i}$ auf. Aus n Positionen gibt es $\binom{n}{i}$ viele Möglichkeiten i Position auszuwählen. Wir erhalten $\mathrm{p}(X = i) = \binom{n}{i} p^i (1 - p)^{n-i}$. X ist binomialverteilt mit Parameter (n, p).

Satz A.16. *Sei X eine binomialverteilte Zufallsvariable mit Parameter (n, p). Dann gilt:*

$$\mathrm{E}(X) = np, \; \mathrm{E}(X^2) = n(n-1)p^2 + np \; und \; \mathrm{Var}(X) = np(1 - p).$$

Beweis. Aus dem binomischen Lehrsatz (Anhang B (F.3)) folgt durch die Entwicklung von $(pz + (1 - p))^n$ die Erzeugendenfunktion für die Binomialverteilung.

---

[5] $\sum_{i=0}^{n} \binom{n}{i} p^i (1 - p)^{n-i} = (p + (1 - p))^n = 1$ (Anhang B (F.3)).

$$G_X(z) = \sum_{i=0}^{n} \binom{n}{i} p^i (1-p)^{n-i} z^i = (pz + (1-p))^n,$$

$$G'_X(z) = np(pz + (1-p))^{n-1} \text{ und}$$

$$G''_X(z) = n(n-1)p^2(pz + (1-p))^{n-2}.$$

Die Aussagen 1 und 2 folgen unmittelbar.

$$\text{Var}(X) = \text{E}(X^2) - \text{E}(X)^2 = n(n-1)p^2 + np - n^2p^2 = np(1-p).$$

$\square$

Beispiel. Figur A.2 zeigt die Verteilung der Anzahl N der Schlüssel, die durch eine Zufalls-Hashfunktion für eine Hashtabelle mit 60 Plätzen und 50 Datensätzen auf einen Hashwert abgebildet werden. Die Variable N ist binomialverteilt mit den Parametern $n = 50$ und $p = 1/60$ (Satz 3.15).

Wir erwarten, dass auf einen Hashwert $\text{E}(N) = 5/6$ Schlüssel abgebildet werden. Die Varianz $\text{Var}(N) = 250/36 \approx 6.9$ und die Standardabweichung $\sigma(N) \approx 2.6$.

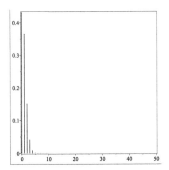

Fig. A.2: Verteilung bei einer Zufalls-Hashfunktion.

Wir betrachten für die Binomialverteilung den Limes für $n \to \infty$ wobei $n \cdot p = \lambda$ konstant gehalten werden soll, d. h. wir setzen $p = \lambda/n$:

$$\lim_{n \to \infty} \binom{n}{i} p^i (1-p)^{n-i} = \lim_{n \to \infty} \binom{n}{i} \left(\frac{\lambda}{n}\right)^i \left(1 - \frac{\lambda}{n}\right)^{n-i}$$

$$= \frac{\lambda^i}{i!} \lim_{n \to \infty} \frac{n(n-1)\dots(n-i+1)}{n^i} \left(1 - \frac{\lambda}{n}\right)^{n-i}$$

$$= \frac{\lambda^i}{i!} \lim_{n \to \infty} \left(1 - \frac{\lambda}{n}\right)^n \lim_{n \to \infty} \left(1 - \frac{1}{n}\right) \dots \left(1 - \frac{i-1}{n}\right) \left(1 - \frac{\lambda}{n}\right)^{-i}$$

$$= \frac{\lambda^i}{i!} e^{-\lambda}$$

(für das letzte $=$ siehe Satz B.19).

Die Poisson-Verteilung gibt für eine kleine Auftrittswahrscheinlichkeit $p = \frac{\lambda}{n}$ eines Ereignisses und für eine große Anzahl n von Wiederholungen eines Bernoulli-Experiments näherungsweise an, mit welcher Wahrscheinlichkeit das Ereignis i–mal eintritt. Die Poisson-Verteilung wird deshalb manchmal als die *Verteilung der seltenen Ereignisse* bezeichnet.

Definition A.17. Eine Zufallsvariable X heißt *Poisson-verteilt*[6] mit Parameter λ, $\lambda > 0$, wenn X die Werte $0, 1, 2, \ldots$ annimmt und

$$\mathrm{p}(X = i) = \frac{\lambda^i}{i!} e^{-\lambda}$$

gilt (beachte $\sum_{i=0}^{\infty} \frac{\lambda^i}{i!} e^{-\lambda} = e^{-\lambda} \sum_{i=0}^{\infty} \frac{\lambda^i}{i!} = e^{-\lambda} e^{\lambda} = 1$).

Satz A.18. *Sei X eine Poisson-verteilte Zufallsvariable mit Parameter λ. Dann gilt:*

$$\mathrm{E}(X) = \lambda, \ \mathrm{E}(X^2) = \lambda^2 \ und \ \mathrm{Var}(X) = \lambda.$$

Beweis.

$$G_X(z) = \sum_{i=0}^{\infty} \frac{\lambda^i}{i!} e^{-\lambda} z^i \ = \ e^{-\lambda} \sum_{i=0}^{\infty} \frac{(\lambda \cdot z)^i}{i!}$$
$$= e^{-\lambda} e^{\lambda z},$$
$$G_X'(z) = \lambda e^{-\lambda} e^{\lambda z} \ und \ G_X''(z) \ = \ \lambda^2 e^{-\lambda} e^{\lambda z}.$$

Die Aussagen 1 und 2 folgen unmittelbar und

$$\mathrm{Var}(X) = \mathrm{E}(X^2) - \mathrm{E}(X)^2 = \lambda^2 + \lambda - \lambda^2 = \lambda.$$

$\square$

Definition A.19. Eine Zufallsvariable X heißt *geometrisch verteilt* mit Parameter p, $0 < p < 1$, wenn X die Werte $1, 2, \ldots$ annimmt und

$$\mathrm{p}(X = i) = p(1 - p)^{i-1}$$

gilt.[7] Der Name erklärt sich aus der Tatsache, dass die Erzeugendenfunktion von X eine geometrische Reihe ist (siehe unten).

Wir betrachten ein Bernoulli-Experiment mit Ereignis $\mathcal{E}$ und Erfolgswahrscheinlichkeit p. Sei X die Zufallsvariable, welche die notwendigen Versuche zählt, bis zum ersten Mal $\mathcal{E}$ eintritt. $\mathcal{E}$ tritt bei der i–ten Wiederholung zum ersten Mal ein, falls $\mathcal{E}$ bei der i–ten Wiederholung eintritt, bei den $i - 1$ vielen vorangehenden Wiederholungen jedoch nicht. Die Wahrscheinlichkeit dafür ist $p(1 - p)^{i-1}$, d. h. X ist geometrisch verteilt mit Parameter p.

---

[6] Siméon Denis Poisson (1781 – 1840) war ein französischer Mathematiker und Physiker.

[7] $\sum_{i=1}^{\infty} p(1 - p)^{i-1} = p \sum_{i=0}^{\infty} (1 - p)^i = 1$ (Anhang B (F.8)).

Beispiel. Die Terminierung eines Las-Vegas-Algorithmus hängt oft vom erstmaligen Eintreten eines Ereignisses ab. Dies wird durch die geometrische Verteilung bestimmt. Figur A.3 zeigt für Algorithmus 1.50 und für $p = \frac{1}{2}$ die Verteilung der Anzahl der Iterationen bis die Abbruchbedingung eintritt.

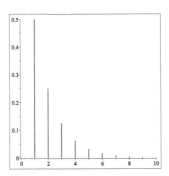

Fig. A.3: Terminierung eines Las-Vegas-Algorithmus.

Satz A.20. *Sei X eine geometrisch verteilte Zufallsvariable mit Parameter p. Dann gilt:*

$$\mathrm{E}(X) = \frac{1}{p}, \ \mathrm{E}(X^2) = \frac{2 - p}{p^2} \ und \ \mathrm{Var}(X) = \frac{1 - p}{p^2}.$$

Beweis. Mit der geometrische Reihe (Anhang B (F.8)) folgt

$$G_X(z) = \sum_{i=1}^{\infty} p(1 - p)^{i-1} z^i \ = \ \frac{p}{1 - p} \sum_{i=1}^{\infty} ((1 - p)z)^i$$

$$= \frac{p}{1 - p} \cdot \left(\frac{1}{1 - (1 - p)z} - 1 \right),$$

$$G_X'(z) = \frac{p}{(1 - (1 - p)z)^2} \ und \ G_X''(z) \ = \ \frac{2p(1 - p)}{(1 - (1 - p)z)^3}.$$

Die Aussagen 1 und 2 folgen unmittelbar und

$$\mathrm{Var}(X) = \mathrm{E}(X^2) - \mathrm{E}(X)^2 = \frac{2(1 - p)}{p^2} + \frac{1}{p} - \frac{1}{p^2} = \frac{1 - p}{p^2}.$$

$\square$

Definition A.21. Eine Zufallsvariable X heißt *negativ binomialverteilt* mit Parameter (r, p), $r > 0$, $0 < p < 1$, wenn X die Werte $r, r + 1, \ldots$ annimmt und

$$\mathrm{p}(X = k) = \binom{k - 1}{r - 1} p^r (1 - p)^{k-r}$$

gilt (beachte $\sum_{k \geq r} \mathrm{p}(X = k) = G_X(1) = \left(\frac{p}{1 - (1 - p)} \right)^r = 1$ (siehe unten)).

Bemerkung. Sei $k = r + i$. Die Identität

$$\binom{k-1}{r-1} = \binom{r+i-1}{r-1} = \binom{r+i-1}{i} = (-1)^i \binom{-r}{i}$$

erklärt die Bezeichnung „negative Binomialverteilung" (Lemma B.18).

Wir betrachten ein Bernoulli-Experiment mit Ereignis $\mathcal{E}$ und Erfolgswahrscheinlichkeit p. Sei X die Zufallsvariable, welche zählt, wie oft wir das Experiment wiederholen müssen, bis das Ereignis $\mathcal{E}$ r mal eintritt. Wir erhalten $\mathrm{p}(X = k) = p\binom{k-1}{r-1} p^{r-1}(1-p)^{k-r} = \binom{k-1}{r-1} p^r(1-p)^{k-r}$. Folglich ist X negativ binomialverteilt mit Parameter (r, p).

Die negative Binomialverteilung mit Parameter $(1, p)$ ergibt die geometrische Verteilung. Umgekehrt erhalten wir die negative Binomialverteilung mit Parameter (r, p) als Summe von r geometrisch verteilten Zufallsvariablen mit Parameter p.

Beispiel. Die Anzahl der F–leichten Kanten in einem Zufallsgraphen mit r Knoten wird durch eine negativ binomialverteilte Zufallsvariable mit den Parametern $(r, 1/2)$ majorisiert (Satz 6.48). Figur A.4 zeigt die negative Binomialverteilung für $r = 50$ und $p = 1/2$.

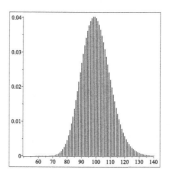

Fig. A.4: Verteilung einer oberen Schranke der F–leichten Kanten.

Satz A.22. *Sei X eine negativ binomialverteilte Zufallsvariable mit Parameter (r, p). Dann gilt:*

$$\mathrm{E}(X) = \frac{r}{p}, \ \mathrm{E}(X^2) = \frac{r^2}{p^2} + \frac{r}{p^2} - \frac{r}{p} \ \text{und Var}(X) = \frac{r(1-p)}{p^2}.$$

Beweis. Aus der Formel für die binomische Reihe (Anhang B (F.4)) folgt mit Lemma B.18, $q = 1 - p$ und $r + i = k$

$$(1 - qz)^{-r} = \sum_{i=0}^{\infty} \binom{-r}{i} (-qz)^i = \sum_{i=0}^{\infty} (-1)^i \binom{-r}{i} q^i z^i$$

$$= \sum_{i=0}^{\infty} \binom{r+i-1}{i} q^i z^i = \sum_{i=0}^{\infty} \binom{r+i-1}{r-1} q^i z^i$$

$$= \sum_{k=r}^{\infty} \binom{k-1}{r-1} q^{k-r} z^{k-r}.$$

Multiplikation mit $(pz)^r$ ergibt

$$G_X(z) = \sum_{k=r}^{\infty} \binom{k-1}{r-1} p^r q^{k-r} z^k = \left(\frac{pz}{1-qz}\right)^r.$$

Dann gilt

$$G'_X(z) = r \left(\frac{pz}{1-qz}\right)^{r-1} \frac{p(1-qz)+pqz}{(1-qz)^2} = rp \left(\frac{(pz)^r}{(1-qz)^{r+1}}\right) \text{ und}$$

$$G''_X(z) = rp^2 \left(\frac{(pz)^{r-2}}{(1-qz)^{r+2}}\right)(r-1+2qz).$$

Es folgt

$$E(X) = G'_X(1) = \frac{r}{p},$$

$$E(X^2) = G''_X(1) + G'_X(1) = \frac{r}{p^2}(r+1-2p) + \frac{r}{p} = \frac{r^2}{p^2} + \frac{r}{p^2} - \frac{r}{p},$$

$$Var(X) = E(X^2) - E(X)^2 = \frac{r^2}{p^2} + \frac{r}{p^2} - \frac{r}{p} - \left(\frac{r}{p}\right)^2 = \frac{r(1-p)}{p^2}.$$

$\square$

Definition A.23. Eine Zufallsvariable X heißt *hypergeometrisch verteilt* mit den Parametern (n, M, N), $n, M \leq N$, wenn X die Werte $0, 1, 2, \ldots, M$ annimmt und

$$p(X = k) = \frac{\binom{M}{k} \binom{N-M}{n-k}}{\binom{N}{n}}$$

gilt.

Die hypergeometrische Verteilung beschreibt ein Urnen-Experiment „Ziehen ohne Zurücklegen". Dabei enthält eine Urne N Kugeln. Von diesen N Kugeln weisen M Kugeln ein bestimmtes Merkmal $\mathcal{M}$ auf. Die Wahrscheinlichkeit, dass nach n Ziehungen (ohne Zurücklegen) k der gezogenen Kugeln das Merkmal $\mathcal{M}$ besitzen ergibt sich aus der Anzahl der günstigen Fälle

$\binom{M}{k}\binom{N-M}{n-k}$ dividiert durch die Anzahl der möglichen Fälle $\binom{N}{n}$. Es gilt die Normierungsbedingung $\sum_k \mathrm{p}(X = k) = 1$, d. h.

$$\sum_k \binom{M}{k}\binom{N-M}{n-k} = \binom{N}{n}$$

(Lemma B.18).

Beispiel. Figur A.5 zeigt die Verteilung der Anzahl der Umstellungen U bei der Quicksort-Zerlegung für ein Array mit 100 Elementen und mit Pivotelement an der Position 60. Die Variable U ist hypergeometrisch verteilt mit den Parametern $n = 59$, $M = 40$ und $N = 99$ (Abschnitt 2.1.1).

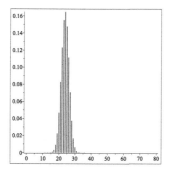

Fig. A.5: Verteilung bei der Quicksort-Zerlegung.

Satz A.24. *Sei X eine hypergeometrisch verteilte Zufallsvariable mit den Parametern (n, M, N). Dann gilt:*

$$\mathrm{E}(X) = n\frac{M}{N} \quad und \quad \mathrm{Var}(X) = n\frac{M}{N}\left(1 - \frac{M}{N}\right)\frac{N-n}{N-1}.$$

Beweis.

$$G_X(z) = \sum_k \frac{\binom{M}{k}\binom{N-M}{n-k}}{\binom{N}{n}} z^k.$$

$$G'_X(z) = \sum_k k\frac{\frac{M}{k}\binom{M-1}{k-1}\binom{N-M}{n-k}}{\frac{N}{n}\binom{N-1}{n-1}} z^{k-1}$$

$$= n\frac{M}{N}\sum_k \frac{\binom{M-1}{k-1}\binom{N-M}{n-k}}{\binom{N-1}{n-1}} z^{k-1}.$$

$$G_X''(z) = n\frac{M}{N} \sum_k (k-1) \frac{\frac{M-1}{k-1}\binom{M-1}{k-1}\binom{N-M}{n-k}}{\frac{N-1}{n-1}\binom{N-2}{n-2}} z^{k-2}$$

$$= n(n-1)\frac{M}{N}\frac{M-1}{N-1} \sum_k \frac{\binom{M-2}{k-2}\binom{N-M}{n-k}}{\binom{N-2}{n-2}} z^{k-2}.$$

Aus

$$G_X'(1) = n\frac{M}{N} \text{ und } G_X''(1) = n(n-1)\frac{M}{N}\frac{M-1}{N-1}$$

folgen die Formeln für Erwartungswert und Varianz von X. Bei den Rechnungen mit den Binomial-Koeffizienten wurde Lemma B.18 angewendet. □

Bemerkung. Wir betrachten den Grenzwert für $N \to \infty$ und $p = M/N$ konstant.

$$\binom{M}{k}\binom{N-M}{n-k}/\binom{N}{n}$$

$$= \frac{M!}{k!(M-k)!} \cdot \frac{(N-M)!}{(n-k)!(N-M-n+k)!} \cdot \frac{(N-n)!n!}{N!}$$

$$= \binom{n}{k}\frac{M}{N}\cdots\frac{M-k+1}{N-k+1} \cdot \frac{N-M}{N-k}\cdots\frac{N-M-(n-k-1)}{N-k-(n-k-1)}.$$

Jeder der ersten k Brüche konvergieren für $N \to \infty$ gegen p und jeder der letzten $n-k$ Brüche gegen $1-p$. Es folgt, dass der Quotient $\binom{M}{k}\binom{N-M}{n-k}/\binom{N}{n}$ für $N \to \infty$, wobei wir M/N konstant halten, gegen $\binom{n}{k}p^k(1-p)^{n-k}$ konvergiert. Die Binomialverteilung beschreibt die unabhängige Wiederholung des Urnen-Experiments „Ziehen mit Zurücklegen". Für große N hat das Zurücklegen nur sehr geringe Auswirkungen auf die Wahrscheinlichkeiten.

Definition A.25. Eine Zufallsvariable X heißt *negativ hypergeometrisch verteilt* mit den Parametern (r, M, N), $r, M, N \in \mathbb{N}$, $0 < r \leq M \leq N$, wenn X die Werte $r, \ldots, r + N - M$ annimmt und

$$\mathrm{p}(X = k) = \frac{\binom{k-1}{r-1}\binom{N-k}{M-r}}{\binom{N}{M}}$$

gilt.

Die negative hypergeometrische Verteilung beschreibt ein Urnen-Experiment „Ziehen ohne Zurücklegen". Die Urne enthält N Kugeln. Von diesen weisen M Kugeln ein bestimmtes Merkmal $\mathcal{M}$ auf. Sei $r \leq M$. Die Zufallsvariable X zählt, wie oft wir das Experiment ausführen müssen, damit genau r gezogene Kugeln das Merkmal $\mathcal{M}$ besitzen. Es gilt $X = k$, wenn bei der k–ten Ziehung die r–te Kugel mit dem Merkmal $\mathcal{M}$ gezogen wird und wenn in den

$k-1$ vorangehenden Ziehungen $r-1$ viele Kugeln das Merkmal $\mathcal{M}$ aufweisen. Wir bezeichnen das letzte Ereignis mit E. Dann gilt $\mathrm{p}(X = k)$ ist die bedingte Wahrscheinlichkeit dafür, dass wir im k–ten Zug eine Kugel mit Merkmal $\mathcal{M}$ unter der Bedingung E ziehen. Wir erhalten für $k = r, \dots, r + N - M$

$$\mathrm{p}(X = k) = \frac{\binom{M}{r-1}\binom{N-M}{k-r}}{\binom{N}{k-1}} \cdot \frac{M - (r-1)}{N - (k-1)}.$$

Eine einfache Rechnung ergibt die Übereinstimmung mit der definierenden Formel in Definition A.25.

Da $\mathrm{p}(X = k)$ eine (bedingte) Wahrscheinlichkeitsverteilung definiert, gilt die Normierungsbedingung $\sum_k \mathrm{p}(X = k) = 1$, d. h.

$$\sum_{k=r}^{r+N-M} \binom{k-1}{r-1}\binom{N-k}{M-r} = \binom{N}{M}.$$

Satz A.26. *Sei X eine negativ hypergeometrisch verteilte Zufallsvariable mit den Parametern (r, M, N). Dann gilt:*

$$\mathrm{E}(X) = r\frac{N+1}{M+1} \quad und \quad \mathrm{Var}(X) = r\frac{(N+1)(N-M)(M+1-r)}{(M+1)^2(M+2)}.$$

Beweis. Die Erzeugendenfunktion für X ist

$$G_X(z) = \frac{1}{\binom{N}{M}} \sum_{k=r}^{r+N-M} \binom{k-1}{r-1}\binom{N-k}{M-r} z^k.$$

Die Ableitung der Erzeugendenfunktion $G_X(z)$ ist

$$G'_X(z) = \frac{1}{\binom{N}{M}} \sum_{k=r}^{r+N-M} k \binom{k-1}{r-1}\binom{N-k}{M-r} z^{k-1}$$

$$= \frac{r}{\binom{N}{M}} \sum_{k=r}^{r+N-M} \binom{k}{r}\binom{N-k}{M-r} z^{k-1}$$

$$= \frac{r}{\binom{N}{M}} \sum_{k=r+1}^{r+N-M+1} \binom{k-1}{r}\binom{N-(k-1)}{M-r} z^{k-2}.$$

Für die Ableitung G'_X im Punkt 1 folgt

$$G'_X(1) = \frac{r}{\binom{N}{M}} \sum_{k=r+1}^{r+1+(N+1)-(M+1)} \binom{k-1}{r}\binom{N+1-k}{M+1-(r+1)}$$

$$= \frac{r}{\binom{N}{M}} \binom{N+1}{M+1} = r\frac{N+1}{M+1}.$$

Die Formel für den Erwartungswert von X ist somit gezeigt.

Die zweite Ableitung der Erzeugendenfunktion $G_X(z)$ ist

$$G_X''(z) = \frac{r}{\binom{N}{M}} \sum_{k=r+1}^{r+N-M+1} (k-2) \binom{k-1}{r} \binom{N-(k-1)}{M-r} z^{k-3}.$$

Für $G_X''(1)$ folgt

$$G_X''(1) = \frac{r}{\binom{N}{M}} \Bigg(\sum_{k=r+1}^{r+N-M+1} k \binom{k-1}{r} \binom{N+1-k}{M-m}$$

$$-2 \sum_{k=m+1}^{m+N-M+1} k \binom{k-1}{m} \binom{N+1-k}{M+1-(m+1)} \Bigg)$$

$$= \frac{m}{\binom{N}{M}} \Bigg((m+1) \sum_{k=m+2}^{m+N-M+2} \binom{k-1}{m+1} \binom{N+2-k}{M+2-(m+2)}$$

$$-2 \binom{N+1}{M+1} \Bigg)$$

$$= \frac{m}{\binom{N}{M}} \Bigg((m+1) \binom{N+2}{M+2} - 2 \binom{N+1}{M+1} \Bigg)$$

$$= m \frac{N+1}{M+1} \Bigg((m+1) \frac{N+2}{M+2} - 2 \Bigg).$$

Für die Varianz von X folgt

$$\operatorname{Var}(X) = r \frac{N+1}{M+1} \Bigg((r+1) \frac{N+2}{M+2} - 1 - r \frac{N+1}{M+1} \Bigg)$$

$$= r \frac{(N+1)(N-M)(M+1-r)}{(M+1)^2(M+2)}.$$

Die Behauptung des Satzes ist daher gezeigt.   □

Beispiel. Figur A.6 zeigt die Verteilung der Anzahl sl_n der Versuche, die notwendig sind, um in eine Hashtabelle die n Schlüssel enthält, den $(n+1)$–ten Schlüssel einzufügen für $n = 80$, falls die Hashtabelle 100 Plätze besitzt. Die Variable sl_n ist negativ hypergeometrisch verteilt mit den Parametern $r = 1$, $M = 20$ und $N = 100$ (Satz 3.22).

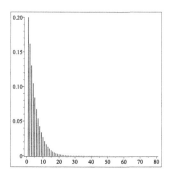

Fig. A.6: Verteilung beim uniformen Sondieren.

Bemerkung. Für $N \to \infty$ und $p = M/N$ konstant konvergiert die negative hypergeometrische Verteilung gegen die negative Binomialverteilung:

$$\lim_{\substack{N \to \infty \\ N/M konst.}} \frac{\binom{k-1}{r-1}\binom{N-k}{M-r}}{\binom{N}{M}} = \binom{k-1}{r-1} p^r (1-p)^{k-r}.$$

Die Wahrscheinlichkeitsrechnung, insbesondere die Binomialverteilung, die Poisson-Verteilung und die negative hypergeometrische Verteilung wenden wir bei der Analyse von Hashverfahren im Abschnitt 3.4, bei Zufallsfunktionen (Satz 3.19), dem Modell des uniformen Sondieren (Satz 3.23) und bei universellen Familien von Hashfunktionen (Corollar 3.21) an. Die Binomialverteilung benutzen wir auch bei der Bestimmung der Endpunkte von Irrfahrten (Abschnitt 1.6). Mithilfe der geometrischen Verteilung ermitteln wir den Erwartungswert der Terminierung von Las-Vegas-Algorithmen (Algorithmus 1.50). Die hypergeometrische Verteilung kommt bei der Analyse von Quicksort (Abschnitt 2.1.1) und die negative Binomialverteilung bei der Analyse von Zufallsgraphen (Satz 6.48) zum Einsatz.

B. Mathematische Begriffe und nützliche Formeln

Bei der Analyse der Algorithmen wenden wir eine Reihe von elementaren Formeln, wie zum Beispiel Formeln für die geometrische Reihe, die Binomial-Koeffizienten und die Exponentialfunktion öfter an. Im folgenden Abschnitt stellen wir einige nützliche Formeln und mathematische Begriffe zusammen.

Natürliche Zahlen. Wir bezeichnen mit $\mathbb{N} = \{1, 2, \ldots\}$ die Menge der natürlichen Zahlen und mit $\mathbb{N}_0 = \{0, 1, 2, \ldots\}$ die Menge der natürlichen Zahlen mit der 0. Für natürliche Zahlen gilt der folgende

Satz B.1 *(Division mit Rest). Für alle $z, a \in \mathbb{N}_0, a \neq 0$, gibt es eindeutig bestimmte Zahlen $q, r \in \mathbb{N}_0$ mit: $z = q \cdot a + r$, $0 \leq r < a$.*

Beweis. Die Existenz folgt durch Induktion nach z: Für $0 \leq z < a$ ist $z = 0 \cdot a + z$ die gewünschte Darstellung. Sei $z \geq a$. Dann folgt aus der Induktionshypothese die Darstellung für $z - a = q \cdot a + r$, $0 \leq r < a$. Wir erhalten $z = (q + 1) \cdot a + r$.

Um die Eindeutigkeit zu zeigen, nehmen wir an, dass z zwei Darstellungen

$$z = q_1 \cdot a + r_1 = q_2 \cdot a + r_2$$

besitzt. Dann gilt $0 = (q_1 - q_2) \cdot a + (r_1 - r_2)$. Somit teilt a die Zahl $r_1 - r_2$. Da $|r_1 - r_2| < a$ gilt, folgt $r_1 = r_2$ und $q_1 = q_2$. □

Bemerkung. Die Zahl q ist der ganzzahlige Quotient und $r = z \bmod a$ ist der Rest bei der Division von z durch a.

Wir können die natürlichen Zahlen in einem Stellensystem bezüglich jeder Basis $b \in \mathbb{N}$, $b > 1$, darstellen.

Satz B.2 *(b–adische Entwicklung natürlicher Zahlen). Sei $b \in \mathbb{N}, b > 1$. Dann ist jede natürliche Zahl $z \in \mathbb{N}_0$ auf genau eine Weise darstellbar durch*

$$z = \sum_{i=0}^{n-1} z_i b^i, \ z_i \in \{0, \ldots, b - 1\}.$$

Die Darstellung heißt b–adische Entwicklung von z mit den Koeffizienten z_i zur Basis b.

© Springer Fachmedien Wiesbaden GmbH, ein Teil von Springer Nature 2021
H. Knebl, *Algorithmen und Datenstrukturen*,
https://doi.org/10.1007/978-3-658-32714-9

Beweis. Die Existenz der Darstellung folgt durch fortgesetzte Division mit Rest.

$$z = q_1 b + r_0, \; q_1 = q_2 b + r_1, \; q_2 = q_3 b + r_2, \ldots, q_{n-1} = 0 \cdot b + r_{n-1}.$$

Setze $z_0 := r_0$, $z_1 := r_1, \ldots, z_{n-1} := r_{n-1}$. Dann gilt $0 \leq z_i < b$, $i = 0, \ldots, n-1$, und $z = \sum_{i=0}^{n-1} z_i b^i$.

Um die Eindeutigkeit zu zeigen, nehmen wir an, dass z zwei Darstellungen besitzt. Dann ist die Differenz der Darstellungen eine Darstellung der 0 mit Koeffizienten $|z_i| \leq b - 1$. Es genügt somit zu zeigen, dass die Darstellung der 0 eindeutig ist. Sei

$$z = \sum_{i=0}^{n-1} z_i b^i, \; |z_i| \leq b - 1,$$

eine Darstellung der 0. Dann gilt $z \bmod b = z_0 = 0$ und $z/b \bmod b = z_1 = 0$ und so weiter. Insgesamt folgt $z_i = 0$, $i = 0, \ldots, n-1$, d. h. die Darstellung der 0 und damit auch die Darstellung von z ist eindeutig. $\square$

Hat z die Darstellung $z = \sum_{i=0}^{n-1} z_i b^i$, so schreiben wir

$$z = (z_{n-1} \ldots z_0)_b \text{ oder einfach } z = z_{n-1} \ldots z_0,$$

falls die Basis b aus dem Kontext klar ist.

Lemma B.3. *Der maximale Wert einer b–adischen Zahl mit n Stellen ist $b^n - 1$. Die Anzahl der Stellen der b–adischen Entwicklung von z ist $\lfloor \log_b(z) \rfloor + 1$.*

Beweis. Der maximale Wert z_{max} einer b–adischen Zahl mit n Stellen

$$z_{max} = \sum_{i=0}^{n-1} (b-1) b^i = (b-1) \sum_{i=0}^{n-1} b^i = \sum_{i=1}^{n} b^i - \sum_{i=0}^{n-1} b^i = b^n - 1.$$

Falls z mit n Stellen dargestellt ist, dann gilt $b^{n-1} \leq z < b^n$. Hieraus folgt $n - 1 \leq \log_b(z) < n$, d. h. $n = \lfloor \log_b(z) \rfloor + 1$. $\square$

Harmonische Zahlen. Harmonische Zahlen treten bei der Analyse von Algorithmen sehr oft auf. Es hat sich die folgende Notation etabliert.

Definition B.4. Die Zahl

$$H_n := \sum_{i=1}^{n} \frac{1}{i}$$

heißt n–te *harmonische Zahl.*

Die harmonische Reihe $\sum_{i=1}^{\infty} \frac{1}{i}$ divergiert. Sie divergiert jedoch sehr langsam. Die folgende Abschätzung beschreibt das Wachstum der harmonischen Zahlen genauer.

Lemma B.5. *Es gilt die Abschätzung $\ln(n+1) \leq H_n \leq \ln(n) + 1$.*

Beweis. Aus

$$\sum_{i=1}^{n} \frac{1}{i} \geq \int_{1}^{n+1} \frac{1}{x} \, dx = \ln(n+1) \text{ und } \sum_{i=2}^{n} \frac{1}{i} \leq \int_{1}^{n} \frac{1}{x} \, dx = \ln(n)$$

folgt die Behauptung. □

Bemerkung. Genauer gilt:

(F.1) $$H_n = \ln(n) + \gamma + \frac{1}{2n} - \frac{1}{12n^2} + \frac{1}{120n^4} - \varepsilon, \, 0 < \varepsilon < \frac{1}{252n^6}.$$

Dabei ist $\gamma = 0,5772156649\ldots$ die *Eulersche Konstante*[1] (siehe zum Beispiel [Knuth97, Seite 75]).

Bemerkung. Wegen der Formel (F.1) betrachten wir $H_n := \sum_{i=1}^{n} \frac{1}{i}$, obwohl eine Summe auftritt, als geschlossene Formel.

Lemma B.6. *Eine Formel für die Summe der ersten n harmonischen Zahlen:*

$$\sum_{i=1}^{n} H_i = (n+1)H_n - n.$$

Beweis.

$$\sum_{i=1}^{n} H_i = n + (n-1)\frac{1}{2} + \ldots + (n - (n-1))\frac{1}{n} =$$

$$\sum_{i=1}^{n} (n - (i-1))\frac{1}{i} = (n+1)H_n - n.$$

□

Der Restklassenring $\mathbb{Z}_n$. Neben dem Ring $\mathbb{Z}$ der ganzen Zahlen ist der Ring $\mathbb{Z}_n$ der Restklassen modulo n von großer Bedeutung.

Definition B.7.

1. Sei $n \in \mathbb{N}, n \geq 2$. Wir definieren auf $\mathbb{Z}$ eine Äquivalenzrelation: $a, b \in \mathbb{Z}$ heißen kongruent modulo n, in Zeichen

$$a \equiv b \bmod n,$$

   wenn gilt, n teilt $a - b$, d. h. a und b haben bei Division mit Rest durch n denselben Rest.
2. Sei $a \in \mathbb{Z}$. Die Äquivalenzklasse $[a] := \{x \in \mathbb{Z} \mid x \equiv a \bmod n\}$ heißt *Restklasse* von a. a ist ein *Repräsentant* für $[a]$.
3. $\mathbb{Z}_n := \{[a] \mid a \in \mathbb{Z}\}$ heißt Menge der *Restklassen*.

---

[1] Im Gegensatz zur Eulerschen Zahl e, einer transzendenten Zahl, ist über γ nicht einmal bekannt, ob es sich um eine rationale Zahl handelt. Das Buch [Havil07] handelt von dieser Frage.

Bemerkungen:

1. Für jedes $x \in [a]$ gilt $[x] = [a]$.
2. Man rechnet leicht nach, dass durch die Definition unter Punkt 1 tatsächlich eine Äquivalenzrelation gegeben ist. Da bei der Division mit Rest durch n die Reste $0, \ldots, n-1$ auftreten, gibt es in $\mathbb{Z}_n$ n Restklassen,

$$\mathbb{Z}_n = \{[0], \ldots, [n-1]\}.$$

Die Zahlen $0, \ldots, n-1$ heißen *natürliche Repräsentanten*.

Definition B.8. Wir führen auf $\mathbb{Z}_n$ Addition und Multiplikation ein:

$$[a] + [b] = [a+b], [a] \cdot [b] = [a \cdot b].$$

Die Unabhängigkeit von der Wahl der Repräsentanten a und b ergibt eine einfache Rechnung.

Die Ring-Axiome in $\mathbb{Z}$ vererben sich auf $\mathbb{Z}_n$. $\mathbb{Z}_n$ wird zu einem kommutativen Ring mit dem Einselement $[1]$. Er heißt *Restklassenring* von $\mathbb{Z}$ modulo n.

Definition B.9. Sei $x \in \mathbb{Z}_n$. x heißt *Einheit* in $\mathbb{Z}_n$, wenn es ein $y \in \mathbb{Z}_n$ gibt mit $xy = [1]$.

Die Einheiten in $\mathbb{Z}_n$ bilden mit der Multiplikation eine Gruppe.

Satz B.10. *Sei $[x] \in \mathbb{Z}_n$. $[x]$ ist genau dann eine Einheit in $\mathbb{Z}_n$, wenn x und n teilerfremd sind, d. h. der größte gemeinsame Teiler von x und n ist 1.*

Beweis. Siehe zum Beispiel [DelfsKnebl15, Proposition A.17]. □

Definition B.11. Die Gruppe der Einheiten in $\mathbb{Z}_n$ heißt *prime Restklassengruppe modulo n* und wird mit $\mathbb{Z}_n^*$ bezeichnet.

Corollar B.12. *Für eine Primzahl p ist $\mathbb{Z}_p$ ein Körper.*

Beweis. Ein kommutativer Ring mit 1 ist genau dann ein Körper, wenn jedes Element $\neq 0$ eine Einheit ist. Da für eine Primzahl $n = p$ alle Zahlen $1, \ldots, p-1$ zu p teilerfremd sind, folgt die Behauptung aus Satz B.10. □

Bemerkung. Den Körper $\mathbb{Z}_p$ bezeichnen wir auch mit $\mathbb{F}_p$ (field ist die englische Bezeichnung für einen Körper). Eine andere Bezeichnung für einen endlichen Körper ist Galois[2]-Feld.

Quadratische Reste in $\mathbb{Z}_n$. Quadratische Reste wenden wir bei Hashverfahren an (Kapitel 3, Abschnitt 3.3.2).

Definition B.13. Eine Zahl $j \in \{0, \ldots, n-1\}$ heißt *Quadratzahl* modulo n, wenn es ein $i \in \mathbb{N}$ gibt mit $j \equiv i^2 \bmod n$. Ist j eine Quadratzahl modulo n, so heißt $[j]$ ein *Quadrat* in $\mathbb{Z}_n$.

---

[2] Évariste Galois (1811 – 1832) war ein französischer Mathematiker. Er ist für seine Arbeiten zur Lösung algebraischer Gleichungen, der sogenannten Galoistheorie berühmt, die aus heutiger Sicht Körpererweiterungen untersucht.

Beispiel. Wir identifizieren die Quadrate in $\mathbb{Z}_{11}^*$ und $\mathbb{Z}_{13}^*$.

1. $[1], [3], [4], [9], [10], [12]$ sind alle Quadrate in $\mathbb{Z}_{13}^*$. $-1 \equiv 12 \bmod 13$, $[-1]$ ist somit ein Quadrat und auch $[-3], [-4], [-9], [-10], [-12]$ sind Quadrate in $\mathbb{Z}_{13}$.
2. $[1], [3], [4], [5], [9]$ sind alle Quadrate in $\mathbb{Z}_{11}^*$. $2 \ (\equiv -9), 6 \ (\equiv -5), 7 \ (\equiv -4), 8 \ (\equiv -3), 10 \ (\equiv -1)$ modulo 11 sind keine Quadratzahlen modulo 11.

Während im ersten Fall die negativen Quadratzahlen wieder Repräsentanten von Quadraten sind, tritt dies im zweiten Fall nicht ein.

Die Frage, ob bei quadratischem Sondieren (Definition 3.11) alle freien Plätze in einer Sondierfolge auftreten, hängt eng damit zusammen, alle Quadrate und die negativen Quadrate und deren Anzahlen zu identifizieren. Dies leistet der folgende

Satz B.14. *Sei $p > 2$ eine Primzahl. Dann gilt:*

1. *Die Zahlen $i^2 \bmod p$, $i = 1, \ldots, \frac{p-1}{2}$, sind modulo p paarweise verschieden. Jedes Quadrat in $\mathbb{Z}_p$ besitzt einen Repräsentanten von dieser Form.*
2. *Sei $p = 4k + 3, k \in \mathbb{N}_0$. Dann ist $[-1]$ kein Quadrat in $\mathbb{Z}_p$.*

Beweis. 1. Sei $0 \leq i < j \leq \frac{p-1}{2}$. Falls $i^2 \bmod p = j^2 \bmod p$ ist, teilt p die Zahl $j^2 - i^2 = (j - i)(j + i)$. Dann teilt p auch $j - i$ oder $j + i$. Dies ist ein Widerspruch, da $j - i < p - 1$ und $j + i < p - 1$. Folglich sind die Zahlen $i^2 \bmod p$, $i = 1, \ldots, \frac{p-1}{2}$, modulo p paarweise verschieden. Sei $y \in \mathbb{N}$, $y = kp + x, 0 \leq x \leq p - 1$. Dann ist $y^2 = (kp)^2 + 2kpx + x^2 \equiv x^2 \bmod p$ und $(p - x)^2 = p^2 - 2px + x^2 \equiv x^2 \bmod p$. Deshalb sind alle Quadrate von der gewünschten Form.
2. Für $p \equiv 3 \bmod 4$ ist $\frac{p-1}{2}$ ungerade. Angenommen, $[-1]$ wäre ein Quadrat, d. h. $-1 \equiv n^2 \bmod p$, dann folgt mit dem kleinen Satz von Fermat[3] $-1 \equiv (-1)^{(p-1)/2} \equiv n^{p-1} \equiv 1 \bmod p$. Somit gilt $2 \equiv 0 \bmod p$. Ein Widerspruch. □

Wir können jetzt alle Zahlen angeben, die bei quadratischem Sondieren als Modulus geeignet sind.

Corollar B.15. *Für $p = 4k + 3$ gilt*

$$\mathbb{Z}_p = \{\pm[i^2] \mid i = 0, \ldots, (p - 1)/2\}.$$

Beweis. Die Elemente aus $\{[i^2] \in \mathbb{Z}_p \mid i = 1, \ldots, (p - 1)/2\}$ sind paarweise verschieden und Quadrate. Da das inverse Element eines Quadrats und das Produkt aus zwei Quadraten wieder ein Quadrat ist, sind, falls $[-1]$ kein Quadrat ist, die negativen von Quadraten keine Quadrate, mit anderen Worten

---

[3] Pierre de Fermat (1607 – 1665) war ein französischer Mathematiker. Kleiner Satz von Fermat: Für eine Primzahl p und eine zu p teilerfremde Zahl n gilt $n^{p-1} \equiv 1 \bmod p$.

die Elemente $\{[-i^2] \mid i = 1, \ldots, \frac{p-1}{2}\}$ sind paarweise verschieden und keine Quadrate. Daher ist die Aussage des Corollars gezeigt.   □

Bemerkung. Die Bedingung $p = 4k + 3, k \in \mathbb{N}_0$ ist sogar äquivalent dazu, dass [-1] kein Quadrat in $\mathbb{Z}_p$ ist.[4] Bei Verwendung von Primzahlen p, die die Bedingung nicht erfüllen, werden somit bei quadratischem Sondieren nicht alle Tabellenplätze sondiert.

Endliche Summen und Partialbruchzerlegung. Wir stellen zunächst Formeln für spezielle endliche Folgen zusammen.

$$\sum_{i=1}^{n} 1 = n, \qquad \sum_{i=1}^{n} i = \frac{n(n+1)}{2},$$
$$\sum_{i=1}^{n} 2i = n(n+1), \qquad \sum_{i=1}^{n} (2i - 1) = n^2,$$
$$\sum_{i=1}^{n} i^2 = \frac{n(n+1)(2n+1)}{6}, \qquad \sum_{i=1}^{n} i^3 = \left(\frac{n(n+1)}{2}\right)^2.$$

Mit diesen Formeln können wir unmittelbar Formeln für endliche Summen von Polynom-Werten für Polynome bis zum Grad 3 ableiten.

Die Summenbildung von rationalen Funktionen erfolgt analog zur Integration von rationalen Funktionen mithilfe der Partialbruchzerlegung. Division mit Rest liefert für eine rationale Funktion $f(n) = \frac{p(n)}{q(n)}$ die Darstellung

$$f(n) = s(n) + \frac{r(n)}{q(n)} \text{ mit Polynomen } r(n) \text{ und } s(n) \text{ und } \deg(r) < \deg(q).$$

Für den Teil $\frac{r(n)}{q(n)}$ führen wir die *Partialbruchzerlegung* durch. Dazu unterscheiden wir, ob die Nullstellen des Nennerpolynoms $q(n)$ alle verschieden sind oder ob es mehrfache Nullstellen gibt.

1. Einfache Nullstellen: $q(n) = \prod_{k=1}^{l}(n - n_k)$, $n_i \neq n_j$, $i \neq j$.
   Bei verschieden Nullstellen gibt es eine Zerlegung in der Form

(F.2) $$\frac{r(n)}{q(n)} = \sum_{k=1}^{l} \frac{a_k}{n - n_k}.$$

Die Koeffizienten a_k bestimmen wir durch einen Koeffizientenvergleich. Soll zum Beispiel $\sum_{i=2}^{n} \frac{1}{i(i-1)}$ berechnet werden, so können wir $\frac{1}{i(i-1)}$ als

$$\frac{1}{i(i-1)} = \frac{a}{i} + \frac{b}{i-1}$$

---

[4] Der Beweis dieser Aussage kann mithilfe des Legendre Symbols aus der elementaren Zahlentheorie erfolgen (siehe zum Beispiel [DelfsKnebl15, Seite 422]).

ansetzen. Multiplizieren wir auf beiden Seiten mit $i(i-1)$, so folgt

$$1 = a(i-1) + bi = -a + (a+b)i.$$

Ein Koeffizientenvergleich liefert $-a = 1$ und $a+b = 0$. Also $a = -1, b = 1$ und damit haben wir die Partialbruchzerlegung

$$\frac{1}{i(i-1)} = \frac{-1}{i} + \frac{1}{i-1}.$$

Als Ergebnis ergibt sich dann

$$\sum_{i=2}^{n} \frac{1}{i(i-1)} = \sum_{i=2}^{n} \left(\frac{-1}{i} + \frac{1}{i-1} \right) = -\sum_{i=2}^{n} \frac{1}{i} + \sum_{i=1}^{n-1} \frac{1}{i} = 1 - \frac{1}{n}.$$

2. Mehrfache Nullstellen: Ist n_j eine l–fache Nullstelle, so müssen wir für n_j bei der Partialbruchzerlegung l Brüche folgendermaßen ansetzen:

$$\frac{a_1}{n - n_j} + \frac{a_2}{(n - n_j)^2} + \ldots + \frac{a_l}{(n - n_j)^l}.$$

Soll zum Beispiel $\sum_{i=1}^{n} \frac{1}{i^2(i+1)}$ berechnet werden, so machen wir folgenden Ansatz:

$$\frac{1}{i^2(i+1)} = \frac{a}{i} + \frac{b}{i^2} + \frac{c}{i+1}.$$

Die ersten beiden Brüche stammen dabei von der doppelten Nullstelle. Ein Koeffizientenvergleich liefert $a = -1, b = 1, c = 1$ und damit

$$\frac{1}{i^2(i+1)} = \frac{-1}{i} + \frac{1}{i^2} + \frac{1}{i+1}.$$

Endliche Summe von Logarithmen. Wir geben eine geschlossene Formel für eine endliche Summe von Logarithmen an.

Lemma B.16.

$$\sum_{r=1}^{n} \lfloor \log_2(r) \rfloor = (n+1)\lfloor \log_2(n) \rfloor - 2 \left(2^{\lfloor \log_2(n) \rfloor} - 1 \right).$$

Beweis. Induktion nach n: Für $n = 1$ ergeben beide Seiten der Gleichung 0. Der Induktionsanfang ist aus diesem Grund richtig. Wir schließen jetzt von n auf $n+1$. Für $\lfloor \log_2(n+1) \rfloor = \lfloor \log_2(n) \rfloor$ folgt

$$\sum_{r=1}^{n+1} \lfloor \log_2(r) \rfloor = (n+1)\lfloor \log_2(n) \rfloor - 2 \left(2^{\lfloor \log_2(n) \rfloor} - 1 \right) + \lfloor \log_2(n+1) \rfloor$$

$$= (n+2)\lfloor \log_2(n+1) \rfloor - 2 \left(2^{\lfloor \log_2(n+1) \rfloor} - 1 \right).$$

Im Fall $\lfloor \log_2(n+1) \rfloor = \lfloor \log_2(n) \rfloor + 1$ ist $(n+1)$ eine Potenz von 2, d. h. $n+1 = 2^{\lfloor \log_2(n+1) \rfloor}$ und

$$\sum_{r=1}^{n+1} \lfloor \log_2(r) \rfloor = (n+1)\lfloor \log_2(n) \rfloor - 2\left(2^{\lfloor \log_2(n) \rfloor} - 1\right) + \lfloor \log_2(n+1) \rfloor$$

$$= (n+1)(\lfloor \log_2(n+1) \rfloor - 1)$$
$$\qquad - 2\left(2^{\lfloor \log_2(n+1) \rfloor - 1} - 1\right) + \lfloor \log_2(n+1) \rfloor$$

$$= (n+2)\lfloor \log_2(n+1) \rfloor - (n+1) - 2\left(2^{\lfloor \log_2(n+1) \rfloor} 2^{-1} - 1\right)$$

$$= (n+2)\lfloor \log_2(n+1) \rfloor - 2^{\lfloor \log_2(n+1) \rfloor} - 2^{\lfloor \log_2(n+1) \rfloor} + 2$$

$$= (n+2)\lfloor \log_2(n+1) \rfloor - 2\left(2^{\lfloor \log_2(n+1) \rfloor} - 1\right).$$

Das Lemma ist somit bewiesen.   □

Binomial-Koeffizienten. Wählt man aus n Elementen ohne Zurücklegen k Elemente ohne Berücksichtigung der Reihenfolge, so gibt es $\binom{n}{k}$ viele Möglichkeiten dies zu tun.

Definition B.17. Sei $n \in \mathbb{R}$, $k \in \mathbb{Z}$. Wir setzen

$$\binom{n}{k} = \begin{cases} \frac{n \cdot (n-1) \cdot \ldots \cdot (n-k+1)}{k \cdot (k-1) \cdot \ldots \cdot 1}, & k \geq 0 \\ 0, & k < 0. \end{cases}$$

$\binom{n}{k}$ heißt *Binomial-Koeffizient* und wird als „n über k" gesprochen.

Die Binomial-Koeffizienten treten bei der Darstellung von $(x+y)^n$ als Polynom in x und y auf. Nach dem binomischen Lehrsatz gilt

(F.3) $$(x+y)^n = \sum_{k=0}^{n} \binom{n}{k} x^k y^{n-k}.$$

Sei $\alpha \in \mathbb{R}$. Die *binomische Reihe* $\sum_{k=0}^{\infty} \binom{\alpha}{k} x^k$ konvergiert für $|x| < 1$ und es gilt

(F.4) $$(1+x)^\alpha = \sum_{k=0}^{\infty} \binom{\alpha}{k} x^k.$$

Die binomische Reihe ergibt sich als Taylorreihe[5] der allgemeinen Potenzfunktion $x \mapsto x^\alpha$ mit Entwicklungspunkt 1 ([AmannEscher02, Kap. V.3]). Die binomische Reihe wurde von Newton[6] entdeckt.

Die binomische Reihe bricht für $\alpha \in \mathbb{N}$ ab. Die Formel ergibt sich dann aus dem binomischen Lehrsatz. Ersetzt man x durch $-x$ so erhält man für $\alpha = -1$ wegen $\binom{-1}{k} = (-1)^k$ die geometrische Reihe (Anhang B (F.8)).

---

[5] Brook Taylor (1685 – 1731) war ein englischer Mathematiker.

[6] Isaac Newton (1642 - 1726) war ein englischer Universalgelehrter. Er ist Mitbegründer der Infinitesimalrechnung und ist berühmt für sein Gravitationsgesetz.

Lemma B.18. *Wir stellen Formeln für die Binomial-Koeffizienten auf.*

1. *Seien $n, k \in \mathbb{N}$, $n < k$. Dann gilt*

$$\binom{n}{k} = 0.$$

2. *Sei $n \in \mathbb{R}$, $k \in \mathbb{Z}$. Dann gilt*

$$\binom{n}{k} + \binom{n}{k+1} = \binom{n+1}{k+1}.$$

3. *Seien $r, k \in \mathbb{N}$, $r > k > 1$. Dann gilt*

$$\binom{r}{k} = \frac{r}{k} \binom{r-1}{k-1}.$$

4. *Seien $r, s \in \mathbb{N}$, $n \in \mathbb{Z}$. Dann gilt*

$$\sum_{k} \binom{r}{k} \binom{s}{n-k} = \binom{r+s}{n}.$$

5. *Seien $r, s \in \mathbb{N}$, $n \in \mathbb{Z}$. Dann gilt*

$$\sum_{k} \binom{r}{k} \binom{s}{n+k} = \binom{r+s}{r+n}.$$

6. *Seien $r, s \in \mathbb{N}$, $m = \min(r, s)$. Dann gilt*

$$\sum_{k=1}^{m} k \binom{r}{k} \binom{s}{k} = s \binom{r+s-1}{r-1}.$$

7. *Seien $k, n \in \mathbb{Z}$. Dann gilt*

$$\binom{n+k-1}{k} = (-1)^k \binom{-n}{k}.$$

8. *Seien $n, m \in \mathbb{N}$, $m < n$. Dann gilt*

$$\sum_{k=0}^{n} \binom{k}{m} = \binom{n+1}{m+1}.$$

Beweis.

1. Die Behauptung folgt unmittelbar aus der Definition der Binomial-Koeffizienten.

2. Für $k < 0$ folgt die Behauptung unmittelbar. Sei $k \geq 0$.

$$\binom{n}{k} + \binom{n}{k+1} = \frac{n \cdot (n-1) \cdot \ldots \cdot (n-k+1)}{k \cdot (k-1) \cdot \ldots \cdot 1} + \frac{n \cdot (n-1) \cdot \ldots \cdot (n-k)}{(k+1) \cdot k \cdot \ldots \cdot 1}$$

$$= \frac{n \cdot (n-1) \cdot \ldots \cdot (n-k+1)(k+1+n-k)}{(k+1) \cdot k \cdot \ldots \cdot 1}$$

$$= \frac{(n+1) \cdot n \cdot (n-1) \cdot \ldots \cdot (n-k+1)}{(k+1) \cdot k \cdot \ldots \cdot 1}$$

$$= \binom{n+1}{k+1}.$$

3.

$$\binom{r}{k} = \frac{r!}{k!(r-k)!} = \frac{r}{k}\frac{(r-1)!}{(k-1)!(r-k)!} = \frac{r}{k}\binom{r-1}{k-1}.$$

4. Die Binomialentwicklung von $(x+1)^r(x+1)^s = (x+1)^{r+s}$ ergibt

$$\sum_n \binom{r}{n} x^n \sum_n \binom{s}{n} x^n = \sum_n \sum_k \binom{r}{k}\binom{s}{n-k} x^n = \sum_n \binom{r+s}{n} x^n.$$

Hieraus folgt

$$\sum_k \binom{r}{k}\binom{s}{n-k} = \binom{r+s}{n}.$$

5. Mit 4 folgt

$$\sum_k \binom{r}{k}\binom{s}{n+k} = \sum_k \binom{r}{k}\binom{s}{s-n-k} = \binom{r+s}{s-n} = \binom{r+s}{r+n}.$$

6. Mit 3 und 4 folgt

$$\sum_k k \binom{r}{k}\binom{s}{k} = s \sum_k \binom{r}{k}\binom{s-1}{k-1} = s \binom{r+s-1}{r-1}.$$

7.

$$\binom{-n}{k} = \frac{-n(-n-1) \cdot \ldots \cdot (-n-k+1)}{k!}$$

$$= (-1)^k \frac{n(n+1) \cdot \ldots \cdot (n+k-1)}{k!}$$

$$= \binom{n+k-1}{k}.$$

8. Wir zeigen die Formel durch Induktion nach n. Für $n = 0$ ist die Formel richtig. Der Schluss von n auf $n+1$ erfolgt durch

$$\sum_{k=0}^{n+1} \binom{k}{m} = \sum_{k=0}^{n} \binom{k}{m} + \binom{n+1}{m} = \binom{n+1}{m+1} + \binom{n+1}{m} = \binom{n+2}{m+1}$$

(siehe Punkt 2).

□

Die geometrische Reihe. Wir geben für $x \neq 1$ Formeln für die n–te Partialsumme der geometrische Reihe und deren Ableitungen an.

(F.5)
$$\sum_{i=0}^{n} x^i = \frac{x^{n+1} - 1}{x - 1}.$$

Wir differenzieren die n–te Partialsumme und erhalten

(F.6)
$$\sum_{i=0}^{n} i x^{i-1} = \frac{n x^{n+1} - (n+1) x^n + 1}{(x-1)^2}.$$

Multiplizieren wir die Gleichung mit x, so erhalten wir

(F.7)
$$\sum_{i=0}^{n} i x^i = \frac{n x^{n+2} - (n+1) x^{n+1} + x}{(x-1)^2}.$$

Wir differenzieren die letzte Gleichung und erhalten

$$\sum_{i=0}^{n} i^2 x^{i-1} = \frac{n^2 x^{n+2} - (2n^2 + 2n - 1) x^{n+1} - (n+1)^2 x^n - x - 1}{(x-1)^3}.$$

Multiplizieren wir die Gleichung mit x, so erhalten wir

$$\sum_{i=0}^{n} i^2 x^i = \frac{n^2 x^{n+3} - (2n^2 + 2n - 1) x^{n+2} - (n+1)^2 x^{n+1} - x^2 - x}{(x-1)^3}.$$

Aus den obigen Formeln folgt, dass für $|x| < 1$

(F.8) $$\sum_{i=0}^{\infty} x^i = \frac{1}{1-x}, \quad \sum_{i=0}^{\infty} i x^{i-1} = \frac{1}{(1-x)^2} \quad \text{und} \quad \sum_{i=0}^{\infty} i x^i = \frac{x}{(1-x)^2}$$

gilt.

Die Exponentialfunktion. Die Exponentialfunktion wird üblicherweise durch die auf ganz $\mathbb{R}$ konvergente Potenzreihe

$$e^x := \sum_{n=0}^{\infty} \frac{x^n}{n!}$$

definiert. Wir können sie aber auch als Grenzwert einer monoton wachsenden Folge darstellen.

Satz B.19. *Für alle $x \in \mathbb{R}$ konvergiert die Folge*

$$\left(\left(1 + \frac{x}{n} \right)^n \right)_{n \in \mathbb{N}}$$

streng monoton wachsend gegen e^x.

Beweis. Wir berechnen $\ln\left(\left(1+\frac{x}{n}\right)^n\right) = n\ln\left(1+\frac{x}{n}\right)$. Es gilt

$$\lim_{n\to\infty} \frac{\ln\left(1+\frac{x}{n}\right)}{\frac{x}{n}} = \ln'(1) = 1.$$

Die Folge $\frac{\ln\left(1+\frac{x}{n}\right)}{\frac{x}{n}}\left(=\frac{\Delta y}{\Delta x}\right)$ ist die Folge der Steigungen der Sekanten für $\Delta x = \frac{x}{n} \to 0$. Sie konvergiert für $x > 0$ streng monoton wachsend und für $x < 0$ streng monoton fallend gegen die Steigung der Tangente. Hieraus folgt $n\ln\left(1+\frac{x}{n}\right)$ ist streng monoton wachsend und

$$\lim_{n\to\infty} n\ln\left(1+\frac{x}{n}\right) = \lim_{n\to\infty} \ln\left(\left(1+\frac{x}{n}\right)^n\right) = x.$$

Deshalb ist auch $\left(1+\frac{x}{n}\right)^n$ streng monoton wachsend und

$$\lim_{n\to\infty} \left(1+\frac{x}{n}\right)^n = e^x.$$

Dies zeigt die Behauptung. □

Corollar B.20. *Für alle $x \in \mathbb{R}$ gilt $1 - x \leq e^{-x}$.*

Beweis. Für $x \geq 1$ gilt $1 - x \leq 0 < e^{-x}$ und für $x < 1$ gilt $1 - x \leq 1 - \frac{x}{2} \leq \left(1 - \frac{x}{2}\right)^2 \leq e^{-x}$. Die letzte Abschätzung folgt mit Satz B.19. □

Die Jensensche Ungleichung. Die Jensensche[7] Ungleichung ist eine elementare Ungleichung für konvexe und konkave Funktionen.

Definition B.21. Sei $f : I \longrightarrow \mathbb{R}$, I ein Intervall. f heißt *konkav*, wenn es eine Abbildung $\lambda : I \longrightarrow \mathbb{R}$ gibt, sodass gilt:

$$f(x) \leq f(x_0) + \lambda(x_0)(x - x_0), \text{ für alle } x, x_0 \in I.$$

Lemma B.22. *Sei $f : I \longrightarrow \mathbb{R}$ eine zweimal stetig differenzierbare Funktion und $f'' < 0$. Dann ist f konkav.*

Beweis. Wir entwickeln f im Punkt x_0 nach der Taylorformel:

$$f(x) = f(x_0) + f'(x_0)(x - x_0) + R_1(x)$$

mit dem Lagrangeschen[8] Restglied

$$R_1(x) = \frac{(x - x_0)^2}{2!} f''(\xi),$$

wobei ξ zwischen x und x_0 liegt. Da $f'' < 0$ gilt, folgt die Behauptung. □

---

[7] Johan Ludwig Jensen (1859 - 1925) war ein dänischer Mathematiker.

[8] Joseph-Louis de Lagrange (1736 - 1813) war ein italienischer Mathematiker und Astronom. Er ist unter anderem für den Lagrange-Formalismus aus der klassischen Mechanik berühmt.

Lemma B.23 *(Jensensche Ungleichung). Sei* $f : I \longrightarrow \mathbb{R}$ *eine konkave Funktion,* $a_1, \ldots, a_n \in \mathbb{R}$, $a_i > 0$, $i = 1, \ldots n$, *und* $\sum_{i=1}^{n} a_i = 1$. *Dann gilt für* $x_1, \ldots, x_n \in I$

$$\sum_{i=1}^{n} a_i f(x_i) \leq f\left(\sum_{i=1}^{n} a_i x_i\right).$$

Beweis. Setze $x_0 = \sum_{i=1}^{n} a_i x_i$. $x_0 \in I$. Da f konkav ist, gilt $a_i f(x_i) \leq a_i f(x_0) + a_i \lambda(x_0)(x_i - x_0)$, $i = 1, \ldots, n$. Hieraus folgt

$$\sum_{i=1}^{n} a_i f(x_i) \leq \sum_{i=1}^{n} a_i f(x_0) + a_i \lambda(x_0)(x_i - x_0)$$

$$= f(x_0) \sum_{i=1}^{n} a_i + \lambda(x_0) \left(\sum_{i=1}^{n} a_i x_i - x_0 \sum_{i=1}^{n} a_i\right)$$

$$= f\left(\sum_{i=1}^{n} a_i x_i\right).$$

Dies zeigt die Behauptung. $\qquad\qquad\qquad\qquad\qquad\qquad\qquad\qquad\qquad\qquad\Box$

Transformation zur Lösung von Rekursionsgleichungen. Es gibt Rekursionsgleichungen, die sich durch eine Variablentransformation in eine Differenzengleichung transformieren lassen (Bemerkung nach Corollar 1.27, Beweis von Satz 2.31 und von Satz 5.31). Aus einer geschlossenen Lösung der Differenzengleichung können wir dann, falls wir die Lösung auf $\mathbb{R}_{\geq 0}$ fortsetzen können, eine geschlossene Lösung der Rekursionsgleichung durch Anwendung der inversen Transformation berechnen. In der Anwendung ist die Lösung meist durch Funktionen definiert, deren Definitionsbereich aus den positiven reellen Zahlen besteht und auf $\mathbb{N}$ eingeschränkt ist. Daher ist in diesen Fällen die Fortsetzung auf kanonische Weise gegeben.

Sei $f : \mathbb{N} \times \mathbb{R}_{\geq 0} \longrightarrow \mathbb{R}_{\geq 0}$ eine Funktion und

$$y_k = y(k) = f(k, y(k-1)) \text{ für } k > 1, \ y(1) = b,$$

eine Differenzengleichung erster Ordnung.[9] Sei L_y eine geschlossene Lösung für $y(k)$, d. h. $y(k) = L_y(k)$ für $k \in \mathbb{N}$. Die Funktion L_y besitze eine Fortsetzung auf $\mathbb{R}_{\geq 0}$. Wir bezeichnen die Fortsetzung wieder mit L_y.

Lemma B.24. *Sei* $t : \mathbb{R}_{\geq 0} \longrightarrow \mathbb{R}_{\geq 0}$ *invertierbar und* $x : \mathbb{R}_{\geq 0} \longrightarrow \mathbb{R}_{\geq 0}$ *eine Funktion, sodass für alle* $k \in \mathbb{N}$ *gilt*

$$y(k) = x(t(k)).$$

---

[9] Um die Definition einer linearen Differenzengleichung erster Ordnung aus Abschnitt 1.3.1 zu erhalten, die ein Spezialfall dieser Notation ist, setzen wir $f(k, y(k-1)) = a_k y_{k-1} + b_k$.

Sei L_y eine Fortsetzung der geschlossenen Lösung für $y(k)$ mit $y(k) = L_y(k)$ für $k \in \mathbb{R}_{\geq 0}$. Dann ist $L_x = L_y \circ t^{-1}$ eine geschlossene Lösung für $x(n)$, d. h. $x(n) = L_x(n)$ für $n \in \mathbb{R}_{\geq 0}$.

Sei die Transformation t monoton wachsend und $L_y = O(g)$ für eine Funktion g, genauer verlangen wir $L_y(n) \leq cg(n)$ für alle $n \in \mathbb{R}_{\geq 0}$ und $n \geq n_0$ für Konstanten c und n_0, dann ist $L_x = O(g \circ t^{-1})$ für alle Lösungen L_x.

Beweis. $x(n) = x(t(t^{-1}(n))) = L_y(t^{-1}(n)) = L_y \circ t^{-1}(n) = L_x(n)$, $n \in \mathbb{R}_{\geq 0}$. Die Aussage über die Ordnung folgt aus

$$L_x(n) = L_x(t(t^{-1}(n))) = L_y(t^{-1}(n)) \leq cg(t^{-1}(n)) = c(g \circ t^{-1})(n)$$

für $n \in \mathbb{N}$ mit $n \geq t(n_0)$. □

Bemerkung. Die Formel für L_x hängt von der Wahl der Fortsetzung L_y ab. Unabhängig von der Wahl von L_y gilt $x(t(n)) = L_y(n)$ für $n \in \mathbb{N}$. Die Aussage über die Ordnung von L_x hängt nicht von der Wahl der Fortsetzung L_y ab.

Metrische Räume. In einem euklidischen Vektorraum, wie zum Beispiel dem $\mathbb{R}^n$, kann der Abstand von zwei Punkten mithilfe des Skalarprodukts und des Satzes von Pythagoras[10] berechnet werden. Die Abstandsfunktion, die dadurch definiert ist, hat Werte in der Menge der positiven reellen Zahlen, sie ist symmetrisch und es gilt die Dreiecksungleichung. Diese besagt für drei Punkte in der Ebene, die ein Dreieck bilden, dass die Summe der Längen von zwei Seiten des Dreiecks stets größer der Länge der dritten Seite des Dreiecks ist. Nimmt man diese Eigenschaften als Axiome einer Abbildung auf $X \times X$, für eine Menge X, so erhalten wir die Definition einer Metrik und eines metrischen Raumes.

Definition B.25 *(Metrischer Raum)*. Sei X eine beliebige Menge. Eine Abbildung

$$d : X \times X \longrightarrow \mathbb{R}$$

heißt *Metrik* oder *Abstandsfunktion* auf X, wenn für beliebige Elemente x, y und $z \in X$ die folgenden Axiome erfüllt sind:

1. $d(x, y) \geq 0$ und $d(x, y) = 0$ genau dann, wenn $x = y$ gilt (positiv definit).
2. $d(x, y) = d(y, x)$ (Symmetrie).
3. $d(x, y) \leq d(x, z) + d(z, y)$ (Dreiecksungleichung).

X heißt *metrischer Raum*, wenn auf X eine Metrik definiert ist.

Beispiele für (endliche) metrische Räume sind zusammenhängende Graphen (Kapitel 5 und 6). Umgekehrt besitzt jeder endliche metrische Raum eine Darstellung durch einen positiv gewichteten Graphen.

---

[10] Pythagoras von Samos (um 570 v. Chr. – nach 510 v. Chr.) war ein antiker griechischer Philosoph. Es fehlen verlässliche Quellen zu seiner Person.

Literatur

Lehrbücher

[AhoHopUll83] A. V. Aho, J. E. Hopcroft, J. D. Ullman: Data Structures and Algorithms. Reading, MA: Addison-Wesley Publishing Company, 1983.

[AhoHopUll74] A. V. Aho, J. E. Hopcroft, J. D. Ullman: The Design and Analysis of Computer Algorithms. Reading, MA: Addison-Wesley Publishing Company, 1974.

[AmannEscher02] H. Amann, J. Escher: Analysis 1, 3. Aufl. Basel, Boston, Berlin: Birkhäuser Verlag, 2002.

[Backhouse86] R. C. Backhouse: Program Construction and Verification. Englewood Cliffs, New Jersey: Prentice Hall, 1986.

[Bellman57] R. Bellman: Dynamic Programming. Princeton, NJ: Princeton University Press, 1957.

[Bosch06] K. Bosch: Elementare Einführung in die Wahrscheinlichkeitsrechnung. 9. Aufl. Wiesbaden: Friedrich Vieweg & Sohn Verlag, 2006.

[CorLeiRiv89] T. H. Cormen, C. E. Leiserson, R. L. Rivest: Introduction to Algorithms. Cambridge, London: The MIT Press, 1989.

[CorLeiRivSte07] T. H. Cormen, C. E. Leiserson, R. L. Rivest, C. Stein: Algorithmen - Eine Einführung, 2. Aufl. München, Wien: Oldenbourg Verlag, 2007.

[DelfsKnebl15] H. Delfs, H. Knebl: Introduction to Cryptography, 3rd ed. Berlin, Heidelberg, New York: Springer-Verlag, 2015.

[DieMehSan15] M. Dietzfelbinger, K. Mehlhorn, P. Sanders: Algorithmen und Datenstrukturen. Berlin, Heidelberg, New York: Springer-Verlag, 2014.

[Elaydi03] S. Elaydi: An Introduction to Difference Equations. Berlin, Heidelberg, New York: Springer-Verlag, 2003.

[Feller68] W. Feller: An Introduction to Probability Theory and its Applications. 3rd ed. New York: John Wiley & Sons, 1968.

[Fischer14] G. Fischer: Lineare Algebra. 18. Aufl. Wiesbaden: Springer Spektrum, 2014.

[GarJoh79] M. R. Garey, D. S. Johnson: Computers and Intractability: A Guide to the Theory of NP-Completeness. San Francisco: W. H. Freeman, 1979.

[Gould88] R. Gould: Graph Theory. Menlo Park, California: The Benjamin/Cummings Publishing Company, 1988.

[GraKnuPat94] R. L. Graham, D. E. Knuth, O. Patashnik: Concrete Mathematics, 2nd ed. Reading, MA: Addison-Wesley Publishing Company, 1994.

[Gries81] D. Gries: The Science of Programming. Berlin, Heidelberg, New York: Springer-Verlag, 1981.

[HanHarJoh98] D. Hankerson, G. Harris, P. Johnson, Jr.: Introduction to Information Theory and Data Compression. Boca Raton, Boston, New York: CRC Press, 1998.

[Havil07] J. Havil: Gamma. Berlin, Heidelberg, New York: Springer-Verlag, 2007.

[Herrmann16] D. Herrmann: Mathematik im Mittelalter. Berlin, Heidelberg: Springer-Verlag, 2016.

© Springer Fachmedien Wiesbaden GmbH, ein Teil von Springer Nature 2021
H. Knebl, *Algorithmen und Datenstrukturen*,
https://doi.org/10.1007/978-3-658-32714-9

[HopMotUll07] J. Hopcroft, R. Motwani, J. Ullman: Introduction to Automata Theory, Languages, and Computation, 3rd ed. Reading, MA: Addison-Wesley Publishing Company, 2007.

[Hromkovič04] J. Hromkovič: Randomisierte Algorithmen. Stuttgart: B. G. Teubner, 2004.

[Hromkovič14] J. Hromkovič: Theoretische Informatik, 5. Aufl. Wiesbaden: Springer Vieweg, 2014.

[Jungnickel13] D. Jungnickel: Graphs, Networks and Algorithms, 4th ed. Berlin, Heidelberg, New York: Springer-Verlag, 2013.

[Kao16] M. Kao (ed.): Encyclopedia of Algorithms. New York: Springer Science and Business Media, 2016.

[KelPisPfe04] H. Kellerer, D. Pisinger, U. Pferschy: Knapsack problems. Berlin, Heidelberg, New York: Springer-Verlag, 2004.

[KerRit78] B. W. Kernighan, D. M. Ritchie: The C Programming Language. Englewood Cliffs, New Jersey: Prentice Hall, 1978.

[KelPet91] W. G. Kelley, A. C. Peterson: Difference Equations. San Diego: Academic Press, 1991.

[Knebl20] H. Knebl: Algorithms and Data Structures. Cham: Springer Nature Switzerland AG, 2020.

[Knuth97] D. E. Knuth: The Art of Computer Programming, Volume 1/ Fundamental Algorithms. Reading, MA: Addison-Wesley Publishing Company, 1998.

[Knuth98] D. E. Knuth: The Art of Computer Programming, Volume 2/ Seminumerical Algorithms. Reading, MA: Addison-Wesley Publishing Company, 1998.

[Knuth98a] D. E. Knuth: The Art of Computer Programming, Volume 3/ Sorting and Searching. Reading, MA: Addison-Wesley Publishing Company, 1998.

[Knuth11] D. E. Knuth: The Art of Computer Programming, Volume 4A/ Combinatorial Algorithms Part 1. Boston: Pearson Education, Inc., 2011.

[MartToth90] S. Martello, P. Toth P: Knapsack Problems: Algorithms and Computer Implementations. Chichester: Wiley, 1990.

[MotRag95] R. Motwani, P. Raghavan: Randomized Algorithms. Cambridge: Cambridge University Press, 1995.

[RemUll08] R. Remmert, P. Ullrich: Elementare Zahlentheorie, 3. Aufl. Basel: Birkhäuser Verlag, 2008.

[Sedgewick88] R. Sedgewick: Algorithms, 2nd ed. Reading, MA: Addison-Wesley Publishing Company, 1988.

[SedWay11] R. Sedgewick, K. Wayne: Algorithms, 4th ed. Reading, MA: Addison-Wesley Publishing Company, 2011.

[Schrijver03] A. Schrijver: Combinatorial Optimization. Berlin, Heidelberg, New York: Springer-Verlag, 2003..

[Wirth83] N. Wirth: Algorithmen und Datenstrukturen. Stuttgart: B. G. Teubner, 1983.

[Wirth83a] N. Wirth: Systematisches Programmieren. Stuttgart: B. G. Teubner, 1983.

Zeitschriften-Artikel

[Ackermann28] W. Ackermann: Zum Hilbertschen Aufbau der reellen Zahlen. Math. Ann. 99: 118-133, 1928.

[AdeLan62] G. M. Adel'son-Vel'skiĭ, E. M. Landis: An algorithm for the organization of information. Doklady Akademia Nauk USSR 146: 263 – 266, 1962 (engl. Übersetzung in Soviet Math. 3: 1259 – 1263, 1962).

[AragSeid89] C. R. Aragon, R. G. Seidel: Randomized search trees. Proceedings of the 30th Annual IEEE Symposium on Foundations of Computer Science: 540–545, 1989.

[BayMcC72] R. Bayer, E. McCreight: Organization and maintenance of large ordered indices. Acta Informatica, 1: 173–189, 1972.

[BeFa00] M. Bender, M. Farach-Colton: The LCA problem revisited. Theoretical Informatics. LATIN 2000. Lecture Notes in Computer Science, 1776: 88 – 94, Springer-Verlag, 2000.

[Borůvka26] O. Borůvka: O jistém problému minimálním. Práca Moravské Přírodovědecké Společnosti, 3: 37–58, 1926.

[Carlson87] S. Carlson: A variant of Heapsort with almost optimal number of comparisons. Information Processing Letters, 24: 247-250, 1987.

[CarWeg79] J. L. Carter, M. N. Wegman: Universal classes of hash functions. Journal of Computer and System Sciences, 18: 143–154, 1979.

[CopWin90] D. Coppersmith, S. Winograd: Matrix multiplication via arithmetic progressions. Journal of Symbolic Computation, 9(3): 251–280, 1990.

[Dijkstra59] E. W. Dijkstra: A note on two problems in connexion with graphs. Numerische Mathematik, 1(1): 269–271, 1959.

[Ďurian86] B. Ďurian: Quicksort without a stack. Proc. Math. Foundations of Computer Science, Lecture Notes in Computer Science, 233: 283 – 289, Springer-Verlag, 1986.

[EdmoKarp72] J. Edmonds, R. M. Karp: Theoretical improvements in algorithmic efficiency for network flow problems. Journal of the ACM, 19(2): 248 – 264, 1972.

[Faller73] N. Faller: An adaptive system for data compression. Record of the 7th Asilomar Conference on Circuits, Systems and Computers (IEEE): 593-597, 1973.

[FordFulk56] L. R. Ford Jr., D. R. Fulkerson: Maximal flow through a network. Canadian Journal of Mathematics 8: 399-404, 1956.

[FordFulk62] L. R. Ford Jr., D. R. Fulkerson: Flows in Networks. RAND Corporation Report R-375-PR, 1962.

[Floyd62] R.W. Floyd : Algorithm 97: Shortest path. Communications of the ACM, 5(6): 345, 1962.

[Floyd64] R. W. Floyd: Algorithm 245: Treesort. Communications of the ACM, 7(12): 701, 1964.

[Hoare62] C. A. R. Hoare: Quicksort. Computer Journal, 5: 10–15, 1962.

[HopUll73] J. E. Hopcroft, J. D. Ullman: Set merging algorithms. SIAM Journal on Computing 2(4): 294–303, 1973.

[Huffman52] D. A. Huffman: A method for the construction of minimum-redundancy codes. Proceedings of the IRE: 1098–1101, 1952.

[IliPen10] V. Iliopoulos, P. Penman: Variance of the number of comparisons of randomised Quicksort. http://arXiv.org/abs/1006.4063v1, 2010.

[KarOfm62] A. Karatsuba, Yu. Ofman: Multiplication of multidigit numbers on automata. Doklady Akademia Nauk USSR 145: 293 – 294, 1962 (engl. Übersetzung in Soviet Physics Doklady 7: 595 – 596, 1963).

[Karger93] D. R. Karger: Global min-cuts in RNC, and other ramifications of a simple min-cut algorithm. Proc. 4'th ACM-SIAM SODA: 21-30, 1993.

[KarSte96] D. R. Karger, C. Stein: A new approach to the minimum cut problem. Journal of the ACM, 43(4): 601-640, 1996.

[KarKleTar95] D. R. Karger, P. N. Klein, R. E. Tarjan: A randomized linear-time algorithm to find minimum spanning trees. Journal of the ACM, 42(2): 321-328, 1995

[King97] V. King: A simpler minimum spanning tree verification algorithm. Algorithmica 18: 263–270, 1997.

[Komlós85] J. Komlós: Linear verification for spanning trees, Combinatorica, 5: 57–65, 1985.

[Kruskal56] J. Kruskal: On the shortest spanning subtree and the traveling sales-
man problem. Proceedings of the American Mathematical Society 7: 48–50,
1956.

[Leven65] V. Levenshtein: Binary codes capable of correcting deletions, insertions,
and reversals. Sov. Phys. Dokl. 10(8):707–710 (English translation), 1966

[Newman80] D. J. Newman: Simple analytic proof of the prime number theorem.
Am. Math. Monthly 87: 693–696, 1980.

[Pasco76] R. Pasco: Source Coding Algorithms for Fast Data Compression. Ph. D.
Thesis, Dept. of Electrical Engineering, Stanford University, 1976.

[Prim57] R. C. Prim: Shortest connection networks and some generalizations. Bell
System Technical Journal, 36(6): 1389–1401, 1957.

[Rissanen76] J. J. Rissanen: Generalized Kraft inequality and arithmetic coding.
IBM Journal of Research and Development, 20(3): 198–203, 1976.

[RobSanSeyTho97] N. Robertson, D. Sanders, P. D. Seymour, R. Thomas: The
four-colour theorem. J. Combin. Theory B70: 2–44, 1997.

[SarPat53] A. A. Sardinas, G. W. Patterson: A necessary and sufficient condition
for the unique decomposition of coded messages. IRE Internat. Conv. Rec. 8:
104–108, 1953.

[SchStr71] A. Schönhage, V. Strassen: Schnelle Multiplikation großer Zahlen. Computing 7: 281–292, 1971.

[Shannon48] C. E. Shannon: A mathematical theory of communication. Bell Systems Journal, 27: 379–423, 623–656, 1948.

[Shannon49] C. E. Shannon: Communication theory of secrecy systems. Bell Systems Journal, 28: 656–715, 1949.

[Sharir81] M. Sharir: A strong-connectivity algorithm and its applications in data
flow analysis. Computers and Mathematics with Applications 7(1): 67–72, 1981.

[SieSch95] A. Siegel, J. P. Schmidt: Closed hashing is computable and optimally
randomizable with universal hash functions. Computer Science Tech. Report
687. New York: Courant Institute, 1995.

[Strassen69] V. Strassen: Gaussian Elimination is not optimal. Numerische Mathematik 13: 354-356, 1969.

[Tarjan79] R. E. Tarjan: Applications of path compression on balanced trees. Journal of the ACM, 26(4): 690–715, 1979.

[Tarjan99] R. E. Tarjan: Class notes: Disjoint set union. COS 423, Princeton University, 1999

[WagFis74] R. Wagner, M. Fischer: The string-to-string correction problem. Journal of the ACM, 21(1): 168–173, 1974.

[Warshall62] S. Warshall: A theorem on boolean matrices. Journal of the ACM,
9(1): 11-12, 1962.

[Wegener93] I. Wegener: Bottom-up-heapsort, a new variant of heapsort beating,
on an average, Quicksort. Theoretical Computer Science 118:81–98, 1993.

[Whitney35] H. Whitney: On the abstract properties of linear dependence. American Journal of Mathematics 57: 509–533, 1935.

[Williams64] J. W. J. Williams: Algorithm 232: Heapsort. Communications of the
ACM, 7(6): 347–348, 1964.

[Yao85] A. C. Yao: Uniform hashing is optimal. Journal of the ACM, 32(3): 687–
693, 1985.

[ZivLem77] J. Ziv, A. Lempel: A universal algorithm for sequential data compression. IEEE Transactions on Information Theory, 23(3): 337–343, 1977.

[ZivLem78] J. Ziv, A. Lempel: Compression of individual sequences via variable-
rate encoding. IEEE Transactions on Information Theory, 24(5): 530–536, 1978.

Internet

[Queens@TUD-Team16] TU Dresden: News, 2016. https://tu-dresden.de/tu-dresden/newsportal/news/neuer-weltrekord-fuer-queens-tud-team, 2016.

Symbole

© Springer Fachmedien Wiesbaden GmbH, ein Teil von Springer Nature 2021
H. Knebl, *Algorithmen und Datenstrukturen*,
https://doi.org/10.1007/978-3-658-32714-9

Seite

X^n	Menge der Wörter der Länge n über X	
X^*	Menge der Wörter über X, $X^* = \cup_{n \geq 0} X^n$	
$\mathrm{H}(X)$	Entropie einer Quelle X	182
$l(C)$	mittlere Codewortlänge eines Codes C	182
$\{0,1\}^*$	Menge der Bitstrings beliebiger Länge	
$a\|b$	Konkatenation von Zeichenketten a und b	
$\mathbb{Z}_n$	Restklassenring modulo n	340
$a \operatorname{div} n$	ganzzahliger Quotient von a durch n	337
$a \bmod n$	Rest von a modulo n	337
$\mathbb{F}_q$	endlicher Körper mit q vielen Elementen	
$\prod_{i=1}^n a_i$	Produkt $a_1 \cdot \ldots \cdot a_n$	
$\sum_{i=1}^n a_i$	Summe $a_1 + \ldots + a_n$	
$[a,b],]a,b], [a,b[,]a,b[$	Intervalle (geschlossen, halboffen und offen)	
i..j	Folge $i, i+1, \ldots, j$	
a[i..j]	Teilarray von a	69
min $a[i..j]$	Minimum im Teilarray $a[i..j]$	
$a.b$	Punktoperator	69
$\lfloor x \rfloor$	größte ganze Zahl $\leq x$	
$\lceil x \rceil$	kleinste ganze Zahl $\geq x$	
$O(f(n))$	O Notation	10
$\mathrm{p}(\mathcal{E})$	Wahrscheinlichkeit eines Ereignisses $\mathcal{E}$	319
$\mathrm{p}(x)$	Wahrscheinlichkeit eines Elementar-	
	ereignisses $x \in \mathcal{X}$	319
$\mathrm{p}(\mathcal{E} \mid \mathcal{F})$	bedingte Wahrscheinlichkeit von $\mathcal{E}$	
	unter der Annahme von $\mathcal{F}$	320
$\mathrm{E}(X)$	Erwartungswert einer Zufallsvariablen X	321
$\mathrm{Var}(X)$	Varianz einer Zufallsvariablen X	321
$\sigma(X)$	Standardabweichung einer Zufallsvariablen X	321
$G_X(z)$	Erzeugendenfunktion einer Zufallsvariablen X	324

Index

© Springer Fachmedien Wiesbaden GmbH, ein Teil von Springer Nature 2021
H. Knebl, *Algorithmen und Datenstrukturen*,
https://doi.org/10.1007/978-3-658-32714-9

Printed in the United States
By Bookmasters